本书出版得到“龙图法律教育基金”的资助

2019

第1辑·总第5辑

师大法学

ECNU LAW REVIEW

华东师范大学法学院 组编

张志铭 主编

姜峰 陈景辉 执行主编

法律出版社
LAW PRESS · CHINA

卷首语

秋叶不遮春意暖，樱桃河畔好读书。

在期盼中，在忙碌中，在喜悦中，年轻的《师大法学》迎来了新的一辑。

本辑奉献给读者的，是19篇学术文章，有长篇专论，有讲座菁华，有理论争鸣，有快意书评。学术薪火，斯文在兹，让我们先徜徉片刻，一睹芳容为快。

自20世纪50年代以来，颇有些“魔性”的宪法私人效力问题，从德国学界产生，至今争论难休。本辑“宪法与部门法”专栏收录日本、德国学者的三篇论文。日本小山刚教授讨论了宪法私人效力问题的不同方面，并论及多个判例争议主题，如非婚生子法定继承份额差别、三菱树脂案、妇女再婚期限合宪性、婚后夫妻姓氏统一的合宪性等。读来颇有些感慨，宪法有司法的效力才能呈现真正的问题！上村都教授以对日本产生重大影响的德国宪法判例和学说为线索，检讨了“间接适用说”的类型，特别论及宪法人格权和私法人格权的关系。此文是一篇简短的演讲纲要，但添加了不少注释，好奇的读者不妨按图索骥，深度了解相关争议。赫伯特·克吕格尔教授的《部门宪法》，与前两篇有不同的主题，其也侧面回应了宪法与私法的关系问题，他提醒要警惕“宪法的通货膨胀”：“宪法的规定越多，违宪的情形越频繁”，“不再有立法权，而只有制宪权”，“这将导致宪法的退化和变质，任何一部法律都将成为修改宪法的法律”。警句迭出，值得品读。

“学术专论”栏目，为读者呈现了数位知名学者的论文。现代社会的技术发展和安保需要，共同引发了“监控型国家”问题，民主国家也未能幸免，立法和司法部门能够做什么？巴尔金教授的文章发人深省。汤姆·贝肯教授从政治、经济、社会和科技四个维度分析了核废物管理中的潜在安全风险,以及可能涉及的环境犯罪、恐怖主义犯罪和常见犯罪。张铁铁教授对我国法律不承认临时仲裁、实践中又无法禁止这一矛盾做了研究,2018 年全国人大常委会已经将《仲裁法》修改提上日程,本文可谓恰当其时。日本高木光教授对制定法、判例法、学说中的“事实行为”——作者喻之为“收养手续有疑义的养子”——从裁判救济的角度考察了其法律含义。孙笑侠教授从法理视角对大学制度中学术性关系的讨论,可谓切中要害:“我们之所以强调法律要特别地对待大学,保证大学自治性或自主性,不是因大学力量太微弱,而是因学术神经太纤细。”周光权教授聚焦于认罪认罚从宽制度及陪审员制度改革,指出目前司法改革正朝着案件处理更迅捷、给被告人更多优待以及让民众有更多参与的方向发展,这给传统刑法学提出了挑战。维克拉姆 · 埃玛尔教授给我们呈现了美国联邦宪法和州宪法中以选举制为代表的直接民主机制持续巩固和强化的图景,这一实践想必会激发对政治理论中某些偏见的反思。

“权利的法理”专栏收录了三篇论文。陈道英教授历数了在美国言论自由历史上的几位大人物:汉德第一个从民主角度解释了言论自由,霍姆斯提出了“思想的自由市场”理论,布兰代斯则完成了该原则最重要的蜕变,赋予言论自由独立的价值。一个良好的司法制度,也要伟大的法官赋予其灵魂!袁博文律师的文章是对霍姆斯生平和思想的研究。他经历战争洗礼的传奇人生,他的社会达尔文主义、现实主义司法哲学、“思想的自由市场”理论、“明显而即刻的危险”原则,乃至于他作为最高法院“伟大的异议者”的角色,都树立了一座丰碑。作者笔下的霍姆斯冷峻、严肃、深邃,绝非一个庸俗的实用主义者。“法律上的权利与义务总量等值命题”长期以来是我国法理学教科书中的一个通说,张镭教授的论文则对此命题提出了大胆的疑问。

“中西法律史”专栏的三篇文章,都给人耳目一新之感。江照信教授赋予民国司法改革这段纷杂历史以理论的解释——一次“法律民族化运动”,在思考如何借鉴民国司法改革的经验之际,看来需要我们注意这段历史所具有的宽广的历史镜鉴意义。屠凯教授给我们引介了一位颇有些陌生的法学家——孙奇逢。孙奇逢“心”“理”并重,深信儒者一生理当肩负政治使命,而改变政治秩序的关键,就在于改变在位者的自我意识。本杰明 · 马丁教授夹以文学的笔触,描绘了一幅法兰西第三共和国糟糕的司法职业形象：政府实现了对司法的控制，司法成了政治报复和政治奖励的机器，廉洁性和公正性丧失，代之以行政化和官僚化。读之怅然，心有戚戚。

“评论”专栏推出三篇文章：沈宏彬博士的书评《论〈法律帝国〉中的理性与意志》，检讨了德沃金对法律规范性的客观合理性基础的论述，不过编者要划的重点是：作者认为德沃金的理论是失败的。克莱默教授的《法律方法论》一书已被译成中文，译者周万里教授说本书兼有讲义、词典、名言集、教科书、专著之角色，本辑收录的梁神宝博士的书评认为该书通俗易懂、条分缕析，思想深邃，并提纲挈领地再现了克莱默教授法律解释方法的风貌。就凭这几点，足以吊起读者的胃口了吧。张文龙博士的商榷性文章，对城市化进程中的“邻避冲突”问题从系统论视角做了新的解说，问题棘手，值得关注。

文章读起来总是轻松的，但每一字，每一段，每一篇，都可能是作者经年累月思考的结晶，就如这浓浓的秋意里，收获的喜悦背后是成长的艰辛。这里还要感谢本辑的译者牟宪魁教授、王贵松教授、王锴教授、吴志刚教授、杨雪博士、晏韬博士、郭娜娜博士、刘旭硕士、康向宇硕士，如果没有译者“为他人做嫁衣”的自得其乐，本辑难以呈现这么多好的翻译作品。

编者言之匆匆，如有偏颇遗漏之处，还请作者、译者、读者见谅。

姜　峰

2020 年 11 月 1 日

目录

Contents

宪法与部门法

宪法在何种程度上约束私法

——宪法的优位与私法的独特性　小山刚　3

宪法上的人格权与私法上的人格权　上村都　19

部门宪法　赫伯特·克吕格尔　27

学术专论

基于信息的治理:美国宪法能否回应大数据时代的挑战?

杰克·巴尔金　51

核废物管理的安全风险与其宏观犯罪防控和微观司法判断:

例外主义、不透明性和脆弱性　汤姆·范德·贝肯　73

无法禁止的临时仲裁及当事人的应对策略
——兼谈仲裁协议准据法及《纽约公约》 张铁铁 96
日本行政法上的事实行为 高木光 123
论大学制度中学术性关系的法理 孙笑侠 148
面向司法改革的刑法学发展 周光权 169
宪法变迁与直接民主:现代挑战与宝贵机遇
维克拉姆 · 戴维 · 埃玛尔 187

权利的法理

明显且即刻的危险原则:源流、发展与作用 陈道英 219
奥利弗 · 温德尔 · 霍姆斯的言论自由思想研究 袁博文 238
法律上的权利与义务总量等值命题可能被证成吗? 张 镭 267

中西法律史

法律民族化运动:关于民国司法改革的一个整体观点 江照信 283
吾与吾周旋久:孙奇逢的法哲学 屠 凯 309
法兰西第三共和国时期的法院、司法官及其晋升:1871 ~ 1914 年
本杰明 · F. 马丁 332

评 论

论《法律帝国》中的理性与意志 沈宏彬 379

形式与内容的完美结合
——评克莱默《法律方法论》　梁神宝　396
中国式邻避困局的破解之“法”:基于社会系统论视角
——兼与郎兴友教授等商榷　张文龙　412

宪法与部门法

宪法在何种程度上约束私法

——宪法的优位与私法的独特性

小山刚*

牟宪魁　郭娜娜　译**

一、宪法与私法的交叉

如果将宪法与私法视为两个完全不同的法律领域,就不会产生任何抵触或矛盾。正如濑川先生在报告书中所言,基本上是宪法不断地侵蚀私法领域,最终产生宪法与私法的冲突。因为宪法毕竟是国家的最高法规,所以在这种情形下宪法处于优位。

另外,私法的确是独特性和自律性非常强的法律秩序,所以存在这样的问题,即原本适用于国家与国民的垂直关系的宪法逻辑在何种程度上修正私法逻辑或约束私法的独特性抑或对其作出限定。

有必要区分宪法与私法不同的冲突类型。首先,在冲突层面上可以分为两种不同的情形:一种是宪法与私法规定本身的关系问题,其典型是私法规定本身的合宪性存在争议的情形;另一种是像私人间效力这样关于宪法对私法规定的解释、适用的参与问题。而与此不同的是,在宪法论的层面上,有必要根据防御权问题还是平等问题,抑或是保护义务问题等具体地作为基准的宪法权利的作用进行区分。以下我将按照提纲进行发言。

---

* 庆应义塾大学法学部教授,法学博士。

** 牟宪魁,山东大学法学院教授,法学博士;郭娜娜,大阪大学法学研究科宪法学专业博士研究生。

关于宪法与私法规定本身的关系,首先是以防御权——“免于国家干涉的自由”——为基准的情形。关于防御权与私法规定的冲突,可以举出最高法院关于证券交易法、消费者合同法的判例。若认为再婚禁止期间是对日本《宪法》第24条中婚姻自由的限制,那么也构成防御权的问题。其次是关于平等和私法的问题,其典型是非婚生子法定继承份额差别、再婚禁止期间等。

此外,之所以认为“民法规定或民法基本原则与基本权同化”,是因为考虑到森林法案件。该案中,因为作为民法基本原则的单独所有制原则被吸纳为《宪法》第29条财产权的内容,判定森林法规定欠缺必要性、合理性而违宪从形式上看是依据《宪法》第29条,但实质上是参照了该民法基本原则。

宪法和私法规定的解释、适用的关系,正如大家所知,存在很多所谓的私人间效力问题的案例。

二、防御权、保护义务、内容形成

(一)防御权

首先阐述防御权,即所谓自由权性质基本权的第一内核。

1958年德国联邦宪法法院的吕特判决是关于私人间效力的典型判例。该判例中,联邦宪法法院明确表示:“毫无疑问,基本权的第一要义是保护每个人的自由空间不受公权力的侵害。”无论是从基本权理念的精神发展史来看,还是从各国宪法导入基本权的历史发展脉络来看,都可以明确基本权是市民对抗国家的防御权。

日本最高法院在三菱树脂案判决中也采用了同样的说法。与其他自由权性质基本权的保障规定一样,日本《宪法》第14条、第19条的规定针对国家、公共团体的统治行动,以保障个人基本的自由和平等为目的,专门规制国家及公共团体与个人之间的关系。无论是根据基本人权观念成立与发展的历史沿革,还是根据宪法中基本规定的形式和内容,这一点都是很明确的。

防御权的对象既然如此,那么防御权就当然约束国家三权。约束三权指的是,既然私法规定由国会制定,那么就可以直接追究国会是否违反防御权。而且,既然约束国家三权,那么民事法院的判决是否违反防御权也可能成为问题。

民事法院的判决因为同防御权的关系而成为问题的情形，不同于以所谓私人间效力的名义展开讨论的情形。例如，法院认可因名誉毁损而提出的停止请求时，也构成了对表达自由的限制。这是单纯的、表达自由的防御权侧面问题，不同于私人间效力所考虑的情况。

所谓的约束国家三权，换言之，也就是不约束私人。因为私人不是约束对象，所以只要不采用国家同视说或者直接适用说，就不能以私人为对象主张作为防御权的基本权。

若确认了与私法之间的关系，防御权可将过度限制国民的权利、自由的私法规定认定为违宪并排除。若采取平等原则，则将违反平等原则的私法规定认定为违宪从而排除。保护义务则认为，在具体诉讼中认可被害人 X 的请求而过度制约加害人 Y 的权利、自由的民事法院判决构成违宪并将之排除。就如之前所讲的例子。

关于违反防御权的审查，德国确立了称为三阶段审查的审查程序。到底是哪三个阶段呢？(1)无论是第 21 条的表达自由还是第 22 条的职业自由，这些宪法权利的保护范围究竟是什么？(2)对这一保障范围施加了什么限制？(3)这一限制能够正当化吗？至于限制能否正当化，其基本逻辑结构是采用比例原则进行审查。

我认为在防御权的情形中，基本不会发生所谓的立法裁量，哪怕是广义的立法裁量。

(二)基本权保护义务

下面，进入基本权的保护义务。一般认为基本权保护义务的特征是“法的三极关系”。刚刚所讲的防御权，由国家和私人两个垂直的、相互对立的主体构成；而在保护义务的案件中，则存在国家与私人 A、私人 B 三方主体。在这一点上，两者是不同的。私人 A 和私人 B 一方是加害人，另一方是被害人。

1975 年德国联邦宪法法院第一次堕胎判决中争议的是人工终止妊娠。该案中认定的加害人是终止妊娠的孕妇，而被害人是胎儿。而在名誉毁损情形中，加害人若是媒体，被害人则是因该媒体报道遭受损害的人。

此时国家负有的义务则是基于其与加害人之间的关系即前述防御权关系。若孕妇享有自己决定权，则不能对其进行过度限制，也不能对媒体的表达自由进行过度限制。

与此同时,还必须考虑被害人与国家的关系,此时保护义务登场。保护义务就是在这种情形下要求国家承担作为义务。也就是说,国家对于被害人(如胎儿和报道受害者)负有最低限度的保护义务。在立法层面上,体现为制定保护被害人的法律的立法义务;而在民事诉讼层面上,则要求通过一般条款的解释、适用谋求对被害人的适当保护。

保护义务的确切根据并不明确。上述第一次堕胎判决是关于保护义务的典型案例,该判决认为:"国家负有保护所有人和生命的义务,故而可以直接从德国《基本法》第 2 条第 2 款第 1 项中导出。"该法第 2 条第 2 款第 1 项保障生命的不可侵犯性。原本是自由权,规定国家不能剥夺生命,从中无法当然地导出保护义务。而关于这个"故而"究竟是指什么,并没有表述对其作出说明,所以是在没有任何实质性说明的情况下,简单地以"故而"这样的措辞导出了保护义务。

该判决还认为:"保护义务还可以从《基本法》第 1 条第 1 款第 2 项的明文规定中导出。"第 1 条第 1 款规定的内容是人的尊严。第 1 条第 1 款第 1 项规定"人的尊严不可侵犯",第 2 项规定"所有国家权力有义务对其进行尊重和保护"。因为第 2 项的"尊重和保护"中有"保护"的字眼,所以或许可以说借"保护"这一字眼导出保护义务。

不过,日本《宪法》第 13 条中没有"保护"这一字眼,所以问题就出现了,但是今天就不对其进行深入探讨了。顺便一提,我将翻译成德语的日本《宪法》请德国的著名宪法学者、宪法法院法官博肯菲尔德(Bockenforde)过目,向他请教能否从此处导出保护义务,教授稍作思考之后给出了否定回答。总而言之,在德国是存在"保护"这一字眼的,而日本《宪法》中只写了最大限度地尊重。

其次,保护义务的对象与防御权一样,也是国家的三权。因此,在立法上,其以立法义务的形式表现出来;在行政上,可能特别以警察介入请求权这个词汇体现出来,再更一般化的话,就是行使规制权的义务与行政介入请求权。而且,民事法院在解释、适用私法规定时也当然受其约束。

此外,保护义务并不约束私人。因为保护义务是国家与被害人之间的法律关系,而非加害人与被害人之间的法律关系。

保护义务与私法的关系是,如果私法规定强加给被害人 X 过度的容忍义务,就会被认定为违宪而被排除,或者欠缺保护被害人 X 的规定时,就会以立法义务的形式表现出来。当然,因为存在一般条款,因立法不作为而导致违宪的情况在现实中几乎不存在。实际上,私人间效力,特别是在一般条款的解释、适用问题上,认定加害人 Y 的权利、自由处于优位而驳回被害人 X 的请求的民事判决可能会被追究违反保护义务。

现在所说的保护义务的构成,可以很好地适用于侵权行为法,但是否也同样适用于合同法呢?德国学界存在多种学说。通说和联邦宪法法院都认为在合同法的领域也能援用保护义务。

违反保护义务的审查方法与防御权的情形存在明显不同。在立法义务的情况下,只审查是否提供了必要最小限度的保护这一下限。而且,虽然也会存在采用严格审查标准的例外情形,但通常采用“明白原则”这一宽松的审查密度,即只有当存在明显的立法不作为或者立法水准明显不足时才认定违宪。换言之,立法机关享有非常广泛的裁量。

(三)基本权的限制与内容形成

接下来进入“基本权的限制与内容形成”部分。《宪法》第 21 条保障表达自由,第 22 条保障职业自由,这里保障的“表达”指的什么,“职业”又是指的什么,由宪法层面确定。当然,对于某个行为是否属于“表达”自由也存在对立的情形,但不管怎样,不能参照作为下位法规范的法律、命令来决定表达自由的保障范围。法律是对宪法保障的一定行为或利益施加限制。

例如,《刑法》第 230 条是对宪法中的表达自由施加限制,但不能从该条明确宪法上的表达自由。要成为律师、药剂师必须考试合格才能获得资格,宪法保障的并不单单是获取资格的自由,还包含免受缺乏必要性、合理性的资格制度的侵害的自由。法律与宪法的关系也可以这样来看,即法律压缩或者削减了本来由宪法进行保障的部分。

不过,对于一部分宪法权利而言,仅从宪法层面来看无法明确其保障对象,典型例子就是第 29 条所保障的财产权。第 29 条第 1 款的财产权保障被认为有两层意思:一是每个人所享有的个别具体财产权,仅根据《宪法》第 29 条是无法明确这里的个别具体财产权指的是什么。《宪法》规定了第 21 条的表达自由保障的内容,但是在财产权的情形下,只能说是根据民法等私法上甚至是公法上的规定等法律规范确定归属于每个人的东西,即第 29 条第 1 款的个别具体财产权。

所以,与其说民法等法律限制第 29 条第 1 款的财产权,不如说是首次定义或创制了第 29 条第 1 款所保障的归属于每个人的具体财产权。

先前所讲的防御权已经存在于宪法的层面,只有在某些东西遭受侵害的情况下才有意义。但是对于财产权而言,“某些东西”是由民法产生的,所以这些民法规定,不能被认定是对宪法上财产权的侵害。在比较近期的德国,用“内容形成”来说明这种观点。内容形成是指创造或者完成内容,德语是“Ausgestaltung”。学者格勒曼(Gellermann)认为,具备内容形成特征的权利,除了所有权之外,还可以举出婚姻、契约、团结的自由等。为了能够更加清晰易懂,日本将其中几个权利称为制度性保障或者法律制度保障。

防御权的情形下,自由是原则,允许法律进行限制是例外,可以形成原则和例外关系的观念。既然自由是原则而限制作为例外被允许,那么限制的目的必须是正当的,达成目的的手段也必须是合理且必要的,所以要依据比例原则进行审查。但是,刚刚所列举的关于内容形成的宪法权利,无法形成原则和例外关系的观念。

日本的宪法学说在涉及《宪法》第 29 条第 1 款的财产权时,除了说明个人的具体财产权外,也要说明制度性保障或法律制度保障。日本的学说确立了非常宽松的基准,只要不侵犯制度的核心领域即可,这可能与内容形成的思考不同,但是暗示了财产权和婚姻自由中不成立前述原则和例外关系以及防御权的逻辑。

虽然内容形成这一词汇本身曾被联邦宪法法院判例在不同的意义上使用过,但上述意义上(学说意义上)的内容形成论的确立并没有那么陈旧,只是相同旨意的东西从很久以前就以其他不同的表现形式被提及。著名宪法学者皮特 · 莱尔歇(Peter Lerche)在其关于比例原则的教授资格论文中,将基本权与法律的关系划分为几种类型,确立了与适用于防御权的基本权限制规范不同的基本权铸造(prägen)规范这一类型。“prägen”的意思是铸造货币,当用这个意思时,是有“铸造”这一词语的,但其建立了在铸造基本权的规范这个意义上的范畴,明确地意识到其差异。

内容形成与私法的关系的典型例子就是像财产权这样的权利,为私法上的法律制度的设置提供制度形成的准则,同时为其设定界限。

因此,要说宪法的优位与私法的独特性之间的关系的话,在防御权的情况下很简单,但若是构成内容形成,因为宪法将私法的内容纳入其中,则不是那么简单的形式了,就变得复杂起来。

三、若干宪法判例的解读

(一)非婚生子法定继承份额差别

下面列举几个宪法判例,首先是平成 7 年(1995 年)大法庭的非婚生子法定继承份额差别判例。这一案件既“没有实体的基本权”,也“没有宪法上的原型”,因为涉及婚生子与非婚生子之间的差别,所以被划分为“与平等原则相关联”的案件。

这里所讲的“没有实体的基本权”指的是,从被继承人的角度来看,因其属于财产权处分的最终阶段,故可以说属于第 29 条第 1 款所保障的范围,但不能说继承人原本就属于《宪法》第 29 条的保障范围。也就是说,只是主人去世之后如何分配漂浮于宇宙的财产方才合理的问题,是不能作为实体的基本权进行考虑的,即便可以,大概也是以非常技巧性的形式吧。

其次,“没有宪法上的原型”指的是从历史、社会的角度来看,继承制度的形态是多种多样的,并不存在典型的或者普遍的继承结构,所以宪法并不能概括出继承应有的结构。

因为没有宪法上的原型,所以最高法院承认广泛的立法裁量。现在继承制度的确立不应偏离对家庭的把握或民法等对婚姻或亲子关系的规范,故应由立法府综合考虑诸如此类的种种因素进行决定。

以此为铺垫,接下来讲日本的婚姻或亲子关系的具体规范——以《民法》第 739 条为例。该条规定应当采用一夫一妻制的法律婚,民法所采用的这些制度并不违反宪法。总之,在考虑继承的构架时,因为宪法上没有任何的原型,所以立法机构可以在这张白纸上自由地描绘。但此时也当然要考虑日本的家庭关系是如何被规范的,从而在这张白纸的某一处标出基准点。民法所规定的法律婚主义、一夫一妻制就是这样的基准点。接着,从最初确立的基准点划分法律婚主义内外之间的界限。以法律婚主义为前提考虑继承的架构的话,就可以划分法律婚主义之内的人和超出该界限的人。而非婚生子就是超出法律婚主义界限的人,所以在逻辑上,法律婚主义内的人们之间存在差别对待是令人费解的,但法律婚内外的人们之间的差别则是理所当然的。

总之,以法律婚主义为出发点则内外有别,其结果是非婚生子是与邻居孩子完全一样的毫无关系的存在。最高法院指出,《民法》第900条第4款的但书规定在尊重婚生子的同时,亦考虑非婚生子的立场,给予非婚生子1/2的法定继承份额以对其进行保护。最高法院的阐述只有从以法律婚主义为基准点的内外之别出发才能解释得通。非婚生子与婚生子的份额不同,起点为零,但那样的话太可怜,所以给予非婚生子1/2的份额,这就是这一决定的逻辑。

(二)选举运动便利的差别(参考)

虽然偏离了民法,在选举制度中也可以看到因为没有宪法上的原型而进行宽松审查的情形。众议院与参议院一票之差、众议院小选举区选举中选举运动便利的差别、重复候选人只承认候补者申报政党的候补者等情形中,最高法院的多数意见都采取与先前的非婚生子法定继承份额差别相同的框架进行审查。

也就是说,民主代表制下的选举制度在理论上并未被要求采取一成不变的形态,因此国会对于采取什么样的选举机制拥有广泛的裁量权。其次,在考虑选举机制时,国会应当在白纸上设定基准点,但此时是政策本位、政党本位而非人本位的选举制度。若国会能够正当地考虑政策的目的或者理由,那么政策本位、政党本位的选举制度就合宪。这与之前所说的法律婚主义不违反《宪法》第24条的阐述相对应。那么,既然与候补者一样,候选者申报政党的选举运动也被认可,则归属其中的候补者与不归属其中的候补者之间产生差别也是理所当然的。基于政策本位、政党本位考虑选举结构的结果就是,即使同为候补者,也会被划分为属于其中和不属于其中两种类型,两者之间也必然会产生差异。以此为前提进行审查的话,则采用只要没有严重的差异就合宪的宽松审查基准。

(三)国籍法违宪判决(参考)

备受关注的相关案件还有国籍法违宪判决,基本上也是同样的情况。对于国籍的取得要件,《宪法》第 10 条没有规定任何实质性的标准,而是由立法机关综合考量历史情形等各种因素来决定应当如何规定。然而,国籍法违宪判决与前述两个判决在以下两点上存在不同:①国籍是重要的法律地位,并且②能否取得国籍与父母的婚姻相关联,这属于无论如何都难以依靠本人的意思或努力进行控制的。鉴于以上两点,基于法律平等,有必要进行比较严格的审查,也就是要慎重地审查其合理性。

要是这样看的话,2010 年 4 月被移交大法庭的非婚生子法定继承份额差别案件也有可能导出跟以没有宪法上的原型为理由而采取广泛立法裁量的理论不同的理论。平成 7 年(1995 年),这一理论还仅仅停留在中岛法官等人的反对意见中。为此,必须进一步推进国籍法违宪判决。如前所述,关于合理性的慎重审查,国籍法违宪判决列举了①②两个要件。非婚生子法定继承份额差别当然满足要件②,但却欠缺要件①。对于《宪法》第 14 条第 1 款后段的意义,还有必要进一步深入探讨。

(四)森林法违宪判决

话锋一转,接下来是森林法违宪判决中的问题,即所谓的基本权内容形成论。之前所讲的表达自由是所谓的自然性自由、自然性权利,与之相对,所有权甚至财产权整体很难被认定是只要宪法确认即可的、先于法律秩序的自然性权利。财产权或所有权的形态因国家和时代的不同而各不相同。此前听说在汤加和斐济等太平洋岛国,基本不存在个人所有的土地。财产权和所有权并不存在一成不变的形态。

森林法违宪判决的特征在于其围绕第 29 条是这样展开的:(1)首先,森林法否定了《民法》第 256 条第 1 款的分割请求权;(2)其次,在讲分割请求权的意义的同时,认为单独所有是原则性的所有权形态;(3)对分割请求权的否定构成对宪法上财产权的限制。其后,如大家所知晓的那样,该限制因为欠缺合理性、必要性被判定为违宪。

但是,如果认为所有权也能够根据时代或国家的不同而存在不同形式的话,像之前所讲的继承、选举制度那样展开会更加自然。但该判决并未这样做,而是将民法作为宪法上所有权的雏形,具体来说,就是将单独所有作为宪法上所有权的内核。应当对其作何评价或说明则如众所知,存在各种不同的意见。

后面将会再回到内容形成论,下面先简略地看一下其他的判例。

(五)三菱树脂案件判决等

下面要讲的三菱树脂案判决和入会地案判决都是与私人间效力相关的判例。

三菱树脂案判决被认为采用了间接适用说,但最近有学者采取无效力说的解读。该判决在两处提及了宪法权利、自由。一处是《宪法》第14条、第19条不直接规范私人间的关系;另一处则是《宪法》第22条、第29条赋予了企业经济活动的自由和缔结合同的自由。其中,对于企业缔结合同的自由,可以直接援用宪法进行解读。以违反公序良俗为由限制企业缔结合同的自由,如按照前面所讲的逻辑结构来说,能够构成民事法院与企业之间的防御权关系,这就是通常的国家限制人权的情形。不过,调查官解说曾记载过采用间接适用说的宗旨,因此最高法院其意如何,我们不得而知。

不管怎样,三菱树脂案中,最高法院判决的重点在于排除直接适用说。也就是说,我们能够看出原审东京高等法院采用了直接适用说:人的思想、信条与身体一样,应该是生而自由的,因为《宪法》第19条保障这种自由,所以处于优势地位的一方不得随意违反另一方的意志而侵犯该自由,这一点是清楚明白的。虽然不清楚判决重点是放在思想、信条上还是优势地位上,但至少在涉及第19条并且存在一方占有优势地位的情形时就会产生直接地归结。

最高法院认为有必要否定原审的构成,所以用大量篇幅说明国家与个人的关系与事实上的优势关系存在实质性的不同等。仅从否认原审的构成这一点来看,不能确定是否积极地采用了间接适用说,是这个道理吧?

到目前为止的最高法院判例中最像是采用间接适用说的判例就是冲绳关于入会地的男女平等案判决。该案的情况是关于只有男性子孙才拥有入会者资格而将女性子孙排除在外的习惯,单纯地以性别为理由进行男女差别对待,是仅根据性别而设置的不合理差别,根据日本《民法》第90条被判定无效。日产汽车案当然也可以解读为间接适用说,但也可能存在其他不同的解读方法。高桥和之教授在《法律时报》2010年5月第1期中也提到过,对于入会地一案也可采取无效力说的解读。

四、防御权与保护义务的界限

接下来尝试对防御权与保护义务的界限、法律制度保障论与基本权内容形成论的关系等理论问题进行探讨。

首先是防御权与保护义务的界限。一般抽象而言,防御权与保护义务的共通点是都没有促进某些事项的积极目的,而是守护既有的东西,可以说是防御性的消极目的。其次,两者的不同表现在加害人是国家还是其他个人;相应地,国家是被课以不得侵害的不作为义务还是提供保护的作为义务。

要是论及与私人间效力的关系,在原审加害人 Y 败诉的情况下,Y 就会主张原审违反防御权。而这种情况下,保护义务就会在限制基本权的正当化的脉络中登场,否认加害人的主张,认为之所以限制加害人的基本权是为了保护被害人的名誉。相反,若原审中被害人 X 败诉,X 就会主张违反了保护义务,而防御权则是在对不履行保护义务进行正当化的脉络中登场的,即否定被害人的主张,认为被害人之所以败诉是因为 Y 有表达自由。

若进行这样的区分,三菱树脂案最高法院判决从形式上看属于前者,若是严格来说,不必论及私人间效力,只要论及作为防御权的第 22 条、第 29 条就可以了。这同样也适用于吕特案。

五、法律制度保障论与基本权的内容形成

接下来要讲的是法律制度性保障与基本权内容形成的关系。前面已经提到过,《宪法》第 29 条第 1 款的财产权有作为制度性保障或者法律制度保障的侧面。那么这里的法律制度保障指的是什么呢?

安念润司教授指出迄今为止的日本宪法学说是将第 29 条第 1 款的制度保障理解为资本主义对社会主义的代理人战争。他主要提出了能否不修改宪法即转变为社会主义这样的问题。但如果是这样的话,就完全无法解释森林法判决了。因此,安念教授得出结论认为,森林法判决是错误的。这一问题的提出非常尖锐,但是引起很多共鸣,之后的宪法学说也一直在摸索各种解释。

(一)罗马法的所有权观念

其中一个学说就是众所周知的石川健治教授对于罗马法所有权概念的判断。在德国也有与石川说相同构造的学说,学者奥托 · 彭德霍伊尔(Otto. Depenheuer)即持此观点。他认为,在立宪国家不存在先行于立法者的自然性所有权,即没有立法者的决定就没有所有权。但是,宪法制定者只是在能够进行理论思考的种种所有权的具体化当中采用特定种类的所有权作为雏形。总而言之,尽管所有权可能存在各种各样的形态,宪法却只选择特定的种类,即民法所采用的罗马法上所有权的概念。

我认为这可能是森林法判决最贴切的解释了。但是我对以下两点存在疑问:一是宪法制定权力的决断这样的说明是否过于技巧性;二是所有权甚至是一般财产权都需要具备可塑性,所以该法理的现状维持作用是否过强,此外还感觉其射程过窄。这到底是怎么一回事呢?关键在于 Eigentum(财产权)只能解释所有权而不能解释一般财产权,仔细深入解读石川教授的解说的话就会发现其采用的是所有权这一表达,而不是一般财产权。其结果就是第 29 条中混杂着所有权和其他各种具有财产价值的权利,最终无法进行一体化地说明。

(二)基本权内容形成论

下面开始讲基本权的内容形成论。如前所述,有的宪法权利要依附于法律。对于这样的权利,首先必须要履行作为义务,即为了能够行使和享受这些权利而完善规范基础建设,认识到立法义务,这是内容形成论的前提。

当然,日本宪法制定之时民法上已经有健全的财产权相关法律秩序。因为在宪法之前已经存在本身具有合理性的法律制度,此时不能作出反常的改变,所以首先考虑不作为义务就可以了。这样就能够理解传统的制度保障论关注的是保护制度的核心领域不被法律修改。但是按道理说,理论上首先要意识到作为义务,若已经实现了合理的立法,那之后就要禁止不合理的改变,应该是这样的顺序。财产权亦要按照这种顺序进行考虑,首先由立法进行内容形成,确定要将哪些东西作为财产权加以保护。

现在将话题跳转到生存权,在宪法制定时几乎不存在实现生存权的相关立法。因此,对于生存权,必须首先从作为义务开始考虑,提出程序规定说和抽象性权利说。其与财产权的差异,一半是源于法律与宪法哪个在先的问题。

不过,内容形成是新兴词汇,要是说日本的教科书中与其最相近的说明的话,则是野中俊彦等人合著的《宪法 I》中高见胜利教授执笔的部分。该部分认为第 29 条第 1 款的制度性保障的目的是通过财产确保个人独立的生活,对于财产权的限制也从这一观点出发得到限制,这可以说是跟内容形成论比较亲近的思考了。

(三)基准论

此外还有基准论,众所周知这是由长谷部恭男教授提出的观点。该观点是形成一个基于当时社会制度面貌的"法律人群体共识",以此来限定国家应当创设的制度内容的立法裁量。森林法案件就是意图脱离宪法所设定的所有制形态基准,即单独所有制的立法问题。

若能够认识到应当创设的制度内容的基准,那么就可以将其作为原型。但基准是什么,是规范性质的内容还是事实上的内容,我也无法形成确切的认识。

当然,就像长谷部教授所指出过的那样,内容形成论能否单独地确定落脚点,内心也有不确定之处。最终只能在采取内容形成论的基础上再探索其他落脚点,这也是所有作为义务的宿命,对此,还要进一步地思考。

内容形成论与长谷部教授的基准论之间决定性的差异可能在于对国家负有作为义务的理由的解释。基本权保护义务也一样,存在两种解释:一种是"因为是国家"所以负有保护义务,另一种是保护义务是"基本权的理论",长谷部教授大概是从前一种逻辑上进行思考,即国家的"制度创设义务"理论。相反,基本权内容形成论则是从基本权的理论这一角度来思考的。

六、防御权、保护义务与内容形成的边界

因为时间关系,就继续说内容形成与防御权的关系,如前所述,防御权适用于既存的东西受到限制的情形,而内容形成则是初次产生某些东西。拿财产权来说,规定某物归属于谁的规则是内容形成的问题,而根据内容形成的法律将具体的财产权归属于自己之后,只有该权利受到限制或者征收时才能构成防御权的问题。

因为前面已经详细地论述过,所以在此就先略过,直接进入内容形成与保

护义务的关系。

按时间序列来说,保护义务的确立,在判例上是 20 世纪 70 年代中期,而在学说上则一直到 1980 年、1990 年才得以确立,直到 2000 年前后才出现关于内容形成的学位论文。所以,二者出现时间前后相差 10 年到 20 年。先有保护义务,其后出现内容形成,两者之间的关系如何,下面将进行详细论述。

一方面,法律对宪法权利的内容和界限作出整体规定,对于内容形成支配的权利,不存在保护义务论的空间。我对此尚有不能理解之处。例如,因欺诈、强迫等的合同效力的否定,虽可以用内容形成来解释,但也可以用保护义务来解释,我认为保护义务的因素更强一些。

相关问题还有契约关系中保护义务的保护对象是什么?一种观点认为,保护义务的对象是契约自由本身,而另一种观点认为是保护因契约而遭受侵害的第三者的基本权法益。争议《消费者合同法》第 9 条第 1 款的合宪性问题的平成 18 年(2006 年)判决(波及包括我们庆应义塾大学在内的各个大学的判决)认为,是否承认对财产权的规制符合《宪法》第 29 条第 2 款所说的公共福祉,应当在比较衡量规制的目的等因素的基础上进行判断。虽然最近关于财产权的判例中习惯使用规制的目的、必要性、内容、受限制的财产权的种类、性质、限制的程度等说法,但并非是对这些列举事项进行逐一审查,可能只是个引子罢了。这暂且不论,判决认为,《消费者合同法》第 9 条第 1 款是用来界定因消费者合同的解除造成的损害赔偿以及违约金上限的规定。因为消费者与企业之间所掌握信息的质和量以及谈判能力存在结构性差距,所以如果任凭自由交易的话,由于前述的差距,很可能导致缔结不当地侵害消费者利益的合同内容,这就是作出该规定的必要性。

这会让人联想到德国最近的私人间效力判例中的说法。联邦宪法法院认为,对合同法关系负有保护义务的情形是存在谈判能力的差距而且该差距是结构性差距的情形。谈判能力存在结构性差距,而且虽然这次是关于个别具体的合同内容的,但是如果该个别具体的合同内容是源于这一结构性差距的单方内容时,就会启动基本权保护义务。按私人间效力来说,法院必须修改合同内容或者判定部分无效。联邦法院不是从内容形成而是从保护义务的框架内进行思考的。

回到《消费者合同法》，该法第9条第1款意在法律层面解决这个结构性差异。在这个意义上，该法具有将基本权保护义务具体化的地位。根据该法，倘若大学一方不得不将已经到手的学费返还，就变成了制约财产权形式的判决，但按照之前的逻辑，这是因为基本权保护义务型法律保护消费者的财产权免于遭受源于结构性差距的不平等合同的侵害。

时间过得很快，我的报告到此结束，感谢大家的倾听。

七、补　论

以上内容是笔者在北海道大学全球卓越项目中心（Global Centers of Excellent Program，GCOE）研究会上的报告。其后，在家庭法领域，最高法院又作出几个值得关注的宪法判断。

2013年非婚生子法定继承份额案决定（最大决平成25年9月4日民集第67卷第6号第1320页）改变了1995年大法庭的决定，认定《民法》第99条第4款的但书规定违反了《宪法》第14条第1款（平等条款）。2015年12月16日作出了两个大法庭判决：其中判决（2）改变了之前认为，规定了禁止妇女再婚的期限为180天的《民法》第733条合宪的先例（最高判平成7年12月5日判例时报第1653号第81页），判决超出100天的部分违宪（最大判平成27年12月16日民集第69卷第8号第2427页），另一个判决（3）认为，规定婚后夫妻姓氏统一为丈夫的姓氏或者妻子的姓氏的民法第750条合宪（最大判平成27年12月16日民集第69卷第8号第2586页）。

决定（1）和判决（2）的共通之处是一方面沿袭了尊重立法裁量而采取宽松审查的先例，另一方面以时间经过而存在情势变化为理由，在结论上改变先例。[1]

所有的法令，尤其是制约宪法权利的法令，不仅在制定时要求合理性，在适

---

〔1〕 例如，决定（1）是这样进行说理的："昭和22年民法修改到现在为止这一期间的社会动向、我国家庭形态的多样化和与之伴随的国民意识的变化、国外立法的趋势、我国批准的条约的内容和根据该条约设置的委员会所提出的批评、婚生子和非婚生子的区别相关的法律制度的变化、更有本案判例中反复指出的问题，综合考察这些因素的话，对家庭这一共同体中个人的尊重就能够更加明确地被意识到。"

用时也要具备合理性。在这个意义上,对于陈旧的法律尤其是依存于某一时点的医学见解和科学技术见解的法律,检验支撑立法的事实当然是必不可少的。另外,决定(1)虽然典型,但近年来也有轻易地援用情势变化论的判例。该决定不仅被怀疑是为了回避与先例的法构成相抵触和斟酌降低违宪审查的影响,在说理的易理解性上也存在问题。决定(1)在列举了各种变化之后,提出"上述列举的各种与本案规定的合理性相关的情势变迁,都无法单独成为判定该规定产生的法定继承份额的差别不合理的决定性理由。但是,综合考察……的话……"这样的说理并不能说是明确的、可以遵循的论证。

理论上意味深长的是判决(3),在此无法详述。[1] 该判决认为:第一,缔结婚姻时"不被强迫改变姓氏的自由"并非人格权的内容之一;第二,只是将姓氏变更带来的不利益作为一项"人格性利益"来考虑;第三,本条规定本身并非规定了法律上的差别对待的规定;第四,强制夫妻同姓并未直接制约婚姻自由,所以本条不违反《宪法》第 13 条、第 14 条第 1 款、第 24 条第 1 款;第五,即便是在同《宪法》第 24 条第 2 款的关系中,也不能认定夫妻同姓制度是欠缺合理性的制度。

其中第一项和第四项是权利和制度的关系问题。在宪法权利中,有的依赖于法律制度的具体化,这时存在同立法的关系问题,是在德国被称为"由法律认定的基本权"或者"基本权的内容形成"的主题。跟通过法律来确定内容和界限的财产权一样,作为人格权的"姓名"和"婚姻"的自由也是依存于法律制度的权利。关于基本权的限制和内容形成的界限,德国存在众多学说。判决(3)的特点和问题点在于更广义地把握内容形成。

---

〔1〕 [日]小山刚:《批判》,载《Jurist》临时增刊《平成 28 年度重要判例解说》。

宪法上的人格权与私法上的人格权*

上村都**

刘　旭　译***

一、前　　言

在日本，名誉权和隐私权等所谓的人格权在受到民法等私法保障的同时，也受到宪法的保障。因此，在实际审判中登场的人格权指的是宪法上的人格权还是私法上的人格权还不明确。不过，宪法是规定国家对个人这一垂直关系的法律，而私人对私人这一水平关系则由私法来规定。所以，可以说两者的竞合是不可能的。虽说如此，正如与私人间的效力论有关的先例三菱树脂案中最高法院的判决〔1〕所述："通过将宪法的宗旨纳入公序良俗等私法的一般条款中并加以解释、适用，从而间接地对个人的行为进行规制"，当宪法上的权利得到某些私人效力的承认时，这两者之间的完美分离是不可能的。并且，两者的关系，特别是宪法上的人格权在何种限度上规定了私法上人格权的内容，在私人间的纠纷中，宪法上的人格权在何种程度上介入到私法上的评价这一问题，将与各个论者假定为前提的私人效力论相结合起来。

因此，本报告以对日本的间接适用说产生重大影响的德国宪法判例、学说

* 本文系平成21年度至23年度(1974年)日本学术振兴会科学研究费补助金基础研究(c)(课题号:21530022)研究成果的一部分。

** 新潟大学法学部教授，法学博士。

*** 山东大学法学院硕士研究生。

〔1〕 三菱树脂案，最大判昭和48·12·12民集27卷11号1536页。

为线索,在概观了“间接适用说”的各种类型之后,决定就宪法上的人格权和私法上的人格权的关系进行试论。

二、宪法在私人间的间接适用

实际上,间接适用说并非不具备被称为一种学说那样坚定的同质性。以下将针对三点内容,分别对两种不同的见解进行比较:(1)为什么宪法会参与到私法中是间接适用的原始依据;(2)将“间接适用”这一适用方法描绘成什么样的构造是间接适用的技术构成;(3)在何种范围内需要根据宪法干预或者修改私法是价值填补的振幅。

(一)两种基础

作为间接适用说的原型,在日本也经常引用杜立希的学说和联邦宪法法院的吕特判决。[1] 但是,这两种基础之间存在不可忽视的差异。[2]

1. 吕特判决——客观的价值秩序

在吕特判决[3]中,联邦宪法法院作了如下说明:“基本权就是市民对抗国家的防御权”,“基本法并不是价值中立的秩序,但是在基本权的条款中也确立了客观的价值秩序”。“这个价值体系以在社会共同体内部发现人格及尊严的自由发展为核心,作为宪法上的基本决定,适用于法律的所有领域,立法、行政和审判都受到该价值体系的指示和冲击”。“因此,价值决定当然也会对民法产生影响,民法上的规定不能与价值决定相矛盾,必须在符合该决定的精神上加以解释”(E7,198204f.)。

---

〔1〕 [日]芦部信喜:《现代人权论》,有斐阁 1974 年版;[日]芦部信喜:《宪法Ⅱ:人权(1)》,有斐阁 1978 年版;[日]芦部信喜:《宪法学Ⅱ:人权总论》,有斐阁 1994 年版;[日]芦部信喜:《宗教、人权、宪法学》,有斐阁 1999 年版。

〔2〕 两者区别的必要性由博肯菲尔德提出。参见[日]小山刚:《基本法下德国基本权利论的展开》,载《比较宪法研究》1998 年第 10 号;[日]青柳幸一:《人权、社会、国家》,尚学社 2002 年版,第 31 页以下。

〔3〕 BVerfGE 7,198. 本案指的是吕特先生呼吁抵制电影的行为是否属于《民法典》第 826 条不法行为所争论的事件。

2. 杜立希——人的尊严保护义务

对此，杜立希以人的尊严为媒介，奠定了国家保护义务的基础。换言之，人的尊严具有“全方位性”（Art. 1Abs. Ⅰ Rdnr. 16.），《基本法》第 1 条第 1 款第 2 项[1]将国家与“尊重”并列，明文规定了国家“保护”义务。如果宪法想要最有效地实现对这一价值的保护，不仅是在与国家权力的关系中，在被私人侵犯的情况下也应该予以保护（Art1. Abs. Ⅲ Rdnr. 131.）。

对杜立希来说，《基本法》第 1 条第 1 款中人的尊严不是基本权利。它是“对我们的法律秩序来说的最高次的构成原理”（Abs. Ⅰ Rdnr. 4. Art1. Abs. Ⅲ Rdnrn. 102，131.）。此外，所谓人的尊严，法律只是能够接受它的“社会与伦理的尊重请求”。杜立希解释说，人的尊严在“ich-du（我—你）关系中作为个人的尊重请求而存在，另外，在与第三人以及社会的关系中，就已经作为社会伦理的尊重请求而存在了”（Art1. Abs. Ⅰ Rdnr. 2.）。根据《基本法》第 1 条第 1 款第 2 项的规定，作为国家的尊重义务，这一伦理的尊重要求被明确化了，“与此同时，在以往的个人和社会伦理领域中也被合法化了”。“在对国家的尊重请求中……在尊重请求受到非国家领域的攻击时，也包含要求国家采取积极的防御行为的尊重请求”（Art1. Abs. Ⅰ Rdnr. 3.）。

3. 小括

如上所述，吕特判决是以基本权利的双重特性（防御权与价值决定或者作为客观法的基本权利）为基础构成的间接适用说；杜立希本身并不是以基本权利，而是以人的尊严为间接适用的基础的。

（二）两种构成

在德国，基本权利对私法规定的解释和适用的作用被称为“照射效力”（Ausstrahlungswirkung）。而与此不同的是，在判例和学说中，将代替“照射效力”的价值填充的这一构成解释为基本权利的保护义务。

1. 基本权的照射效力

吕特判决用“照射效力”一词表达了基本权利对私法的一般条款进行价值

[1] 《基本法》第 1 条第 1 款规定：“人的尊严是不可侵犯的。尊重并保护人的尊严是所有国家权力的义务。”

填充的情形。

"作为客观规范的基本权的法律内容,以直接支配该法区域的规定为媒介,也得以在私法中展开。为了使新制定的法律必须符合基本权利上的价值体系,先前的法律在内容上也应同时与该价值体系相协调。也就是说,根据该价值体系,固有的宪法内实被赋予给旧有的法律,固有的宪法内涵今后将决定对现有法律的解释。对于受到这种基本法影响的民事上的权利行为规范所产生的私人之间权利和义务的争议,无论是实体上的还是诉讼上的,往往都是民事法上的争议,解释适用的都是民事法。"〔1〕无部分公共秩序、排除个人意思形成的强行法,尤其面临着宪法的影响。另外,在审判中,要求对人的行为进行评价的如"善良风俗"这样的民事法以外的尺度和法律以外的尺度的一般条款,成为基本权利介入民事法的"突破口"(E7,198206)。

2. 保护义务

所谓基本权利保护义务,是由国家和加害人 A、被害人 B 组成的在所谓的法律的三角关系中所产生的国家的作为义务。在法律的三角关系中,国家在与私人 A 的关系中受到防御权的约束,在与私人 B 的关系中受到保护义务的约束。而且,像这样考虑的话,间接适用(照射效力)在和 A 的关系中与防御权相关的部分,以及在和 B 的关系中与保护义务相关的部分将被分解。〔2〕换句话说,间接适用的实质实际上就是对私法规定的基本权利进行恰当的解释,〔3〕民事法院受在与 A 的关系中作为防卫权的基本权利(如表达自由)、在与 B 的关

〔1〕 BVerfGE 7,198(S. 205 f.)此时,必须加以区别的是,基本权对基本权的相对人,即国家机关的活动结果的作用,以及对不直接受基本权限制的个人活动的作用。"从基本权的直接支配中排除的是私法主体,而不是私法本身。"[日]小山刚:《基本权保护的法理》,成文堂 1998 年版,第 237 页。

〔2〕 [日]小山刚:《基本权保护的法理》,成文堂 1998 年版,第 46 页以下。

〔3〕 K. Larenz, *Methodenlehre der Rechtswissenschaft*, 6, AufI, 1991, S. 342 f. 同样的理解参照 R. Herzog, *in*: *Maunz/Dürig*, *Kommentar*, Art5 Ⅲ, Rdnr. S. 264。

系中作为保护义务的基本权利(如人格权)的约束。[1]

3. 小括

综上所述,根据保护义务论对私人效力问题所进行的重新构成,与“作为私人的第三人也是基本权的相对人”这一私人效力(第三人效力)讨论的最初的问题设定所关注的事情不同。在基本权的相对人是国家,这一国家性的前提下,问题就在于基本权对国家有什么要求,要求国家作为还是不作为。

(三)两种衡量

例如,人格权因私人 A 的报道遭受了侵害,私人 B 为此提起诉讼,请求损害赔偿。解决这个事件是依据宪法还是民法呢?形式上,当然是依据民法。但是,实际上是依据哪个法律呢?

1. 最优化

一种见解认为,必须在私人间的相互关系中谋求可能会相互冲突的 A 与 B 的基本权或者基本权益的最优化。[2]

从批判的观点来看,博肯菲尔德指出,在基本权保护义务和基本权的照射效力中使用的比例原则与警察法上的比例原则的构造不同,它被称为“适当的

---

〔1〕 防御权和保护义务不是相互排斥,而是并存的。根据卡纳里斯的观点来看,两者的区别是,在他人侵害基本权的情况下,就成为保护义务的问题,在由私法规定造成侵害基本权的情况下,就成为防御权的问题(C.-W. Canaris, *Grundrechtswoekungen und Verhältnismäßigkeitsprinzip der richterlichen Anwendung und Fortbildung des Privatrechts*, Jus 1989, SS. 161, 168)。哈格也同意上述看法(后述)。卡纳里斯和哈格将布莱克菲尔案作为基本权的保护作用发挥作用的事例。该案件是指因某出版社呼吁联合抵制布莱克菲尔杂志,对此布莱克菲尔向民事法院提出损害赔偿请求的事件。但民事法院驳回了该诉求。因此,布莱克菲尔以不承认对呼吁联合抵制行为的损害赔偿请求,侵害了自己表明意见的自由为由提出了宪法异议。该诉求得到法院承认。Hager 认为,在本案中,布莱克菲尔杂志所遭受的侵害,不是由私法规定造成的,而是由他人造成的,这与防御第三人对基本权的侵害的保护义务的思考具有一致性。此外,Hager 还提出,如果民事法院承认了布莱克菲尔杂志的诉求,“斯普林格将在其宪法异议的范围内,采用《基本法》第 5 条中的基本权的防御作用”,但这个属于防御权的构成还是保护义务的构成,则取决于加害者、受害者中哪一方提出了宪法异议。(Günter Hager, *Von der Konstitutionalisierung des Zivilrechts zur Zivilisierung der Konstitutionalisierung*, Jus 2006, SS. 769, 771)。如果这样考虑的话,也可以说围绕民事法院的法律解释而争论的吕特判决本来是防御权的问题。另外,参见[日]高桥和之:《私人间效力的再思考》,载《ジュリスト》2009 年第 1372 号,第 150 页中关于三菱树脂案判决的论述。

〔2〕 赫塞在对两法益进行调整时,要求最适合的实效性(最优化),这被称为“实践一致性”的原理。[德]康拉德·赫塞:《德国宪法的基本特质》,[日]初宿正典、赤坂幸一译,成文堂 2006 年版,栏外编号 72。

比例性”(*Angemessenheits-Verhältnismäßigkeit*)。[1] 博肯菲尔德提出,相对于通常狭义的比例原则中的“通过侵害而达到的目的与侵害之间是否不均衡”的衡量基准,在私人间效力中采纳的衡量标准则为“适当的均衡性或实践上的一致性”。[2]

2. 上限/下限

另一种见解认为,应该在防御权和保护义务所要求的禁止过度侵害和禁止过少保护之间留有一定的空间,因为防御权是保障来自国家的自由,所以要求国家不能对基本权进行过度的限制。另外,保护义务是对国家课以一定的作为义务,因此要求国家不能对基本权进行过少保护。也就是说,宪法通过禁止过度侵害和禁止过少保护而对私法秩序表示了可能得出的结论的上限和下限。反过来说,由于对于私法秩序,宪法只是划定了上限和下限,因此应该在那里留有一定的空间或余地。这个空间是民事立法者的裁量余地,是民事法院的裁量余地,私法的独立性将在这一范围内得到发挥。

三、宪法上的人格权与民法上的人格权

(一)价值填补

由于三菱树脂案的判决对价值填补持消极的态度,在日本的宪法学说中,要求更进一步地进行价值填补的讨论占据支配地位。因此,强调“下限”或者上限和下限的“空间”的讨论给人留下了长期没有进行的印象。或者说,到目前为止的讨论中,可能原本就认为上限和下限之间不存在间隙。如果不存在间隙的话,以“在外观上坚持宪法上的人格权和私法上的人格权的二元性的基础上,通过在对违法行为法进行解释和适用时寻求宪法精神的照顾,而在实质上以实现两者的统一化为目标”为开头的命题则被确认结束。

但是,如上所述,德国近年来强调上限和下限的“空间”的讨论盛行起来。

---

〔1〕 [德]博肯菲尔德:《基本法制定 40 周年后现在对基本权的解释》,载[日]铃木秀美译:《现代国家与宪法、自由、民主制》,风行社 1999 年版,第 371 页。

〔2〕 [德]博肯菲尔德:《基本法制定 40 周年后现在对基本权的解释》,载[日]铃木秀美译:《现代国家与宪法、自由、民主制》,风行社 1999 年版,第 393 页。

另外,最近的日本学说也开始强调宪法决断力的界限。[1] 从这样的立场来看,问询宪法上的人格权和私法上的人格权的防御范围,将产生意义和实际利益。

(二)私法上的人格权的独立性

贾里斯(Jarass)强调了宪法上的人格权和私法上的人格权的差异,并提出如下主张:一般来说,虽然宪法对于立法者来说有广义和狭义的差异,但也只不过是出示了框架而已。宪法将如何在民法和刑法中实现对人格权的保护委托给了立法者。"因此,私法上人格权的具体形式只不过是宪法所容许的选择之一。"[2][3]

同样地,私法学者 Ruffert 担心,宪法上的人格权和民法上的人格权在审判实务中经常被混为一谈,特别是由于采用相同的名称来称呼这两个权利,所以"一般人格权有变成拥有宪法上论据的'具有全方位武器'的危险"。[4] 因此,从"对于理解宪法和私法中的人格权保护来说,宪法上和私法上的一般人格权的区别是必不可少的"的立场来看,应当强调两者的区别。根据鲁法特(Ruffert)的说法,"宪法上事先规定的只是与《基本法》第 1 条第 1 款相关联的第 2 条第 1 款的任务,即在私人关系中也保护一般人格权。这项任务并不包括一切,它只是在宪法上划定禁止过少保护的界限,只有在这个范围内才有可能进行宪法统制"。[5] 这个界限的内部将作为私法的固有领域被保留下来。

---

〔1〕 [日]高桥和之:《立宪主义与日本国宪法》,有斐阁 2005 年版;[日]小山刚:《基本权保护的法理》,成文堂 1998 年版;[日]君塚正臣:《宪法的私人间效力论》,悠悠社 2008 年版。

〔2〕 Hans D. Jarass, *Das allgemeine Persönlichkeitsrecht im Grundgesetz*, NJW 1989, SS. 857, 858.

〔3〕 Jarass 的观点是,从立法者的裁量余地这一观点出发,立法者制定法律是在与基本权的关系中,在与"限制"关系、私法关系中,以作为"(基本权利的)具体化"关系出现为前提的。这样的见解,也有基本权价值照射的"上限"和"下限"的构思吧。Hans D. Jarass, *Das allgemeine Persönlichkeitsrecht im Grundgesetz*, NJW 1989 Heft 14, S. 862.

〔4〕 Mattias Ruffert, *Vorrang der Verfassung und Eigenständigkeit des Privatrechts: eine verfassungsrechtliche Untersuchung zur Privatrechtswirkung des Grundgesetzes*, 1. Aufl., Tübingen: Mohr Siebeck, 2001, S. 483.

〔5〕 Ruffert, Mattias Ruffert, *Vorrang der Verfassung und Eigenständigkeit des Privatrechts: eine verfassungsrechtliche Untersuchung zur Privatrechtswirkung des Grundgesetzes*, 1. Aufl., Tübingen: Mohr Siebeck, 2001, S. 484.

四、结　　语

Ruffer说:“两种人格权常常是相似的,有时会有完全相同的结果。”[1]因此他认为即使宪法上的人格权和私法上的人格权的区别被忽视,也有很多没有实际危害的情形。但是,回到杜立希的话,间接适用说原本就是有意识地排除了宪法对私法关系过剩的说法,因此在坚持宪法本来特性的同时,强调了保留私人以及私法的立法者、民事法院应有的独立性的这一说法。关于宪法上的人格权和私法上的人格权的关系,对于私人间的效力,论者可能会有不同的解答,不过,笔者认为,通过返回到杜立希,我们可以看到宪法和私法之间的适当关系。

---

〔1〕 Hans D. Jarass, *Das allgemeine Persönlichkeitsrecht im Grundgesetz*, NJW 1989, SS. 857, 858.

部门宪法*

赫伯特·克吕格尔**
王 锴 译 晏 韬 校***

部门宪法(Subkonstitutionelle Verfassungen)是指这样一种秩序,即虽然以宪法命名,但是与国家的宪法(Staatsverfassung)存在区别,它不是针对一个普遍的民族或者政治共同体,而是针对一个特别的生活领域。问题在于,部门宪法所引发的问题在更大的范围内也属于国家宪法的大问题。在下述意见上,人们的看法是一致的,即国家的宪法并不限于成文的文本,除此之外,文本还包含了一些并不适合作为宪法规定的条款。这些条款也因此仅呈现为"形式意义"上的宪法。如果一个法律规定了宪法位阶的问题,人们也将其归入国家的宪法,即"实质意义"上的宪法。除了成文法,各种不成文宪法也属于国家的宪法,包括宪法习惯法、宪法原则、宪法条约、宪法前提、宪法期待。[1] 最终都具有宪法

---

* 原文载《公共行政》(*Die Öffentliche Verwaltung*)1976年第18期,第613～624页,感谢《公共行政》杂志授权翻译。该文是德国少见的专门探讨部门宪法的论文,也是部门宪法在德国兴起时开创性的几篇论著之一(关于德国部门宪法发展演变的一个基本介绍,参见 Rainer Wahl, "Der Vorrang der Verfassung", in ders., Verfassungsstaat, Europäisierung, Internationalisierung, Suhrkamp, Frankfurt am main, 2003, SS. 149－155)。虽然该文所使用的部门宪法的概念与今天更加常用的"Teilverfassungen"(后者从字面含义来看,是"部分宪法")不同,但是该文中已经对德语部门宪法的原意——针对某个特殊领域的宪法——进行了很好的阐释,值得我国在引介部门宪法理论时参考借鉴。

** 赫伯特·克吕格尔(1905～1989),德国公法学家,著有《一般国家学》等书;1955～1971年担任汉堡大学法学院国家法与国际法教授。

*** 北京航空航天大学法学院教授,法学博士。

〔1〕 Herbert Krüger, "Verfassungsvoraussetzungen und Verfassungserwartungen", in *Festschrift für Ulrich Scheuner*, 1973, S. 285ff.

实效性,尤其是宪法实践。这些都通过制宪者的口吻——[1]制宪者的构想和宪法机关对宪法问题的阐述——[2]来补充宪法的精神或者宪法的氛围。不能忘记的是国际条约——从威斯特伐利亚合约到凡尔赛条约——[3]和国际法地位,就像 1945 年战胜国迫使战败国接受他们的意志,这在没有缔结和平条约的德国一直存在。[4] 更别提将那些被承认具有宪法位阶的规范或制度纳入宪法的框架。[5] 面对这些大量的、漫无边际的、不可计数的形式,人们担心,加入无数(这还仅仅考虑了公共团体的规则)的部门宪法是否会把这个已经足够长的目录变得更加冗长。

宪法的通货膨胀不能给予积极的评价,因为有理由证明,德国必须认真对待行为的合宪性问题,包括最小的、最微不足道的生活领域也被期望是合宪的。[6] 国家的宪法是一种具有独特形式的秩序:它应当被它的国民在意识上所接受,为此,它必须是短的、可理解的,尤其是可靠的。当公民把所有可能的一切都纳入宪法规定和赋予其宪法位阶的时候,最后一项要求就被违反了。其次要考虑,宪法的规定越多,违宪的情形就越频繁。当立法者服从宪法法院的监督时,这体现得尤为明显。甚至极大的细致和良好的意图也不能防止立法一再被斥责为违宪。这对其他国家机关也适用,甚至还有公民。当基本法将一个

---

〔1〕 参见 1972 年 2 月 9 日联邦宪法法院的判决,BVerfGE 32,333fff.,338。

〔2〕 参见戴高乐总统在新闻发布会上的说明,Jacques Chapsal, *La Vie Politique en France depuis* 1940,Paris,1966,S. 386。

〔3〕 Otto Hintze and Gesammelte Abhandlungen,*Band II*: *Soziologie und Geschichte*,Leipzig,1942,S. 213. "那些真正了解德国宪法的人,除了帝国宪法之外,都会至少把凡尔赛条约的摘要放在手边。"

〔4〕 Knud Krakau,*Feindstaatsklauseln und Rechtslage Deutschlands nach den Ostverträgen*,Frankfurt am Main,1975.

〔5〕 Wolfgang Zöllner,*Paritätische Mitbestimmung und Art.* 9 *Abs.* 3 *GG*,Köln usw.,1970,S. 28. "当反对自由作为《基本法》第 9 条第 3 款的团结的要素时,它并不会因此丧失宪法位阶,宪法也不会被普通立法者随意修改。也参见第 52 页。'反对者的独立性具有宪法位阶。'杜塞尔多夫地方法院在 1972 年 11 月 15 日的判决中指出,企业的契约自由具有宪法位阶。仅发现这一点并无法阐明我们所列举的案例和宪法'通货膨胀'的可能。它更多的是一种法官宪法。Hans Huber 在《基本权利》第一册中指出,基本权利的内涵是从宪法判决中得出的。"当这种政治文化在联邦德国得到贯彻的时候,人们才能期望宪法的诞生。参见 Wolfgang Mantl,*Repräsentation und Identität*,Wien usw.,1975,S. 75 Anm. 43。

〔6〕 这不仅仅是国家市民阶层在发挥作用,更多是为了保护个人利益而抵御立法者的侵犯。

确定的“人的形象”作为前提的时候,[1]公民的行为如果违反了作为“自治的个体”,也会被指责为违宪。

相应的问题在宪法修改中也会发生。所有属于宪法的内容都是对立法者权限的剥夺和对制宪者的保留。不再有立法权,而只有制宪权。这个结果是非常令人不快的:当一部宪法二十几年才修改了不到12条时,[2]这难道不令人担忧吗?这将导致宪法的退化和变质。任何一部法律都将成为修改宪法的法律。当人们逐字逐句地思考《基本法》第79条第1款时,[3]只有修改基本法的文本才能谈得上是特定意义上的宪法修改,修改其他的宪法性法律属于修改法律,但这对于所谓的宪法原则并不适用。因为根据《基本法》第79条第3款,修改基本原则的权力被制宪者剥夺了。[4]

由此形成了下列的结论:部门宪法不同于国家宪法的地方在于,它仅仅涉及部分领域,而国家的宪法涉及国家生活的全部。如果人们说部门宪法具有和国家宪法相同的位阶,那就等于将部分领域与整体生活放在了同等重要的地位上。这将导致宪法不仅仅是国家和民族所呈现的普遍的东西,更多是特殊的团体获得了普遍的地位,至少是它们共同构成了普遍性。由此,人们将向等级制国家迈进了一步,这种国家形式与民主是不相容的。[5]

---

〔1〕 参见联邦宪法法院1973年3月14日判决,BVerfGE 33,10f。“不是专断的个人,而是在社会中生存的、负有责任的人格。”

〔2〕 7bBGBl. 1976年8月27日判决,S. 2381,修改了《基本法》第33条和第34条。

〔3〕 德国《基本法》第79条第1款:基本法只能被法律修改,该法律应明确规定修改或补充基本法的条款。签订以和平、准备和平或者废除占领法规定的秩序为内容的国际条约时,或签订有利于联邦国防的国际条约时,为明确基本法条款不与此类条约的缔结和生效相抵触,对基本法条约予以补充即可,但补充的内容仅限于明确上述目的。——译者注

〔4〕 德国《基本法》第79条第3款:对基本法的修改不得修改联邦由各州组成、各州参与立法以及第1条和第20条所规定的原则。——译者注

〔5〕 Joseph H. Kaiser, “Die Verfassung der öffentlichen Wohlfahrtspflege”, in *Festschrift für Ulrich Scheuner*, 1973, SS. 241, 242ff. “经济、职业生涯和其他的社会领域并非不受宪法调整,而是与宪法交织在一起。来自于基础规范或者来自于国家宪法体系的部分秩序是不可能通过演绎得出的,经济宪法、劳动宪法、企业宪法的部分秩序中的结构性原则是通过证明和与宪法中的公共福利事业类比得出的。宪法的约束力这个术语是与不同的社会和法律上的部分秩序相关的。类似于通过多元主义,国家的统一被相对化了,宪法的概念本身就是多元的。”

一、部门宪法具有宪法位阶吗

正如第一部分的结论所显示的,问题转向了部门宪法能否获得宪法位阶?宪法位阶并非是它自己能够具有的,而是来自国家宪法的赋予。作为制宪者,它是拥有制宪权的主体。在民主国家,它是人民。因此,我们的问题在于,作为制宪者的人民基于制宪权是否赋予了部门宪法以宪法位阶?因为人民在国家宪法中表达他们对宪法问题的观点,所以这种赋予的可能性是存疑的。在此我们假设,宪法位阶没有程度的区分,只有有宪法位阶和没有宪法位阶之别,没有宪法位阶的多或少的差别。

(一)在国家宪法中存在部门宪法吗?

马克思主义的意识形态认为,国家有义务在国家宪法中去规定经济宪法以及相应的经济政策。比如东德宪法就规定,东德的国民经济是社会主义计划经济。[1] 许多发展中国家也有类似的规定。实践已经承认,特定的国家宪法只容忍同质性的部门宪法。如果我们希望在后面引入证据证明这样的要求是不存在的,那么这一要求也同样不适用于共产主义国家的宪法,主要是国家要借此维护更大的经济政策的裁量空间。如果存在这样的同质性,人们首先会追溯到这个国家的意识形态。意识形态是包罗万象的、不可分割的,对此,部门宪法也不例外。自由民主中的自由是建立在上述基础上的,即自由拒绝将自身作为一种意识形态。将宪法视为一种价值决断并非一种不自由和一种相应的僵化。

本文中,我们将国家的性质限定在自由民主,由此选择了瑞士作为在国家宪法中承认部门宪法的例子。汉斯 · 胡贝尔(Hans Huber)和埃贡 · 特弛菲尔德(Egon Tuchtfeldt)共同起草 1874 年宪法中具有经济宪法政策特征的规定。[2] 对此,Hans Huber 认为,[3] 保障营业自由部分也构成了经济宪法的基础,即建立一个自由竞争的、供需开放的体制。彼德 · 萨拉丁(Peter Saladin)也

---

〔1〕 Georges Burdeau, *Traité de Science Politique* Ⅸ, 2. *Aufl.*, Paris, 1976, S. 497.

〔2〕 Wirtschaftspolitische Ziele, in der Verfassung?, Bern, 1970, S. 32.

〔3〕 in Recht-Staat-Wirtschaft Ⅳ, S. 128.

指出,[1]自由竞争的经济体制是宪法保障的制度。[2] 进而,经济竞争也是受到瑞士新《宪法》保障的。[3]

一个没有规定经济宪法和经济政策的宪法样本是德国基本法。联邦宪法法院自从投资助手案以来就强调基本法的经济政策中立原则。[4] 学术更早就对此进行了定位。[5] 毫无疑问,基本法明显没有包含经济宪法的规定。[6] 但也有人认为,基本法隐含着市场经济的经济宪法。这个问题又有两种变型。

第一种变型是卡尔·施米特定义的。他认为,宪法是关于政治统一体的类型和形式的根本决断。很明显,根本决断不仅涉及普遍性的事务,也涉及特殊生活领域的普遍性。如果在宪法中并没有发现相应的规定,就要从中体会。最主要的代表就是瓦尔特·欧肯(Walter Eucken)[7]和弗尔茨·波姆(Franz Böhm),[8]尽管基本法中对经济宪法保持了沉默。

人们经常采取精细的方式从国家宪法中来提取经济宪法,但是很少回溯到作为整体的基本法,更多是从个别条款中去提取。为了得出结论,导致除市场经济之外的经济宪法都是不符合基本法的。[9] 彼德·马都拉(Peter Badura)曾

---

[1] Peter Saladin, *Grundrechte im Wandel*, 2. *Aufl.*, Bern, 1975, S. 403.

[2] Peter Saladin, *Grundrechte im Wandel*, 2. *Aufl.*, Bern, 1975, S. 410.

[3] 为瑞士《联邦宪法》的全面修订做了准备,人们很少争论,是否应当像我们理解的一样去接纳宪法中的景气条款,参见 Neue Züricher Zeitung, May 14, 1976, July 28, 1976。

[4] 最终见 BVerfGE 30, 315, 1976 年 5 月 14 日。

[5] Herbert Krüger, *Grundgesetz und Kartellgesetzgebung*, Göttingen, 1950; Hans D. Jarass, "Mitbestimmung und Grundgesetzliche Wirtschaftsverfassung", in *ZHR* 139, 1975, SS. 557, 560ff, Anm. 26; Gerd Rinck, *Wirtschaftsrecht*, 4. *Aufl.*, Köln usw., 1974, S. 59ff.; Bernd Rüthers, *Arbeitsrecht und Politisches System-BRD*: *DDR*, Frankfurt am Main, 1972, S. 17.; Helmut Steinberger, *Konzeption und Grenzen Freiheitlicher Demokratie*, Berlin usw., 1974, S. 260.; 同时参见 USA, S. 332。

[6] Peter Badura, "Grundprobleme des Wirtschaftsverfassungsrechts", in *Juristische Schulung*, 1976, S. 205ff.

[7] Walter Eucken, Grundsätze der Wirtschaftspolitik, Bern und Tübingen, 1952, S. 26.

[8] E.-J. Mestmäcker, "Wirtschaftsordnung und Staatsverfassung", in *derselbe*, *Festschrift für Franz Böhm*, 1975, S. 383ff. Franz Böhm 认为,宪法中自由交通经济的法律基础是营业自由(宪法政治上的整体决断)。对此也参见 Joseph H. Kaiser, AöR 100, 146。"新自由主义同样将经济宪法置于一个根本决断上"。

[9] Walter Leisner, "Privateigentum ohne privaten Markt?", in *Betriebes-Berater*, 1975, S. 1ff.

经很好地描述了这一策略,[1]我们复述一下他的话:基本法对这一问题的不明确,允许或者要求经济秩序和经济政策基于社会国的一般条款、基于经济生活所需的基本权利、基于相关的联邦立法权限去解释,除此之外,还包括与立宪国家原则、与法治国原则的相互联系。这一法学上可以利用的、必要的路径导致了经济宪法作为评判个别经济政策法律的标准。由此,从基本法的整体观和发生史的不同方向中获得了存在一个稳固的经济宪法的结论。

这样的演绎让基本法中的经济宪法的说法变得可能。[2] 同样,人们可以从基本法中提取出劳动宪法(*Arbeitsverfassung*)。[3] "集体劳动权的整体秩序希望看到这样一种结果,或多或少被称为劳动宪法的是《基本法》第 9 条第 3 款。团结自由不仅仅作为个人权利,也是我们社会秩序的结构性原则,确立了一个与社会相关的组织和秩序规范"。更早的是鲁普雷希特 · 肖尔茨(Ruprecht Scholz),他从基本法第 9 条第 3 款中推导出了劳动宪法,[4]并且通过更多的基本权利条款确认了这一点。[5] "劳动宪法的内涵建立在《基本法》第 2 条第 1 款、第 12 条、第 14 条所规定的具体秩序基础上。"由此可以说,基本法中的劳动宪法是可能的,[6]甚至可以说是基本法中的社会宪法(*Gesellschaftsverfassung*)。[7]

(二)对宪法政策问题发表意见:国家宪法应该规定部门宪法吗?

要回答这个问题,即国家宪法能否和应否赋予部门宪法以宪法位阶,或者其他的因素是否有能力这么做,人们首先想到的是,如果肯定这个问题,会产生什么影响。任何一部宪法的首要意义就是从日常的变动中抽取出生活关系,由此将规范固定化、稳定化和永久化。任何一部宪法的第一个任务,经常犯的错误就是将

---

〔1〕 Georges Burdeau, *Traité de Science Politique IX*, 2. *Aufl.*, Paris, 1976, S. 206.

〔2〕 例如, Rupert Scholz, "Öffentliche und Privatversicherung unter der Grundgesetzlichen Wirtschafts- und Sozialordnung", in *Festschrift für Karl Sieg*, *Karlsruhe*, 1976, S. 507ff。

〔3〕 Hans Buchner, "Grundgesetz und Arbeitsverfassung", in 25 *Jahre Grundgesetz*, Köln usw., 1974, SS. 1ff, 1, 8/9.

〔4〕 Der Betrieb 1972, S. 1774; 另见 Wolfgang Zöllner, *Paritätische Mitbestimmung und Art.* 9 *Abs.* 3 *GG*, Köln usw., 1970, S. 28。

〔5〕 *Paritätische Mitbestimmung und Grundgesetz*, 1974, S. 43.

〔6〕 Der Betrieb1972, S. 1774.

〔7〕 Ruprecht Scholz, *Mitbestimmung*, SS. 22, 24. 此外,需要说明的是,社会的宪法总体上并不被视为部门宪法。

最大化当作最优化即以为规定得越多,就是规定得越好。当然,如果部门宪法在本质上具有了宪法位阶的话,谁批评部门宪法,谁就是在批评国家宪法!

部门宪法获得宪法位阶并不仅仅因为它形塑了普通法律,比如经济宪法对于反不正当竞争法和稳定法,而是因为所有的宪法组成部分都位于文本之中。就像宪法原则,人们发现它们是宪法的“父亲”,至少是解释时要考虑的父辈的智慧。[1] 当人们把“父亲”提升到“先知”的层次的时候,神圣不可侵犯的市场经济原则就诞生了。

如果部门宪法是宪法,那么,它就是从成文宪法和根据需要从不成文的宪法任务中提取出的。如果它具有宪法位阶,那么,这就要求它有权威,这无疑是棘手的,一开始就陷入了争论。一旦不承认国家宪法的权威,那么,作为普通立法者作品的部门宪法将更难获得承认。经验已经证实了上述担心。经济宪法、经济政策,和带着民主化宪法任务的劳动宪法一样陷入了空谈主义,因为意识形态被放弃了,这一意识形态试图让基本法去积极确定一种特定的经济模式。人们只能听到冷漠的自由化或者民族的存在受到了无所不在的、全面的、彻底的竞争的威胁,而不考虑目标是否适当或者是否像大众媒体一样无害。[2] 更别提人们去探寻,在这样的宪法任务中能否推导出个人的主观权利,也许是一种请求立法来执行宪法的权利,就像《反垄断法》第26条所规定的。

人们追求实质的宪法概念的结果就是,认为部门宪法中必然包含基本权利。而且,当人们认为部门宪法具有宪法位阶的时候,这就是很自然的。这并非“鬼话”。[3] 正如《企业劳资法》作为部门宪法,社民党1972年提出的该法草案中纳入了劳动者享有的《基本法》第1~17条的基本权利。因为基本权利比其他的宪法规定更少“通货膨胀”。基本权利并非人权或者公民权,而是具有特

---

〔1〕 对此的批评,参见 Andreae and Glahe, *Das Gegengewichtsprinzip in der Wirtschaft*, Köln usw., 1966, S. 15。通过引用路德维希·埃哈德(Ludwig Erhard)有关“所有人的富裕”,赫博特·吉斯弛(Herbert Giersch)解释了他对于社会市场经济的定义。以此为出发点,早期经济部长的讲话至少对于他所在的党而言,具有准经济宪法的性质。参见戴高乐总理早期有关宪法组成部分的讲话。

〔2〕 Wilhelm Herschel, “Leistungsfähigkeit-eine Voraussetzung arbeitsrechtlicher Koalitionen”, in *Arbeit und Recht*, 1976, SS. 225, 241ff, Anm. 108.

〔3〕 Peter Badura, “Grundfreiheiten der Arbeit-Zur Frageeiner Kodifikation Sozialer Grundrechte”, in *Festschrift für Friedrich Berber*, München, 1973, S. 11ff.

殊的地位。这一建议最终并没有被采纳。无论如何,人们可以从该法的第75条和第81条之后看到迈向规范化劳工基本权的第一步。[1] 社会法典的第一部分已经放弃了这一规定:劳工有请求给付的权利,但仅限于被法律预先规定的给付。即使人们并没有赋予部门宪法以宪法位阶,对基本权利或者等同于基本权利的权利的接受也可以在任何情况下产生这种地位提升的结果。人们在联邦德国宪法中看到基本权利是宪法的组成部分,甚至是真正的宪法。这对于部门宪法同样适用:因为基本权利是最高位阶的价值决断,包含了基本权利的部门必然在整体上具有崇高地位,这是不可避免的。即使人们从部门宪法中并没有推导出宪法任务,这种带有基本权利的部门宪法也会获得人们的尊重,就像它给国家宪法带来的成就一样。如果它并没有给任何人带来真正实现的机会,基本权利还停留在口头上。履行宪法任务是国家的本职工作,但这并非是通过公民获得要求立法机关和宪法法院给予机会平等的权利来实现的。[2] 最终,当国家的宪法渴望从公民那里获得服从和忠诚的时候,具有宪法位阶的部门宪法能够拒绝同样的要求吗?[3] 为了系统地探讨该问题,部门宪法是否应当具有宪法位阶,有两点需要考虑。

第一点是国家理论方面的。当宪法被固定化、稳定化和永久化之后,它就会对相关生活领域的行为能力产生一定的限制,不管怎样,就像没有发生一样,人们并没有把制宪视为一种生产扩大的形式。如果人们不仅将宪法位阶赋予国家的宪法,也赋予部门宪法,那么人们将宪法扩展到整个社会,国家的行为能力相应地缩小或者变得困难:它需要一部紧急状态宪法(Notstandsverfassung),可以在失去行为能力的情况下消除紧急状态。通过建构性的马克思主义,人们将国家视为一个对于人的存在有益的组成部分,尽管不是决定性的。这存在于国家的能力之中,也就是在任何意料之外的状态中成功准备的能力。同样需要

---

[1] Peter Badura, "Grundfreiheiten der Arbeit-Zur Frageeiner Kodifikation Sozialer Grundrechte", in *Festschrift für Friedrich Berber*, München, 1973, S. 16.

[2] Peter Badura, "Grundfreiheiten der Arbeit-Zur Frageeiner Kodifikation Sozialer Grundrechte", in *Festschrift für Friedrich Berber*, 1973, S. 36. 仅仅被提及的就是作为部门宪法的基本权利的第三者效力。

[3] Michael Klöpfer, *Information als Intervention in der Wettbewerbsaufsicht*, Tübingen, 1973, S. 17, Anm. 51. 他描绘了经济宪法中企业家的债务忠诚的可能性。

的是国家的行动力,即国家权力,它具有普遍授权和空白授权的性质。[1] 世界变化得越快,国家要快速、有效应对和解决的新问题就越多。让我们看一下经济和货币问题。通货膨胀是国家没有很好胜任其任务的最好证明。[2] 毫无疑问,在一个共同体中,并非所有的事情都是可变的,因为它也需要稳定的、可以经受住变化的制度。[3] 秩序和变化之间必须保持一个适当的关系:当人们将社会领域的规则赋予其宪法位阶的时候,就存在一个适当性的问题。因为立法者没有宪法的授权是不能行为的,也不能把国家权力作为普遍授权和空白授权来理解。[4] 即使人们在部门宪法领域并没有要求立法者的行为获得特定的宪法授权,但部门宪法是否获得了宪法位阶情况仍然存在不同。就像宪法位阶阻碍了公民的批评一样,它同样使得立法机关的干预变得困难。它需要考虑和犹豫的是,权威和尊严之间的对立。如果部门宪法是宪法法院的创造物,立法机关的干预就完全不可能了。[5] 洛萨·布赫(Lothar Bucher)曾经说,[6] 人民富裕,并不能证明宪法的优秀,很可能在另一部宪法下他们会更富裕。具有宪法位阶的经济宪法将减少跨系统的福利提升与自由主义的宪法目的之间的冲突,在任何情况下改革都存在反对的力量。

根据国家理论,部门宪法是否具有宪法位阶是一个宪法理论上值得重视的问题。宪法既不是万灵药,也不是通用规范,即形式上作为一种对任何法律秩序都适用的素材。关于这个问题,有两个被承认的学术观点:一个是将宪法视为政治;另一个是宪法条款的降格,仅仅在形式上指代某些事务的基本状况,这些事务不属于国家宪法的内容,也不适合于国家宪法。在此,并不存在一个关于事务的学说,据此,宪法能根据其本质和意义调整什么和不调整什么。如果

---

〔1〕 Herbert Krüger, *Allgemeine Staatslehre*, 2. *Aufl.* ,1966, S. 940ff.

〔2〕 对此参见新苏黎世报(Neue Zürcher Zeitung, NZZ)在一本小册子中的概括。

〔3〕 19 世纪前半期的政治理论认为,保守政党和进步政党本质上都是共同体的组成部分。

〔4〕 Peter Saladin, *Gleichgewichts Sicherungals Staatsaufgabe*, in NZZ 22./23. 8. 76. 它特别要求,当宪法采纳了经济条款的时候,经济政策就获得了合法性。这种采纳尽管并非绝对必要的,但这就是现在发生的事情。

〔5〕 就像美国最高法院在 1905 年的洛克纳(Lochner)案或者 1934 年拒绝新政中所做的,联邦德国法院在所谓的药房判决中挫败了政府的经济和社会政策。

〔6〕 Der Parlamentarismus wie er ist, 2. Aufl. , S. 272.

宪法是国家的宪法,国家就是一种制度,社会仅仅作为整体与国家制度发生关系。尽管立法者有权调整社会领域,但并非唯一有权者(如法官法、自治)。这个区别在实践中是有所保留的,一个问题涉及的人越多,如社会安全、充分就业、生育,人们希望了解的就越多,即宪法是否至少原则上考虑了他们的关切。尽管宪法采纳了国家目标规定,但这与国家权力的普遍和空白授权的特点是不相容的。不能忽视的是,宪法是国家整合的过程,如果它不让公民了解它能够在所有人关切的问题上带来什么愿景,这个任务是无法成功实现的。

由此可以得出一个结论:宪法位阶是保留给国家宪法的,部门宪法缺乏这样的位阶,因为它是宪法之下的法。国家宪法处理的主题往往也是部门宪法的领域,由此只有具有宪法位阶的规定是国家宪法所包含的,从而不同于宪法之下的法。这一结论不应再通过将部门宪法提高到"实质宪法"的地位(以从解读相关宪法条款并进而建构性地强化部门宪法的方式)而受到质疑。〔1〕必须再次强调的是:部门宪法并不是为了完善立宪国家,而是为了加强防范立法者的意识形态和权力。

二、部门宪法的定位

诚如前述,具有宪法位阶的宪法只能是国家的宪法,所有其他的宪法都必然缺乏这一位阶。为此,这个问题提出了两个积极界定宪法的观点。因为基本法并没有包含社会宪法,〔2〕由此留下了整个社会空间去支配。〔3〕

如果国家宪法属于公法,那么结论就是,部门宪法属于私法。尤其是劳动

---

〔1〕 就像人们在日本的卡特尔法中所经历的,参见 Chitoshi Yanaga, *Big Business in Japanese Politics*, Yale UP, 1968, S. 153。对于德国,参见 W. Kartte und A. Von Portatius, "Kriminalisierung des Kartellrechts? ", in *Betriebs-Berater*, 1975, S. 1169ff。反不正当竞争法是社会市场经济的基本法,例外是,政党法是实质意义的宪法,对于该法,参见 Karl-Heinz Seifert, *Die politischen Parteien im Rechte der Bundesrepublik Deutschland*, Köln usw, 1975, S. 50。上述关系要求聚焦于秩序政治的操作,立法者或者发展中国家对世界经济宪法的渴望遭受了批评,理由是他们错误看待了秩序政治。据此,立法者将秩序政治原则提到了一个更高的位阶。

〔2〕 Klaus Schlaich, *Neutralität als verfassungsrechtliches Prinzip*, Tübingen, 1972, S. 104. 不同观点参见 Peter Häberle, in ZfPol. 21. 136。"宪法不仅仅形塑了国家,而且也部分形塑了社会,即公共领域"。对此参见 Alfred Rinken, *Das Öffentliche als verfassungstheoretisches Problem*, Berlin, 1971, S. 247。"就此而言,宪法不仅是国家宪法,而且也是整体宪法(*Gesamtverfassung*)。"

〔3〕 这一表达自然是不完全正确的,因为它总是将人放在不同的角色上,比如公民。

宪法,人们一般将其归入民法:工会、[1]劳资协定、[2]罢工。[3] 即使企业劳资法本身也属于私法。[4]

上述观点并没有被遵循,在很大程度上也不会被遵循。比如,E. R. Huber 就将劳资团体作为公法性质的组织。[5] 新时期要提及的是 F. -J. Säcker。[6] 他认为,尽管工会被定位为私法,但实际上它是自由民主社会秩序的一环,从而具有公共性,它不仅享有权利,也要承担责任。约瑟夫·H. 凯撒(Joseph H. Kaiser)将团体成员视为公共的,[7]因为他们享有制度所赋予的公共权力和权威。乌利齐·萨伊尔纳(Ulrich Scheuner)也用一个整章来写团体成员的公共定位。[8]

企业劳资法尤其要克服的是环境与它的私法属性之间的冲突,无论是根据组织来划分,还是按照实质来划分,都否认了私法属性对其的可适用性。

经济宪法要克服的是,上述观点贯彻得越彻底,300 人以上的大企业都必须服从共同决定,其公共的重要性就越显著。[9] 人们不再同意,在自主形成和自主行为之间存在关系。大企业必须有责任参与竞争,原则上不允许通过合作来代替或补充竞争。[10]

据此,在代表普遍性的国家和私人领域之间明显存在一个空间,人们将其作为公共空间来维护。这一空间包含有权力性和重要性的领域和结构,在其中

---

〔1〕 Rolf Dietz, "Die Koalitionsfreiheit", in *Die Grundrechte* Ⅲ/1, 1958, SS. 417, 438ff; Wolfgang Martens, *Öffentlich als Rechtsbegriff*, Bad Homburg v. d. H. usw., 1969, S. 166, Anm. 524.

〔2〕 Franz-Jürgen Säcker, Gruppenautonomie und Übermachtkontrolle im *Arbeitsrecht*, 1972, S. 240. "对于现存的劳动和经济秩序中必不可少的制度而言,它们整体上都属于私法。"

〔3〕 Hans G. Joachim, in *Recht der Arbeit*, 1973, S. 292; derselbe, in *Streik und Aussperrung*, Frankfurt am Main o. J., 1974, S. 35.

〔4〕 例如,Wilhelm Herschel, in *Arbeit und Recht*, 1974, S. 258。理由就是企业属于私法领域。更早的参见 Galperin-Löwisch, *Kommentar zum Betriebsverfassungsgesetz I*, 5. *Aufl.*, Heidelberg, 1975, S. 66f。

〔5〕 *Wirtschaftsverwaltungsrecht* Ⅱ, Tübingen, 1954, S. 432.

〔6〕 *Wirtschaftsverwaltungsrecht* Ⅱ, Tübingen, 1954, S. 432.

〔7〕 *Die Parität der Sozialpartner*, Karlsruhe, 1973, S. 24.

〔8〕 *Die Rolle der Sozialpartner in Staat und Gesellschaft*, Stuttgart-Degerloch, 1973, S. 22ff.

〔9〕 Herbert Krüger, "Öffentliche Elemente der Unternehmensverfassung", in *Planung V*, 1971, S. 19ff.

〔10〕 E. -J. Mestmäcker, "Wirtschaftsordnung und Staatsverfassung", in *Festschrift für Franz Böhm*, Tübingen, 1975, S. 383ff. "竞争的游戏规则不仅仅是安排参与,而且也是经济宪法的一部分。"

发生的重要的一切,都会持续地影响公共事务。从自由民主政体中并不能得出形式上国家化的结论,国家化也并非仅仅为了自由,而是在确保繁荣的前提下,追求多样性和差异性中的自由。就此而言,有丰富的成果可供利用。另外,私人的恣意也不能完全放任,因为恣意影响的不仅仅是私人领域,而是公共事务。如果部门宪法包含了这些领域和结构,那么其就进入了公共空间,这一领域不应该对部门宪法没有影响。至于不涉及公共特征的部门宪法,则可另作别论,其重要性就像公众对足球队的影响一样。[1]

三、国家宪法与部门宪法之间具有同质性吗

部门宪法源自公共性的制度提出了一系列的问题,这里仅仅讨论其中之一,是因为其看起来尤其接近本文研究的主题:尽管公共领域并不在形式上等同于国家,但它比私人领域更接近国家。[2] 而私人领域是否同私人一样需要法律介入,立法者要保持最大限度的克制,不能像公共领域一样去进行很大的改变。植根于这个空间中的宪法难道与国家的宪法一点相似性都没有吗?

不能说在这两种形式的宪法之间存在一种完全的同质性。无须多言,这是民主主义者的说辞。这一思考是基于下列原则:因为国家的宪法被认为是民主的,同时也具有最高价值和最高位阶,而社会结构中的人民,如学生,与人民一样,是民主的化身,使得部门宪法在结构上也是民主的,甚至可能比国家更民主。因为不同于国家,直接民主在社会中技术上可以实现,而直接民主被认为是更高形式的民主。

首先,宪法必须承认,除了从一般性到特殊性的演绎之外,没有其他的理由可以要求在国家宪法与部门宪法之间实现高度的同质性。人们不会考虑宪法原则之外的东西,也不会去质疑,是否基于事物本质形成了这一部门或者这样一种结构化的生活领域。开放社会所极力赞颂的多元主义是另一个构成性的要素,多元主义并不禁止同质性,甚至也不大可能要求国家宪法与部门宪法之

---

〔1〕 对于不同观点,可以看公开的一些文献的讨论,如《公法档案》。

〔2〕 Joseph H. Kaiser, "Die Verfassung der öffentlichen Wohlfahrtspflege", in *Festschrift für Ulrich Scheuner*, 1973, SS. 241, 243ff.

间以及部门宪法之间的差异性。[1] 同时,多元主义不会要求这些宪法之间的辩证关系,而仅仅要求演绎推理局限于各个宪法领域之内。

其次,人们认为存在一种可能性,即将民主作为国家形式的国家宪法并不打算实现一种社会理念。它更多的是基于事物本质让每一个特殊的部门和生活领域自由地发展,如果人们的真实考虑是为民主确立一个国家宪法,那么结果是,并没有产生一个标准使得人们可以熟练地、负责地共享,主要是参与整体生活,并能够排除其他的出身、教育背景、财产等因素。

因此,对于第一部以及最全面的国家宪法而言,其全部意义在于放弃关于能力的区分,任何人都被认为对民主拥有同等的决策能力。由此推导出公民地位的普遍和平等,选举的任务首先在于,由人民自己为自己寻找最好的选择并将重大的决定保留给自己而非事无巨细。是民主产生了作为国家代表的议程的宪法。

对于部门宪法来说,并不存在这样的困难。它以自由的方式去探求和预订供给,并给出分配供给的标准,从而使得给付变得可能。人们不再依赖民主,这在议会中也马上显现出来。随着大会政府(*gouvernementd'assemblée*)的出现,它的统治并不建立在整体成员之上,它消解了执政党和反对党,执政党和政府都进行统治,因为它们同时被授权,执政党和政府是统一的,议会中的多数决原则已经被取代了。法国大革命时期的大会政府表现出了特别的能力,[2] 人们从中看到了执政党与反对党论辩的好处,那就是它比整体上的一个声音能够更好地作出决定。

通过民主,国家能够自由地行为,保持真正的多元性。自由就在于帮助获得这种能力,不仅是意见空间的多元,而且能够容忍这种多元。这对于事物本质也适用,因为民主能够维护普遍性,在其他的模式中能够自我决定,因为事物本质要求民主,即使是贵族制或者精英制。[3] 民主尤其能够在一个特殊的部

---

〔1〕 根据系统理论,人们把部门宪法理解为子系统、国家宪法为系统,前者相对于后者享有更大的自治,参见 Helmut Klages, *Die unruhige Gesellschaft*, München, 1975, SS. 90, 96。意义仅仅在于,它也能决定同质性。

〔2〕 Paul Bastid, *Le Gouvernement d' Assemblée*, Paris, 1956.

〔3〕 类似的考虑就是混合宪法,参见 Aristoteles, Politik, Leipzig, 1922, S. 47。

分或者生活领域去解决民主和给付之间的矛盾。当一个共同体是给付社会的时候,对于所有人来说它都必须是个富裕社会和充足社会。

最后,结果表明,其他的国家形式并没有足够的自由可以决策,民主比其他的普遍性、连续性原则,比如第三帝国时期的领袖原则,更利于作出决定。民主可以充分利用其自由,充分考虑自身特征,而不会把统治权拱手相让:统治权掌握在全体人民手中。民主的优越性在于,要容纳和对待特殊者,万不得已时才求助于最高主管机构。

对于目前我们面临的问题,人们能够得出结论,存在一种国家宪法与部门宪法之间保持同质性的要求,但是基本做不到。

多元主义、差异和辩证法构成了存在并作用于公共空间的部门宪法的特征,并且决定国家宪法与部门宪法之间的关系。现在要探究的是,学术以及国家宪法如何来处理这个问题。[1] 在联邦制国家,由于存在联邦宪法和州宪法的二元,具有特别的重要性。如果我们看德国宪法史,假设一个联邦制宪法,例如 1871 年《德意志帝国宪法》,是一个对于同质性的决断。随着德意志联邦的发展,当 1820 年《维也纳最后议定书》第 57 条用君主制原则来约束所有联邦的成员单位时,[2]除了城市国家之外,人们就已经发觉,内在于整体结构中的国家形式的差异将形成一个导致分裂的危险因素。不单单是君主这么想。《保罗教堂宪法》第 130 条为成员州施加了一个义务,将基本权利写到它们的宪法中,并且在第 186 条确定了“任何州都必须制定人民代表制的宪法”。1919 年《魏玛宪法》第 17 条规定,任何州都必须制定一部自由的宪法。最终《基本法》为了实现联邦制中的同质性,不得不引入了乡镇。

现在的新问题是,国家宪法与部门宪法的关系到底是选择同质性还是异质性,其范围扩展到了政党法。[3] 根据德国基本法,政党的内在秩序必须符合民

---

〔1〕 关于同质性的一般论著是不常见的,参见 Peter Werner, *Wesensmerkmale des Homogenitätsprinzips und ihre Ausgestaltung im Bonner Grundgesetz*, Berlin usw., 1967。更早的参见 Karl-Heinrich Friauf, “Öffentlicher Haushalt und Wirtschaft”, in *VVDStL* 27, 1969, SS. 1ff, 4f。

〔2〕 因为德意志联邦,自由市除外,是来自于主权公侯,所以存在两组对立的基本概念,即国家元首掌握的整体的国家权力是统一的,主权公侯通过各邦的宪法来行使特定的参与联盟的权利。

〔3〕 Helmut Trautmann, *Innerparteiliche Demokratie im Parteienstaat*, Berlin, 1975; Bodo Euner, *Innerparteiliche Demokratie*, Berlin, 1969.

主的原则。制宪史仅仅附带提到了理由,但是议会委员会对形成这样一份决定是担心的。[1] 文献表明,当时所使用的原则是不证自明。英格·文·蒙克(Ingo von Münch)就说,[2]之所以要求政党的特殊宪法地位,是因为政党参与了基于民主选举的议会的形成,所以政党必须被民主地建立,这是合乎逻辑的。政党作为议会的基础,其结构必须符合民主原则。类似的观点出现在一部有关政党本质的最新专著中:政党的民主内在结构是民主国家的必然结果(《基本法》第20条第1款),任何情况下,政党民主并不与这样形成的秩序相协调,即国家机器的最小分支都被民主化了,但是政党完全是不同的结构,没有哪个民主宪法生活中的制度对民主秩序的需要比政党更多。当国家领域的民主意志形成的时候,政党领域的政治意志形成则受阻。内在的民主化不仅是政党与民主国家的结构同质性问题,而且也导致了民主过程的功能问题。[3] 有宪法专著将其概括为:国家的民主与政党的民主同生共死。[4]

政党法与国家宪法的同质性是不言而喻的,因为政党这个团体同样属于公共性的范畴,它的强力性一点也不逊色于劳动和经济领域的团体。[5] 考虑到意见的重要性,在此我们仅引述一位学者的观点,即团体的内部秩序及其意志形成必须建立在民主的基础上。[6] 考虑到工会对于民主社会法治国(《基本法》第20条、第28条)下的劳资协议的签订和劳动争端的解决具有重要意义,这也符合了它对于国家和州的责任和正当性。《基本法》第21条第1款第2句不仅是针对政党规定的,同时也对工会生效。[7] 工会成员受集体劳资协议和劳动争端决议的约束被过高估计了。不是领袖原则,而是积极和消极的选举

---

〔1〕 纳粹的领袖党方式被排除掉了,参见 Entstehungsgeschichte der Artikel des Grundgesetzes, in *Jahrbuch des öffentlichen Rechts der Gegenwart*, NF Band I, Tübingcn, 1950, SS. 202, 207ff。

〔2〕 *Grundgesetz-Kommentar*, München, 1976, Ⅱ, S. 22.

〔3〕 Karl-Heinz Seifert, *Die Politischen Parteien im Recht der Bundesrepublik Deutschland*, Köln usw., 1975, S. 189.

〔4〕 Karl-Heinz Seifert, *Die Politischen Parteien im Recht der Bundesrepublik Deutschland*, Köln usw., 1975, SS. 20, 189. 7.

〔5〕 对此,参见 Hans F. Zacher, in *Festschrift für Franz Böhm*, Tübingen, 1975, S. 707ff。

〔6〕 Hans-Carl Nipperdey, "Kollektives Arbeitsrecht", in *Hueck-Nipperdey*, Lehrbuch des Arbeitsrechts, 7. Aufl., Berlin usw., 1967, Ⅱ, 1, SS. 101, 185f, Anm. 24a.

〔7〕 德国《基本法》第21条第1款第1句:政党参与人民政治意志的形成。

权、言论自由、多数决原则、平等原则,等等决定了成员的参与。

同质性问题对于政党和团体是不同的:对于政党而言,是制宪者要求政党具有同质性,但对于团体并没有这样的要求。与前者是由成文宪法规定的不同,后者是不成文的宪法规定的。学者的论证并没有直接依据宪法的明确规定,宪法没有规定的可以借助于类推来得出结论。人们也会用基本权利的第三人效力来思考,H. C. 尼伯代(H. C. Nipperdey)认为它对于个人劳动权是有意义的。反对同质性的理由并不是制宪者给出的,在实践中该问题没有多大意义。因为团体来自于公民的结社权,结社权是民主的最低标准。然而,理论上的问题并没有充分地考虑,现在我们转向理论问题。

这个问题和作为最高共同体的宪法一样古老。它的著名变形就是国家宪法和军事宪法(*Heeresverfassung*)。[1] 这一方面揭示了绝对君主制和仅仅加诸统治者的服兵役义务之间的关系,另一方面政治民主是引入了普遍的服兵役义务的结果。宪法并没有提及这种关系的必要性,更别提严格字面含义上的宪法要求。虽然发现了这样的例子,但是一位著名学者反对这样的必要性。[2] 在改革一开始,这个问题就被抛出,即国民性是否来自于普遍的宗教信仰——只有最狂热的教派才信奉这一观点。当前的主流观点认为,经济民主要求政治民主,因为没有政治民主就没有经济民主,就像国家公民不仅仅是国家公民,但同时也是经济公民。[3]

从这个问题的思想史来看,并没有明确将同质性作为事物必要性来承认,也没有将其上升到宪法原则或者宪法政治格言的高度。

第一,在上述关系中,首先也是最老生常谈的问题是,团体成员之间的结合更多的是基于平等还是不平等。[4] 这个问题在当代的复兴是源于鲁伯特 · 肖

---

〔1〕 参见 Otto Hintze 于 1906 年 2 月 17 日在德累斯顿的演讲,目前被收录在 *Gesammelte Abhandlungen I*, Leipzig, 1941, S. 42; Ernst Rudolf Huber, *Heer und Staat in der Deutschen Geschichte*, 2. *Aufl.*, Hamburg, 1943。

〔2〕 Daniel Defoe, *An Argument Shewing, that a Standing Army, with Consent of Parliament, is not Inconsistent with a Free Government, in Selected Writings of Daniel Defoe*, Cambridge UP, 1975, S. 35ff.

〔3〕 对此的证明参见 Herbert Krüger, *ParitätischeMitbestimmung-Unternehmensverfassung-Mitbestimmung der Allgemeinheit*, Düsseldorf, 1973, S. 21ff。

〔4〕 对此,参见 Herbert Krüger, *Allgemeine Staatslehre*, 2. *Aufl.*, Stuttgart, 1966, S. 198。

尔茨(Rupert Scholz)。他用这个问题来解释共同体的形成。显然,对他来说,当具备最低的形式平等和相似性的时候,[1]就形成了他所说的共同体。[2] 当更大的团体被民主化的时候,小的团体才能归属于较大的团体,不会在结构上完全相反。对我来说,大团体和小团体在特定问题上的一致性比在普遍问题上的一致性要少,其实就是团体的向心力问题,即是否存在一个精神基础上的共通性。[3] 一个确定和流行的解释是,没有这种共通性的团体是不存在或者无法发展的,人们可以想到,联邦宪法法院将宪法视为维系公民团结的价值决断,但是公民对此可以也应当表示认同,这并不排除差异性。差异性是团体无法冲破的,特殊性能够为一般性提供营养,并产生一部适当的宪法。无论价值和原则上的一致性有多大,差异存在于彼此之间,也为彼此而存在,主要是为了相互配合从而获得整体的收益。为此,单打独斗是没有意义的,这里要的是共同语言和互相理解。不是排除差异性,而是改善交流的意义和效果,当然也要为差异性设置界限。[4]

第二,同质性的最低标准让民众凝聚在一起,并且确保它们之间的相互联系。而各自的异质性允许民众成立封闭性的团体,甚至并不要求,就像早期的联邦德国一样,成立政党和团体更多的是决定同质性的结论。一个正确的理由并没有被真正确立,人们必须考虑,在理论上它是一个同义反复:事物必须是民主的,因为它必须被民主地建立。与之相反的论证既不是明显的,也不是值得赞赏的,尽管它并不缺少确定性。我们可以从中选取最重要的理由:政党和团体都是战斗单元,与大众民主相比,它们的组织方式类似于民主体制中的军队,后者的组织方式不同于民主,而是“等级—权威”式的。

军队和民兵组织绝非自由民主意识形态中的体系违反,它更多的是要维护这种意识形态:差异性、对立以及两者之间的关系。尽管民主国家首先是和平缔造者,公民放弃了相互使用暴力。但是,这种放弃限于解决对立的最极端的

---

〔1〕 *Koalitionsfreiheit als Verfassungsproblem*, München, 1971, S. 301.

〔2〕 Peter Lerche, *VVDStL* 21, SS. 66, 85ff.

〔3〕 笔者在文集 *Die geistigen Grundlagen des Staates*(1940,1944)中提出了这个问题,并且介绍了一些新时期对宗教和世界观问题的回答。根据 1933 年人们对自由民主的所作所为,相对主义今天被认为是非自由民主的。

〔4〕 对此,自柏拉图以来,人们认为主要是财富分配上的悬殊差距导致的。

手段。差异、对立以及产生于其间的冲突不在此列。恰恰相反,不是要在全社会终结冲突的状态和行动,而是承认有同样规模的非冲突关系和合作手段,如此则可在另一面向上把冲突疏通、驯化为整治过程中的积极因素。例如,通过论辩和讨论来从差异性中产生共识。此外,冲突应当汇集于议会。议会就是要把冲突制度化为执政党和反对党之间的对立。即使反对党无法推翻执政党,但是它可以提供不同的思路,从而使执政党能够比在没有反对党的情况下更好地行为。[1] 在经济领域,人们期待纯粹的、公平的竞争,从而使得无论是个人经济主体还是普罗大众都能获得最好的收益。国家建立了联邦卡特尔局,来强制不喜欢竞争的人进行竞争。最终,基本法委托工会来自我管理劳动生活秩序,它的任务就是借助于对抗——从罢工到开除——来消灭对抗。由此可以看出,差异性和对立之间的和平斗争并非宪法、立法者或者学说最终确立的,人们可能想到"反对的自由",这是一种战略,自由民主利用其来达成目的。

政党本质的构建也是这个概念实现的过程。与此相对应,政党作为一种斗争团体,它的最大目标就是放大它在国家权力中的份额,直到它取得绝对优势。这一目标不是通过比例分配来实现的,而是要不断地斗争。最主要的战场就是选举。胜负决定了最近的立法期间。政党是一个采取等级—权威结构的团体,尤其是命令的统一体,为了成功实现目标、战胜对手,政党需要团结地、系统地、持续地斗争。[2] 鲁伯特·米歇尔(Robert Michels)在十年前就将政党作为战斗性的政党。[3] 它的战场在议会。执政党的席位越少,反对党的席位就越多。反对党的目标是推翻执政党,而执政党的目标就是反对这一目的,从而在统一领导下有计划地、一致地介入,党团内部强制投票是必要的。

市场经济的竞争是斗争,一场关系到生死的斗争(斗争的目标是使对手倒闭或者迫使其放弃)。斗争者必须配备优势的权力,这对于战胜强有力的对手是需要的。集体经济主体被组织起来成为斗争单元,为了产生最好的结果或者

---

〔1〕 参见联邦宪法法院1975年10月29日的判决,BVerfGE 40,287ff.,294。"不断的精神上的交流对于自由民主国家秩序的形成具有非常重要的意义。"

〔2〕 V. O. Key, *Politics, Parties & Pressure Groups*, 5. *Aufl.*, New York, 1964, S. 457. "运作总统竞选首先需要在政党组织层面获得完全统一的命令,从而使执行一个连贯的竞选策略变得可能。"

〔3〕 *Soziologie des Parteiwesens*, 2. *Aufl.*, Stuttgart, 1925, S. 38.

任何情况下机会平等的结果，它致力于市场战略或者广告战，目的就是配备最现代化的武器——比如机器——和相应的组织，在任何情况下，组织与股东的关系都很难说是民主的。所有的组织都由高素质的职业官员——所谓经理——来领导。企业为了提高盈利预计，它寻找同盟者——今天主要是投资者，并与其组成“卡特尔”的斗争共同体。通过大量的营销人员的投入来改善对生产商不利的前景。对于劳动者团体来说，这些在日常都是正当的。很长时间以来，个别雇员通过工会来改变他的弱势地位，雇主同样通过建立团体来对权力的提升进行反应。这两种行使权力的方式处于对立的局面，当人们用阶级对立来理解的时候，甚至可能处于最大的敌意状态。这意味着它们的利益是相互排斥的。由此产生了扭曲的结论，即只有通过斗争才能产生利益平衡。劳动争端是劳动宪法上的一个合法制度。当人们将这种状态进行一种敌对的理解的时候，战斗者为了斗争必然组织起来，就像任何战斗单元所做的一样。在这种环境下，民主必须退位。这一切，乃至战备物资的储备当然都是在“和平”中准备和训练的。在这里，一切都是为了钱。团体成员的道德也很重要，因为在战斗中士兵的叛变自然是不允许的。

这样的结论是来自合宪性的前提——与制宪者、立法者和学者是无关的，尽管除了专业人士之外，政党、企业和团体都一直要求，自由不是被允许的，自由是他们自己的，就像维护他们的诺言一样。宪法要根据民主的原则来组织，反不正当竞争法禁止某些竞争的方式，比如通过加强同盟或者放弃中立。尽管竞争涉及生死，但是立法者拒绝那些不遵守其命令的竞争方式，比如协议。劳工团体为了宪法和法律而斗争，但是禁止它们为了斗争而组党。

人们无法抵御这样一种印象，当斗争者选择斗争手段的时候，他秘密寻找超宪法和超法律的帮助。Robert Michels 已经证实，人民党并非人民在统治，而是寡头在统治。他说出了寡头政治的历史规律，[1] 由此获得了普遍的支持。在企业中是管理者构成了寡头，在劳工团体中也是一样的。

据此，我们可以确定，制宪者、立法者和学者要求同质性，但是这一前提是没有根据的。根据事物本质，更多的是差异性。产生这种矛盾的原因在于其自身，

---

[1] *Soziologie des Parteiwesens*, 2. *Aufl.*, Stuttgart, 1925, S. 369.

对事物本质的忽视并非明显的,这里就不详述了,不排除是制宪者等缺乏勇气。

第三,在讲完斗争单元之后,我们现在转向给付单元。在社会组成的两种方式之间存在一个区别。尽管斗争单元对于给付单元是必要的,但是并非每一个给付单元都是斗争单元。现代社会是一个给付社会,它必须是越多的人、越多的富裕,如果这不是唯一的目标的话。在这样的环境下,对于个人和集体来说,给付能力就是一个决定性的条件,从而也成为评价个人和集体的决定性标准。首先是通过(贴近实践的)大学教育来帮助个人,集体必须尽力争取给付能力。在上述两种情形中,给付能力必须不断地提高,提高的水平必须跟上社会需求增长的水平。

诚如前述,民主并不是建立在对公民进行给付的基础上,而主要是将其作为选民。因为民主无法为给付提供评价标准,也没有评价人。[1] 民主所形成的并非最终就是民主的,尤其是这样的标准是否符合正义、是否符合需要。人们非常清楚或者牢记这样的标准并不是装出来的,他们将企业视为给付单元,福利社会就是这样看的。因为人们很难相信,平等参与的要求是以提高给付的必要手段为依据的。平等首先是基于代表大会,1975 年 10 月,德国工会联合会在法兰克福以平等参与为主题召开大会,主要是为了批判平等参与会导致给付减少的主张。完全相反,通过用对工作满意取代对工作不满可以带来显著的给付提高,并且对工作的满意可以带来更高的和更好的收益。通过参与可以减少损失。与对艺术和学术相比,立法者对这样的考虑是不感冒的,公共舆论和媒体也没有始终给予很好的评价。该领域主要涉及经济,依赖国家的财富水平。人们可能是不多产的专家,但不是缺乏创见或者没有思想的艺术家或者学者。很明显,有创造力的思想是非常缺乏的。创造性思想在机构的框架内发挥影响,也因此决定了该机构的水平和给付能力。剧院的好取决于它最好的演员,大学的好取决于它最好的学者。如果这是正确的,一个机构的精神和高度就是可能被确立的。因此,艺术和学术机构应当是贵族制的,贵族之间可以(如果不是必须)建构起无等级的民主(知识共同体)。这种非平民的民主化,从蒲鲁东(Proudhon)到达伦多夫(Dahrendorf)都注意到了。制宪者们在当时并不相信,

---

〔1〕 尽管有专业考试,但是没有公民考试,无法防止滥用福利。

这一源流能够源源不断地流淌至今，在他们的印象中，这种杰出的给付能力在今天和过去一样罕见。

这表明了本文的最后一个观点，对于社会中特殊领域的宪法来说，立法者选择了一致性而不是多样性。人们明显看到，民主是一个可以普遍使用的万能药，它使特殊性的考虑变得多余，尤其后者会导致不一样的结果的时候。它决定了普遍的同质性，尽管异质性是可能的，并且是更符合事物本质的。[1]

同质性或者异质性的选择问题并没有穷尽"部门宪法"这一广泛的主题，主要的问题在于，在异质的宪法的相互作用下，异质性战胜或者削弱同质性是否可能。以后，这样的思考以及其他的思考还会继续。[2]

---

〔1〕 没有了"杂质"，民主极少能活下去。

〔2〕 对基本共识的探求是来自防止贫瘠、无聊的相似性，而不是来自差异性的因素。这一观点至少得到了两点支持，参见 F. C. Dahlmann, *Die Politik*, 3. *Aufl.* , Leipzig, 1847, S. 84。"大国的统治形式必须具有持续性，它不是来自相似性，而是来自差异性。尽可能少的是人为构建的，尽可能多的是现实既有的。" Robert Nozick, *Anarchy*, *State and Utopia*, New York, 1974, S. 205. "整个社会的正义取决于它是否满足一些不同的原则。"

学术专论

基于信息的治理：美国宪法能否回应大数据时代的挑战？*

杰克·巴尔金**

康向宇 译***

2005年年末，《纽约时报》报道，为获得有利于反恐的信息，布什政府命令国家安全局（National Security Agency，NSA）监听美国境内人士的电话通话。[1]国家安全局的秘密项目已经超出了《1978年外国情报监控法》（1978 Foreign Intelligence Surveillance Act，FISA）对政府监控的限制，[2]然而它只是此类项目

---

* Jack M. Balkin，"The Constitution in the National Surveillance State"，93 *Minn. L. Rev.* 1，2008－2009.

** 耶鲁法学院宪法与第一修正案奈特教授（Knight Professor of Constitutional Law and the First Amendment）。本文最初宣读于2006年10月10日的明尼苏达大学法学院威廉·B. 洛克哈特讲座（William B. Lockhart Lecture）。感谢布鲁斯·阿克曼（Bruce Ackerman）、奥林·科尔（Orin Kerr）、赛斯·克雷默（Seth Kreimer）、桑迪·列文森（Sandy Levinson）、特蕾西·米尔斯（Tracey Meares）和塔尔·扎斯基（Tal Zarsky）对初稿的评论，感谢莉亚·贝尔斯基（Leah Belsky）提供的研究帮助。

*** 清华大学法学院2014级硕士研究生。

〔1〕 James Risen，"Bush Lets U. S. Spy on Callers Without Courts"，*N. Y. TIMES*，Dec. 15，2007，at A1. See James Risen，*State of War：The Secret History of the CIA and the Bush Administration*，Washington D. C.，Free Press，2006，pp. 39－60. 2007年1月17日，司法部长冈萨雷斯（Gonzales）致信参议员帕特里克·莱希（Patrick Leahy）和阿兰·斯派克（Arlen Specter），当时两人分别为参议院司法委员会（Senate Judiciary Committee）主席和少数党成员。来信指出，在外国情报监控法院（Foreign Intelligence Surveillance Court）的批准下，行政机构将实施恐怖分子监控项目。在此事上，法院使用的是新的"复合"与"创新"的法院命令。信件来自 Alberto R. Gonzales，Attorney Gen.，*to Patrick Leahy and Arlen Specter*，*Senators*. Accessed Jan. 17，2007. http：//www. talkingpointsmemo. com/docs/nsa-doj-surveillance/。

〔2〕 《1978年外国情报监控法》（Foreign Intelligence Surveillance Act of 1978），Pub. L. No. 95－511，92 Stat. 26，1978（经修订后法典化，散见于50 U. S. C. 相关条款）。

的冰山一角。[1] 2007 年,国会临时修订了《1978 年外国情报监控法》,加强了总统监听通话的权力:只要通话一方被合理地认为位于美国境外时,即可进行监听。[2] 2008 年 6 月,国会通过了《外国情报监控法》的一系列修正案,允许总统无须寻求授权,即可对个人实施广泛的电子监控。[3] 与此同时,国会还有效地豁免了通讯企业因参与国家安全局的秘密项目而面临的处罚。[4]

2007 年 7 月,纽约市宣布,它计划在曼哈顿下城区增加数以千计的摄像机,以监督车辆和个人。[5] 有些摄像机能够拍照和识别车牌,并对可疑车辆发出警报。[6] 这一摄像系统将连接到安装在重要交叉路口的一系列旋转门,通过这些旋转门,政府人员可以通过电子指令阻断交通。[7] 纽约的新方案被称为《曼哈顿下城区安全法案》(Lower Manhattan Security Initiative),其基础是伦敦的“钢环”(Ring of Steel)。“钢环”是伦敦市中心的一种安保和监控系统,其特征是数以千计的监控摄像机。[8] 纽约并非特例。[9] 国土安全部已经秘密给美

---

〔1〕 国家安全局的各种国内监控项目,模糊了本国情报与外国情报的界限,参见 Siobhan Gorman, “NSA's Domestic Spying Grows As Agency Sweeps Up Data”, *WALL ST. J.*, Mar. 10, 2008, at Al[描述了国家安全局对个人数据的广泛监控——从信用卡交易和电子邮件,到互联网搜索和浏览记录,堪称“隐匿的‘黑箱计划’(black programs)的集合”]。

〔2〕 《2007 年保卫美国法》(Protect America Act of 2007), Pub. L. No. 110 – 55, 121 Stat. 552, 2007。

〔3〕 《1978 年外国情报监控法 2008 年修正案》(Foreign Intelligence Surveillance Act of 1978 Amendments Act of 2008), Pub. L. No. 110 – 261, 122 Stat. 2436, 2437 – 78, 2008(即将在 50U. S. C. §§ 1801 – 1250 中法典化)。

〔4〕 §§801 – 04, 122 Stat. 2467 – 70.

〔5〕 Cara Buckley, “Police Plan Web of Surveillance for Downtown”, *N. Y. TIMES*, July 9, 2007, at Al.

〔6〕 Cara Buckley, “Police Plan Web of Surveillance for Downtown”, *N. Y. TIMES*, July 9, 2007, at Al.

〔7〕 Cara Buckley, “Police Plan Web of Surveillance for Downtown”, *N. Y. TIMES*, July 9, 2007, at Al.

〔8〕 Michael McCahill and Clive Norris, *CCTV in London* 6 – 11(Urbaneye, Ctr. For Criminology and Criminal Justice, Univ. of Hull, Working Paper No. 6, 2002). Accessed Jan. 17, 2007. http://www.urbaneye.net/results/ue-wp6.pdf. Surveillance Studies Network, *A Report on the Surveillance Society*, 2006. Accessed Jan. 17, 2007. http://www.ico.gov.uk/upload/documents/library/data-protection/practical-application/surveillance-society-full-report 2006.pdf. Manav Tanneeru, “*Ring of Steel*” *Coming to New York*, CNN, Aug. 3, 2007. Accessed Oct. 30, 2019. http://www.cnn.com2007/TECH/08/01/nyc.surveillance/index.html.

〔9〕 Marc Jonathan Blitz, “Video Surveillance and the Constitution of Public Space: Fitting the Fourth Amendment to a World that Tracks Image and Identity”, 82 *Tex. L. Rev.* 1349, 2004, pp. 1351 – 52(记录了摄像机在纽约、巴尔的摩、华盛顿特区和芝加哥的扩张)。

国地方政府拨款数百万美元,用于创建可以连入私人监控系统的高科技摄像网络。[1]

国家安全局的秘密项目和纽约的《曼哈顿下城区安全法案》,反映了政府工作方式的大趋势。早在2001年的"9·11"事件和布什政府的"反恐战争"宣言之前,这一趋势已经初现端倪。[2] 20世纪末,美国开始发展出一种新的治理形式,其特征是在美国和世界范围内搜集、整理和分析人口信息。这种新的治理形式就是监控型国家(National Surveillance State)。

在监控型国家中,政府通过监控和数据的搜集、整理及分析,找到问题,消除潜在威胁,管理人口,并提供有价值的社会服务。监控型国家是信息国家(Information State)的一种特殊情形。所谓信息国家,就是一种通过搜集、整理、分析和生产信息来发现和解决治理问题的国家。

用以解释监控型国家兴起的最常见理由就是反恐战争,[3]但这并不是唯一和最重要的原因。政府越来越多地实施监控和数据挖掘,是信息技术加速发展的一个必然结果。[4] 信息技术使我们得以发现和分析世界上发生的诸多事情,而随着技术日益进步,政府与私人方面都会努力去运用它。[5]

问题并不在于我们是否会在未来几年内拥有一个监控型国家,而在于我们将拥有何种监控型国家。我们将拥有一个对公私监控缺乏任何有效控制的政

---

〔1〕 Charlie Savage,"United States Doles Out Millions for Street Cameras", *Boston Globe*, Aug. 12, 2007, at Al["2003年以来,在地方政府的联邦拨款中,有关部门分发约230亿美元作为装配和训练经费,以协助打击恐怖主义……(包括)在监控摄像机上投入的数百万美元,使城市街道和公园受到持续监控。"]。

〔2〕 Jack M. Balkin and Sanford Levinson, "The Processes of Constitutional Change: From Partisan Entrenchment to the National Surveillance State", 75 *Fordham L. Rev.*, 2006, pp. 489 – 90.

〔3〕 Andrew Cohen, *The Legal War on Terror: White House Describing Surveillance in Military Terms*, Cbs News. Accessed Jan. 22, 2006. http://www.cbsnews.comlstories/2006/01/22/opinion/courtwatch/mainl227481.shtml.

〔4〕 James X. Dempsey and Lara M. Flint, "Commercial Data and National Security", 72 *GEO. Wash. L. Rev*, 2004, pp. 1459, 1464 – 68.

〔5〕 James X. Dempsey and Lara M. Flint, "Commercial Data and National Security", 72 *GEO. Wash. L. Rev.*, 2004, pp. 1468 – 69(描述了政府对私人方面搜集的信息的使用); U. S. Gen. Accounting Office, GAO – 04 – 548, *Data Mining: Federal Efforts Cover a Wide Range of Uses*, 2004. Accessed Oct. 30, 2019. http://www.gao.gov/new.items/d04548.pdf(报告了对私人方面搜集的数据的广泛使用)。

府,还是一个保护个体尊严并使所有公私监控都合乎法治的政府?

监控型国家是一种治理方式。它不是紧急状态的产物,也不是战争的结果。战争与紧急状态只是临时状态。但监控型国家是治理的一个恒久特征,它会像规制与福利国家(regulatory and welfare state)的常见机制那样普遍存在。[1] 政府会使用监控、数据搜集和数据挖掘技术,在保护美国人免受恐怖袭击的同时,预防普通犯罪,并提供社会服务。[2] 事实上,时至今日,如果没有广泛的数据搜集和分析,提供基本社会服务(如福利)和保障重要权利(如反就业歧视权)将很困难——如果不是不可能的话。[3] 此外,在监控型国家中,大多数监控都会受到私人方面的管理和分析。[4] 因此,我们不能仅仅用战争或紧

---

〔1〕 Jack M. Balkin and Sanford Levinson, "The Processes of Constitutional Change: From Partisan Entrenchment to the National Surveillance State", 75 *Fordham L. Rev.*, 2006, pp. 520 – 23.

〔2〕 Jack M. Balkin and Sanford Levinson, "The Processes of Constitutional Change: From Partisan Entrenchment to the National Surveillance State", 75 *Fordham L. Rev.*, 2006, pp. 525 – 26; Fred H. Cate, "Government Data Mining: The Need for a Legal Framework", 43 *Harv. C. R. – C. L. L. Rev.*, 2008, pp. 435, 440 – 44.

〔3〕 虽然监控通常被视为一种社会控制手段,但在某种程度上,它也是一种政府尊重和实现公民权的方式,它使福利国家及与之相伴的权利和救济成为可能。正如大卫·莱昂(David Lyon)所说:"在高级官僚制国家中,监控体制与其说是悲观主义者所暗示的压迫机器,不是说是对公民权的渴望和斗争的结果。如果政府部门要平等地对待人民……这些人民就必须被单独地识别。为了行使投票权,一个人的名字必须出现在选民名册上;为了主张福利补贴,个人信息必须被记录在案。因此……个体化——按照人民自身的权利对待他们,而非仅仅将他们视为家庭或共同体的成员——意味着'免于特定的约束,但就一个中央集权的国家而言,又增加了监控和控制的机会'。" David Lyon, *The Electronic Eye*, 1994, pp. 32 – 33(引用 Nicholas Abercrombie, *Sovereign Individuals of Capitalism*, Minneapolis, New York Polity Press, 1994)。当然,政府通过搜集和分析统计数据来推动治理,这种现象由来已久。征服者威廉(William the Conqueror)于1086年制定的著名《末日审判书》(*Domesday Book*),就力图通过评估英格兰的土地和资源来促进税收,以增加军费,保护王国。它详细汇总了土地所有者、其租户、其财产及其在诺曼征服前后的价值等信息,这些信息反映了一个国家的社会经济概况。

〔4〕 U. S. Gen. Accounting Office, GAO – 04 – 548, *Data Mining: Federal Efforts Cover a Wide Range of Uses*, 2004. Accessed Oct. 30, 2019. http://www.gao.gov/new.items/d04548.pdf, p. 11. James X. Dempsey and Lara M. Flint, "Commercial Data and National Security", 72 *GEO. Wash. L. Rev.*, 2004, pp. 1468 – 73(描述了政府对私人方面搜集的数据的使用)。

急状态,来解释或证成日益增长的对公私监控的需求与运用。[1]

监控型国家是福利国家(Welfare State)和安保国家(National Security State)自然发展的结果,它延续了两者的逻辑。福利国家通过支出和转移资金,创设政府补贴、政府许可和公共工程,来处理内部事务。[2] 安保国家[3]通过投资国防工业及与国防相关的技术,创建和扩大如中央情报局和国家安全局等国家情报机构,在全球部署美国的军事力量和武器系统以反击军事威胁、彰显国家力量,来推进外交政策。

福利国家为了识别个体(想想你的社保号码的诸多用途),以及提供诸如审

〔1〕 Jack M. Balkin and Sanford Levinson, "The Processes of Constitutional Change: From Partisan Entrenchment to the National Surveillance State", 75 *Fordham L. Rev.*, 2006, pp. 520 – 23("监控型国家产生于很多不同的要素,这些要素会相互强化彼此的影响。最显著的原因,是国家进行战争和维护安全的方式的改变……然而同样重要的……是监控、数据存储和计算的新技术……")。

〔2〕 虽然福利国家作为一种治理模式,经常被等同于罗斯福新政,但其方法和机制其实出现得更早。Theda Skocpol, *Protecting Soldiers And Mothers: The Political Origins of Social Policy In The United States*, Cambridge, Belknap Press, 1992(将当代社会福利政策的原则追溯到了 19 世纪对退伍军人及其家庭的抚恤); Stephen Skowronek, *Building A New American State: The Expansion of National Administrative Capacities*, New York, Cambridge University Press, 1982, pp. 1877 – 1920(描述了现代国家的一些体制在新政之前的演变)。关于福利国家带来的宪法问题,参见 Paul Brest et al., *Processes of Constitutional Decisionmaking*, Alphen aan den Rijn, Wolters Kluwer, 2006, pp. 1593 – 1800(5th ed.)(讨论了与享受政府福利的权利、违宪的条件、正当程序的要求相关的宪法争议); Robert G. Mccloskey, *The American Supreme Court*, Chicago, University of Chicago Press, 1994, pp. 174 – 205(Sanford Levinson ed., 2d ed.)(讨论了 20 世纪福利国家兴起的宪法意涵;桑福德·列文森撰写的关于福利国家的材料)。

〔3〕 安保国家出现在第二次世界大战后美苏对峙的冷战背景下。它要求大量增加国防开支和军事技术投资,在世界范围内驻扎美军,并且更强调情报能力。这方面的典型立法是《1947 年国家安全法》(National Security Act of 1947), Pub. L. No. 253, ch. 343, 61 Stat. 495(经修订后法典化,散见于 50 U. S. C. 相关条款),它重组了军事和情报机关,创建了国防部、国家安全委员会和中央情报局。对安保国家的成因及其发展的历史分析,参见 Michael J. Hogan, *A Cross Of Iron: Harry S. Truman and The Origins Of The National Security State*, New York, Cambridge University Press, 1998, pp. 1945 – 54; Daniel Yergin, *Shattered Peace: The Origins Of The Cold War And The National Security State*, Boston, Houghton Mifflin, 1977。相关法律和宪法解释,参见 William M. Wiecek, "America in the Post-War Years: Transition and Transformation", 50 *Syracuse L. Rev.*, 2000, p. 1203; William M. Wiecek, "The Legal Foundations of Domestic Anticommunism: The Background of Dennis v. United States", 2001 *SUP. CT. Rev.*, 2001, p. 375。

批、补贴和退休金等社会服务,创造出了对数据处理技术的巨大需求。[1] 安保国家则创造出了对有效的情报搜集和数据分析的巨大需求。[2] 这促进了日益强大的监控、数据搜集和数据挖掘技术——更不必说电脑和通信技术——的发展。[3] 美国对国防科技的投资刺激了电子产业、电脑产业的发展,最终促进了互联网的诞生。[4]

随着互联网在 20 世纪 90 年代中期迈向商业化,安保国家已经准备就绪。通信、计算、数据存储和监控的技术变得更加有效,成本也稳步下降。[5] 政府当然会利用这些技术促进公共利益,而私人方面更不可能对这些技术视而不见。事实上,如今很多——即使不是大多数——监控和信息搜集都由私人方面

〔1〕 在数据处理技术的发展方面,美国政府发挥了重要作用。曾从事人口普查工作的前政府职员赫尔曼 · 霍尔瑞斯(Herman Hollerith),发明了计算机穿孔卡片,以协助汇总美国的人口统计数据。Simson Garfinkel,*Database Nation*: *The Death of Privacy in the 21st Century*, Sebastopol, O'Reilly Media, 2000, p. 17. 霍尔瑞斯建立的制表机公司,最终成为著名的国际商业机器公司(International Business Machine Company, IBM)。Simson Garfinkel, *Database Nation*: *The Death of Privacy in the 21st Century*, Sebastopol, O'Reilly Media, 2000, p. 18. 现代福利国家的诞生,催生了大量新的政府雇员和政府项目受益人,从而创造出对 IBM 这类公司的巨大需求,社会保险号码最终成为联邦与州政府的一个核心认证码。社会保险号码最初是所有人领取补贴时依凭的唯一认证码,后来被很多州用于管理收入所得税、驾照、学生证和借书证。最终,私营部门开始使用这些号码用于消费者征信的相关工作。Simson Garfinkel, *Database Nation*: *The Death of Privacy in the 21st Century*, Sebastopol, O'Reilly Media, 2000, pp. 19 – 25, 33; Social Security Admin., PUBL'N. No. 21 – 059, *Social Security*: *A Brief History*, 2007. Accessed Oct. 30, 2019. http://www.ssa.gov/history/pdf/2005pamphlet.pdf. 欧洲也经历了类似的过程。保存记录的条件,从提供身份证明,转变为巩固个体权利和政府义务,包括军人家庭的养老金和补助金。福利国家的扩张,使政府需要获得统计数据以更好地提供社会服务,使公民了解可享受的社会服务,执行交通法规,以及识别犯罪嫌疑人。Edward Higgs, "The Rise of the Information State: The Development of Central State Surveillance of the Citizen in England, 1500 – 2000", 14 *J. Hist. Soc.*, 2001, pp. 175, 185 – 86.

〔2〕 Fred H. Cate, "Government Data Mining: The Need for a Legal Framework", 43 *Harv. C. R. – C. L. L. Rev.*, 2008, pp. 444 – 52.

〔3〕 Fred H. Cate, "Government Data Mining: The Need for a Legal Framework", 43 *Harv. C. R. – C. L. L. Rev.*, 2008, pp. 456 – 59; Jeffrey Rosen, *The Naked Crowd*: *Reclaiming Security and Freedom in An Anxious Age*, New York, Random House, 2004(探讨了新兴监控技术对隐私的威胁和对社会一致性的提升)。

〔4〕 Internet Society, *A Brief History of the Internet and Related Networks*, 2007. Accessed Oct. 30, 2019. http://www.isoc.org/internet/history/cerf.shtml.

〔5〕 Patricia L. Bellia, "The Memory Gap in Surveillance Law", 75 *U. Chi. L. Rev.*, 2008, pp. 137, 142 – 53(描述了"可能对商业和个体的数据实现无限保留"的趋势)。

所掌控。企业把大量资金用于安保和监控,尤其是保护它们电脑网络中的机密信息。[1] 私人安保摄像机的数量超过了政府安保摄像机的数量。[2] 很多企业从搜集、分析和售卖消费者信息中获利。事实上,政府越来越多地从企业购买信息,而不是自行搜集信息。[3]

在安保国家中,监控和安保的公私模式之间的界限是很模糊的——如果不是完全消失的话。公共企业和私营企业十分纠缠不清。[4] 如果没有通信企业的协助,国家安全局的项目就不可能付诸实施;政府现在需要新的通信技术,它被设计留有协助政府监控的"后门"(back ends)。[5] 联邦计划同样鼓励将私人

---

〔1〕 Lawrence A. Gordon et al., "Computer Security Institute, Computer Crime and Security Survey", *Computer Security Journal* 22, 2006, pp. 5 – 6. Accessed Oct. 30, 2019. http://i.cmpnet.com/gocsi/db-areapdfs/fbiIFBI2006.pdf.

〔2〕 Dean E. Murphy, "As Security Cameras Sprout, Someone's Always Watching", *N. Y. TIMES*, Sept. 29, 2002, at A33[安全产业协会(Security Industry Association)估算,在美国至少有两百万个闭路电视监控系统。美国民权同盟(American Civil Liberties Union)于1998年在曼哈顿做的一项调查发现,2397台摄像机被安装在人们经过或聚集的地方,如商店和人行道。该组织报告称,差不多有270台摄像机是由私营机构掌握。上年,一家提供安保和监控服务的公司"CCS国际"(CCS International)估算出,在纽约市,平均每人每天要被记录73~75次]。

〔3〕 Jay Stanley, Am. Civil Liberties Union, *The Surveillance Industrial Complex: How the American Government Is Conscripting Businesses and Individuals in the Construction of a Surveillance Society*, 2004, pp. 12, 26. Accessed Oct. 30, 2019. http://www.aclu.org/FilesPDFs/surveillance_report.pdf. U. S. Gen. Accounting Office, GAO – 04 – 548, *Data Mining: Federal Efforts Cover a Wide Range of Uses*, 2004, pp. 8 – 11. Accessed Oct. 30, 2019. http://www.gao.gov/new.items/d04548.pdf.

〔4〕 Robert O'harrow, Jr., *No Place To Hide*, Washington D. C., Free Press, 2005, pp. 1 – 10(详述了私营信息搜集产业与政府的合作关系); James X. Dempsey and Lara M. Flint, "Commercial Data and National Security", 72 *GEO. Wash. L. Rev.*, 2004, pp. 1468 – 70(指出政府出于情报和反恐的目的使用商业数据)。

〔5〕《1994年通讯协助执法法》(Communications Assistance for Law Enforcement Act of 1994, CALEA), Pub. L. No. 103 – 414, 108 Stat. 4279(已法典化,参见47 U. S. C. §§ 1001 – 10, 2006)。CALEA授权通讯公司将其技术设计为可以被政府监听(只要政府取得合法授权或法庭命令),这使政府可以获取呼叫识别信息(call-identifying information),并允许拦截下的信息被传递给政府。47 U. S. C. § 1002(a)(1); Michael D. Birnhack and Niva Elkin-Koren, "The Invisible Handshake: The Reemergence of the State in the Digital Environment", 8 *VA. J. L. & Tech* 6, 2003, para. 84; Emily Hancock, "Calea: Does One Size Still Fit All?", in Jack M. Balkin et al., eds., Cybercrime: *Digital Cops in A Networked Environment*, New York, Nyu Press, 2007, pp. 184 – 203.

安保摄像机与全面的政府系统——如曼哈顿的设备连接起来。[1] 数据采集企业和商业数据挖掘项目是政府使用的个人信息(如品味、偏好、历史和行为)的主要来源。[2] 政府和企业逐渐在监控、数据挖掘和信息分析等方面结为合作伙伴。[3] 此外,互联网的架构,以及许多可能的攻击方式,需要政府、企业和私人方面进行合作,以维护网络安全,并防患于未然。[4]

一旦数字信息技术被广泛使用,对监控和预防的关注必然会随之增加。政府和合法企业使用的很多信息和监控技术,同样可以为犯罪组织和恐怖团伙所用。[5] 没有固定地址的恐怖团伙可以利用新的信息技术进行联络和策划

---

〔1〕 Cara Buckley, "Police Plan Web of Surveillance for Downtown", *N. Y. Times*, July 9, 2007, at Al (描述了《曼哈顿下城区安全法案》对公共和私人摄像机的协调)。

〔2〕 Fred H. Cate, "Government Data Mining: The Need for a Legal Framework", 43 *Harv. C. R. – C. L. L. Rev.*, 2008, p. 435(解释了"数字技术的进步"如何"极大地增加了个体在日常活动中产生的个人数据的数量")。

〔3〕 Verne Kopytoff, "Google Now Has a Lot More To Do With Intelligence", *S. F. Chron.*, Mar. 30, 2008, at C6(详述了谷歌为政府提供的多种服务)。根据科普托夫(Kopytoff)的观点,谷歌的客户不仅包括情报机构,而且包括"国家海洋和大气管理局、美国海岸警卫队、国家公路交通安全管理局、亚拉巴马州和华盛顿特区";它售卖"几乎相同的产品给企业和政府机构"。Jeffrey Rosen, *The Naked Crowd: Reclaiming Security and Freedom in An Anxious Age*, New York, Random House, 2004, p. 108(解释了硅谷的公司如何与政府合作,使数据搜集方法和其他新技术为政府所用)。罗森(Rosen)指出,硅谷的企业家正在研发一个对企业和国家安全同等适用的"顶级应用程序"(killer app),这将"使政府机构能够获取和共享美国人的信息,这些信息目前储存于不同数据库中——从我们在聊天室的闲谈,到我们的购物记录、停车罚单,或许还包括我们的儿童抚养金支付记录"。Fred H. Cate, "Government Data Mining: The Need for a Legal Framework", 43 *Harv. C. R. – C. L. L. Rev.*, 2008, p. 107.

〔4〕 例如,联邦调查局(FBI)的基础设施保护(Infra Gard)计划即试图通过政、商、学界的合作,保护电脑网络和互联网基础设施。关于 Infra Gard, Accessed Oct. 14, 2008. http://www.infragard.net/about.php? mn = l&sm = l – 0。也可参见 U. S. Government Printing Office, *Current and Projected National Security Threats to the United States: Before the S. Select Comm. on Intelligence*, 2005, 109th Cong., p. 33[联邦调查局局长罗伯特 · 米勒三世(Robert S. Mueller, Ⅲ)的陈述]。Accessed Oct. 30, 2019. http://www.fbi.gov/congress/congress05/muellerO216O5.htm(认为联邦调查局的核心任务是"主动瞄准针对美国的威胁,抑制它们,并在它们成为犯罪之前阻止它们")。

〔5〕 例如, Philip Bobbitt, *Terror And Consent*, Norwell, Anchor Press, 2008, pp. 55 – 57(描述了新的信息技术如何助长了国际恐怖主义)。

袭击。[1] 黑客可以对网络进行远程攻击。[2] 新型罪犯利用数字网络实施旧式犯罪(如挪用钱款)和新式犯罪(如身份盗用和阻断服务攻击)。[3] 网络攻击不仅会打垮金融机构,还可能以国防系统为目标。[4] 对于政府而言,数字技术既引发了新问题,同时也创造出了防患于未然的新机遇。[5]

旧的执法模式强调在犯罪事实或威胁发生后,对违法者实施逮捕和检控,或进行民事处分,以慑服未来可能发生的不良行为。[6] 监控型国家则通过预警和预防技术,补充了这一检控和威慑模式。电脑安全系统力图发现潜在的漏洞,并在可疑人员有机会发动攻击之前堵住缺口。[7] 私营企业和政府机构利用数据库,为那些可能违反法律、抬高成本或制造麻烦的个体建立档案,然后纠正他们,阻止他们,或停止为他们提供福利、权限和机会。[8] 政府的"禁飞"和

---

〔1〕 Philip Bobbitt, *Terror And Consent*, Norwell, Anchor Press, 2008, pp. 55 – 57; Gabriel Weimann, *Terror On The Internet*, Washington D. C., U. S. Institute of Peace Press, 2006, p. 106(描述了基地组织对互联网的使用); Audrey Kurth Cronin, "Behind the Curve: Globalization and International Terrorism", 27 *Int'l Security* 30, 2002, pp. 46 – 48(把恐怖网络的手段、方法和组织的变化所造成的挑战归因于新技术); Robert F. Worth, "Their Space", *N. Y. Times*, June 25, 2006, at 21(评论了前注的作者)。

〔2〕 Philip Bobbitt, *Terror And Consent*, Norwell, Anchor Press, 2008, p. 95; Daniel E. Geer, Jr., "The Physics of Digital Law: Searching for Counterintuitive Analogies", in Jack M. Balkin et al., eds., *Cybercrime: Digital Cops in A Networked Environment*, New York, NYU Press, 2007, pp. 13 – 36.

〔3〕 Philip Bobbitt, *Terror And Consent*, Norwell, Anchor Press, 2008, pp. 55 – 57; Scott Charney, "The Internet, Law Enforcement, and Security", 2 *Practicing L. Inst.*, Fifth Annual Law Institute, pp. 943 – 44 (Ian C. Ballon et al., eds., 2001)(详述了新技术为国家制造的越来越多的弱点和威胁); Daniel E. Geer, Jr., "The Physics of Digital Law: Searching for Counterintuitive Analogies", in Jack M. Balkin et al., eds., *Cybercrime: Digital Cops in A Networked Environment*, New York, NYU Press, 2007, pp. 13 – 36(指出了助长了网络攻击的基本网络安全问题); Doreen Carvajal, "High-Tech Crime Is an Online Bubble That Hasn't Burst", *N. Y. Times*, Apr. 7, 2008, at C2。

〔4〕 Robert O'harrow, Jr., *No Place To Hide*, Washington D. C., Free Press, 2005, p. 10(指出虽然美国的技术能力足以使用境外武器,但其使用仍然可能在敌人手中"失去控制")。

〔5〕 Philip Bobbitt, *Terror And Consent*, Norwell, Anchor Press, 2008, pp. 55 – 58.

〔6〕 Scott Charney, "The Internet, Law Enforcement, and Security", 2 *Practicing L. Inst.*, Fifth Annual Law Institute, p. 944 (Ian C. Ballon et al., eds., 2001)(讨论了新的信息技术出现前的传统执法模式)。

〔7〕 Daniel E. Geer, Jr., "The Physics of Digital Law: Searching for Counterintuitive Analogies", in Jack M. Balkin et al., eds., *Cybercrime: Digital Cops in A Networked Environment*, New York, NYU Press, 2007, pp. 14 – 15(概述了电脑安全系统如何应对黑客风险)。

〔8〕 Fred H. Cate, "Government Data Mining: The Need for a Legal Framework", 43 *Harv. C. R. – C. L. L. Rev.*, 2008, pp. 435, 442 – 44(描述了联邦调查局如何使用多种数据库来执法)。

“征兵”观察名单,以及计划中的安全飞行筛选程序,都试图通过搜集乘客信息并建立档案,来阻止危险人物登机。[1] 监控型国家的治理日益趋于数据导向和事前预防,而非对个体不当行为的威慑和事后检控。[2] 虽然这些趋势已经存在了至少一个世纪之久,但利用电脑编程与实体架构实施监控、数据分析和规制的新技术,使其更容易实现。

监控型国家搜寻一切有利于治理的信息,电子监控并非其唯一手段。政府

---

〔1〕 关于“禁飞”和“征兵”观察名单,参见交通安全管理局(Transportation Security Administration, TSA):常见问答(Frequently Asked Questions), Accessed Oct. 14, 2008. http://www. tsa. gov/researchlprivacy/faqs. shtm。60 *Minutes*: *Unlikely Terrorists on No Fly List*(CBS电视台2006年10月8日播送), Accessed Oct. 5, 2006. http://www. cbsnews. com/stories/2006/10/05/60minutes/main2066624. shtml;也可参见49 U. S. C. § 114(h)(Supp. V 2006)(为制作这些乘客名单创设了合法授权)。这些观察名单,只是一个更大的恐怖分子筛选数据库的一部分。参见联邦调查局,恐怖分子筛选中心(Terrorist Screening Center):常见问答, Accessed Oct. 14, 2008. http://www. fbi. gov/terrorinfo/counterrorism/faqs. htm。一段时间以来,交通安全管理局都在研发一个更精密的系统——安全飞行筛选程序。参见《2004年情报改革与恐怖主义预防法》(Intelligence Reform and Terrorism Prevention Act of 2004) § 4012, 49 U. S. C. § 449030(j)(2)(A)(Supp. V 2006)[指示交通部长要“确保乘客在登机前,经过‘电脑辅助乘客筛选系统’(Computer-Assisted Passenger Prescreening System)或任何后续系统的评估”]。它的前身,自动化的“计算机辅助乘客筛选系统”(CAPPS Ⅱ),因遭受强烈的批判,于2004年8月终止使用,被“安全航班”(Secure Flight)取代;而由于公众的批判,“安全航班”的启用也随之延迟。U. S. Government Accountability Office, *Aviation Security*: *Significant Management Challenges May Adversely Affect Implementation of the Transportation Security Administration's Secure Flight Program*: *Hearing Before the S. Comm. on Commerce, Science, and Transportation*, 109th Cong. 2006, pp. 8 – 11.[国土安全与司法议题主管人凯瑟琳·A.巴瑞克(Cathleen A. Berrick)的陈述] Accessed Oct. 30, 2019. http://www. gao. gov/new. items/d06374t. pdf。Matthew L. Wald and John Schwartz, “Screening Plans Went Beyond Terrorism”, *N. Y. TIMES*, Sept. 14, 2004, at A35(详述了国土安全部如何试图扩展CAPPS Ⅱ计划,以使其服务于更广泛的治安目的);Electronic Privacy Information Center, *Spotlight on Surveillance*: *Secure Flight Should Remain Grounded Until Security and Privacy Problems Are Resolved*, 2007. Accessed Oct. 30, 2019. http://epic. org/privacy/surveillance/spotlight/0807/default. html。

〔2〕 正如宁录·科兹洛夫斯基(Nimrod Kozlovski)所说:“新型监控旨在预防和预制犯罪,而非对其进行监控。它通过预测犯罪的时间、手段和实施者,来实行有效干涉。自动化工具持续监控着环境,把犯罪行为的动态识别模式,与用户的风险状况进行比对。先前的电脑犯罪被编码为‘犯罪标识’(crime signatures)。这些‘标识’……监控着异常现象或对‘正常’(normal)行为的偏离。‘正常’行为模式被编码,有种算法监测着对它们的偏离程度。该系统的目标是,消除监控对象的攻击能力,使其行为转向‘安全领域’(safe zone),阻碍或修正其通信,甚至予以回击。” Nimrod Kozlovski, “Designing Accountable Online Policing”, in Jack M. Balkin et al., eds., *Cybercrime*: *Digital Cops in A Networked Environment*, New York, NYU Press, 2007, p. 110.

还可以通过搜集和分析DNA、定位追踪和面部识别系统等方式,从人体获取信息。[1] 布什政府的羁押和审讯实践,试图通过旧式的羁押和审讯方法,包括相当于虐待的方法,从人体获取信息。[2] 在监控型国家中,身体不仅是治理的目标,还是信息的富矿,而政府可以利用很多不同的技术和方法来开采它。

几十年前,米歇尔·福柯(Michel Foucault)指出,现代社会日益重视对人们的监视和测算,以求控制他们,规范他们的行为,使他们变得驯顺。[3] 他举的著名例子,就是杰里米·边沁(Jeremy Bentham)的全景敞视监狱理念。这种监狱的设计,使囚犯总在被监视,但又无法确知何时被监视。[4] 通过无处不在的监控,政府和私人组织可以阻止他们认为反常或违规的行为。

如今的监控型国家,早已超越了福柯的全景敞视模式。政府最重要的控制方法不再是监视或威胁启动监视,而是分析与勾勒数据间的联系。很多公私监控,都发生于被监控者毫不知情的情况下。更确切地讲,数据挖掘技术使国家和企业能够精确地记录人们并不介怀的无罪行为,然后对人们的行为、信念和

---

〔1〕 Noah Shachtman, "The New Security: Cameras That Never Forget Your Face", *N. Y. Times*, Jan. 25, 2006, at G6(描述了面部识别系统在纽约市的运用); Grant Gross, "Lockheed Wins 10 - year FBI Biometric Contract", *Wash. Post*. Accessed Feb. 13, 2008. http://www. washingtonpost. com/wp-dyn/content/article/2008/2/13/AR20 0 8021301655_pf. html[详述了生物识别系统(biometric systems)的兴起]。

〔2〕 Dana Priest, "Covert CIA Program Withstands New Furor", *Wash. Post*, Dec. 30, 2005, at Al(解释了审讯计划和"被授权的方法"——如水刑、重击、隔离、剥夺睡眠、流食和压力姿势——的起源)。Brian Ross, Richard Esposito, "CIA's Harsh Interrogation Techniques Described", *ABC NEWS*. Accessed Nov. 18, 2005. http://abcnews. go. com/WNT/Investigation/story? id = 1322866(描述了附加的审讯方法——强迫站立、低温和噪声轰击)。Associated Press, "White House Defends Use of Waterboarding", *MSNBC*. Accessed Feb. 6, 2008. http://www. msnbc. msn. com/id/23030663/(揭露了总统曾下令使用水刑,并可能再次如此)。Dana Priest, "Officials Relieved Secret Is Shared", *Wash. Post*, Sept. 7, 2006, at A17(描述了中央情报局的秘密黑牢的内幕)。Jan Crawford Greenburg et al., "Sources: Top Bush Advisors Approved 'Enhanced Interrogation'", *ABC News*. Accessed Apr. 9, 2008. http://abcnews. go. com/TheLaw[LawPolitics/story? id = 4583256&page = 1(描述了布什政府高官如何讨论与批准使用"强化的审讯方法"对付价值较高的囚犯)]。

〔3〕 Michel Foucault, *Discipline and Punish*, trans. by Alan Sheridan, New York, Pantheon Books, 1977, pp. 195 – 217(描述了规训社会的兴起)。

〔4〕 Michel Foucault, *Discipline and Punish*, trans. by Alan Sheridan, New York, Pantheon Books, 1977, pp. 200 – 02(讨论了边沁的全景敞视监狱理念)。

态度作出相当有力的推论。[1] 随着时间推移,这些方法只会变得越来越有效。我们会不断留下自身的痕迹,包括我们的位置、通信记录、消费偏好乃至 DNA。

数据挖掘使这种推论不仅与直接监控的对象有关,而且还与和他们居住、工作和通信的其他人有关。[2] 政府和私营企业无须对某人实行监控,而是通过其他人的相关数据,并结合此人公开的数据,即可对此人的动机、欲望和行为作出越来越有力的推论。[3]

如今的问题并不在于担心监控会使人们变得温顺一致,而在于哪怕最为无可指责和看似微不足道的行为,也能增强监控者对我们自身和他人的认知。[4] 正常行为不只是默认了国家的权力;它为资料库增添了信息,使推论更为有力和有效,从而增强了国家的权力。我们的行为可以呈现我们自己甚至都从不知晓的信息。此外,对一些人的认知,可以生成对其他未受直接监视的人的认知。个人不再能只通过避免政府监视来保护自身,因为政府不再需要通过监视他们来获取用以对付他们的信息。

同样重要的是,监控型国家的兴起,意味着遗忘的终结。在实践中,很多隐

---

〔1〕 Nimrod Kozlovski, "Designing Accountable Online Policing", in Jack M. Balkin et al., eds., *Cybercrime: Digital Cops in A Networked Environment*, New York, NYU Press, 2007, p. 114 (Jack M. Balkin et al. eds.) ("调查者日益注重'没有内容的'数据——如交通数据和自动系统记录,他们能够借此发现其中的关联,并呈现出事件之间的关键联系。"); Siobhan Gorman, "NSA's Domestic Spying Grows As Agency Sweeps Up Data", *WALL ST. J.*, Mar. 10, 2008, at Al(指出 NSA"如今监控着……国内的电子邮件和网络检索,以及银行转账、信用卡交易、旅行和电话记录",这些信息来自私营企业和其他机构,被用来分析可疑的行为模式)。

〔2〕 Siobhan Gorman, "NSA's Domestic Spying Grows As Agency Sweeps Up Data", *Wall ST. J.*, Mar. 10, 2008, at Al(讨论了社会网络分析和其他数据分析的方法)。James X. Dempsey and Lara M. Flint, "Commercial Data and National Security", 72 *GEO. Wash. L. Rev.*, 2004, pp. 1459, 1464 – 66(解释了基于模式的搜索和关联性分析)。

〔3〕 Eric Lichtblau, "F. B. I. Data Mining Reached Beyond Initial Targets", *N. Y. Times*, Sept. 9, 2007, at Al(描述了"关联性分析"的实践)。

〔4〕 James X. Dempsey and Lara M. Flint, "Commercial Data and National Security", 72 *GEO. Wash. L. Rev.*, 2004, pp. 1459, 1464(认为"恐怖行为的策划会产生一种模式或'标识',可以在日常生活产生的交互数据的海洋中被发现",而数据挖掘的关键,就是以此为前提进行搜索); Ira S. Rubinstein et al., "Data Mining and Internet Profiling, Emerging Regulatory and Technological Approaches", 75 *U. Chi. L. Rev.* 261, 2007, p. 261("为了识别和预防恐怖行为,情报机构早已开始搜集、保留和分析数量庞大但平淡无奇的交互信息,这些信息与亿万人的日常行为息息相关。"); Ellen Nakashima, "From Casinos to Counterterrorism", *Wash. Post*, Oct. 22, 2007, at Al(描述了赌场的数据挖掘和监控方法)。

私保护有赖于遗忘。如果有人作出了异常或难堪的行为,又或在公共场合参与了政治抗争,对他们最有效的保护,或许就是让大多数人不知道他们是谁,并迅速忘记他们在某一时间和地点做了什么。但是,摄像机、面部识别系统和定位追踪系统,使政府和企业可以对特定地点所发生的事件进行连续记录,而这些记录又可以与其他不同时间和地点的记录相整合。公私部门可以通过对事件的整理与分析,创建关于人们的位置与时间的档案,从而更容易追踪和预知他们的行为。[1] 旧式监控摄像机的特征是:不精确,图像模糊,记录很快被覆盖。新式的数字系统提供了更高的保真度和精确度,[2] 而数字存储器的成本降低,意味着对事件的记录可以被无限期保留,并被广泛复制和散播到全国乃至全世界的其他监控系统。[3] 普通公民不能指望他们的所作所为会被遗忘,这些记录将与其他时间和地点搜集的信息一起被存储和整理。[4] 最好的隐私保护方式,即遗忘,将很快成为明日黄花。随着技术进步和存储成本降低,监控型国家

---

〔1〕 Ellen Nakashima,"From Casinos to Counterterrorism",*Wash. Post*,Oct. 22,2007,at A1(描述了一位赌场调查员如何汇总客人在过去两周内的活动;这项技术被用来更精准地定位豪赌者和其他赌客,以为前者提供特殊待遇,为后者提供优惠活动)。

〔2〕 NYCLU,"Who's Watching?: Video Camera Surveillance in New York City And The Need For Public Oversight",*New York City Liberties Union* 7,2006. Accessed Oct. 14,2008. http://www.nyclu.org/pdfs/surveillancecamsreport_121306.pdf(描述了当今的摄像机如同拥有"超人的"视力,包括倾斜、摇摄和旋转等可以更好地跟踪个体的能力,以及能够看清书页乃至手机短信的变焦能力)。

〔3〕 Patricia L. Bellia,"The Memory Gap in Surveillance Law",75 *U. Chi. L. Rev.*,2008,p. 141(描述了一种"完美记忆"的趋势,存储大量数据的低成本,和非数字信息转换为数字信息的便利性,将使很多数据不会被删除,而这些数据会越来越多地被第三方掌握);Robert O'Harrow Jr.,Ellen Nakashima,"National Dragnet Is a Click Away",*Wash. Post*,Mar. 6,2008,at A1(报道了试图提供"一站式服务"的新型N-DEx数据库,它使联邦执法、反恐和情报分析可以自动检测地方和国家记录中的海量缓存);Walter Pincus,"NSA Gave Other Agencies Info from Surveillance",*Wash. Post*,Dec. 31,2005,at A8("国家安全局通过秘密窃听而获得的信息……被传送给其他政府机构,这些机构根据从其他数据库获得的建议和信息,对前述信息进行反复核查……")。

〔4〕 Saul Hansell,"U. S. Wants Internet Companies to Keep Web-Surfing Records",*N. Y. Times*,June 2,2006,at A15(报道了司法机关要求网络公司在两年内保留其用户的上网和邮件记录);Robert O'Harrow Jr.,Ellen Nakashima,"National Dragnet Is a Click Away",*Wash. Post*,Mar. 6,2008,at A1(描述了警方调查人员通过使用商业性数据挖掘系统,来"发现嫌疑人之间的隐秘关系,以及人员、地点和事件之间的即时联系");Walter Pincus,"NSA Gave Other Agencies Info from Surveillance",*Wash. Post*,Dec. 31,2005,at A8(揭示了其他机构通过"来自国家安全局的记录,并结合广泛的数据库,来寻找联系")。

成了永不遗忘的国家。[1]

监控型国家对我们的自由造成了三个主要危险。因为监控型国家强调事前预防,而非事后逮捕和检控,所以它造成的第一个危险就是,政府将绕过《权利法案》(Bill of Rights)的传统保障,设立一种预防性执法的外部机制。布什政府的军事羁押和国家安全局的监控项目,就是两个例证。政府认为,自身可以采用很多违反传统法律的手段,羁押和审讯包括美国公民在内的人员,因为这不是普通的刑事执法。[2] 它搜寻可以阻止未来袭击的情报,并试图阻止恐怖分子重返战场。[3] 同样,政府还认为,自身可以未经授权就监控美国境内人员,因为总统并不是在进行刑事检控,而是为了打击恐怖主义而在搜集军事情报。[4]

监控型国家带来的第二个危险是,传统的执法机构和社会福利机构将越来越类似上述外部机制。政府一旦可使用强大的监控和数据挖掘技术,就会形成巨大的政治压力,迫使政府在日常执法和提供服务时也使用它们。如果数据挖

---

〔1〕 Patricia L. Bellia, "The Memory Gap in Surveillance Law", 75 *U. Chi. L. Rev.*, 2008, pp. 137 - 38, 148 - 49(指出我们有关监控和信息隐私的法律对数据保存规定甚少,并且很多条文就是数据被无限期保留的诱因)。

〔2〕 Military Order No. 222, *Detention, Treatment, and Trial of Certain Non-Citizens in the War Against Terrorism*, 66 Fed. Reg. 57, Nov. 13, 2001, p. 833(当总统有理由相信该人①是基地组织的成员或前成员,②曾经从事、协助、煽动或策划实施恐怖行为,或准备如此行为,或者③曾经庇护这些人员时,即可下令对其进行羁押,并把审判此人的权力,授予处于国防部长权限内的特别军事法庭);Brief for the Respondents at 16, Yaser Esam Hamdi v. Rumsfeld, 542 U. S. 507(4th Cir. 2004)[为对哈姆迪(Hamdi)——一个作为"典型战俘"被捕的美国公民——的羁押辩护]。

〔3〕 Dana Priest, "Officials Relieved Secret Is Shared", *Wash. Post*, Sept. 7, 2006, at A17(报道了中情局主张它需要"严厉地审问囚犯,以获取与潜在恐怖袭击有关的时效信息");David Stout, "Rumsfeld Defends Plan to Hold War Detainees", *N. Y. Times*, Mar. 28, 2002, at A18[报道了国防部长唐纳德 · H. 拉姆斯菲尔德(Donald H. Rumsfeld)的一份声明,该声明指出,为防止阿富汗战犯重返战场,美国政府必须继续关押某些犯人,即使他们已经被军事法庭释放];Press Release, *President George W. Bush, President Discusses Creation of Military Commissions to Try Suspected Terrorists*(Sept. 6, 2006)(认为对于获取情报以阻止恐怖袭击而言,羁押和审讯措施是必要的,并主张"我们对美国人民负有义务,要羁押这些敌人,并防止他们重返战场")。

〔4〕 Letter from William E. Moschella, Assistant Attorney Gen., Dep't of Justice, "to the Senate Select Comm. on Intelligence and House Permanent Select Comm. on Intelligence"(Dec. 22, 2005),重刊于 81 *IND. L. J.*, 2006, pp. 1360, 1363(将国家安全局的通讯拦截视为一种普通刑事程序之外的"特殊需求");U. S. Dep't of Justice, "Legal Authorities Supporting the Activities of the National Security Agency Described by the President"(Jan. 19, 2006),重刊于 81 *IND. L. J.*, 2006, pp. 1374, 1410 - 12("搜集外国情报早已不是明确需要授权的普通刑事执法。")。

掘可以帮助我们定位恐怖分子,我们为什么不用它找出欠债不还的人,乃至拒付违规停车罚单的人?[1] 如果监控技术可以发现某些人可能威胁公共秩序,我们为什么不在普通的刑事司法体制之外,再建立一套预防性的拘留体制?[2] 我们为什么不在刑法之外实施制裁,如剥夺一些人登机或使用公共设施和交通系统的权利? 以及,如果 DNA 分析可以识别出可能高度消耗公共资源的人,我们为什么不提前对他们进行识别,并将其排除在公共项目和其他机会之外? 我们的监控和分析技术越强大和有效,政府感受到的压力就越大,它将绕开授权要求和其他程序障碍,以便可以在潜在的滋事者有机会制造任何伤害前,更便捷有效地抓获他们。

私人权力与公私合作,造成了第三个危险。因为宪法并不触及私人领域,所以政府越来越依赖私营企业搜集和生成信息。[3] 反之,企业的商业模式,导致公司越来越多地积累和分析人的相关信息,从而定位新客户,并拒绝不理想的客户。随着计算能力提升和存储成本降低,公司将力图了解客户的更多信息,并将这些有价值的信息售卖给其他公司和政府。

如果某种形式的监控型国家是不可避免的,我们又该如何保障个体权利和宪政? 如今的挑战,类似于美国在 20 世纪上半叶向福利国家和安保国家过渡时面临的挑战。美国人必须想清楚如何在宪法的边界内驯服这些新的治理形

---

〔1〕 对数据挖掘和情报技术使用中的"使命偏离"(mission creep)的讨论,参见 Mary Derosa, Ctr. For Strategic And Int'lstudies, *Data Mining And Data Analysis For Counterterrorism*, 2004, p. 16. Accessed Oct. 30, 2019. http://www.cdt.org/security/usapatriot/20040300csis.pdf; Technology& Privacy Advisory Comm., *Safeguarding Privacy in the Fight Against terrorism*, 2004, pp. 39 – 40. Accessed Oct. 30, 2019. http://www.cdt.org/security/usapatriot/20040300tapac.pdf。

〔2〕 Jack L. Goldsmith, Neal Katyal, Op-Ed., "The Terrorists' Court", *N. Y. Times*, July 11, 2007, at A19(提议建立"一种预防性羁押的综合体制",它受到一个国家安全法庭的监督,该法庭可以使用"如果不接受权宜性的情报来源和获取方式,将难以呈现在公开的民事法庭上"的证据)。

〔3〕 Michael D. Birnhack & Niva Elkin-Koren, "The Invisible Handshake: The Reemergence of the State in the Digital Environment", 8 *VA. J. L. &Tech* 6, 2003, pp. 41, 43(解释了在线服务供应商之所以受雇为政府服务,是因为"他们不受任何国界的束缚和限制",而且他们"对在线活动的监视更灵活,因为他们不受同样适用于国家及其代理人的审查"的约束); Laura K. Donohue, "Anglo-American Privacy and Surveillance", 96 *J. Crim. L. & Criminology*, 2006, pp. 1059, 1142(罗列了被私营企业交易的个人数据的广泛范围,政府机构也会购买使用这些数据的权限); Christopher Slobogin, "Government Data Mining and the Fourth Amendment", 75 *U. Chi. L. Rev.*, 2008, pp. 317, 320["很多政府计划完全或部分依赖于私营企业(商业性数据代理商)提供的原始数据,而政府人员会分析这些数据。"]。

式。这个时代孕育了新政及其对政府权力的极大扩张,以及民权革命,这绝非偶然。国家所积聚的权力越大,就有越多的美国人需要宪法性保障,以确保政府具有诚信并致力于公共利益。

首先,我们要区分威权型信息国家和民主型信息国家。[1] 威权型信息国家是信息贪食者和信息吝啬鬼。它们像贪食者那样,尽可能多地获取信息,因为这有助于它们的权力最大化。威权国家还是信息吝啬鬼,因为它们会尽量把搜集的信息及其自身的运作向公众保密。它们尽量把一切可能使它们难堪或破坏它们权威的事物,都当作国家机密,并大量增加秘密的规则和规章,这使它们无须解释自己的所作所为,就可以声称自己遵守法律。通过这种方式,它们拒绝对侵犯人民权利和自身的政策失败承担责任。因此,信息贪食与信息吝啬是一枚硬币的两面:两者都通过利用信息控制民众来保障政府权力,以妨碍民众追究它们的运作,限制政治问责的渠道和推动自利的宣传。[2]

相比之下,民主型信息国家好比信息美食家和信息慈善家。它们像美食家一样,只会搜集和整理需要的信息,以确保政府效率和国家安全。它们不会在没有正当理由的情况下监视公民。它们建立了一套由审查和程序构成的常规体制,以防滥用监控。它们会在不再需要时停止搜集信息,并会周期性地销毁信息,以保护隐私。如果信息因为被大量存储在很多地点等原因,而无法销毁,民主型信息国家会严格规制其后续使用。信息国家如果不能做到遗忘,那么必须做到宽恕。

民主型信息国家还是信息慈善家,因为它们乐于将他们创造的很多有价值的信息,以教育、科研、农业和医学信息的形式,向公众传播。它们允许公众获取与其法律和决策过程相关的信息,因此当政府人员违法、专断、贪腐或低效时,公众可以进行问责。如果无绝对必要,它们拒绝秘密法律和秘密审判。民主国家承认,信息的获取和披露有助于防止政府操纵其公民。它们保护个人隐私,因为监控会促进权力的滥用,并抑制自由和民主参与。因此,信息美食家和

---

〔1〕 对比 Alan F. Westin, *Privacy And Freedom*, New York, Atheneum Press, 1967, pp. 23 – 26(区分了隐私的威权模式和民主模式); Lewis Mumford, "Authoritarian and Democratic Technics", 5 *Tech. & Culture* 1, 1964, pp. 1 – 8(指出技术发展的"威权"和"民主"模式之间,长期存在一种历史辩证法)。

〔2〕 Alan F. Westin, *Privacy And Freedom*, New York, Atheneum Press, 1967, p. 23("现代极权主义国家依赖于政体的'暗箱操作',以及对其他群体的高强度监控和曝光。")。

信息慈善家是相互联系的:它们都有助于保持政府对公民的开放和负责;它们都通过尊重隐私和促进知识获取,来促进个人自主性与民主。

你或许认为,在监控型国家中,第四修正案[1]将是最重要的控制和防止滥用权力的宪法条款。但是,法院已经在很大程度上削弱了第四修正案,以满足规制与福利国家、安保国家和禁毒战争的需要。[2] 时至今日,政府对个人信息的许多搜集和使用,都已经超出了第四修正案的保护范畴——至少法院目前对它作出了如此解释。最高法院主张,在商业记录和人们提供给第三方(如银行和其他企业)的信息中,不存在对隐私的期待;[3]在数字时代,这些信息是个人信息的一大部分。大多数电子邮件都被备份到私人服务器,这使得对它们的保护是相当有限的——如果不是全然缺失的话。[4] 法院还主张,第四修正案并不限制外国情报监控,它主要受《外国情报监控法》的规制;[5]因此,通过主张

---

〔1〕 美国宪法第四修正案。

〔2〕 Daniel J. Solove, *The Digital Person*: *Technology And Privacy in The Information Age*, New York, NYU Press, 2004, p. 202(指出在新实践和新技术面前,最高法院限制了第四修正案的保护范围); Paul Schwartz, "Data Processing and Government Administration: The Failure of the American Legal Response to the Computer", 43 *Hastings L. J.*, 1992, pp. 1321, 1323(认为美国没有发展出一部适用于能动国家的信息保护法); 对比 William J. Stuntz, "The Substantive Origins of Criminal Procedure", 105 *Yale L. J.* 393, 1995, pp. 442, 444 - 46(指出强有力的隐私保护需要对政府进行强有力的限制,并认为强大的行政国家的兴起必然会限制第四和第五修正案的保护范围)。

〔3〕 Smith v. Maryland, 442 U. S. 735, 742 - 43(U. S. Supreme Court 1979)(认为电话拨号记录不受宪法保护); United States v. Miller, 425 U. S. 435, 446(U. S. Supreme Court 1976)(认为对第三方持有的银行记录不存在隐私期待)。

〔4〕 Steve Jackson Games, Inc. v. United States Secret Service, 36 F. 3d 457, 460 - 64(5th Cir. 1994)(认为已被存储的、没有在传输过程中被拦截的电子邮件,不受到联邦隐私法律的保护)。

〔5〕 Foreign Intelligence Surveillance Act, 50 U. S. C. A. § § 1801 - 1811 (West 2002 & Supp. 2007),已被《2008 年外国情报监控法修正案》(FISA Amendments Act of 2008)修正, Pub. L. No. 110 - 261, 122 Stat. 2436(2008); 也可参见 United States v. Truong Dinh Hung, 629 F. 2d 908, 913 - 15 & n. 4(4th Cir. 1980)(讨论了第四修正案的"外国情报例外"); United States v. Butenko, 494 F. 2d 593, 604 - 05(3d Cir. 1974)(en banc)(支持总统通过未经授权的监控获取外国情报信息的权力); United States v. Brown, 484 F. 2d 418, 425 - 27(5th Cir. 1973)(指出为获取外国情报,总统可以对监听进行授权); In re Sealed Case, 310 F. 3d 717, 737 - 46(FISA Ct. Rev. 2002)(《外国情报监控法》的一个条款允许政府对外国势力的代理人实施监控,如果外国情报是这些监控的一个"重要目标",此举就没有违反第四修正案)。请参见 Zweibon v. Mitchell, 516 F. 2d 594, 600(D. C. Cir. 1975)(en banc)(指出对于保护没有里通外国的人不受非法的国内监控而言,司法监督很重要)。

国内监控是国外情报搜集的副产品,行政机构逐渐证明了国内监控的合法性。[1]

如今,政府可以在公共场合(如街道和公园)自由放置摄像机,因为这些地方不存在对隐私的期待。[2] 政府也可以搜集人们遗留在户外的信息,如他们在公共街道的露面,或他们的指纹、头发及皮肤细胞等遗留物。[3] 此外,因为第四修正案关注的是搜查和逮捕,所以并不约束包括信息挖掘在内的整理和分析。[4] 第四修正案并不要求政府销毁合法搜集的任何信息。数字文件一旦被汇总,就可以为了日后的分析和模式匹配,而无限复制和扩充。最后,无论何种对政府构成约束的宪法限制,都不适用于私人方面,它们可以在不受第四修正案约束的情况下,自由地搜集、整理和向政府返销私人信息,由此形成一种对宪法的有效规避。

我们应该努力修正当前的第四修正案学说的一些弱点。但在监控型国家中,立法、行政和技术的解决方案,或许才是更重要的保障宪法自由的手段。这

---

〔1〕 "Legal Authorities Supporting the Activities of the National Security Agency Described by the President"(Jan. 19,2006),重刊于 81 *Ind. L. J.* 1374,2006,pp. 1409 – 14。

〔2〕 Katz v. United States,389 U. S. 347,351(U. S. Supreme Court 1967)("一个人在知情的情况下公开曝光的事物,即便位于自己的家或办公室,都不受第四修正案保护。");Christopher Slobogin,"Public Privacy: Camera Surveillance of Public Places and the Right to Anonymity",72 *Miss. L. J.* 213,2002,p. 236 n. ,p. 106(罗列了相关案例,这些案例主张公共摄像机的监控并不是一种搜查,因为在公共场合不存在对隐私的合理期待)。

〔3〕 California v. Greenwood,486 U. S. 35,40 – 41(U. S. Supreme Court 1988)(认为对遗弃在街边的垃圾没有隐私期待);United States v. Dionisio,410 U. S. 1,15(U. S. Supreme Court 1973)(认为搜集指纹不是一种搜查);Abel v. United States,362 U. S. 217,241(U. S. Supreme Court 1960)(认为留在酒店房间废纸篓中的物品是废弃物,政府对它们的搜集没有违反第四修正案)。如何处理"遗弃的 DNA"的问题,仍在讨论当中。Compare Edward J. Imwinkelried, D. H. Kaye,"DNA Typing: Emerging or Neglected Issues",76 *Wash. L. Rev.* ,2001,pp. 413,440("更好的做法是:像对待指纹一样对待遗留在公共空间的人体细胞……");Elizabeth E. Joh,"Reclaiming 'Abandoned' DNA: The Fourth Amendment and Genetic Privacy",100 *NW. U. L. Rev.* ,2006,pp. 857,882 – 83(承认 DNA 如今不受第四修正案保护,但支持通过立法来规制对 DNA 的秘密搜集)。

〔4〕 Daniel J. Solove,*The Digital Person: Technology And Privacy in The Information Age*,New York, NYU Press,2004,p. 201; Christopher Slobogin,"Government Data Mining and the Fourth Amendment",75 *U. Chi. L. Rev.* ,2008,pp. 330 – 31.

些法律和技术或许更能贯彻作为第四修正案和正当程序条款之基础的宪法价值。

国会必须通过新的超级立法,来规制信息的搜集、整理、购买和分析。这些超级立法应该具备三个基本特征。第一,它们将限定政府可以搜集、整理并用以对付人民的数据的类型。它们将增强对电子邮件和电子商务记录的有限保护,并控制政府购买和使用私人方面搜集的数据。它们将使政府的"遗忘"制度化:某些类型的数据将被周期性销毁,除非存在保留这些数据的充分理由。第二,这些新的超级立法将为搜集、分析和售卖私人信息的私营企业制定一个行为规范法典。第三,这些新的超级立法将为搜集、购买、处理和使用信息的行政机构设立一系列监督机制。

在监控型国家中,对于保护自由而言,监督行政机构的公务人员可能是最重要的目标。如果没有适当的制约与监督机制,行政人员很容易发展出威权型信息国家的特征。他们将增强隐秘性,回避问责,掩盖错误,将个人利益与公共利益相混淆。

近来,布什政府的事件表明,立法监督对行政机构的制约作用是相当有限的。只有分权政府才最有可能产生有意义的监督。即便如此,行政机构依然会拒绝共享任何与其内部程序或决策的法律依据相关的信息。很多不同的项目都会影响个人隐私,而期待国会对其进行全盘监督纯属不切实际。出于国家安全的考虑,通常只有少数立法者知道特别敏感的项目及其运作方式,因此行政机构很容易团结他们。[1] 纵观布什政府的历史,总统可以使用很多方法,表面

〔1〕 正如马蒂·莱德曼(Marty Lederman)所说,后水门时代的监督体制试图使国会像法院那样,能够"有效审查不受制约的行政权"。Marty Lederman, *Is There Any Way to Fix Legislative Oversight of Intelligence Operations?*, Balkinization, Mar. 31, 2008, Accessed Oct. 30, 2019. http://balkin. blogspot. coni2008/03/is-there-any-way-to-fix-legislative. html. 然而,时至今日,虽然我们的体制不断发展,但在审查和回应不当行政行为方面,国会依然收效甚微。行政机构只向少数立法者提供信息。Charlic Savage, *Takeover: The Return Of The Imperial Presidency and The Subversion Of American Democracy*, New York, Little, Brown and Company Press, 2007, p. 242. 行政机构的信使是职业情报机构和职业军官,立法者早已与他们建立了牢固的信任关系。简报是高度机密的,而且经常在问题行为开始后才提交,这使立法者处于一种艰难境地,要求叫停行政机构认为对国家安全至关重要的现有项目。Jack Goldsmith, *The Terror Presidency: Law And Judgment Inside The Bush Administration*, New York, W. W. Norton & Company Press,

上装作与国会协商,实际上却在"暗箱操作"。[1]

司法监督不需要传统的授权制度。它可以在事前进行信息公开和解释,在事后发布定期报告和将监控最小化。时至今日,监控实践已经从以特定嫌疑人为目标的行动,变成了监控项目,它不必从特定个体开始,而是在分析大量数据和通讯信息的基础上,强调匹配和发现行为模式。在这种情况下,司法监督将变得尤为重要。[2]我们需要通过一系列程序,把第四修正案(及其对授权的要求)和第五修正案正当程序条款[3]的价值,转化为一种新的技术背景。然而,目前,我们出于保密和效率的双重理由,把越来越多的行政行为排除出司法审查的范畴。布什政府的国家安全局秘密项目,就是一个例证;对无须司法监督

2007,p. 206. 行政机构向立法者保证,任何法律问题都经过了行政机构律师(如法律顾问办公室)的彻底审查,但它们并没有详细解释法律分析的基础,没有呈现反对意见,也没有展现行政机构内部的异议。此外,行政机构还告诉立法者,他们不会把所了解的项目内容披露给任何人——无论是自己的职员,还是外部的专家(虽然这些专家可能有助于他们评估行政行为的合法性和合理性)。这是因为任何有关行政行为合法性的讨论,都会披露机密信息,这些信息将被敌人利用,或在其他方面危及国家安全。因此,立法者通常不知道问题为何,即使他们怀疑问题存在,也没有办法。Marty Lederman, *The Government Institution Most in Need of Comprehensive Reform*, Balkinization, Dec. 9, 2007. Accessed Oct. 30, 2019. http://Ibalkin. blogspot. com/2007/12/government-institutionmost-in-need-of. html.

〔1〕 Heidi Kitrosser, "Congressional Oversight of National Security Activities: Improving Information Funnels", 29 *Cardozo L. Rev.*, 2008, pp. 1049, 1060(指出最近围绕布什政府的的争论表明"行政机构并不必然遵循法定指令共享信息,而个别国会议员可能默许甚至推动这些违规行为")。关于近期的改革建议,参见 Nat'l Comm'n on Terrorist Attacks Upon The U. S., *The 9/11 Commission Report*, Washington D. C., U. S. Government Printing Office Press, 2004, pp. 419 - 23(主张改革国会监督); Anne Joseph O'Connell, "The Architecture of Smart Intelligence: Structuring and Overseeing Agencies in the Post - 9/11 World", 94 *Cal. L. Rev.*, 2006, pp. 1655, 1730 - 35(主张加强立法监督); Jack Goldsmith, *The Laws in Wartime*, *Slate*, Apr. 2, 2008. Accessed Oct. 30, 2019. http://www. slate. com/id/2187870/pagenum/2/(提出一系列建议,旨在加强立法监督的同时,继续实施积极的反恐政策)。

〔2〕 Orin S. Kerr, "Updating the Foreign Intelligence Surveillance Act", 75 *U. Chi, L. Rev.*, 2008, pp. 225, 234(指出因为通讯技术的变化,"当今监控的重点是当事人的通讯,而非其身份和位置")。

〔3〕 美国宪法第五修正案。

的行政授权的泛滥使用,则是又一个例证。[1] 不过,一个独立的司法机构,对于防止积极的公务人员过分越权发挥着重要作用。如果行政机构追求更高的效率,就要履行相应的责任:在监控前披露更充分的信息,在监控后发布更详尽的报告,以判断这个监控项目是否被滥用。法官们还必须反对行政机构频繁使用保密特权逃避问责。行政人员的做法有其制度诱因:通过给自身行为贴上"机密"标签,他们可以逃避司法监督。除非立法机构和法院可以设计出审查和评估秘密项目的有效程序,否则总统将成为法律本身。

考虑到立法监督和司法监督的局限,行政机构的内部监督就变得相当重要。国会可以设立制度架构,使行政机构自我监督,并定期汇报其行为。例如,如果国会想加强法律保障,反对未经授权的监控,它应当在行政机构内部创设一个信息监察员职位,任职者必须接受最高级别的忠诚调查,其工作是确保政府合法而非武断地使用信息搜集方法。[2] 不幸的是,布什政府对固有的总统

---

〔1〕 Dep't Of Justice, Office Of The Inspector Gen. , *A Review Of the FBI's Use of National Security Letters: Assessment of Corrective actions and Examination of NSL Usage in* 2006, 2008, p. 158. Accessed Oct. 30, 2019. http://www.usdoj.gov/oig/special/s0803b/final.pdf(发现对美国人使用国家安全密函的情况在三年间持续增多,并详述了在未经授权的情况下获取记录的滥权现象);Dep't of Justice, Office Of The Inspector Gen. , *A Review Of The FBI's Use of Section* 215 *Orders for Business Records in* 2006, 2008, p. 85. http://www.usdoj.gov/oig/special/sO803a/final.pdf(讨论了联邦调查局未取得《外国情报监控法》法庭指令的授权就接收额外信息的情况)。Dep't of Justice, Office of The Inspector Gen. , *A Review of The FBI's Use of National Security Letters*, 2007, pp. 31 – 35. Accessed Oct. 30, 2019. http://www.usdoj.gov/oig/specialsO703b/final.pdf(指出人们低估了签发的国家安全密函申请和违法行为的数量)。Electronic Privacy Information Center, National Security Letters, 2008. Accessed Oct. 30, 2019. http://epic.org/privacy/nsl/default.html。Barton Gellman, "The FBI's Secret Scrutiny: In Hunt for Terrorists, Bureau Examines Records of Ordinary Americans", *Wash. Post*, Nov. 6, 2005, at Al[认为"因为《美国爱国者法》(USA Patriot Act),国内监控呈指数级增长"]。R. Jeffrey Smith, "FBI Violations May Number 3000, Official Says", *Wash. Post*, Mar. 21, 2007, at A7(指出从 2003 年到 2006 年,有 600 余起"处理严重不当的案件"与国家安全密函相关)。

〔2〕 Kenneth A. Bamberger, Deirdre K. Mulligan, "Privacy Decisionmaking in Administrative Agencies", 75 *U. Chi. L. Rev.* , 2008, pp. 75, 96(指出国土安全部独立的"内部隐私专家"的重要性——他们"处于机构决策结构的核心位置,利用权力的内部关系和外部资源,并可以相对独立地办事,由此在相互抵触的机构利益中承担提升隐私性的职责");参见 Neal Kumar Katyal, "Internal Separation of Powers: Checking Today's Most Dangerous Branch from Within", 115 *Yale L. J.* , 2006, pp. 2314, 2314 – 19(支持在外交事务上,在行政机构内部建立制衡机制);Neal Kumar Katyal, "Toward Internal Separation of Powers", 116 *Yale L. J.* 106(Pocket Part 2006)。

权力作出了极端的主张,认为总统可以无视监督和报告的机制。[1] 在监控型国家中,拒斥这些关于总统权力的主张,对于捍卫法治至关重要。

最后,技术监督可能是对法律程序的一个必不可少的补充。控制监控者的最好方法,就是同样对他们进行监控。我们应该构建监督体系,使政府监控可以被定期记录,并被监察员和行政机构的审查员所审核。[2] 反之,监控记录也可以被用于数据分析和模式匹配,以求发现任何可能滥用程序的异常行为。这些技术审核可以使部分监督程序自动化;它们可以协助监察员、行政人员、国会和法院,确保监控行为处于法律的边界之内。通过技术设计,我们可以防止很多滥权行为;至少,技术可以强制披露那些行政人员想要隐藏的信息。

行政与福利国家(Administrative and Welfare State)不仅对宪法提出了问题,而且对法治本身也提出了问题。监控型国家亦如此。治理方式的改变需要有新的策略,来保护宪法价值和民主自治政体。我们至少已经解决了行政与福利国家的兴起所造成的一些问题;我们必须相信,对于已经存在的监控型国家而言,我们同样可以如此。

---

〔1〕 Jack Goldsmith, *The Terror Presidency*: *Law And Judgment Inside The Bush Administration*, New York, W. W. Norton & Company Press, 2007, pp. 123 – 26, 202 – 10; Charlie Savage, *Takeover*: *The Return Of The Imperial Presidency and The Subversion Of American Democracy*, New York, Little, Brown and Company Press, 2007, pp. 132 – 34; Dawn E. Johnsen, "What's a President to Do? Interpreting the Constitution in the Wake of Bush Administration Abuses", 88 *B. U. L. Rev.*, 2008, pp. 395, 400 – 01(根据一种宽泛行政权的理论,讨论了布什政府违反联邦法律的决策); Marty Lederman, *The Theory of a Preclusive Commander-in-Chief Power is Alive and Well*, Balkinization, Jan. 30, 2008. Accessed Oct. 30, 2019. http://balkin. blogspot. coml2008/01/theory-of-preclusive-commander-in-chief. html。

〔2〕 Mary Derosa, *Ctr. For Strategic And Int'lstudies*, *Data Mining And Data Analysis For Counterterrorism*, 2004, p. 19. Accessed Oct. 30, 2019. http://www. cdt. org/security/usapatriot/20040300csis. pdf(讨论了把审核技术作为一种保护隐私和防止滥权的手段)。Technology and Privacy Advisory Comm., *Safeguarding Privacy in the Fight Against terrorism*, 2004, pp. 50 – 52. Accessed Oct. 30, 2019. http://www. cdt. org/security/usapatriot/20040300tapac. pdf(建议数据挖掘计划引入审核制度)。Nimrod Kozlovski, "Designing Accountable Online Policing", in Jack M. Balkin et al., eds., *Cybercrime*: *Digital Cops in A Networked Environment*, New York, NYU Press, 2007, pp. 126 – 28(主张问责监管的技术体制,包括对数据搜集的记录:谁有权使用它,搜索了什么)。Ira S. Rubinstein et al., "Data Mining and Internet Profiling, Emerging Regulatory and Technological Approaches", 75 *U. Chi. L. Rev.*, 2007, p. 269("需要有一个审核制度,提供一个完整且防篡改的搜索记录,以及相关分析者的身份。")。

核废物管理的安全风险与其宏观犯罪防控和微观司法判断：例外主义、不透明性和脆弱性*

汤姆·范德·贝肯**

杨　雪　译***

内容摘要：本文从 PEST(政治、经济、社会和科技)四个维度分析了核废物管理中的潜在安全风险，以及其可能涉及的环境犯罪、恐怖主义犯罪和常见犯罪。核废物产生于核电站以及其他核产业生产过程中的排泄物、废物，以及废弃核设施的残留物。从政治和经济维度上看，无论从国际法的层面，还是欧盟区域法的层面，核废弃管理都是一个十分敏感的问题。这一问题既要受到有关核产业相关法律的调控，又要受到有关危险废物处理相关法律的规制。核产业涉及国家机关、商业主体和一些兼具公法主体特征和私法主体特征的机构。从社会和文化维度上看，相较于其他类型废物的管理，核废物管理的风险性、不确定性和对后人的影响更引人深思。本文认为，当下有关核废物管理的立法旨在增强核废物管理的安全性，但却降低了对核废物管理报告的透明度和准确性的要求。风险评估的技术制度反而禁锢了宏观上整体犯罪防控政策、微观上司法判定中的因果关系认定规则。风险评估对风险认定的科学性和客观性缺乏确切的证明，对核废物管理中的常见犯罪监管的削弱却日益凸显，进而导致法益保护整体上的失衡。故而，本文将对核废物管理这一特殊产业中风险评估的特征进行一系列分析和研究。

---

* 本文在发表于 *Journal of Environmental Management* 的同名论文的基础上有所修改。

** 欧洲犯罪学协会会长，比利时根特大学法学和犯罪学学院国际刑事政策研究中心主任。

*** 南京师范大学法学院讲师，法学博士。

关键词:核废物管理　犯罪机遇　欧盟和国际政策　风险评估　犯罪防控　因果关系认定

一、引　　言

本文讨论了民用核燃料工业中废物管理的安全风险、废弃核电站的安全风险和不同危险级别的废物的储存、运输和处置中的安全风险问题。本文通过PEST(政治、经济、社会和科技)[1]的分析方法,以对危险废物的管理为大背景,对核废物管理中已知和可能的风险进行了解读。鉴于这四个维度的内涵和外延都是不确定的,且会受到其他因素影响,本文所讨论的视角、主要构想和所侧重的问题都难免有局限性。在进行此项分析的犯罪学学者中,有人侧重于研究国际社会中犯罪风险的演变及其特征,有人侧重于研究废弃物的风险评估。

我们想表达的核心观点,即信息的多元性和风险评估构成了对公众安全的保障。总之,鉴于犯罪行为和对犯罪的控制是相互影响的,本文将从犯罪学的视角阐明,特定的犯罪控制方法可能在削弱某些犯罪风险的同时增加其他犯罪的风险。换言之,犯罪行为和刑法规范是相互塑造的。法律规范的缺位或不足会使核产业因疏于监管而引发犯罪和其他违法行为,而不适当的法律监管(如过强的监管),则会导致犯罪控制资源的不合理配置,会使得犯罪控制体系对无须着重保护的法益倾注过多的精力。

核废物管理领域包括宏观、中观和微观不同层级的管理。不同层级的管理既可能涉及恐怖主义犯罪和环境犯罪等严重影响公共安全的犯罪,也可能涉及欺诈等常见犯罪。当下各国出于控制严重影响公共安全的犯罪行为的风险考虑,法律规范从实体上的因果关系判断、程序上的证明规则设定等多个方面,倾向于对恐怖主义犯罪和环境犯罪等严重影响公共安全的犯罪的成立条件作出灵活解释。由于有关核废物管理的犯罪涉及多个层次的管理风险,相关犯罪的

---

〔1〕 Byars L., *Strategic Management, Formulation and Implementation-Concepts and Cases*, New York, HarperCollins, 1991.

法律规范，不论实体法还是程序法上，往往通过限制风险的范围来确定刑事责任的范围。不论是实体上的因果关系判断等问题，还是程序上的证明规则设定等问题，都涉及哪些管理上的风险需要通过法律监管归入犯罪认定的风险。

然而，在核废物管理领域，对严重影响公共安全的犯罪实施过强的法律监管，可能导致对该领域的欺诈等常见犯罪较弱的法律监管，即犯罪控制体系整体上法益保护的不平衡。本文将就核废物管理领域可能存在的法律规制不当问题作出分析。

风险评估的问题已然成为各个领域的热门话题。为了预防核废物管理所涉及的环境犯罪和恐怖主义犯罪等严重危害公共安全的犯罪，整体犯罪控制策略的制定需要依赖风险评估。与此同时，确定具体刑事责任的司法判断，尤其是因果关系的证明，也依赖于风险评估。然而，风险评估支撑宏观犯罪控制策略和微观司法判断的前提是其客观性和科学性。但是，近年来在恐怖主义、环境变化和金融市场等领域出现的一系列意外事件让公众对专家和立法者的风险评估的方法产生了质疑。简言之，这些质疑可以概括为主观方面的问题和客观方面的问题：在主观方面，公众不再轻易接受专家和立法者收集、预测和建构的证据（打个比方，当下欧洲民众似乎并不愿意接受欧洲科学家对转基因食物的风险的看法）；在客观方面，在多个领域，过去和现在都有很多实例（尤其是 2007 年信贷危机以后），高度专业化的立法者和私立机构的风险分析员有时会作出“羊群行为”而未能预测出“黑天鹅事件”。在风险分析的建模和风险问题的探讨变得错综复杂且只能由高度专业化的人群来解读的情况下，这一问题显得尤为严重。

举个直观的例子，根据欧盟委员会的民意调查，欧盟居民对核废物的焦虑主要集中在对其储存和处理所带来的长期问题。[1] 尽管恰如欧盟委员会的调查所说的，这一公众观点很大程度上是基于“公民坚信不疑的错误认识”，但它

---

〔1〕 European Commission, "Attitudes towards Radioactive Waste", *Special Eurobarometer number* 297, 2008, June, p. 149, Luxembourg: European Commission. Accessed October 30, 2019. http://ec.europa.eu/public_opinion/archives/ebs/ebs_297_en.pdf.

确实是客观存在的。[1] 因而,从安全的角度看,反核运动的核心策略在于强调核产业对子孙后代和环境的长期危害。[2] 这些长期危害反映和影响了欧洲公众对核产业的忧虑。再进一步讲,与公众的忧虑不同,专家对核废物运输等问题的考量(以及与此相关的保护行动)可能旨在帮助我们预防当下尚未引起足够重视的风险(对此下文将进一步阐释)。审慎的立法者和政策制定者会考虑到多元化的风险。本文支持多元化的风险评估,并将论证其合理性。

二、核废物管理的政治背景及其参与者

(一)国际政策

国际条约从两个方面规范核废物管理。其一,《巴塞尔公约》[3]关于危险废物的规定,其规范范围不仅包括放射物质,还包括爆炸物、压缩气体、悬浮固体和腐蚀物。其二,规范有关核能、能源循环具体问题的条约和有关废物问题的条约,比如《核不扩散条约》、欧盟的《欧洲原子能条约》和其他可适用的欧洲范围内的条约。根据《巴塞尔公约》,任何下列情况的危险废物或其他废物的越境转移均应视为非法运输:没有依照本公约规定向所有有关国家发出通知;或没有依照本公约规定得到一个有关国家的同意;或通过伪造、谎报或欺诈而取得有关国家的同意;或与文件所列材料不符;或违反本公约以及国际法的一般原则,造成危险废物或其他废物的蓄意处置(如倾卸)。[4]常见的非法运输的方法有虚假申报、隐瞒、在运输物品中混合夹带各种物质和误标运输仓等。鉴于

---

[1] European Commission, "Attitudes towards Radioactive Waste", *Special Eurobarometer number* 297, 2008, June, p. 149, Luxembourg: European Commission. Accessed October 30, 2019. http://ec.europa.eu/public_opinion/archives/ebs/ebs_297_en.pdf.

[2] No. 2 nuclearpower, *History of Nuclear Waste Disposal Proposals in Britain*, Edinburgh, Edinburgh Energy and Environment Consultancy. Accessed October 30, 2019. http://www.no2nuclearpower.org.uk/reports/waste_disposal.php.

[3] United Nations, *Basel Convention on the Control of Transboundary Movements of Hazardous Wastes and Their Disposal*, 1989. Accessed October 30, 2019. http://www.basel.int/text/con-e-rev.pdf.

[4] Secretariat of the Basel Convention, *What is illegal traffic*? Châtelaine (Geneva): United Nations Environment Programme. Accessed October 30, 2019. http://www.basel.int/legalmatters/illegtraffic/index.html.

危险废物会对人类健康和环境造成巨大的潜在危害,《巴塞尔公约》的一个指导原则就是尽可能地就近处理危险废物以减弱其危害。[1]

《不扩散核武器条约》是在民用核能和不扩散范围内的核武器技术和材料方面颇具盛名的具有里程碑意义的国际条约。该条约目的在于防止核武器和核武器技术的扩散,促进和平使用核能和进一步实现广泛裁军。该条约为在推进核技术的和平应用方面发挥了重要作用的国际原子能机构提供了制度保障。国际原子能机构的任务主要包括三个方面:安全、科技和保障核实。在安全方面,国际原子能机构帮助成员国增强核安全,并帮助成员国预防和应对紧急情况。它对相关的国际公约、国际准则和专家指导意见具有重要意义。在安全准则方面,国际原子能机构的任务涉及核设施以及放射性材料的运输和废物处理等方面的指导工作。其核心在于制定和促进适用有关规范管理核产业和放射性材料的国际安全标准。在安全保障方面,国际原子能机构旨在帮助成员国预防、发现和应对恐怖主义和其他恶意行为(如非法持有、使用、运输和贩卖核设施和核材料),保护核设施及其运输系统免受破坏。国际原子能机构的《核安全报告》对在核产业、放射性物质、核运输设施和放射性废物的安全和紧急情况预处理方面的国际趋势和问题作出了概述,并着重描述了其发展情况(IAEA,2006)。[2]

(二)区域的/欧洲范围内的政策

欧洲范围内的废物管理措施旨在协调促进经济的持续发展与繁荣和减轻各类废物对环境影响两者之间的关系。由于资源应用效率不断提高,经济增长对能耗的影响是非常微弱的,生产中产生的废弃物(包括有害废弃物)对环境的污染也将减弱。在处置废弃核设施方面,欧盟委员会的相关措施的现行法律依

---

[1] Secretariat of the Basel Convention, *Introduction*, Châtelaine (Geneva): United Nations Environment Programme. Accessed October 30,2019. http://www.basel.int/pub/basics.html.

[2] International Atomic Energy Agency, *Nuclear Safety Review for the Year* 2006, Vienna, IAEA, 2006. Accessed October 30, 2019. http://www.iaea.org/About/Policy/GC/GC51/GC51InfDocuments/English/gc51inf-2_en.pdf.

据是《欧洲原子能条约》的第三章和欧洲理事会其他相关决议和指令。[1]

(三)国家政策

理论上,许多国家在核能发电和其他民用领域涉及高额支出、潜在风险和复杂技术需求方面是可能存在共同利益的。[2] 对这些问题的共同探讨可以促进各个国家在能源循环的各个方面(包括废弃物处理)的相互支持。[3] 然而,很多国家不希望自己的能源安全和核技术信息被其他国家掌握,尤其是考虑到未来两国关系可能在某个时段、某些方面变得不确定、不合作甚至敌对的情况下。

三、核废物管理的经济背景及其参与者

(一)作为特殊产业的核废物管理

尽管核废物管理在政治方面的问题比较突出,和其他废弃物(包括有害的和无害的废弃物)相比,核废物的数量是比较小的。[4] 世界上的很多核废物是因核发电产生的,但化石燃料才是绝大多数废弃物产生的源泉。[5] 发展核能

---

〔1〕 EU Council Resolution of 15 June 1992 concerning the Community Action Plan within the European Union in the field of radioactive waste. EU Council Resolution of 12 December 1994 concerning the management of radioactive waste within the European Union. EU Council Directive of 27 June 1985 as amended by the directive 97/11/CE of 3 March 1997 concerning the assessment of the effects of certain public and private projects on the environment. EU Council EURATOM Directive 96/29 of 13 May 1996 establishing revised basic health and safety standards revision of Directive 80/836 Euratom of 15 July 1980.

〔2〕 International Atomic Energy Agency General Conference, *Appointment of the External Auditor for* 2002 – 2003, Vienna, IAEA, 2001. Accessed October 30, 2019. http://www. iaea. org/About/Policy/GC/GC45/Documents/gc45 – 27. pdf.

〔3〕 International Atomic Energy Agency General Conference, *Appointment of the External Auditor for* 2002 – 2003, Vienna, IAEA, 2001. Accessed October 30, 2019. http://www. iaea. org/About/Policy/GC/GC45/Documents/gc45 – 27. pdf.

〔4〕 作为参照,法国公民平均每年制造 10 吨各类废物,其中放射性废物只有 1 千克。放射性废物只占有毒废物的 1%,而有毒废物只占所有废物的 1%。1 千克放射性废物中有 90% 是短期废物,将会被工业处理;只有剩下的 10% 是长期废物(European Commission,1999)。

〔5〕 European Environment Agency, *Indicator Fact Sheet Signals* 2001 – *Chapter Waste*, EEA, 2001. Accessed October 30, 2019. http://themes. eea. europa. eu/Environmental_issues/waste/indicators/generation/w1_total_waste. pdf.

源时常被认为是减轻化石燃料所造成的污染的一个主要途径。[1] 然而，在这一方面，水能和风能可能是更好的选择。

虽然核废物的数量相较于化石燃料是非常小的，但核废物在工业处理上确实一个颇为严峻的问题，并且这一问题变得越来越棘手，这主要是由三个方面的原因造成的。首先，核废物的管理因多方面的原因而极端昂贵。确保核废物储存的长效安全以及防止放射性材料扩散到周边甚至更远的地方的相关措施都是花费巨大的，而且这些问题饱受争议。反核能组织声称保障核废物不扩散是很难做到的。[2] 由于发电或是其他用途产生的核废物所产生的危害会持续数百年甚至数千年，其花费也因而增加。另外，如上文所述，对于核废物的合理处置也有颇多争议。对核废物的再利用也只能对辐射稍有减弱作用。即使是短期储存（可能是几十年），仍不可避免各种问题和风险，需要各种安全监控，并因而产生不菲的费用。此外，学者们对核工业是否容许短期废物存在不同的观点：有人认为存放核废物难以避免（储存地点可能在生产国以外），有人则认为短期存放只会使核废物处理的问题悬而不决。

核废物的运输与恐怖主义犯罪及其他犯罪的风险之间的关系，是有关核废物管理的争论中一个非常值得注意的问题。各种核废物，无论其放射性和危险性的高低，都要转移到特定的安置地点。在运输核废物的过程中，核废物可能被恐怖分子袭击（以达到核污染的目的），还可能被犯罪分子侵占（以售往黑市或用于敲诈勒索为目的）。相比之下，核废物在静止状态下似乎更安全。本文对这种分析是否正确不做评论，但希望这种分析能够引起相关部门的警惕。在核废物的运输过程中，不仅相关部门要强化安全措施，国家情报机关还要加强对潜在的恐怖分子和反核组织的监控和渗透。他们可能希望通过制造一些事件让核工业和政府陷入困境。比如，让装有核废物容器的火车车厢脱轨。因而，相关机构采取一些防范措施以避免核废物运输中的此类风险是非常合理和

〔1〕 Qiang P.,"Nuclear Energy and the Environment", *International Journal of Risk Assessment and Management* 3(1),2002,pp. 16 – 22.

〔2〕 No. 2 nuclearpower, *History of Nuclear Waste Disposal Proposals in Britain*, Edinburgh: Edinburgh Energy and Environment Consultancy. Accessed October 30, 2019. http://www.no2nuclearpower.org.uk/reports/waste_disposal.php.

必要的。相比之下,对核废物的静态监管中出现的问题往往是日常监管中的疏忽和懈怠。与在核废物运输中须保持高度警惕的监管状态不同,核废物的静态监管主要防范盗窃等行为(下文将会举例说明)。在工业日常运转的“平常”属性不得不和核废物管理中安全保障的“特殊”属性联系在一起的情况下,传统的知识和经验难免有其局限性。因而,核安全管理问题和通常的犯罪和安全问题存在诸多不同。

(二)产业所有者、投资者、产业准入支出、盈利能力/偿债能力

核废物处理涉及以下几个产业:能源制造(特别是核能发电);医疗(诊断和治疗);食品行业(放射线照射杀菌);基础建设(建造和油气勘探);军工(运输设施,比如潜艇;当然还包括核武器,但核武器不在本文讨论的范围内)。

不论从涉及的国家的数量上看,还是从涉及的合同主体上看,核产业的规模都不大(尽管鉴于其复杂的流程,核产业会涉及许多转包主体,对此下文将会讨论)。核产业的规模受到限制的一个重要原因,即其准入花费非常高昂,而且还在不断增加之中。[1]

所有拥有民用核能产业的欧洲国家都是欧洲原子能共同体的成员国。成立于 1958 年的欧洲原子能共同体旨在为核产业的建立和发展创造必要的条件。美国的国会简报曾提到,美国支持欧洲原子能机构的建立,以促进美国核反应堆及相关设备、燃料和技术对欧洲的出口。[2]

在欧盟境内,发展核废物再处理工业的国家主要包括法国和英国。在英国,大约有 2000 人从事这一行业,处理来自日本、德国、瑞士、西班牙、瑞典、意大利、荷兰和加拿大的核废物。英国原子能机构报告称其 2005 年的资金为 3.782亿英镑,其中 2.918 亿镑来自英国贸工部。这其中包括了欧洲原子能机构和英国自然科学基金支持的欧洲联合环状反应堆和英国核聚变项目资金、安

〔1〕 Turkenburg W. ,“Nuclear Energy and Sustainable Development”, in International Atomic Energy Agency(ed.), *Innovative Technologies for Nuclear Fuel Cycles and Nuclear Power*, Vienna, IAEA, 2004, pp. 45 – 56.

〔2〕 Carl E. et al. , *EURATOM and the United States*: *Renewing the Agreement for Nuclear Cooperation*, CRS Report for Congress, 1996, 26. April. Accessed October 30, 2019. http://ncseonline.org/nle/crsreports/energy/eng – 20.cfm.

保收入和租金收入。[1]

燃料废物可能在反应堆附近安置数年，也可能在冷却之后通过对其部分再处理，分成不同的类型和等级。再处理花费高昂但效用有限。[2] 既然核废料的再处理花费高昂且并不能对核废物的数量和其放射性带来太大的变化，为什么还要发展核废物再处理工业？这涉及经济和政治两方面的原因。经济上，核废物再处理获利颇丰。政治上，鉴于世界范围内的核废物再处理中心只有有限的几个，将核废物送去再处理可能意味着将核废物转移出其生产国，而这往往得到社会舆论的支持。虽然仍会有部分核废物被运回，但其数量是非常有限的。环保组织"绿色和平"认为核废物再处理并不是一种有利的技术："把核废物送去再处理只是延迟处理本应由自己处理的核废物——核废物处理的问题因而都交给了法国、英国和俄罗斯。绝大多数再处理后的核废物永远留在了法国、英国和俄罗斯"(Greenpeace UK,2001)。[3]

对各个核设施和核废物再循环处理机构而言，核产业的经营额是非常可观的。对英国整个国家社会而言，清理处置世界民用核废物是一个特别繁重的工作，面临着长期的技术和环境挑战。原子能废止处置机关管理了一个持续数十年斥资数十亿英镑的项目。该项目旨在发展长效、多元、稳健和具有竞争力的供应链。仅英国自身投资就有500亿英镑。现有和潜在的经营商也可以投资这一项目。相较于国内市场，国际市场则给英国创造了更多的机遇。在未来30年，预计国际市场经营额可达3000亿英镑。例如，在未来的几十年，全世界正在运营的400多个核反应堆将被废止。总之，处置废止核设施的国际市场非常巨大。

(三)工业流程及其管理

核废物处理机构的投入和产出模式是高度复杂的。[4] 围绕本文的主旨，这

---

[1] UK Atomic Energy Agency, *Annual Report and Accounts*, UKAEA, 2006/2007. Accessed October 30, 2019. http://www.ukaea.org.uk/downloads/misc/UKAEA%20annual%20report.pdf.

[2] Schaper A. et al., *Emerging Nuclear Energy Systems, their Possible Safety and Proliferation Risks, Energy and Research Series*, ENER111 EN, 2001. Accessed October 30, 2019. http://www.europarl.eu.int/workingpapers/ener/pdf/111_en.pdf

[3] Greenpeace UK, *Nuclear Reprocessing*, Greenpeace, 2001. Accessed October 30, 2019. http://www.greenpeace.org.uk/nuclear/nuclear-reprocessing-overview.

[4] Mortensen K. and Pinci V., *Modelling the Work Flow of a Nuclear Waste Management Program*, Aarhus, University of Aarhus, Department of Computer Science, 1997.

一部分将主要介绍核废物处理流程中的运输和财务问题,以及对管理记录的保存和处理问题。

1. 运输

核废物很少被储存在原产地,或在原产地就地再处理。在核废物的运输过程中会有一系列的安全风险。核废物运输的起点和终点都有相应的安全措施,而运输的过程则充满了不确定因素。在世界范围内,每年大约有 2000 万次核废物运输(每次运输可能包括单一包裹,也可能包括多个包裹)。[1] 尽管已经在核废物运输中投入了大量安保力量,核废物运输的安全工作仍然不可懈怠。运输核废物的花费是巨大的,且这一产业的发展面临着巨大的压力:铀生产市场的萧条、核产业全球范围内的市场重构、电力市场的失范和自由主义导致的收益减损,都给核运输产业的发展带来重压。因而,未来核运输产业的发展需要成本效益更高、更灵活、更符合公共事业的需求 。

2. 谁来埋单

谁来为核废物的储存、处理和再循环埋单?虽然各国的具体规定有所不同,一般而言主要有三类"最终埋单人":其一,子孙后代。他们将不得不在未来为监管、维护和维修我们这代人留下的核设施而埋单。其二,当代的普通纳税人。我们也不得不埋单(其中一部分是以欧洲层面上共同分担的特殊基金的形式进行的)。其三,家庭用电或工业用电的消费者。有的国家根据用电量征税,而有的国家会因生产和使用核电而特别征税。对于账单如何分配的问题,各个国家和地区的方案难免各不相同。[2]

如果我们在区分不同类型的废弃物的收费时力求公平,使其收费与对其处理所需的费用相适应,那么对不同类型的电能征收同样多的税率是不可能实现

〔1〕 World Nuclear Association, *Transport of Radioactive Materials*, London, World Nuclear Association, 2008. Accessed October 30, 2019. http://www.world-nuclear.org/info/inf 20.html.

〔2〕 UK Nirex and others, *Schemes for financing radioactive waste storage and disposal, final report for the European Commission on "Schemes for Financing Radioactive Waste Storage and Disposal"* (contract B4 – 3070/96/000754/MAR/C3 dated 30 December 1996) on behalf of other consortium members DBE, Pricewaterhouse Coopers, Sofres Conseil, C & E Consulting and Engineering, ANDRA, COVRA, ENRESA and ONDRAF/NIRAS, March, Brussels, European Commission, 1999, p. 96. Accessed October 30, 2019. http://ec.europa.eu/energy/nuclear/publications/doc/eur18185annex.pdf.

公平的目标的。另外，公平不仅仅意味着废弃物生产者之间的公平，更意味着代际公平。虽然当代人是不可能和未来的人展开对话的，但当代人需要在做决定时充分考虑子孙后代的利益。[1]

欧盟各成员国在核废物处理产业上的一些做法，并不完全符合欧共体条约的要求。欧盟委员会认为竞争法应适用于核产业和其他能源产业。[2] 然而，鉴于当下核产业的产权结构和经济来源形式，以及“国家补助”的适用，核产业的发展很难符合竞争法基本原则的要求。对于核废物的管理和经济问题，通过适用《欧洲原子能共同体条约》，欧盟不得不在一定程度上背离竞争法原则的要求。[3]

如前文所述，核产业的透明性非常容易遭到质疑。这些质疑往往出于公平竞争和合理适用资金的考虑。[4] 核产业极可能面临欺诈类犯罪的风险。

3. 记录

对核产业记录的保障措施是基于核物料平衡区机制的。此机制须对放射

---

[1] UK Nirex and others, *Schemes for financing radioactive waste storage and disposal, final report for the European Commission on "Schemes for Financing Radioactive Waste Storage and Disposal"* (contract B4 - 3070/96/000754/MAR/C3 dated 30 December 1996) on behalf of other consortium members DBE, Pricewaterhouse Coopers, Sofres Conseil, C & E Consulting and Engineering, ANDRA, COVRA, ENRESA and ONDRAF/NIRAS, March, Brussels, European Commission, 1999, p. 96. Accessed October 30, 2019. http://ec. europa. eu/energy/nuclear/publications/doc/eur18185annex. pdf.

[2] Alliance for Nuclear Responsibility, "Factsheet #2 Security Just the Facts: The Five Fatal Flaws of Nuclear Power", San Luis Obispo, Public citizen. Accessed October 30, 2019. http://a4nr. org/articles/fatalFlaws/2. security. pdf/download.

[3] UK Nirex and others, *Schemes for financing radioactive waste storage and disposal, final report for the European Commission on "Schemes for Financing Radioactive Waste Storage and Disposal"* (contract B4 - 3070/96/000754/MAR/C3 dated 30 December 1996) on behalf of other consortium members DBE, Pricewaterhouse Coopers, Sofres Conseil, C & E Consulting and Engineering, ANDRA, COVRA, ENRESA and ONDRAF/NIRAS, March, Brussels: European Commission, 1999, p. 96. Accessed October 30, 2019. http://ec. europa. eu/energy/nuclear/publications/doc/eur18185annex. pdf.

[4] Wilmington Media, "Cleaning Up the Use of Nuclear Clean-up Funds", *Nuclear Engineering International*, 2004, news update, 09 November. Accessed October 30, 2019. http://www. neimagazine. com/story. asp? storyCode = 2025303.

性物质的清单作出说明,并辅以各种形式的监控和检查。[1] 有些国家不愿意在生产记录中包含一些高放射性的废物,因而其生产记录并不明晰。英国上议院认为,如果核产业将所有可能被归入废弃物的物质都列入放射性废物清单,放射性废物清单可能会为整合性核废物处理机制的建立发挥更有价值的作用。将钚、废弃的铀和其他一些将不被再处理的废弃燃料排除在核废物之外,会导致核废物储存和处理相关计划的诸多分歧。[2]

4. 生产和管理中的相关风险

为了制定有关核废物管理的条理分明的公共政策,政府部门和相关专家力图提高相关数据的准确性。2008 年,美国内华达州就在尤卡山建立高风险放射性废物处理设施问题向美国立法部门提出了法律意见。内华达州的反对意见包括缺乏保护尤卡山免受恐怖主义袭击的具体措施,以及缺乏对运往尤卡山的敏感性核材料的追踪记录。内华达州认为,大量储存在尤卡山地下的高危险放射性物质可能带来恐怖主义袭击的风险,因而采取相关保障措施至关重要。而且,如果有些核材料(如高浓度铀和钚)被从尤卡山盗走,它们可能被用来制造核爆炸物以轰击美国。[3]

上述事实体现了美国对加强核材料监管的重视。同时,合理管理核废物的存储以保证其安全,不仅有科学上的理由,还有程序上的和政治上的理由。程序上的复杂性源自不同层面上的争论和磋商(联邦各部门、立法机关、州立法机关、地方社会团体,以及各个层面上的科学家、环保活动家、公共健康活动家)。2001 年以后对恐怖主义的担忧增加了政治上的复杂性:随着美国当局对

---

〔1〕 Schaper A. et al., *Emerging Nuclear Energy Systems, their Possible Safety and Proliferation Risks, Energy and Research Series*, ENER111 EN, 2001, Accessed October 30, 2019. http://www.europarl.eu.int/workingpapers/ener/pdf/111_en.pdf.

〔2〕 House of Lords, Select Committee on Science and Technology, *Third Report: Management of Nuclear Waste, Part B: Disposal and storage, chapter 4: Technicalanalysis*, 1999. Accessed October 30, 2019. http://www.publications.parliament.uk/pa/ld199899/ldselect/ldsctech/41/4107.htm.

〔3〕 Nuclear Regulatory Commission, State of Nevada's Petition To Reject DOE's Yucca Mountain License Application As Unauthorized And Substantially Incomplete, submitted to United States of America Nuclear Regulatory Commission, Before the Commissioners, June, Washington, DC: U. S. Nuclear Regulatory Commission, 2008, p. 23. Accessed October 30, 2019. http://www.state.nv.us/nucwaste/news2008/pdf/nv0806nrc_la.pdf.

各州、各机构和公民有关恐怖主义的警示不断加强，当局也越来越难以使民众相信大规模堆积放射性物质的益处。相似的情况在欧洲国家和其他国家同样存在。

再举一例，巴基斯坦境内有多个恐怖主义组织。俾路支省存在武装暴动，还有几个省在塔利班组织的控制中，因而总体安全形势不容乐观。不稳定的安全形势不利于核能的长期发展。在巴基斯坦这种情况下，大规模发展核能面临着经济和安全上的博弈。[1]

车臣地区报道过几起涉及核材料及其存储地遭受恐怖主义潜在威胁的事件。在1994年12月至1996年8月车臣武装斗争期间，格罗兹尼附近的一个储存有约900立方米的放射性废物的仓库丢失了约一半的放射性物质。有人怀疑俄罗斯的士兵盗窃了这些放射性废物并把它们卖到了黑市。然而，有人认为，这些放射性废物可能是被车臣武装转移走的，因为有证据表明他们在1995年将一个盛有放射性废弃物的容器埋在了莫斯科的伊斯梅洛沃公园。虽然已发现的容器中的废弃物的放射性程度并不是很高，但这一事件引发了社会对未来更严重的放射性恐怖袭击的担忧。之后，莫斯科和俄罗斯的其他大城市成立了放射性物质搜查组织以发现和处理危险的放射性物质。[2]

另一类风险是规避进出口规则。[3] 这类风险与私人承包商参与核产业的历史问题有关。美国审计总署认为美国能源部完全依赖承包商执行生产、研究和清理任务。美国审计总署认为美国能源部长期存在不合理的管理和监督。核产业是一个极有可能出现欺诈、浪费、滥权和管理不当等问题的领域，但美国

---

〔1〕 Braun C.,"Security Issues Related to Pakistan's Future Nuclear Power Program", in Sokolski, H. (ed.), *Pakistan, 's Nuclear Future: Worries Beyond War*, Strategic Studies Institute of the US Army War College, 2008, pp. 277 – 346.

〔2〕 Zaitseva L. and Hand K.,"Nuclear Smuggling Chains: Suppliers, Intermediaries, and End-Users", 46 *American Behavioral Scientist*, 2003, p. 822.

〔3〕 Greenpeace International, *Europe's Radioactive Secret: how EDF and European Nuclear Utilities are Dumping Nuclear Waste in the Russian Federation*, Amsterdam, Greenpeace, Briefing paper, 18 November, 2005. Accessed October 30, 2019. http://www. greenpeace. org/raw/content/international/press/reports/european-radsecret.

能源部却为承包商逃避责任提供了空间。[1]

在采购和分包过程中存在诸多欺诈行为发生的机会,如偷工减料、虚假报告以及管理和审计中的虚假陈述。这些风险使得审计工作变得十分重要。审计工作必须对发生包括欺诈在内的违法行为的可能性进行全面的风险评估,以帮助形成支撑审计观点的审计证据,把工作重点放在高风险的领域,并提高审计工作的成本效益。[2]

在各个领域,审计的侧重点往往在高风险领域,这一方法乍一看是非常明智的,可以充分利用有限的资源实现最佳成本效益。然而,其有效性是建立在高风险不会以未知的方式出现的猜想之上的,但这很大程度上是"听天由命"。总之,对危险物质和相关产业的审计工作极其重要。当其涉及高度敏感的政治问题时,审计工作也可能更为严格。然而,像其他领域一样,对核废物相关产业的审计工作也难免有或大或小的失误,而这给欺诈和其他犯罪创造了条件。

四、社会和文化的背景及其参与者

社会危险和对危险的认识在核废物处理的问题上尤为重要。在核废物处理问题上需要充分保障公民的知情权。

(一)对风险的态度:对能源安全的考量和对废物处理的恐惧之间的博弈

对于新建的核反应堆,社会至少有两个普遍的期望。第一个要求是,在任何情况下,无明显的放射性物质泄漏到环境中。第二个期望是,产生更少的核废物,产生更少的长期核废物,进一步讲,如果可能的话,不产生核废物。然而,普通民众的殷切期待却是:"我希望一按开关就有电"和"不要增加我

---

[1] United States General Accounting Office, *Nuclear Waste: Absence of Key Management Reforms on Hanford's Cleanup Project Adds to Challenges of Achieving Cost and Schedule Goals*, Washington, United States General Accounting Office, 2004. Accessed October 30, 2019. http://www.gao.gov/new.items/d04611.pdf.

[2] International Atomic Energy Agency General Conference, *Appointment of the External Auditor for 2002 – 2003*, Vienna, IAEA, 2001. Accessed October 30, 2019. http://www.iaea.org/About/Policy/GC/GC45/Documents/gc45 – 27.pdf.

的电费”。[1]

图尔肯伯特(Turkenburg)认为,核废物的管理和处置可能是核能支持者和反对者之间分歧最严重的地方。有关使用核能的优劣的争论,体现出公众对核能的质疑主要体现在以下几个方面:(1)核燃料循环的可行性;(2)核电站和其他核燃料循环设施的安全风险;(3)对核废物的终身管理能力,尤其是对高危险核废物的管理能力;(4)核裂变材料和核武器的扩散;(5)放射性核在生物圈可能会积累到无法承受的程度;(6)核资源的有限性;(7)核能的高昂花费;(8)产业发展的问题(地方的发展能力问题;消费者的利益保障问题;分离出的从属机构问题;就业问题);(9)禁闭效应(对非核能能源发展的影响)。[2]

事实上,主流的政治、经济和核专家意见都支持将核废物埋于较深的地质层,因为其长期风险将低于表层填埋。[3] 虽然深层填埋的科学依据也是不确定的,尤其是在预测其数千年以后的渗透和泄漏方面,但深埋的观点蕴含着极强的文化暗示。例如,将问题埋于地下会比将其放在眼前让人感到更加心安,因为虽然对于当局者来说,管理地表的设施更加容易,但当局政权的长期稳定性和其对地表核设施的长期维护都是不能绝对保证的,这为不良的环境或人为干涉创造了可能。英国上议院的一个委员会试图评估这一问题。该委员会认为,将状况良好且保存适当的核废物通过现代设备保存于地表数十年是可行和安全的。超出数十年,填埋于地表的核废物则需要重新安置。在这一过程中,对其重新包装处理是难以避免的。该委员会认为,将核废物地表填埋数百年会产生一系列严重问题。其中,社会的解构对核废物管理的影响就是其中一个非常严重的问题。的确,在过去的一百年里,在世界范围内,有多个新的文明形态

---

〔1〕 Barré B., "What do Societies Expect from Innovative Nuclear Technologies?", in International Atomic Energy Agency(ed.), *Innovative Technologies for Nuclear Fuel Cycles and Nuclear Power*, Vienna, IAEA, 2004, pp. 79 – 84.

〔2〕 Turkenburg W., "Nuclear Energy and Sustainable Development", in International Atomic Energy Agency(ed.), *Innovative Technologies for Nuclear Fuel Cycles and Nuclear Power*, Vienna, IAEA, 2004, pp. 45 – 56.

〔3〕 CORWM, *Managing Our Radioactive Waste Safely: CORWM's Recommendations to Government*, London: Committee on Radioactive Waste Management, doc. 700, 2006, p. 195. Accessed October 30, 2019. http://www.corwm.org.uk/Pages/Current%20Publications/700%20-%20CoRWM%20July%202006%20Recommendations%20to%20Government.pdf.

出现,也有已有的文明趋于消解。该委员会认为,社会的微小变迁都可能导致对核废物储存的管理失当,而这将带来极其严重的后果。如果核废物及其容器分解到一定程度,把它们重新取回并储存在稳定的状态中将变得非常困难和危险。另外,该委员会认为,在未来的几百年,由于全球环境变化(特别是海平面的升高),将核废物转移到新的地点是势在必行的。对于参与转移的工作人员来说,这是一项非常危险的工作。该委员会的另一个忧虑是,几百年后,储存核废物的原有地基及其加固措施可能发生松动,这将使其无法抵御地震的破坏。在这种情形下,同样需要建立新的储存核废物的地点,将原有的核废物进行转移。[1]

在这些条件下,深层填埋可能更让人感到安全。而且,至少有些专家认为,深层填埋将创造更稳当的、危险性更小的分解方式。[2] 然而,公众调查则显示,在核问题上,多数欧洲普通公民可能并不信任专家和政府。正如Turkenburg就公众调查得出的论断,"反对核能的规模和持续时间说明,核能能否再次被公众所广泛接受是存疑的",而这一定程度上是因为公众并不完全"信任核专家"。[3] 专家们对风险的认识是统计中较低的可能性。然而,公众可能并不认同专家所传递的信息,因为缺乏证据证明有问题,并不代表着没有问题,[4]而且原则之外的例外情况并不能排除。[5] 另外,决策分析模型的应用已

---

〔1〕 House of Lords, Select Committee on Science and Technology, *Third Report: Management of Nuclear Waste, Part B: Disposal and Storage, chapter 4: Technicalanalysis*, London: UK Parliament, 1999. Accessed October 30, 2019. http://www.publications.parliament.uk/pa/ld199899/ldselect/ldsctech/41/4107.htm.

〔2〕 CORWM, *Managing Our Radioactive Waste Safely: CORWM's Recommendations to Government*, London: Committee on Radioactive Waste Management, doc. 700, 2006, p. 195. Accessed October 30, 2019. http://www.corwm.org.uk/Pages/Current%20Publications/700%20-%20CoRWM%20July%202006%20Recommendations%20to%20Government.pdf.

〔3〕 Turkenburg W., "Nuclear Energy and Sustainable Development", in International Atomic Energy Agency(ed.), *Innovative Technologies for Nuclear Fuel Cycles and Nuclear Power*, Vienna, IAEA, 2004, pp. 45-56.

〔4〕 Schaper A. et al., *Emerging Nuclear Energy Systems, their Possible Safety and Proliferation Risks, Energy and Research Series*, ENER111 EN, 2001. Accessed October 30, 2019. http://www.europarl.eu.int/workingpapers/ener/pdf/111_en.pdf.

〔5〕 Turkenburg W., "Nuclear Energy and Sustainable Development", in International Atomic Energy Agency(ed.), *Innovative Technologies for Nuclear Fuel Cycles and Nuclear Power*, Vienna, IAEA, 2004, pp. 45-56.

经证明，将核废物贮存于地下的措施是被误导的，因为支持这一措施的理论可能有所偏失。〔1〕

进一步讲，在核废物处理的问题上，社会的接受程度和技术上的考量需要被放在同样重要的位置。这意味着，建立公众信任和调动可能受到核废物处理影响的社区民众参与到相关规划的制订过程中至关重要。只有通过这一长期努力，才能找到令公众满意的可行的解决方案。相反，公众对科技所带来的危害的不断加深的恐惧，对特定地点和设施（如核电站）的污名化，使得专家意见很难在决策过程中发挥作用。〔2〕

在核废物运输方面也存在相似的问题。从技术角度看，核废物的运输系统是一个非常安全和健全的体系。然而，公众对放射性材料运输的认识，和政策制定者、当局者以及承运商对公众要求所作出的反应，凸显了核废物运输的安全问题，并使得对核废物运输安全的要求更加严格。

（二）有关公众讨论的信息：透明度和安全性

美国有一个行动小组，旨在限制高危险的核废物的产生和储存，以及反对核电站在建立储存高危险核废物的长效安全运营机制前的资格续期。该行动小组认为，“力量对抗测试”（译注：有关核安全的保卫措施和威胁核安全的反动力量之间的模拟对抗测试）旨在根据攻击者的人数、攻击方式和训练程度制定合理的抵御措施，以确保核电站能够防御最低限度的攻击。然而，这一模拟测试的作用却因利益冲突而被削弱。保安公司卫康和负责美国 64 个民营核机构中 31 个机构的安保工作。与此同时，卫康和公司将负责美国全境核电站有关核安全的保卫措施和威胁核安全的反动力量之间的模拟对抗测试。因而，该行动小组认为，“卫康和公司在超过一半的民营核机构自己检测自己”。〔3〕

该行动小组认为，从更宏观的角度看，公众在对美国核管理委员会及其安

---

〔1〕 Keeney R. L. and von Winterfeldt D. , Managing nuclear wastes from power plants, *Risk Analysis*, 14(1), 1994, pp. 107 – 130.

〔2〕 Gregory R. et al. , "Risk Perceptions, Stigma, and Health Policy", *Health & Place*, 2(4), 1996, pp. 212 – 220.

〔3〕 Alliance for Nuclear Responsibility, *Factsheet #2 Security Just the Facts: The Five Fatal Flaws of Nuclear Power*, San Luis Obispo, Public Citizen. Accessed October 30, 2019. http://a4nr.org/articles/fatalFlaws/2.security.pdf/download.

全规则的执行中发挥着非常必要的监督作用。“9·11”事件使得有关核安全的保卫措施和威胁核安全的反动力量之间的模拟对抗测试的安全准则的呼声日益增强,如增加核安全保卫措施应对汽车炸弹袭击的方案,以及在模拟威胁核安全的反动力量方面建立统一的训练标准和资质标准。然而,美国核管理委员会在2004年8月宣布不再发布有关核电站安全的信息,以防向公众暴露其主要弱点,而这些弱点有可能被恐怖分子所利用。〔1〕

因而,对核安全的考量可能适得其反地削弱核安全。之前很大程度上由外在监督措施构成的权力制衡机制会随着相关政策透明度的降低而相应地削弱,而透明度的降低则出于对恐怖主义的恐惧,并认为公众对制度性失误的认识可能对恐怖主义“起到了帮助作用”。核产业的保密状态使得违法行为可能逃避惩罚,管理和技术上的失误可能得以掩盖,“调整”生产记录可能变得常态化,监控可能减弱,从恐怖主义犯罪到欺诈行为等不同严重程度的犯罪行为发生的可能性会增加。另外,对核废物管理产业的敏感性可能会为普通员工的欺诈行为提供了掩护。

2002年发生在洛斯阿拉莫斯洛杉矶国家实验室的事件印证了这一问题。两名员工因泄露信用卡和订单欺诈以及其他安全问题而被安全保卫部门的负责人开除。有证据表明,洛斯阿拉莫斯洛杉矶国家实验室的负责人希望通过此次开除而使一些知晓实验室内广泛存在的贪腐问题的员工禁言。〔2〕

一项政府调查印证了一些退休的安全工作人员对有关薄弱的内部监控和产业管理等问题的担忧。〔3〕 当然,欺诈和隐瞒并不是在大环境下不为人知的。然而,这一领域的高度敏感性可能增加了欺诈行为发生的风险,也会激发一些人打击告密者的动机。一场针对一名告发了洛斯阿拉莫斯洛杉矶国家实验室

---

〔1〕 Alliance for Nuclear Responsibility, *Factsheet #2 Security Just the Facts: The Five Fatal Flaws of Nuclear Power*, San Luis Obispo, Public Citizen. Accessed October 30, 2019. http://a4nr. org/articles/fatalFlaws/2. security. pdf/download.

〔2〕 Project on Government Oversight, *Whistleblowers at Los Alamos Fired in Retaliation*, Washington, POGO, 26 November, 2002. Accessed October 30, 2019. http://www. pogo. org/p/environment/ea – 021106 – losalamos-nuclear. html.

〔3〕 U. S. Department of Energy, Office of Inspector General, *Special Inquiry: Operations at Los Alamos National Laboratory*, Report DOE/IG – 0584, 28 January, 2003. Accessed October 30, 2019. http://www. pogo. org/m/ep/ep-dodig-0584-lanl. pdf.

令人不安的财务不规范现象的审计人员的残暴攻击，就很显然与其即将在国会上发表有关欺诈行为的证词有关。这一事件说明，打击告密者的行为不是不可能发生的。[1]

(三)企业管理文化中的风险

任何风险评估都难免引发争论。这既是因为是在公共领域存在根深蒂固的政治观点、经济观点和价值观，又是因为在定义犯罪和其他失范行为的"低可能性"上存在困难。多低的可能性算是"低可能性"，可以在实践意义上视为几乎不可能发生？在实践意义上视为几乎不可能发生的风险是否可以视为"硬风险"(译注：有可靠的依据，特别是数据证明的风险)？[2]或者说，追求"低"风险就足够了吗？在美国一个不公开的专家小组意见交流会议上，有专家担心恐怖分子会攻击汇集的核废物进而引发放射性物质起火，[3]然而立法者认为这种现象不可能发生。[4]

有些人可能认为，鉴于潜在的违法行为的严重性，只有零风险的可能性可以被接受。相反的观点则认为，这样的要求会导致对反常事件和引发这些反常事件的人员或技术上的薄弱环节方面(以及意料之外的两者之间的结合)的造假。

五、技术背景及其参与者

(一)核废物管理是一项技术

在讨论废弃物时，人们往往会区分有害废弃物和无害废弃物——鉴于在很

---

〔1〕 Project on Government Oversight, *Los Alamos Whistleblower Assaulted Days Before Congressional Investigators Arrive to Interview Him*, Washington, POGO, June 6, 2005. Accessed October 30, 2019. http://www.pogo.org/p/homeland/ha-050601-hook.html.

〔2〕 Blockley D. and Godrey P., "Integrating Soft and Hard Risks", *International Journal of Risk Assessment and Management*, 7(6/7), 2007, pp. 787 – 803.

〔3〕 National Research Council, Committee on the Safety and Security of Commercial Spent Nuclear Fuel Storage, *Safety and Security of Commercial Spent Nuclear Fuel Storage: Public Report*, Washington, National Academies Press, 2006.

〔4〕 Skane W. and Petty M., *Spent Fuel Stored in Pools at Some U. S. Nuclear Power Plants Potentially at Risk From Terrorist Attacks; Prompt Measures Needed to Reduce Vulnerabilities*, New York, National Academies, 6 April, 2005. Accessed October 30, 2019. http://www8.nationalacademies.org/onpinews/newsitem.aspx? RecordID = 11263.

多情况下二者是混合的。废弃物管理旨在减少废弃物的数量,减少有害废弃物的比例,减少存留有害废物的有害性,以及如果可能的话,将有害废弃物转化为无害废弃物。除此之外,尽量以相对经济的方式处理废弃物,比如填埋。

对有害废弃物清理前的处理程度和方式是多种多样的——从以区分为目的对其成分的化学处理,到不经处理的填埋(有时候是经过一段时间再处理)。核废物是一类有害废弃物。像所有有害废弃物生产者一样,核废物的生产者希望把核废物转化为低害甚至无害的形式,希望保障它们免受意外事件的破坏,希望把它们放到社会意义和地理意义上较远的地方。当剩余的废弃物的放射性达到非常低的水平,或是核废物处理地可以再次安全地成为公共和商业用地,出于证明性或是象征性的目的,核废物处理地会张贴带有美好环境和幸福居民的图片。考虑到政府可能削减废弃物管理的一些长期支出,以及可以预见的税收政策的细微调整,核废物——特别是较高危险性和较长周期的核废物——会引发特殊的问题,而这将给有能力掌握相关技术并且有一定经济实力的运营机构提供巨大的市场。[1]

(二)在废物储存、循环和处理方面总的技术选择

欧盟各国有关管理放射性燃料的现行措施各不相同。最简单和有效地减少废弃物数量的方法,并不是对其进行再循环处理(至少现在不是),而是将其就地储存在储蓄池或储存桶中。沙佩尔等人认为,如果再循环处理没有被选为废弃物处理的方式,那么,要么可以将废弃燃料放在反应堆扩大的存储池中或外部存储池中(如瑞典的方法),要么可以将废弃燃料放在干燥的存储桶中,再将存储桶放在反应堆内或反应堆外的中心存储设备中;经过至少 20 年的冷却时间,如果有合适的设备,废弃燃料将被处理并最终放入地下深层的储存室中;在对废弃燃料进行最终处置之前,将废弃燃料重新包装放入特制的存储桶是当下处理废弃物最常见的步骤;与再循环处理相比,这种办法的必要技术步骤更

---

〔1〕 Department for Business, Enterprise and Regulatory Reform, *Meeting the Energy Challenge: A White Paper on Nuclear Power*, London: The Stationery Office Limited, January, 2008, p. 154. Accessed October 30, 2019. http://www.berr.gov.uk/files/file43006.pdf.

少，储存和最终处理的废弃物数量和废弃物种类更少。[1]

欧盟各国有关核废物再循环处理的措施也各不相同。[2] 未来反应堆燃料循环新的动向是增加新的废物处理方式，如核分裂和核转变，以期减少进入最后处置的核废物数量及其放射性。新的方法试图终止钚和锕类的反应堆燃料循环。与传统的反应堆燃料循环相比，新的反应堆燃料循环方式在使用天然铀和减少燃料废弃物方面有很大的优势。[3]

然而，虽然核燃料再循环过程的目标是减少核废物的长期放射性和扩散可能，但其自身可能对环境产生不利影响。例如，放射性核可能进入生物圈中。[4]

(三)基于核产品/废物技术性本质的风险

历史上，欧盟对核问题的研究主要集中在核技术和核安全问题上。[5] 在2001年以后，核扩散问题也提上了日程。这一领域颇有争议，因为其不仅与技术性风险测试有关，还受政治力量左右。这一点，在占领伊拉克的迅速行动，以及美国和其他国家在阻止伊拉克获得核反应堆燃料循环的同时，帮助有些国家(如印度)获得核反应堆燃料循环的事情上，表现得淋漓尽致。这些发挥着重要作用的政治风险，很难和遵循着普遍原则的安全风险评估结合在一起。

---

〔1〕 Schaper A. et al. , *Emerging Nuclear Energy Systems, their Possible Safety and Proliferation Risks*, *Energy and Research Series*, ENER111 EN, 2001. Accessed October 30, 2019. http://www.europarl.eu.int/workingpapers/ener/pdf/111_en.pdf.

〔2〕 Schaper A. et al. , *Emerging Nuclear Energy Systems, their Possible Safety and Proliferation Risks*, *Energy and Research Series*, ENER111 EN, 2001. Accessed October 30, 2019. http://www.europarl.eu.int/workingpapers/ener/pdf/111_en.pdf.

〔3〕 Chang I. S. , "Environmental Effects Including All the Stages of the Fuel Cycle", in International Atomic Energy Agency (ed.), *Innovative Technologies for Nuclear Fuel Cycles and Nuclear Power*, Vienna, IAEA, 2004, pp. 93 – 106.

〔4〕 Turkenburg W. , "Nuclear Energy and Sustainable Development", in International Atomic Energy Agency (ed.), *Innovative Technologies for Nuclear Fuel Cycles and Nuclear Power*, Vienna, IAEA, 2004, pp. 45 – 56.

〔5〕 Schaper A. et al. , *Emerging Nuclear Energy Systems, their Possible Safety and Proliferation Risks*, *Energy and Research Series*, ENER111 EN, 2001. Accessed October 30, 2019. http://www.europarl.eu.int/workingpapers/ener/pdf/111_en.pdf.

六、结　论

核废物管理这一问题既要受到有关核产业相关法律的调控,又要受到有关危险废物处理相关法律的规制。核产业涉及国家机关、商业主体和一些兼具公法主体特征和私法主体特征的机构,涉及能源产业和其他民用技术。不论国际层面上,还是国内层面上,该产业都包含多元的参与者。核废物管理的步骤包括获得、分类和分开各种放射性废物;储存放射性废物(有时需要数十年);将核废物运到周边、国内其他地区或是境外;处理核废物;循环利用一部分核废物;在安全的环境下(特别是剩余的核废物有高度放射性的时候),永久或半永久储存剩余的核废物。

风险、不确定因素、子孙后代的安全——核废物管理的社会和文化维度是相互呼应的。核废物管理引发了公众的不安、政府的支持、核产业相关人员的游说、科学家的争论,以及在 2001 年以后对其可能的安全风险所采取的日益严密的监测。与此同时,环境变化成为一个重要的政治和科学议题——这令反核运动者感到沮丧,相反的,却让核产业的参与者欢欣鼓舞——环境变化的问题成为核废物问题的反证。[1] 除此之外,鉴于核反应堆循环中的部分产物可以用来生产核武器,核废物的管理问题还受到国际上强烈反对核武器扩散的呼声的影响。

尽管风险评估的科学性和有效性面临质疑,尽管公众、政府、核产业相关人员和科学家对"风险"有着差异较大的认识,风险评估在核废物管理中涉及公共安全犯罪的宏观犯罪控制和微观因果关系证明中仍然发挥着重要甚至决定性的作用。在这样的背景下,核废物风险管理中的一些常见犯罪以及欺诈行为却可能被专家学者、立法者和执法者所忽略。风险评估的技术捆绑了核废物管理犯罪控制的刑事政策,也捆绑了刑事实体和程序法律规范的解释。然而,通过该产业监管相对薄弱的环节,一些更为严重的安全风险可能藉此产生(例如,上

---

〔1〕 Beck U., "All Aboard the Nuclear Power Superjet: Just don't Ask about the Landing Strip", London: The Guardian, July 17, 2008. Accessed October 30, 2019. http://www.guardian.co.uk/commentisfree/2008/jul/17/nuclearpower.climatechange.

文中提到的强化的保密措施和削减的内部监管，为涉及管理报告的违法行为创造了条件）。虽然核产业的支持者和反对者都主张核产业的例外主义，但撕去核产业的例外主义标签，以监管普通产业的方式监管核产业的生产流程和风险因素，是颇有裨益的。在缺乏常态监管的情况下，不仅"普通"犯罪和欺诈行为的风险（特别是采购和管理过程中员工的挪用、贪污、行贿、受贿和违规记录档案等行为）会增加，核安全的多元风险也会增加。这些多元风险因例外的安保制度和不透明的管理制度（这一制度却在一定程度上是基于安保的考虑）而生。核产业是一个特殊的产业，有特殊的风险，但也应该遵守常规的制度，应该适用犯罪风险评估的最基本原则。这正是本文所期待的发展方向。

无法禁止的临时仲裁及当事人的应对策略

——兼谈仲裁协议准据法及《纽约公约》

张铁铁*

内容摘要：仲裁是当今国际社会解决跨境商事纠纷的主流。由于其在灵活性、低成本等方面的优势，临时仲裁在许多情况下均受到当事人的欢迎，并在世界范围内得到各国法律制度的广泛认可。然而，我国现行法却对临时仲裁持否定态度，不承认临时仲裁协议的效力。但是，鉴于仲裁极强的私人性和国际性，围绕《纽约公约》建立的国际仲裁法律框架为当事人提供了很大的自由度。作为《纽约公约》的缔约方，我国也对其核心内容予以了接受和承认，因此我国现行法及司法实践中包含很多支持仲裁的制度。在此前提下，如果当事人希望在我国境内以临时仲裁为方式来解决纠纷，他们可以充分利用我国法律制度与《纽约公约》对接过程中确定的对于当事人有利的法律规则，通过在仲裁条款中作出一系列有针对性的明确约定来达到这一目的。这种现象表明，包括我国在内的任何国家，根本不可能单方面完全禁止临时仲裁。这也意味着，从实际角度出发，我国并无必要和意义继续坚持对于临时仲裁的否定态度，而是应当修改相关法律并对其予以承认。

关键词：临时仲裁　《纽约公约》　仲裁协议准据法　仲裁地　非国内仲裁

* 英国谢菲尔德大学法学院讲师，法学博士。

一、导　言

仲裁作为一种争端解决方式，在当今国际社会中颇受欢迎。特别是由于其在中立性、效率性以及裁决可执行性方面的突出优势，仲裁得到各类商事主体的青睐，已经成为他们解决跨境纠纷的优先选择。[1] 按照是否存在常设的仲裁机构来推进仲裁程序这一标准，仲裁可以分为机构仲裁或临时仲裁。顾名思义，在机构仲裁中，仲裁机构会为当事人和仲裁员提供服务，对于仲裁的整体进程加以管理并提供支持。而在临时仲裁中，则不存在仲裁机构。仲裁庭会在双方当事人及律师的配合下推进仲裁程序。[2]

在世界范围内，临时仲裁和机构仲裁这两种仲裁方式和平共存，互为补充。实践中，当事人往往根据他们在案件中的具体需要来选择合适的仲裁方式。通常来说，由于很多仲裁机构具备丰富的业内经验和声望，在很多标的数额较大的案件中，当事人往往倾向于选择机构仲裁。而临时仲裁由于在灵活性、效率性以及低成本方面存在优势，往往在争议额较小的案件中更受欢迎。[3] 此外，在诸如海事、海商等特定领域，临时仲裁早已成为主流。总而言之，临时仲裁作为一种常见的、很受欢迎的争端解决机制，在国际范围内得到了绝大多数法域以及所有国际公约的认可和支持。

然而，众所周知，我国现行法律制度对于临时仲裁却持否定态度。《中华人民共和国仲裁法》(以下简称《仲裁法》)第16条规定，仲裁协议应当包括选定的仲裁委员会。第18条进而规定，仲裁协议对仲裁委员会没有约定或者约定不明确的，当事人可以补充协议；达不成补充协议的，仲裁协议无效。由于仲裁协议是仲裁制度的基石，临时仲裁协议无效意味着整个临时仲裁在我国法律制度框架内均难以进行。但是，从商业实践和法律实务的角度看，当事人无疑愿

---

〔1〕 See e.g., Gary B. Born, *International Commercial Arbitration*, New York, Wolters Kluwer, 2014, pp. 93–97; Emmanuel Gaillard & John Savage, *Fouchard Gaillard, Goldman on International Commercial Arbitration*, New York, Wolters Kluwer, 1999, p. 1.

〔2〕 See Gerald Aksen, *Ad Hoc Versus Institutional Arbitration*, ICC Int'l Ct. Arb. Bull, 1991, p. 8.

〔3〕 See e.g., Gary B. Born, *International Commercial Arbitration*, New York, Wolters Kluwer, 2014, p. 171.

意以最合适的方式解决他们之间的纠纷。由于其灵活性和经济性,临时仲裁在很多情况下均会成为当事人的首选。但是在我国,当事人即便希望选择临时仲裁,鉴于《仲裁法》的上述规定,往往会望而却步,退而求其次来选择其他方式解决纠纷。然而,值得仔细研究的是,我国现行法是否完全禁止了临时仲裁?或者说,我国法律制度是否能够完全禁止临时仲裁呢?

至少基于以下两方面的理由,我国法律制度无法单方面、彻底禁止临时仲裁。首先,仲裁在很大程度上建立在当事人的私权利基础上,而并不当然会牵扯到国家公权力。双方当事人达成仲裁协议,如果在仲裁程序中能够善意合作,败诉方在收到裁决后也自愿履行,那么整个争端解决过程可以自然完成,而不会惊动法院或其他任何人。在此情况下,即便我国法律不承认临时仲裁协议的效力,当事人照样可以进行临时仲裁,而不必受现行法禁止条款的限制。

其次,仲裁具有很强的国际性。1958年达成的《联合国承认及执行外国仲裁裁决公约》(以下简称《纽约公约》)为商事仲裁裁决的跨境执行铺平了道路。目前,《纽约公约》拥有超过150个缔约国(或地区),俨然已成为世界上最成功的多边条约之一。[1] 并且,《纽约公约》对于各国法院审查执行外国仲裁裁决的过程作出了非常有利于仲裁的限制性规定。[2] 在此基础上,许多国家也纷纷采用或延续了支持仲裁的法律制度。因此可以说,以《纽约公约》为基础建立起来的国际仲裁法律框架保证了商事仲裁裁决能够在世界范围内得到方便且迅速的执行,其效力并不会局限于某一法域之中。[3] 我国已于1987年加入《纽约公约》,并且在司法实践中也一直积极支持公约并履行义务。最高人民法院也在很多案件中作出了体现《纽约公约》精神的、有利于仲裁的裁决。需要指

---

〔1〕 See Christian Bühring-Uhle et al., *Arbitration and Mediation in International Business*, Zuidpoolsingel, Kluwer Law International, 2006, p. 57; Kofi Annan, U. N. Sec'y Gen., *Opening Address Commemorating the Successful Conclusion of the* 1958 *United Nations Conference on International Commercial Arbitration* (*June* 10, 1998), *in Enforcing Arbitration Awards Under the New York Convention*: *Experience and Prospects*, U. N. Sales No. E. 99. V. 2, Mar. 1999, pp. 1 – 2. Accessed October 30, 2019. http://www.uncitral.org/pdf/english/texts/arbitration/NY-conv/NYCDay-e.pdf.

〔2〕 《纽约公约》第5条。

〔3〕 See Margaret L. Moses, *The Principles and Practice of International Commercial Arbitration*, Cambridge, Cambridge University Press, 2017, p. 3.

出的是,《纽约公约》并未对临时仲裁与机构仲裁进行任何区分,[1]因此我国法院有义务在公约框架下对于外国临时裁决予以执行。实践中,我国法院也确实会执行外国临时仲裁裁决。在此情况下,假设某一争端的双方当事人,一方来自中国,另一方来自境外,如果他们意图采用临时仲裁的方式解决纠纷,虽然我国法律不予允许,但是他们完全可以选择在境外进行临时仲裁。在仲裁结束后,如果败诉方拒绝履行裁决,胜诉方可以很方便地向我国法院申请承认和执行该临时仲裁裁决。

更为重要的是,由于仲裁的私人性和国际性,国际仲裁法律体系中形成了许多旨在尊重当事人意思自治、促进和保护仲裁制度的理论和规则。我国现行法律制度中,也出于同样的理念为仲裁提供了许多制度保障。因此,在这两种制度框架交叉的缝隙中,存在很多临时仲裁可以利用的空间。通过仔细的分析,本文认为,如果当事人利用好国际仲裁法律体系以及我国现行法中对于仲裁有利的各项规则,并且在其仲裁协议中有针对性地作出一系列详细、明确的约定,那么当事人可以达到在我国境内开展临时仲裁的目的,并且在相当程度上保证最终裁决可以在我国境内和境外得以执行。

值得反思和讨论的是,我国法律制度究竟为何对于临时仲裁持否定态度?对此问题,本文作者已另行予以论述,并且提出了许多支持我国将临时仲裁全面合法化的理由。[2] 与此相关,本文将专门论证其中一项重要原因,即我国现行法对于临时仲裁的禁止性规定在实践中注定无法成功,临时仲裁在我国仍然也必然会存在生存空间。如何利用好这些空间,使当事人能够达到通过其最理想的方式解决商事纠纷这一目的,恐怕是实践中法律服务提供者感兴趣的话题。此外,从国家法律、司法体制的角度看,如何处理、应对这些问题,也体现国家对于临时仲裁,甚至仲裁本身这一争端解决机制的态度。2018 年 9 月,第十三届全国人大常委会将《仲裁法》修订列入二类立法规划。本文旨在基于我国现行法律制度,并结合最高人民法院在司法实践中对于相关问题的态度,对临

〔1〕 国内有学者认为《纽约公约》第 1 条区分了临时仲裁和机构仲裁,但这种观点其实是对于该条款的误读。《纽约公约》的起草历史证明,这一条并非针对临时仲裁而言。对此问题,作者会单独行文予以论述。

〔2〕 See generally Tietie Zhang, *Ad Hoc Arbitration in China*, London, Routledge, 2019.

时仲裁在我国法律实践中的可行性进行分析，并借此对《仲裁法》修订过程中所涉及的临时仲裁方面的问题贡献建议。

本文第二部分将对仲裁协议准据法问题以及最高人民法院针对临时仲裁协议所采取的立场进行梳理和讨论。第三部分将着重分析在我国现行法律制度下，当事人在我国境内进行临时仲裁所面临的困难和法律风险。第四部分将对当事人如何化解这些法律风险并成功实现在我国境内进行临时仲裁这一目的提出切实可行的建议。第五部分将基于本文的分析，就我国现行法律制度对于临时仲裁的态度提出反思，并对本文进行总结。

二、临时仲裁协议在我国的效力

仲裁协议是仲裁程序的基石。因此，为了分析在我国开展临时仲裁的可能性，首先需要考虑我国现行法对于临时仲裁协议的态度。而若要达到此目的，则必须率先明确仲裁协议准据法这一重要法律问题，并且结合我国现行法的规定以及最高人民法院在司法实践中对于该问题的把握和在临时仲裁协议效力问题上所持的立场进行讨论。

(一)仲裁协议准据法

在国际商事仲裁中，法律适用问题十分复杂，也非常关键。其原因在于，同一个国际仲裁案件中，针对不同的法律问题，可能会同时存在不同的准据法。通常来说，法官或仲裁员至少需要在如下三项法律问题上确定准据法。首先，合同的实体法。这是管辖双方当事人之间合同的准据法，是确认双方合同项下实体权利与义务的依据。这种准据法在商事争议中最为常见，且并不仅仅局限于仲裁案件，在法院诉讼过程中也经常成为焦点问题。其次，仲裁程序法(lex-arbitri)。这是管辖当事人双方之间的仲裁程序的法律，会涉及与仲裁程序整体及细节相关的很多重要问题，包括指定或挑战仲裁员、仲裁裁决的撤销或执行等。最后，管辖仲裁协议效力的准据法(仲裁协议准据法)。这种法律会为仲裁协议的效力、解释等问题提供法律依据，并直接决定仲裁员对于案件是否拥有管辖权。值得注意的是，在同一仲裁案件中，基于案件具体事实和情况(如当事人的约定)，某一种法律可能会统一管辖全部三方面问题。但是，也经常会产生不同的问题由不同的法律来管辖的结果。无论如何,我们应当对这三种不同性质的法律问题予以明确和区分,因为只有这样才能正确理解并处理好仲裁案件中的法律适用问题。

在这三种法律之中,确定仲裁协议准据法可能最为复杂。仲裁协议可以采取两种形态。在少数情况下,当事人可以在主合同之外单独达成协议,同意以仲裁方式来解决与合同相关的纠纷。而在更多情况下,当事人双方会在合同中利用某一条款来约定所有争议应提交仲裁解决。即便是在第二种情况中,仲裁条款独立性这一国际通行的仲裁法基本原则意味着在合同由于某种原因无效的情况下,作为其中某一条款的仲裁协议并不当然无效。[1] 这就保证了在合同效力存在争议的情况下,仲裁员仍然对案件拥有管辖权。然而,在仲裁协议具备独立性的背景下,确定仲裁协议准据法的问题变得越发复杂。[2] 世界各国的法律或法官大多倾向于认定,即便仲裁协议是合同中的一项条款,但对其不一定当然适用当事人为合同整体选择的实体法,特别是在仲裁协议根据合同实体法为无效的情况下。[3] 然而,各国在选择确定仲裁协议准据法的过程中所采取的具体方法和策略大有不同。比如,有些国家选择传统的“冲突法”方法,即通过确定与案件相关的联结因素,并依据相应的冲突法规则来确定最终应当适用的法律。[4] 再如,以瑞士法为代表的一些法律制度建立了“有效性优先”原则(validity-preferring rule)。这项原则意味着,如果存在若干几种可能适用于仲裁协议的法律,那么应当优先选择适用可以使得仲裁协议被认定为有效

〔1〕 See Tibor Várady et al., *International Commercial Arbitration: A Transnational Perspective*, St. Paul, MN, West Academic Publishing, 2015, p. 179.

〔2〕 See Piero Bernardini, *Arbitration Clauses: Achieving Effectiveness in the Law Applicable to the Arbitration Clause in ICCA Congress Series No. 9*, *Improving the Efficiency of Arbitration Agreements and Awards: 40 Years of Application of the New York Convention*, 1999, pp. 197 – 199.

〔3〕 See Tibor Várady et al., *International Commercial Arbitration: A Transnational Perspective*, St. Paul, MN, West Academic Publishing, 2015, p. 148.

〔4〕 See Emmanuel Gaillard & John Savage, eds., *Fouchard and Gaillard*, *Goldman on International Commercial Arbitration*, New York, Wolters Kluwer, 1999, pp. 218 – 228; Julian D. M. Lew et al., *Comparative International Commercial Arbitration*, New York, Kluwer Law International, 2003, pp. 118 – 122.

的法律。[1] 另外,法国法则采用了一种更加支持仲裁的方法。法国法将国际仲裁视为自成一体的独立系统,并予以充分尊重和保护。在这种理念下,法国法院不会选择任何国家的法律,而是会适用专门针对国际仲裁协议的“跨国法”(transnational law)来判定其效力。而这种“跨国法”极度注重当事人的意愿。除非出现公共政策不允许的情况,否则只要当事人双方确实意图以仲裁方式解决纠纷,那么法国法院便会认定他们达成的仲裁协议有效。[2]

在商业及法律实践中,当事人签订合同时极少会在合同中具体约定仲裁协议的准据法。[3] 虽然合同中可能会对合同整体的准据法进行约定,但是如前所述,这种法律选择一般被默认为针对合同的实体问题,而并非专门针对合同中仲裁协议的效力。因此,结合前述的三种方法,如若某一法院或仲裁庭需要在当事人没有明确约定的情况下确定某一仲裁协议的准据法,那么恐怕需要从几种可能的方案中作出选择。从理论上讲,可供选择的法律主要包括合同的实体法、仲裁地法和法院地法。[4] 在世界上不同的国家和地区,法院或仲裁庭会作出不同的选择,并无一定之规。[5] 比如,很多法院或仲裁庭在这种情况下会选择适用合同实体法。这种做法也不无道理,因为在通常情况下,仲裁协议都是以合同中一项条款的形式存在的。因此,可以推定,在合同当事人选择合同准据法时,他们的默认意图是将与合同有关的所有问题都纳入该法律之中。既然仲裁协议是合同中的一项条款,按照逻辑,其自然也应当受当事人为合同整

---

〔1〕 See Emmanuel Gaillard & John Savage, eds., *Fouchard and Gaillard, Goldman on International Commercial Arbitration*, New York, Wolters Kluwer, 1999, pp. 236 – 238; Julian D. M. Lew et al., *Comparative International Commercial Arbitration*, New York, Kluwer Law International, 2003, p. 122.

〔2〕 See Emmanuel Gaillard & John Savage, eds., *Fouchard and Gaillard, Goldman on International Commercial Arbitration*, New York, Wolters Kluwer, 1999, pp. 228 – 230; Julian D. M. Lew et al., *Comparative International Commercial Arbitration*, New York, Kluwer Law International, 2003, p. 123.

〔3〕 See Tibor Várady et al., *International Commercial Arbitration: A Transnational Perspective*, St. Paul, MN, West Academic Publishing, 2015, p. 149.

〔4〕 See Julian D. M. Lew et al., *Comparative International Commercial Arbitration*, New York, Kluwer Law International, 2003, pp. 118 – 122.

〔5〕 See e. g., Gary B. Born, *International Commercial Arbitration*, New York, Wolters Kluwer, 2014, pp. 93 – 97; Emmanuel Gaillard & John Savage, eds., *Fouchard and Gaillard, Goldman on International Commercial Arbitration*, New York, Wolters Kluwer, 1999, p. 95.

体选择的准据法管辖。[1] 另外,还有其他法院或仲裁庭会选择适用仲裁地法。这是因为很多法官或仲裁员认为关于仲裁协议效力这一问题,仲裁地是与仲裁协议联系最为密切的联结因素,因而会推定当事人在选择于某一地点进行仲裁时,不仅是为了选择地理位置,还是为了选择仲裁地的法律制度。[2] 此外,如前述,瑞士法院会选择适用法院地法(瑞士法)来达到尽可能使得仲裁协议有效的目的。[3] 而法国法院则会适用专门针对国际仲裁协议的、旨在维护或实现当事人意愿的"跨国法"来尽可能判定仲裁协议有效。[4]

(二)我国法院如何确定仲裁协议准据法

一直以来,最高人民法院对于审查仲裁协议时应当如何确定准据法都制定了非常明确的规则。2005 年,最高人民法院在向全国各高级人民法院印发的《第二次全国涉外商事海事审判工作会议纪要》的第 58 条中规定,当事人在合同中约定的适用于解决合同争议的准据法,不能用来确定涉外仲裁条款的效力;当事人在合同中明确约定了仲裁条款效力的准据法的,应当适用当事人明确约定的法律;未约定仲裁条款效力的准据法但约定了仲裁地的,应当适用仲裁地国家或者地区的法律;只有在当事人未约定仲裁条款效力的准据法,亦未约定仲裁地或者仲裁地约定不明的情况下,才能适用法院地法,即我国法律作为确认仲裁条款效力的准据法。[5] 2006 年出台最高人民法院《关于适用〈中华人民共和国仲裁法〉若干问题的解释》时,最高人民法院在此问题上维持了同样

---

〔1〕 See Emmanuel Gaillard & John Savage, eds., *Fouchard and Gaillard, Goldman on International Commercial Arbitration*, New York, Wolters Kluwer, 1999, pp. 222 – 223; Julian D. M. Lew et al., *Comparative International Commercial Arbitration*, New York, Kluwer Law International, 2003, p. 120.

〔2〕 See Emmanuel Gaillard & John Savage, eds., *Fouchard and Gaillard, Goldman on International Commercial Arbitration*, New York, Wolters Kluwer, 1999, pp. 225 – 227; Julian D. M. Lew et al., *Comparative International Commercial Arbitration*, New York, Kluwer Law International, 2003, pp. 124 – 126.

〔3〕 See Emmanuel Gaillard & John Savage, eds., *Fouchard and Gaillard, Goldman on International Commercial Arbitration*, New York, Wolters Kluwer, 1999, pp. 237 – 238; Julian D. M. Lew et al., *Comparative International Commercial Arbitration*, New York, Kluwer Law International, 2003, p. 122.

〔4〕 See New York, Kluwer Law International, 1999, pp. 228 – 230, 238 – 240; Julian D. M. Lew et al., *Comparative International Commercial Arbitration*, New York, Kluwer Law International, 2003, p. 123.

〔5〕 最高人民法院《关于〈第二次全国涉外商事海事审判工作会议纪要〉的通知》(法发〔2005〕26 号)。

的策略。[1] 之后,最高人民法院在具体案件中也适用了这一规则。[2]

2010年颁布的《中华人民共和国涉外民事关系法律适用法》支持了最高人民法院确立的上述冲突法规则,并在其基础上又增加了仲裁机构所在地法律这一选择。[3] 其后,最高人民法院在司法解释中指出,如果仲裁地法律和仲裁机构所在地法律对于仲裁协议的效力作出不同认定,则应当适用确认仲裁条款有效的法律。[4]

由此可见,我国现行法以及最高人民法院对于仲裁协议准据法的态度相对比较明确。如果当事人在合同中明确选择了仲裁协议的准据法,那么我国法院会予以适用。然而,当事人必须对此作出明确约定。与很多其他国家不同,我国法律对于合同准据法(实体法)与仲裁协议准据法作出了严格区分,而并不会在当事人没有明确约定的情况下将合同准据法(实体法)推定适用于其中的仲裁条款。相反,我国法律明确否定了将合同准据法(实体法)适用于仲裁协议的可能性。在当事人没有就仲裁协议准据法作出明确约定的情况下,如果当事人约定了仲裁地或者仲裁机构,我国法院会适用仲裁地法律或仲裁机构所在地法律。如果当事人没有对所有这些问题作出任何约定,那么我国法院将适用法院地法,即我国法律来判定仲裁协议的效力。

(三)我国法院如何判定临时仲裁协议的效力

当然,我国可以本着支持仲裁的原则,进一步完善其冲突法规则。比如,可以像瑞士法一样,明确建立"有效性优先"原则,即规定如果仲裁协议根据合同准据法(实体法)或仲裁地法其中之一为有效,而根据另一种为无效,则法院应当认定仲裁协议有效。然而,即便按照目前已确立的原则,特别是考虑到《仲裁法》不承认临时仲裁协议的效力,我国现行法以及最高人民法院对于确认仲裁协议准据法所持态度虽然与其他很多国家的做法不完全相同,但仍不啻为一份有利于仲裁的规则。

---

[1] 最高人民法院《关于适用〈中华人民共和国仲裁法〉若干问题的解释》(法释〔2006〕7号)第16条。

[2] 最高人民法院《关于四川华宏国际经济技术投资有限公司诉韩国韩华株式会社买卖合同纠纷一案仲裁条款效力问题的请示的复函》(〔2007〕民四他字第13号)。

[3] 《中华人民共和国涉外民事关系法律适用法》第18条。

[4] 最高人民法院《关于审理仲裁司法审查案件若干问题的规定》(法释〔2017〕22号)第14条。

在此规则下,虽然《仲裁法》不承认临时仲裁协议的效力,但是提交至我国法院予以审查的临时仲裁协议并不当然会被认定为无效。这是因为我国法院并不一定会适用我国法律对其进行审查。根据该规则,如果当事人订立了一份临时仲裁协议,那么只要当事人明确选择某一境外法律作为仲裁协议的准据法,或者选择将仲裁地置于我国境外,则我国法院会适用该境外法或者该仲裁地国家或地区的法律来判定此临时仲裁协议的效力。由于临时仲裁在世界各国均得到普遍承认,因而虽然根据我国法律此临时仲裁协议应属无效,但是基于现行法和最高人民法院确定的冲突法规则,我国法院在此情况下应当适用当事人选择的仲裁协议准据法或者选定的仲裁地的法律,进而认定该临时仲裁协议有效。

三、在我国境内开展临时仲裁所面临的困境

鉴于我国现行法对临时仲裁协议所持的否定态度,一般认为,如果在我国境内进行仲裁,需要选择机构仲裁;如果意图采用临时仲裁,则应当在境外进行,待仲裁庭作出裁决后再依照《纽约公约》向我国法院申请承认和执行该裁决。然而,合同往往是双方当事人在商业谈判中经过讨价还价后达成的。当事人经常会在让步和妥协之间对某些合同条款进行调整,而争端解决条款常常成为这个过程中的棋子。如果当事人或其律师,特别是境外当事人或律师,对于我国法律有关临时仲裁的规定了解不足,则很容易于合同中不慎写入在我国境内进行临时仲裁的条款。如果因此导致仲裁协议被认定为无效,则当事人会彻底丧失以仲裁方式解决纠纷的机会。这显然与当事人的意愿背道而驰。而且在此情况下,当事人也将无法利用或实现仲裁的各种优势和价值,其结果必然不符合双方当事人的利益。此外,每份合同或每项商业交易都有自己的特点和具体情况,因此可能需要某种最合适的争端解决方式。如果情况需要,且双方当事人达成一致,意图在我国境内以临时仲裁的方式来解决他们之间的纠纷,那么这种愿望在我国现行法律制度下是否能够实现呢?

实际上,《仲裁法》只是规定临时仲裁协议无效,而并没有全面禁止在我国境内进行与临时仲裁相关的所有活动。由于仲裁,特别是临时仲裁,建立在当

事人私权利的基础上,并具备极强的灵活性,所以我国法律中的此种规定并不能完全禁绝当事人在我国境内开展临时仲裁。因此可以说,我国现行法并没有完全禁止临时仲裁。当然,毕竟仲裁协议是仲裁制度的基石,任何人均不能无视我国现行法通过规定临时仲裁协议无效而对临时仲裁过程整体施加的不利影响。如果当事人意图在我国境内进行临时仲裁,但却没有在仲裁协议中作出任何特殊约定,则必定会面临重重困难。为了有针对性地找到克服这些困难的方法和策略,必须率先对于其中涉及的多重法律问题进行仔细的梳理和讨论。

(一)当事人阻碍仲裁进程

由于仲裁,特别是临时仲裁,建立在当事人的私权利基础上,如果双方当事人合意采用临时仲裁的方式来解决他们的纠纷,旨在对其予以了断,并在整个争端解决过程中善意配合,败诉方对于裁决欣然接受并自愿执行,那么虽然我国法律规定临时仲裁协议无效,但是此临时仲裁过程完全可以顺利进行并完成,而不会受到任何其他人的干扰或阻碍。当然,实践中可能会出现各种复杂情况,并非所有当事人都会在仲裁过程中完全彻底地予以善意配合,或对裁决结果欣然接受。因此,一旦在临时仲裁过程中出现一方不愿配合或者试图阻碍仲裁程序的情形,鉴于我国现行法不承认临时仲裁协议的效力,希望继续推进临时仲裁的另一方就会陷入非常不利的局面。

首先,相对于机构仲裁,临时仲裁中的当事人更可能会在某些情况下需要法院的支持和协助。特别是在双方没有选择一份内容完备的仲裁规则时,一旦他们在仲裁程序中的某些问题上无法达成一致,那么恐怕需要根据仲裁程序法的规定来求助于仲裁地法院。比较常见的此类程序性问题包括指定和挑选仲裁员、临时措施、传唤证人或专家等。[1] 如果当事人在我国境内进行临时仲裁,在一方当事人不予配合的情况下,由于临时仲裁协议按照我国法律属于无效,因此另一方将无法从我国法院获得关于该临时仲裁程序的任何支持或协助。所以说,一旦双方当事人在某些关键性程序问题上无法达成一致,在我国境内进行的临时仲裁程序将陷入僵局,无法推进。换句话说,在我国境内进行

---

〔1〕 See Ilias Bantekas, *An Introduction to International Arbitration*, Cambridge, Cambridge University Press 2015, pp. 131 – 134.

的临时仲裁中，任意一方当事人都可以非常方便地通过拒绝合作的方式来阻碍仲裁程序的推进。

其次，除了被动地拒绝配合之外，试图阻碍仲裁的一方当事人还可以主动出击，通过启动法院程序的方法来达到其目的。该方当事人可以选择向我国法院申请确认临时仲裁协议无效，或者在法院另行起诉，要求法院对此案件的实体问题进行审理。无论哪种方式，我国法院都会依照《仲裁法》认定双方之间的临时仲裁协议无效。特别是在我国现行法没有完全确立仲裁员自裁管辖权原则（Doctrine of Kompetenz-Kompetenz）的情况下，虽然法院可能会在某种程度上尊重仲裁机构对于仲裁协议效力作出的决定，[1]但是由于临时裁决中不存在仲裁机构，因此可以预见，即便临时仲裁程序中的仲裁庭已经认定仲裁协议有效，我国法院恐怕也会径直认定该临时仲裁协议无效。另外，虽然我国《仲裁法》第 20 条要求当事人必须在仲裁庭首次开庭之前对仲裁协议提出异议，否则将视为接受仲裁协议，然而依据对于《仲裁法》的整体理解，此规定应当仅限于机构仲裁的框架之中。因此，当事人对临时仲裁协议提出挑战并无任何时间限制，且不一定受其在仲裁程序中已经表达的意思的限制。换句话说，即便一方当事人已经深度参与了临时仲裁程序，其也可以随时反悔，并申请法院确认临时仲裁协议无效。

总之，在我国境内进行的临时仲裁中，一方当事人可以在仲裁程序的任何阶段，通过拒绝配合，或者诉至我国法院的方法来阻碍临时仲裁的进程。

（二）裁决在我国境内的可执行性

即便当事人在临时仲裁中互相配合，成功完成程序并最终由仲裁庭作出裁决，一旦败诉方拒绝履行裁决，那么该临时仲裁裁决也将无法在我国法院得到执行。

根据《仲裁法》第 62 条的规定，仲裁裁决作出后，一方拒绝履行的，另一方可以依照《民事诉讼法》的规定向法院申请执行裁决。《民事诉讼法》第 237 条和第 274 条则分别针对普通国内裁决和涉外裁决设置了不予执行的条件。从

---

〔1〕 最高人民法院《关于适用〈中华人民共和国仲裁法〉若干问题的解释》（法释〔2006〕7 号）第 16 条。

这些法律规定不难看出,鉴于临时仲裁协议在我国现行法下属于无效,胜诉方恐怕无法成功申请我国法院来执行该临时仲裁裁决。

此外,虽然《仲裁法》第58条和第70条以及《民事诉讼法》第274条提供了法院撤销普通国内裁决和涉外裁决的法律基础,然而这些规定明显仅限于机构仲裁,而没有包括临时仲裁的情况。因此,败诉方恐怕没有正式途径来主动申请法院撤销在我国境内作出的临时仲裁裁决。然而,除了在胜诉方申请执行临时仲裁裁决时按照前述法律规定提出不予执行的抗辩之外,败诉方还可以将该争议另行起诉至我国法院。此时胜诉方必然会主张该争议已经通过临时仲裁予以解决,在此情况下法院则可以判定该临时仲裁裁决不具备法律效力,或对其效力不予承认。因此,可以认为,我国法院会在事实上推翻该临时仲裁裁决,或者从实际效力的角度对其予以事实上的撤销。

(三)裁决在我国境外的可执行性

除向我国法院申请执行之外,胜诉方还可以尝试在境外申请当地法院根据《纽约公约》来执行该临时仲裁裁决。然而,该裁决在境外得到执行的可能性也存在较高的风险和不确定性。其在《纽约公约》项下所面临的阻碍主要来源于第5条第1款甲项和戊项。

1.《纽约公约》项下审查法院的自由裁量权

在具体对临时仲裁裁决于《纽约公约》第5条项下所涉问题进行分析之前,有必要就《纽约公约》的一些相关问题进行说明。特别是境外法院在考虑是否应当根据《纽约公约》承认并执行该裁决时,至少在以下两方面具备一定的自由裁量权。

首先,《纽约公约》第5条第1款首段提到,审查法院“可以”在出现甲项到戊项的情况下拒绝承认和执行某一仲裁裁决。对于“可以”一词,中文版本使用了“得”一字,而英文版本则使用了“may”一词。这两种语言版本无疑体现出法院在此问题上拥有一定的自由裁量权。换句话说,即便案件中出现了第5条甲项到戊项中的情况,法院也不一定必须拒绝承认和执行该裁决,如果认为合适,法院仍然可以决定执行该裁决。当然,《纽约公约》使用五种官方语言缔结,除中文和英文外,还包括法文、西班牙文和俄文。在后三种语言版本中,在“可以”这个关键词上使用了相对较为严格的语词。然而,使用这些语言的国家在司法实践中却不一定对法院的裁量权进行严格把握。比如,即便出现违反《纽约公约》第 5 条甲项到戊项的情况,法国法院无疑会行使其自由裁量权,并在其认为合适的情况下承认和执行仲裁裁决。因此,可以说,无论是从《纽约公约》的文本还是世界各国司法实践的角度看,《纽约公约》第 5 条并非绝对的禁止性规定。各国法院在《纽约公约》第 5 条项下无疑拥有一定程度的自由裁量权。

其次,《纽约公约》第 7 条第 1 款规定,如果某一仲裁裁决不符合《纽约公约》的规定,但依据审查法院国法律却可以得到执行,那么该法院应当适用其本国法来执行该裁决。根据该条款,如果某一国家(如法国)的仲裁法相对于《纽约公约》来说,对外国仲裁持更为友好的态度,那么《纽约公约》不会阻止该国法院来承认并执行某一外国裁决,该国法院应当适用本国法来承认并执行该裁决。也就是说,即便某一裁决违反了《纽约公约》,其也仍然存在依照审查法院国的国内法而得到执行的可能性。

在明确了境外审查法院在《纽约公约》第 5 条和第 7 条项下均拥有自由裁量权的前提下,我们可以对于我国境内作出的临时仲裁裁决在境外是否可以依据《纽约公约》得到执行这个问题加以分析。

2.《纽约公约》第 5 条第 1 款甲项

根据《纽约公约》第 5 条第 1 款甲项[以下简称 V(1)(a)项],如果仲裁协议依照当事人选择的准据法或仲裁地法为无效,那么法院可以拒绝承认或执行该仲裁裁决。由于 V(1)(a)项从表面上看涉及仲裁协议效力这一关键问题,因而造成了其在实践中可能被经常援引的假象。实际上,在世界各国司法实践中,法院并不见得会依赖 V(1)(a)项来作出决定。这是因为 V(1)(a)项所讨论的仲裁协议无效的情形,经常会同时被《纽约公约》的其他条款重复覆盖。比如,仲裁协议未达到书面要求的问题涉及第 2 条第 2 款;不可仲裁事项问题涉及第 5 条第 2 款甲项;仲裁庭组成存在瑕疵或仲裁程序违法的问题牵涉第 5 条第 1 款丁项。[1] 因此,真正完全由 V(1)(a)项决定的问题可能并不多见,恐怕仅包括双方当事人在订立仲裁协议过程中在达成合意方面存在瑕疵(如胁迫、

---

〔1〕 See Albert Jan van den Berg, *The New York Arbitration Convention of* 1958: *Towards a Uniform Judicial Interpretation*, New York, Kluwer Law International, 1981, pp. 287 – 291; Pieter Sanders, *Consolidated Commentary Volumes III and IV*, 4 Yearbook Commercial Arbitration, 1979, pp. 231, 247.

欺诈、虚假陈述或不正当影响等情况),或者是仲裁协议准据法规定的某些特殊情况。[1] 然而,由于《纽约公约》第 2 条第 2 款严格规定了仲裁协议必须以书面形式达成,因此在相当程度上降低了双方当事人在订立仲裁协议过程中出现合意瑕疵的可能性。这是因为如果双方当事人均已签署以书面形式达成的、包含有仲裁条款的合同或者单独的仲裁协议,任何一方事后恐怕很难证明其当时缺乏缔约的意愿。[2] 至于剩下的唯一一种可能,即仲裁协议准据法包含的某些特殊规定,学术界认为是非常罕见的情况。[3] 值得注意的是,我国法律有关临时仲裁协议无效的规定,恰恰就属于这种非常罕见的情况。这是一项我国特有的或至少是在世界范围内很罕见的规定,因而会适用于 V(1)(a)项下。

在这种情况中,境外审查法院是否会承认和执行我国境内作出的临时仲裁裁决呢?考虑到法院在此问题上拥有的自由裁量权,对此问题恐怕很难给出确定的答案,原因在于不同法域的法院可能会作出截然不同的决定。

一方面,鉴于临时仲裁在国际层面上广泛的合法性,境外法院恐怕无法理解我国法律究竟为何不允许临时仲裁,[4]而将在其看来完全没有任何问题的临时仲裁协议判定为无效。因此,一些传统上对仲裁友好的国家可能会出于支持仲裁的立场而决定对我国法律中这种"怪异"的规定不予考虑,并因此选择承认和执行该临时仲裁裁决。如前所述,这些法院可以通过选择仲裁协议准据法的方式来达到这一目的。比如瑞士法院,有可能基于瑞士法中确立的有效性优先原则适用瑞士法来审查该临时仲裁协议,从而判定该仲裁协议有效,并进而对该临时仲裁裁决予以执行。[5] 又如法国法院,在面临此问题时恐怕会选择专门适用于国际仲裁的"跨国法"。根据这种"跨国法",法国法院会着重于当

---

[1] See Albert Jan van den Berg, *The New York Arbitration Convention of* 1958: *Towards a Uniform Judicial Interpretation*, New York, Kluwer Law International, 1981, pp. 290 – 291.

[2] See Albert Jan van den Berg, *The New York Arbitration Convention of* 1958: *Towards a Uniform Judicial Interpretation*, New York, Kluwer Law International, 1981, p. 287.

[3] See Albert Jan van den Berg, *The New York Arbitration Convention of* 1958: *Towards a Uniform Judicial Interpretation*, New York, Kluwer Law International, 1981, p. 291.

[4] See generally Tietie Zhang, *Ad Hoc Arbitration in China*, 2019.

[5] See Emmanuel Gaillard & John Savage, eds., *Fouchard and Gaillard, Goldman on International Commercial Arbitration*, New York, Wolters Kluwer, 1999, pp. 236 – 238; Julian D. M. Lew et al., *Comparative International Commercial Arbitration*, New York, Kluwer Law International, 2003, p. 122.

事人的意愿,考虑双方是否达成了以仲裁方式来解决纠纷的合意,而不会支持任何国家法律中包含的任何约束性或禁止性规定。[1] 在这种情况下,可以预见,法国法院应当不会理睬我国法律对于临时仲裁的否定态度,而会本着尊重当事人意愿的原则来判定该临时仲裁协议有效,进而执行该临时仲裁裁决。

然而,另一方面,世界上还有很多国家对于仲裁并非持完全的支持态度,因此如果当地法院选择按照《纽约公约》V(1)(a)项的规定,在当事人没有特殊约定的情况下,尊重作为仲裁地法的中国法中有关临时仲裁协议无效的规定,进而拒绝承认和执行该临时仲裁裁决,恐怕也属意料之中。

3.《纽约公约》第5条第1款戊项

根据《纽约公约》第5条第1款戊项[以下简称V(1)(e)项],如若一仲裁裁决对双方当事人尚未产生拘束力,或者如果该裁决在仲裁地或在依法作出裁决的国家,被主管机关撤销或停止执行,则审查法院可以拒绝对其予以承认和执行。由于我国法律并不允许临时仲裁,在我国境内作出的临时仲裁裁决不会得到我国法院的执行。如前所述,虽然当事人可能无法通过正式途径来针对该裁决提起撤销程序,但是可以通过另行起诉的方法,要求我国法院对该裁决的法律效力予以否认。因此,可以说,在我国境内作出的临时仲裁裁决,符合《纽约公约》V(1)(e)项的规定,境外法院可以选择拒绝承认和执行该裁决。

然而,由于审查法院在《纽约公约》第5条项下拥有自由裁量权,因此到底该法院是否仍然会承认和执行已被撤销的裁决,在很大程度上取决于该国法律及法院对于国际仲裁所持态度究竟如何。

阿德巴·盖拉德(Emmanuel Gaillard)将世界各国法律体系对待国际仲裁的态度归纳为三类理论:(1)认为国际仲裁来源于某一国家的法律体系;(2)认为国际仲裁植根于多个国家的法律体系;(3)认为国际仲裁自成一体,构成独立

---

[1] See Emmanuel Gaillard & John Savage, eds., *Fouchard and Gaillard*, *Goldman on International Commercial Arbitration*, New York, Wolters Kluwer, 1999, pp. 228 – 230; Julian D. M. Lew et al., *Comparative International Commercial Arbitration*, New York, Kluwer Law International, 2003, p. 123.

的法律体系。[1] 他将这三种理论分别称为“单一地区论”(Monolocal Approach)、“威斯特伐利亚论”(Westphalian Approach)和“跨国论”(Transnational Approach)。[2] 根据 Gaillard 的理论,单一地区论认为国际仲裁的法律效力完全来源于仲裁地的法律体系,并且大致认为仲裁员的角色与该法域内的法官基本近似。[3] 威斯特伐利亚论则认为国际仲裁的法律效力不专门植根于包括仲裁地在内的任何一个国家,而是来自愿意承认仲裁裁决效力的所有国家的集合。在此情况下,仲裁裁决的国际属性使其得以独立于某一国家的法律体系而存在。[4] 而跨国论虽然同意威斯特伐利亚论有关国际仲裁的法律效力不专门植根于某一国家法律体系的观点,但是进一步认为国际仲裁本身即构成独立的、跨国的法律体系,而不依附于任何国家的法律制度。在此种理论中,仲裁员并不代表任何国家来主持正义,而是为了服务于国际社会这一整体。[5]

在 Gaillard 的理论框架下,一国法院是否会承认和执行已经在仲裁地被撤销的裁决,取决于该国采用关于国际仲裁的何种理论。如果该国采用了单一地区论,则很可能不会承认或执行已被撤销的仲裁裁决。这是因为根据该理论,一旦仲裁裁决被仲裁地法院撤销或视为无效,则该裁决即失去了所有法律效力,也不应当在任何其他地区被执行。如果该国采用了威斯特伐利亚论或跨国论,则其法院将不会受仲裁地法院判决的约束。在此情况下,虽然仲裁裁决已在仲裁地被撤销或视为无效,但该国法院仍可选择承认或执行此仲裁裁决。在这两种理论的支持下,该国法院应当适用其自己认为合适的标准和概念来判断此仲裁裁决是否应当得到执行,或是根据国际仲裁法律体系的相关要求作出决

---

〔1〕 See generally Emmanuel Gaillard, *Legal Theory of International Arbitration*, Leiden, Martinus Nijhoff, 2010.

〔2〕 See generally Emmanuel Gaillard, *Legal Theory of International Arbitration*, Leiden, Martinus Nijhoff, 2010.

〔3〕 See Emmanuel Gaillard, *Legal Theory of International Arbitration*, Leiden, Martinus Nijhoff, 2010, p. 15.

〔4〕 See Emmanuel Gaillard, *Legal Theory of International Arbitration*, Leiden, Martinus Nijhoff, 2010, p. 24.

〔5〕 See Emmanuel Gaillard, *Legal Theory of International Arbitration*, Leiden, Martinus Nijhoff, 2010, p. 35.

定而无须考虑或遵守任何国家的法律。[1]

因此,在我国境内作出的临时仲裁裁决根据《纽约公约》V(1)(e)项是否能够在境外得到承认和执行,在很大程度上取决于境外审查法院对于国际仲裁的整体态度。如果该国支持跨国论或威斯特伐利亚论,因而对国际仲裁采取比较友好的支持态度(如法国),那么虽然此临时仲裁裁决根据我国法律并不具备法律效力,但是该国法院仍然很可能会选择对其予以承认和执行。该国法院会认为此临时仲裁裁决根据我国法律不具备执行力并不会影响其本身的法律效力,因为其法律效力并不来源于我国法律制度,而是来源于国际仲裁法律体系本身。或者该法院也可能认为,虽然我国是仲裁地国家,但是对于此临时仲裁裁决来说,我国的重要性并不能超过其他愿意承认此裁决效力的国家。在这个多边的法律框架内,其他国家的法院可以按照他们认为合适的标准来自行判断此裁决是否应当得到执行,而并不用拘泥于我国法律的规定。此外,该国法院还可能认为我国法律不承认临时仲裁的做法并不合理,因此无须遵从我国法院对此临时仲裁裁决不予执行的"错误"决定。

而在另一方面,如果该国支持单一地区论,那么很可能选择对此临时仲裁裁决不予承认和执行。因为该国法院会认为此裁决的法律效力完全来源于作为仲裁地法的我国法律制度。因此,在我国法院对此裁决效力不予承认的情况下,此裁决已经失去了所有的法律效力,因而不应当在任何其他国家或地区得到执行。毕竟,这也是为《纽约公约》V(1)(e)项所允许的情形。

总之,在当事人没有作出任何特殊约定或者不具备其他特别情况的前提下,于我国境内作出的临时仲裁裁决,在我国境外的执行力处于不确定的状态之中,其结果可能在各个法域皆有不同。出现这种情况的深层次原因在于各国法律制度对于国际仲裁本身所持的整体态度不尽相同,因而在立法和司法的层面上对于国际仲裁的支持程度不一。因此,各国法院对于《纽约公约》的相关条款可能会作出不同解释,并相应地对于是否执行此裁决作出不同的决定。

---

〔1〕 See Emmanuel Gaillard, *Legal Theory of International Arbitration*, Leiden, Martinus Nijhoff, 2010, pp. 135 - 136.

四、当事人的应对策略

由上文分析可知,在我国现行法框架之中,于我国境内开展临时仲裁确实面临着重重阻碍。2018 年 9 月,第十三届全国人大常委会将《仲裁法》修订列入了二类立法规划。如果能够利用这次机会,将临时仲裁纳入到我国法律制度中来,自然是彻底解决这个问题的最佳方案。然而,在立法机关修改法律之前,在我国现行法律制度之下,是否有办法可以使得当事人成功通过临时仲裁的方式在我国境内解决纠纷呢?

幸运的是,仲裁具备极强的私人性和国际性,并且我国法律制度和以《纽约公约》为基础建立的国际商事仲裁制度都在很大程度上尊重当事人的意思自治。特别是在这两种法律框架对接的缝隙之中,存在许多当事人可以利用的机会。因此,如果双方当事人在他们的临时仲裁协议中作出一系列有针对性的明确约定,那么他们将有机会在我国境内成功进行临时仲裁。

(一)当事人应当特别约定的事项

为了达到在我国境内成功进行临时仲裁这一目的,当事人应当在他们的仲裁协议中明确约定如下事项:首先,双方应当明确选择某境外法律作为该临时仲裁协议的准据法。其次,双方应当明确约定该临时仲裁的仲裁地位于我国境外,但是同时约定仲裁庭可以在我国境内进行包括庭审在内的所有仲裁程序。再次,双方应当明确约定仲裁地法律为仲裁程序法。最后,双方还应选择一套成熟的、完备的仲裁规则。

出于讨论方便之目的,在下文中,将以"如上约定"为简称,指代双方当事人应当在临时仲裁协议中作出的这一系列明确约定;以"该临时仲裁协议"或"此临时仲裁协议"为简称,指代双方当事人达成的、包含上述一系列明确约定的临时仲裁协议;并以"该临时仲裁"或"此临时仲裁"为简称,指代双方当事人基于该临时仲裁协议进行的临时仲裁。

此外,必须指出,本文此处建议局限于仲裁协议双方当事人之中至少有一方为境外公民或法人的情况。这是因为最高人民法院在近些年的一些案例中,对于双方均为境内公民或法人但将争议提交国外仲裁的情况,以"不具备涉外因素"为理由宣告仲裁协议无效或者拒绝承认和执行外国仲裁裁决。[1] 本文作者不同意最高人民法院的这种立场，但是鉴于此，在最高人民法院转变观点之前，只能对于此处建议的范围作出限定。

（二）确保仲裁程序顺利进行

当事人作出的如上约定首先可以确保该临时仲裁程序不会被任意一方轻易破坏或阻碍。

很明显，由于我国法律不承认临时仲裁协议的效力，因此如果我国法院适用我国法律来认定该临时仲裁协议的效力，则必然宣告其为无效。幸运的是，如本文第二部分所述，最高人民法院在判定仲裁协议效力时，并不一定适用我国法律，而会根据非常明确的冲突法规则来确定仲裁协议的准据法。根据该规则，当事人在合同中明确约定了仲裁条款效力准据法的，应当适用当事人明确约定的法律；未约定仲裁条款效力的准据法但约定了仲裁地的，应当适用仲裁地国家或者地区的法律；只有在当事人未约定仲裁条款效力准据法，同时也未约定仲裁地或者仲裁地约定不明的情况下，才能适用我国法律作为确认仲裁条款效力的准据法。[2] 根据此规则，如果当事人明确选择某境外法律作为该临时仲裁协议的准据法，并将仲裁地置于我国境外，那么这种约定是有效的，也会得到我国法院的尊重。由于临时仲裁在世界其他国家均为合法，可以推定，我国法院在这种情况下会依照双方当事人选择的法律，或者依照仲裁地法律来判定该临时仲裁协议为有效（即便法院认为当事人针对该临时仲裁协议准据法作出的选择不够明确），而并不会适用我国法律来将其认定为无效。鉴于此，该临时仲裁中的一方当事人无法再通过向法院申请确认仲裁协议效力的方式，从仲裁程序外部对其进行阻碍或破坏。

此外，当事人选择的完备的仲裁规则和明确的仲裁程序法可以极大地降低一方当事人通过拒绝配合的方式阻碍或破坏该临时仲裁的可能性。如前所述，

---

〔1〕 最高人民法院《关于江苏航天万源风电设备制造有限公司与艾尔姆风能叶片制品（天津）有限公司申请确认仲裁协议效力纠纷一案的请示的复函》（〔2012〕民四他字第2号）；最高人民法院《关于北京朝来新生体育休闲有限公司申请承认大韩商事仲裁院作出的第12113-0011号、第12112-0012号仲裁裁决案件请示的复函》（〔2013〕民四他字第64号）。

〔2〕 见上文第二（二）部分。

临时仲裁程序中可能会需要法院提供必要的支持和协助,但由于临时仲裁协议按照我国法律属于无效,因此临时仲裁程序可能会因当事人无法从我国法院获得任何支持或协助而陷入僵局。[1] 然而如果当事人选择了一套如联合国国际贸易法委员会(United Nations Commission on International Trade Law, UNCITRAL)发布的 UNCITRAL 仲裁规则一般成熟、完备的仲裁规则,那么该仲裁规则必定会包含如选任仲裁员等程序问题的明确规定并且提供相应的补救机制。此外,即便仲裁程序确实陷入僵局,当事人也可以请求仲裁地法院根据仲裁地法律来提供协助和支持。在这种情况下,该临时仲裁程序可以顺利向前推进,而一方当事人则无法通过拒绝配合的方式来从仲裁程序内部施加破坏或阻碍。

由此可见,当事人的如上约定可以保证该临时仲裁程序顺利进行,免受内部或外部的干扰和阻碍。

(三)确保裁决可在我国境内执行

当事人的如上约定可以在相当程度上增加该临时仲裁裁决在我国境内得到执行的可能性。

对于一份在我国境内作出的临时仲裁裁决,如果一方当事人申请我国法院予以执行,在不存在特殊情况的前提下,由于其仲裁地在我国境内,我国法院理应适用我国法律予以审查。而由于临时仲裁协议根据我国法律属于无效,因此可以推定我国法院不会执行该裁决。[2] 然而,如果当事人明确约定该临时仲裁的仲裁地位于我国境外(《纽约公约》的某一缔约国),而只是将庭审过程置于我国境内,那么我国法院在审查是否执行该裁决时则不应当适用我国现行法关于执行本国裁决的内容,而是应当适用《纽约公约》。根据《纽约公约》第 1 条第 1 款的规定,该公约适用于在申请承认与执行的国家之外的国家作出的仲裁裁决。此处,仲裁裁决应当被理解为在"仲裁地"(seat of arbitration)作出。[3] 仲裁地通常由当

[1] 见上文第三(一)部分。

[2] 见上文第三(二)部分。

[3] See e. g. ,Gary B. Born, *International Commercial Arbitration*, New York, Wolters Kluwer, 2014, pp. 1536,1541.

事人选择,或者在当事人没有选择的情况下由仲裁庭或仲裁机构确定。[1] 值得注意的是,仲裁地是一个法律概念,而并非地理概念。[2] 确定仲裁地最重要的意义在于,仲裁地国家的法律通常被认为是管辖该仲裁的程序法,因而会对该仲裁程序以及最终作出的仲裁裁决产生重要影响。[3] 在实践中,仲裁程序并不一定必须在仲裁地进行。当事人可以自由地将二者分开,在确定仲裁地的法律地位的前提下,出于方便或其他考虑,将庭审及其他程序放在另外的地点进行。[4] 因此,在该临时仲裁协议中,鉴于当事人明确将该临时仲裁的仲裁地置于我国境外,根据《纽约公约》的上述规定,我国法院应当适用《纽约公约》对于是否执行该裁决予以审查。换句话说,通过如上约定,当事人可以成功赋予该临时仲裁裁决外国裁决的身份,而与此同时享受在我国境内进行庭审和其他程序的便利。

当然,我国参与国际仲裁活动的时间仍然有限,实践中的经验尚有待进一步积累和丰富。因此,当事人通过明确约定的方式将仲裁地和庭审地点区别开来的情况在我国恐怕并不多见,本文作者也没有查找到最高人民法院在这方面作出权威法律解读的记录。鉴于此,虽然国际仲裁界无论在理论上还是实践中对此问题均已有定论,我们恐怕尚不能完全肯定地预测最高人民法院在此问题上会持何种立场。然而,即便最高人民法院对于这种区分不予支持,不愿将该临时仲裁裁决认定为外国裁决,那么仍然存在其可能会适用《纽约公约》的第二种路径。这是由于《纽约公约》第 1 条除了规定其适用于"外国裁决"之外,还可以适用于"非国内裁决"。

根据《纽约公约》第 1 条中的第 2 句,虽然一仲裁裁决在某国境内作出,但是如果该国法律不认为该裁决是其国内裁决,那么《纽约公约》则适用于该裁

〔1〕 See e. g. ,Gary B. Born,*International Commercial Arbitration*,New York,Wolters Kluwer,2014, pp. 1536,1541.

〔2〕 See e. g. ,Gary B. Born,*International Commercial Arbitration*,New York,Wolters Kluwer,2014, pp. 1538 – 1539.

〔3〕 See e. g. ,Gary B. Born,*International Commercial Arbitration*,New York,Wolters Kluwer,2014, p. 1541.

〔4〕 See e. g. ,Gary B. Born,*International Commercial Arbitration*,New York,Wolters Kluwer,2014, pp. 1596 – 1597.

决。这也就是通常所称的"非国内裁决"。对于一份仲裁裁决究竟在何种情况下可以被认定为非国内裁决,《纽约公约》并没有说明,而是将此问题交由各缔约国的的国内法予以认定。虽然我国法律就此问题并无明确规定,但是本文认为,对于在我国境内作出的该临时仲裁裁决,由于当事人作出了如上约定,如果我国法院不愿将其认定为外国裁决,那么可以且应当将其认定为非国内裁决。

首先,将该临时仲裁裁决认定为非国内裁决符合《仲裁法》的整体格局。事实上,《仲裁法》对于国内仲裁和国内裁决的准确概念并没有作出明确的规定。出现这种现象的主要原因在于我国《仲裁法》并未包含仲裁地的概念。而且,由于《仲裁法》不承认临时仲裁,其整体架构建立在我国境内只可能出现机构仲裁这一假设基础之上。因此,我国《仲裁法》中规定的国内裁决的概念事实上可以理解为在我国境内、由根据我国《仲裁法》设立的仲裁委员会作出的裁决。〔1〕按照这种理解,在我国境内作出的临时仲裁裁决无疑不应该是国内裁决。当然,我国《仲裁法》不以仲裁地为标准确定裁决国籍的做法并不科学,也不符合国际惯例。在《仲裁法》修订的过程中,非常有必要对此缺陷予以修正。然而,在现行法尚未变更之前,在我国境内作出的临时仲裁裁决确实无法纳入《仲裁法》的框架之中。比如,若将其认定为国内裁决,则我国法院应当受理当事人要求撤销该裁决的请求。但是,我国现行法将撤销仲裁裁决案件的管辖权归于仲裁机构所在地法院。然而,该裁决恰恰是临时仲裁裁决,并不涉及任何仲裁机构。因此,针对当事人要求撤销裁决的请求会出现无法处理的结果。在此情况下,将其认定为非国内裁决恐怕是唯一合理并可行的解决方法。在此问题上,与认定外国仲裁机构在我国境内所作裁决性质的情况非常相似。〔2〕

其次,将其认定为非国内裁决可以与我国现行法规定并由最高人民法院在司法实践中予以适用的仲裁协议准据法确定原则顺利衔接。如前所述,根据我

〔1〕 赵秀文:《非内国裁决的法律性质辨析》,载《法学》2007年第10期。

〔2〕 由于我国《仲裁法》没有包含仲裁地的概念,外国仲裁机构在我国境内开展仲裁活动并作出的裁决同样无法纳入《仲裁法》的框架之中。关于如何界定其性质,司法界、学术界多有争论。综合来看,在现行法框架下,将其认定为非国内裁决,应当是最佳选择。

国现行法,当事人可以选择仲裁协议的准据法。[1] 在该临时仲裁中,由于当事人已经明确约定了仲裁协议的准据法,这种约定应当且必然会得到我国法院的支持。因此,我国法院会根据该准据法认定该临时仲裁协议有效。在认定仲裁协议有效的前提下,如果我国法院在执行该临时仲裁裁决时,按照我国《仲裁法》的规定,依照国内仲裁的标准来审查是否应当执行该裁决,则会出现悖论。这是因为按照我国法律,如果该裁决是国内裁决,那么作为其基础的临时仲裁协议应属无效。但是这会与我国法律已经确立的仲裁协议准据法确定原则相违背。实际上,在旭普林案中,最高人民法院在决定是否将该案件中的仲裁裁决认定为非国内裁决的过程中,正是出于我国法院已经将该案中的仲裁协议认定为无效,因而不应再作出相反认定来执行该裁决的考虑,才回避了对于该裁决性质进行认定的问题。[2] 值得注意的是,在旭普林案中,当事人没有明确选择仲裁协议准据法,因此就没有出现悖论的情况。而在我们当前讨论的情况中,如果当事人利用我国现行法律中对其有利的规定,明确无误地选择了仲裁协议的准据法,则我国法院将无法继续回避对于该临时仲裁裁决的性质进行认定这一问题。并且,出于维护法律制度整体合理性、协调性的考虑,我国法院的最佳选择即为将该裁决认定为非国内裁决,而通过适用《纽约公约》加以执行。

总之,如果当事人在该临时仲裁中,选择一境外法律作为仲裁协议准据法,明确无误地将仲裁地置于我国境外,而只是在我国境内进行庭审和其他仲裁程序,并且约定仲裁地法律为仲裁程序法,那么我国法院应当认定该临时仲裁裁决为外国裁决或非国内裁决,因而适用《纽约公约》对其进行审查。由于临时仲裁在《纽约公约》项下具备执行性,因此可以预计,我国法院将会承认和执行该临时仲裁裁决。

(四)确保裁决可在我国境外执行

当事人的如上约定可以极大增加该临时仲裁裁决在我国境外得到执行的机会。本文前一部分论证的境外执行的两方面风险将基本不再存在。

---

[1] 见上文第二(二)部分。

[2] 高晓力:《司法应依仲裁地而非仲裁机构所在地确定仲裁裁决籍属》,载《人民司法》2017年第20期。

首先,《纽约公约》V(1)(a)项规定的仲裁协议无效的情况不会再出现。根据 V(1)(a)项的规定,如果仲裁协议依照当事人选择的准据法,或在当事人没有约定的情况下根据仲裁地法无效,那么审查法院可以拒绝承认或执行仲裁裁决。然而,在该临时仲裁中,当事人已经明确选择仲裁协议准据法,并且也已经确定了位于我国境外的仲裁地。在此情况下,境外的审查法院在根据 V(1)(a)项审查该临时仲裁协议是否有效时,必然不会适用我国法律,因此应当会认定该仲裁协议有效。因此,该审查法院不会依照 V(1)(a)项的规定来拒绝承认或执行该临时仲裁裁决。

其次,《纽约公约》V(1)(d)项规定的仲裁裁决被主管机关撤销的情况也不会出现。根据 V(1)(d)项的规定,如果一仲裁裁决被仲裁地法院,或者适用于该裁决的仲裁程序法国家法院撤销,则审查法院可以对其不予承认或执行。在该临时仲裁中,由于当事人已经选择将仲裁地置于我国境外,并明确约定仲裁地的法律为仲裁程序法,因而我国法院并非 V(1)(d)项中规定的合适法院或主管机关。一方面,位于境外仲裁地的法院不会仅仅因为该裁决经由临时仲裁作出就将其撤销;而另一方面,即便我国法院作出不予执行该裁决的决定,从境外审查法院的角度看,这恐怕并不能满足 V(1)(d)项的规定而使得该审查法院可以拒绝执行该裁决。因此,除非该临时仲裁裁决满足《纽约公约》其他条款中规定的可以拒绝承认和执行的情形,则其可以在境外按照《纽约公约》得到承认和执行。

总之,如果双方当事人作出如上约定,那么他们在我国境内可以顺利开展临时仲裁程序。他们之间达成的这一系列特别约定可以保证临时仲裁程序顺利进行以及最终作出的临时仲裁裁决可以在我国境内和境外得到法院的执行。

五、结论与展望

临时仲裁作为一种经典的仲裁方式,具备很多其他争端解决方式无法比拟的优势,因而在全世界范围内得到普遍接受和欢迎。然而,我国法律制度却对其一直心存芥蒂,并持否定态度。我国《仲裁法》也明确规定临时仲裁协议无效。但是,这并不意味着我国法院就不会执行任何临时仲裁协议或临时仲裁裁决。通过对仲裁协议准据法的把握,我国法院在很多情况下会支持临时仲裁协议的效力,并对其予以执行。对于境外作出的临时仲裁裁决,我国法院也会根据《纽约公约》予以承认和执行。可是,无论出于何种原因,如果当事人意图在我国境内采用临时仲裁的方式解决纠纷,那么受制于我国现行法的明文规定,将会遇到比较大的困难和阻碍。

然而,幸运的是,仲裁制度本身具备极强的私人性和国际性。特别是围绕《纽约公约》建立的国际仲裁法律体系,对仲裁的这两方面属性具有高度认识,并且为当事人提供了很大的自由度。而我国作为《纽约公约》的缔约方,以及国际商事仲裁法律框架的参与者,也不可避免地需要对其核心内容予以接受和承认。事实上,我国现行法以及司法实践都包含很多支持仲裁制度的内容。就临时仲裁制度而言,这种局面意味着我国法律无法且不可能单方面彻底禁止临时仲裁。无论何种原因,如果当事人双方认为在我国境内使用临时仲裁解决纠纷是他们的最佳选择,那么他们可以通过充分利用《纽约公约》的架构,以及我国法律制度与《纽约公约》对接过程中确定的对于当事人有利的法律规则,来实现这一目的。

当然,若想达到此目的并不简单,需要仔细准备一套有针对性的策略。首先,当事人及其律师必须对在我国境内进行临时仲裁所面临的众多复杂的法律问题予以彻底了解,其中包括仲裁条款准据法、国际仲裁体系的理论框架、我国《仲裁法》中仲裁地概念的缺失、《纽约公约》第 1 条中非国内裁决的概念、第 5 条第 1 款甲项和戊项涉及的各种问题等。其后,双方当事人需要有针对性地在仲裁协议中作出一系列明确约定。这包括选择一项境外法律作为仲裁协议的准据法,将仲裁地置于我国境外,明确约定仲裁地法律为仲裁程序法,并且选择一套成熟完备的仲裁规则。通过这些详细约定,当事人之间的临时仲裁协议将会得到我国法院的支持,其在我国境内展开的临时仲裁程序可以顺利推进,最终获得的临时仲裁裁决也可以在我国境内及境外顺利得到执行。

因此,我国法律根本不可能完全禁止临时仲裁。仲裁的私人性和国际性决定当事人必然有途径利用现有规则来达到开展临时仲裁的目的。这就意味着,从实际角度出发,我国法律制度没有必要继续坚持对于临时仲裁的否定态度。

因此,彻底解决此问题的最佳方案无疑是修改包括《仲裁法》和《民事诉讼法》在内的相关法律,对于临时仲裁予以承认。第十三届全国人大常委会已将《仲裁法》修订列入二类立法规划,如果能够利用此次契机将临时仲裁全面纳入我国仲裁制度,无疑将有利于我国仲裁事业的健康发展。

日本行政法上的事实行为*

高木光**
王贵松　译***

一、引　言

如果说行政法学上的契约长期是作为"继子"〔1〕或"私生子"〔2〕而存在的，事实行为的地位也就应当说是"收养手续有疑义的养子"。〔3〕事实行为一词虽然在制定法上得到采用，但判例上的用法未必与其相对应，而学说上的处理，即应称作事实行为论者，迄今为止离确立还为时尚早。不过，虽说如此，也并非没有理由。不容忽视的是，事实行为概念并没有积极的标识，常常是用作行政处分、行政行为、法律行为、准法律行为、法行为、法的行为等概念的补充物。如此，在总括行政事实行为相关讨论时，当然就给人以错综复杂的印象。对事实行为的法律意义所作的消极评价，并不与这种印象相联系。

事实行为论的错综复杂起因何在呢？这是因为多数学者给事实行为作出不同的定义，或者没有意识到定义就展开了讨论。但更重要的原因在于事实行为论与行政行为论互为表里，学者们期待行政行为论应当发挥多种功能。然

---

* 本文译自高木光：《事実行為と行政訴訟》，有斐阁 1988 年版，第一章。

** 京都大学法学研究科教授，法学博士。

*** 中国人民大学法学院教授，法学博士。

〔1〕［日］山田幸男：《行政法の展開と市民法》，有斐閣 1961 年版，第 191 页。

〔2〕［日］原田尚彦：《行政契約論の動向と問題点》，载《法律時報》第 42 卷第 1 号。

〔3〕［日］高木光：《行政上の事実行為と行政の行為形式論(一)》，载《国家学会雑誌》第 95 卷第 5・6 号。

而,在迄今为止的法制之下未必容易实现这些期待,“行政行为论的负担过重”问题产生了。其结果是,“行政行为论的动摇”的一个表现不外乎就是事实行为的相关讨论状况。

本章将以若干判例为素材,分析事实行为一词在怎样的语境中使用,进而阐明事实行为的法律意义与行政法学上的种种讨论处于怎样的关系之中。

二、制定法上的“事实行为”

《行政不服审查法》较为特殊,有对“事实行为”的规定,同时又在其第 2 条中采取了“行政厅的处分”包含事实行为的用法。另一方面,《行政案件诉讼法》第 3 条第 2 款以灵活的形式将撤销诉讼的对象规定为“行政厅的处分及其他相当于行使公权力的行为”。在立法过程讨论[1]的背景下,这是一种妥协表达,在解释时,是重视理论的明快性,还是忠实地遵从沿革,抑或强调目的论的观点,正成为丰富多彩的学说对抗的原因。

事实行为在行政法学上的第一个问题就是有无所谓处分性。进而,让人在意的是《行政不服审查法》第 2 条的“人的收容”“物的留置”的例示、作为《行政案件诉讼法》第 3 条第 2 款解释问题的“事实行为的撤销诉讼”[2]的讨论,需要留意的是,这种“事实行为”是比本书的考察对象更为限定的特殊用法。本章姑且将“事实行为”宽泛地理解为“完全是因为带来事实状态变动而成为法关注的对象”,这时的“事实状态的变动”主要可分为两个类型,即从“信息”角度成为关注的对象者与完全从物理角度成为关注的对象者。从历史沿革来看,受到关注的“事实行为”主要是作为“物理作用”的后者,作为“精神作用”的前者则必须等到行政指导的相关讨论出现,才特别受到关注。对此将在后文再作考察。回溯到佐佐木惣一博士的说明能看到这一点:

---

〔1〕 [日]广木重喜:《事実行為に対する行政訴訟》,载《实务民诉讲座》第 8 卷。

〔2〕 [日]柳瀬良干:《事実行為の行政訴訟(一)(二)完》,载《自治研究》第 9 卷第 8 · 9 号;[日]广冈隆:《行政上の即時強制の法的構造とその取消訴訟——事実行為の取消訴訟の解明のために》,载《法学論叢》第 75 卷第 3 号;[日]今村成和:《事実行為の取消訴訟》,载《現代の行政と行政法の理論》,有斐閣 1972 年版。

上述(依据普通观念)将行政行为分为法律关系者(附着法律效果者)与法律无关系者(不附着法律效果者)两种。前者是法的行为,后者不是法的行为。非法行为的行政行为在法的观念中没有意义,因而排除在外。例如,奖励国民勤俭尚武、劝导捐赠公益事业。[1]

根据佐佐木博士的分类,"法的行为"进一步分为"基于精神作用的法的行为"与"基于事实的法的行为",前者是"依据法观念的行政行为"。后者的例子可以举出筑造炮台、烧毁毒品。[2] 如果将其与本章的分类相叠加就会看到,相当一部分"精神作用"并不总是带来法的意义,有时与其"物理作用"受到不同处理。

三、判例上的"事实行为"

判例上"事实行为"一词被用于种种语境之中。[3] 其中,有的意识到了制定法上用法或者本章所说"精神作用"和"物理作用"的区别,有的则没有。

(一)意识到制定法上的用法者

判决1:对于申报实用新型的技术范围的判定,最高法院论述如下:

判定是由对特许等有专门知识经验的三名审判官经公正审理作出的……纯粹是表达特许厅的意见,终究只具有鉴定的性质。

《行政不服审查法》第2条所说的事实行为是指"相当于行使公权力的事实上的行为",亦即带来类似于行政厅经由意思表示所作之处分的法效果的权力性事实上的行为。不必多说,判定与此并不相当。[4]

---

〔1〕[日]佐佐木惣一:《日本行政法総論》,有斐閣1921年版,第469页。

〔2〕[日]佐佐木惣一:《日本行政法総論》,有斐閣1921年版,第469页。

〔3〕[日]山村恒年:《抗告訴訟の対象となる行政処分(一)(二)(四)(五)》,载《民商法雑誌》第58卷第5·6号、第59卷2·3号。

〔4〕最判1968年4月18日,民集(最高裁判所民事判例集)22卷4号,第936页。

其中,正如第二部分(制定法上的"事实行为")所说,《行政不服审查法》所说的事实行为或者以"事实行为的撤销诉讼"所设想的事实行为,限定于"物理作用"者。

判决 2:与排除民事诉讼法上的临时处分相关联,大津地方法院作出如下陈述:

根据表达这些优越地位的各个规定(《都市规划法》第 16 ~ 18 条、第 24 条),依《都市规划法》开设本案都市规划街道工程(《行政案件诉讼法》第 44 条所说)明显属于"相当于行使公权力"的行为。在相当于行使公权力的"行为"中,即使从立法过程来看……征诸《行政不服审查法》第 2 条……明显也包含像本案工程这样的事实行为。[1]

不过,实际上,与判词不同,所谓公共工程是否相当于"行使公权力",即使在"事实行为的撤销诉讼"相关讨论中也不清楚。这一点将在后文分析。在沿革上,对事实行为造成损害的救济,首先理解为适用民法的"民事案件"是重要的。

因官吏、公吏及其他公务员的职务行为违法侵害他人权利时,如果其职务行为不是行政处分、裁判判决等官方的法律行为,而是工程及其他事实的作用,作为其使用者的国家或公共团体就必须根据《民法》第 715 条或第 717 条对受害人承担损害赔偿责任。[2]

对于并非权力性作用的经济活动,除有特别的例外规定,国家或公法人不必根据《民法》(第 715 条)对官吏、公吏因执行项目而对第三人造成的损害承担赔偿责任。虽说在纯然的营利项目上并无争议发生,但在主要是为了公益的项目,如修筑道路、筑港工事、开挖运河、建筑学校官卫、下水道工程、医院诊疗等事业上,亦应作同一说明。[3]

---

〔1〕 大津地判 1965 年 9 月 22 日,行集(行政事件裁判例集)16 卷 9 号,第 1557 页。

〔2〕 [日]美浓部达吉:《行政裁判法》,千倉書房 1929 年版,第 78 页。

〔3〕 [日]美浓部达吉:《日本行政法》,有斐閣 1919 年版,第 616 ~ 617 页。

在这种美浓部达吉说的背景中,承认以下两者,其一是理论观点,即公法与私法的区别并不是关于"事实行为"自身的;其二是目的论观点,即在旧宪法下,在司法法院与行政法院的权限分配及《行政裁判法》第 16 条的"行政法院受理损害赔偿的诉讼"的规定下,希望给予金钱赔偿这种"法律的效果"。

行政事实行为假使依其发生法律效果,其效果因外界的变化直接根据法规之力而发生,而非依其行为之力,因而,其行为自身既非公法上亦非私法上,而全然不是法律性行为。[1]

行政厅的行为作为具有权威的国家行为,可拘束司法法院者,唯有公法行为,即由一般被称作行政厅"处分"或"裁决"的官方意思表示而构成的行为。唯有如此,只有官方的法律性行为不受司法法院审理。私法上的法律行为虽为行政厅的行为,但也当然受司法法院审理判断;行政厅的事实上作用作为先决问题,司法法院亦可审理判断其违法与否。[2]

被设想为"相当于行使公权力的事实行为"的事实行为,有时还在"物理作用"的限定之外,被限定为对物理性事实状态变动的"忍受义务"。[3] 判决 1 中"处分类似的法效果"的表达可看作意识到了这种限定。

然而,最高法院将行政处分的标志求诸特殊的法效果,即"作为公权力主体的国家或公共团体通过其行为,形成国民的权利义务或确定其范围而在法律上获得承认者"。[4] 对于"事实行为"也想定这种法效果,即使不论"物理作用"的事实行为,对于"精神作用"的事实行为也是困难的。对于作为"精神作用"的种种行政作用——通知、劝告、训告、奖劝、判定、提醒、告诫、叱责、调查、指导、公证等(这些当中有的也伴有一种法的效果)——从更直接的权利救济的观点

---

〔1〕 [日]美浓部达吉:《行政法撮要》(上),有斐閣 1931 年版,第 65~66 页。

〔2〕 [日]美浓部达吉:《行政裁判法》,千倉書房 1929 年版,第 81 页。

〔3〕 [日]广冈隆:《行政上の即時強制の法的構造とその取消訴訟——事実行為の取消訴訟の解明のために》,载《法学论丛》第 75 卷第 3 号。

〔4〕 最判 1955 年 2 月 24 日,民集 9 卷 2 号,第 217 页。

来说,成为问题的就是这些行为是否属于“抗告诉讼对象的行政处分”。这时,“事实行为”一词就未必与制定法上的用法关联使用。

(二)没有意识到制定法上的用法者

宇都宫地方法院判决采用倡导扩大抗告诉讼对象的兼子仁教授型〔1〕的形式性行政处分论。

判决3:虽然上述提醒及告诫措施并不以发生何种法律上效果为目的,而是一种观念通知的事实上行为。对受到该措施的医疗担当者而言,在事物的性质上,这些措施当然与撤销上述指定的情形一样,对其名誉及信用等有事实上造成重大影响之虞,因而……能成为准行政厅处分的所谓抗告诉讼的对象。〔2〕

在否定这种“精神作用”的处分性时,很多场合可以看到“单纯的事实行为”的表述。

判决4:根据国土调查法进行地籍调查……只是调查记录土地现状的单纯的事实行为,作为调查成果的地籍簿及地图只意味着行政厅内部的一种资料,完全不存在通过这些记载侵害国民权利自由的余地。〔3〕

(三)其他对“精神作用”说及“事实行为”的颇有意思者

判决5:退职奖劝是为了怂恿有雇佣关系者自发形成退职意思所作的说服等的事实行为,但有时也兼有作为雇佣合同合意解约的建议或诱因的法律行为性质。作为单纯事实行为的退职奖劝,任何人都能自由应对,并不产生某种法律效果……〔4〕

---

〔1〕 [日]兼子仁:《行政争訟法》,筑摩書房1973年版,第273~287页。

〔2〕 最判1963年6月4日,民集17卷5号,第670页。其中第一审宇都宫地判1957年5月28日。

〔3〕 福岛地判1964年9月24日,行集15卷9号,第1874页。

〔4〕 山口地下关支判1974年9月28日,《判例时报》759号,第11页(最判1980年7月10日的第一审)(下关商业高中案)。

判决6:与判决5相关联,与民法学上“法律行为”和“事实行为”形成对照:

本案中要适用《民法》第110条……首先就必须判示Y的长男B代理Y至少有作出某种法律行为的权限……正如论旨所指出的那样,劝诱自身是事实行为,而非法律行为,因而具有上述事实,并不能直接就说B有代理Y的权限。[1]

判决7:叱责处分通常与事实行为同时作出,即通知处分者课以叱责的意思决定,并作出处分内容的叱责,虽然其全体可看作一个事实行为,但通过通知该意思决定对被处分者产生应当忍受叱责的义务,叱责这一事实行为的终了应当说只是让义务得到履行、消灭该义务,因而处分自身不是事实行为……[2]

(四)对于“精神作用”“物理作用”两者,也有判决说及事实行为

判决8:前述腾出、搬走要求,只不过是基于厅舍管理权的事实行为,相对方的相应义务是伴随使用关系终了而相对于权利主体(茨木市)产生的公法上的义务,因而并不能作为由法律直接命令的义务。

在行政处分的执行违法时,应当是以该执行违法为由提起抗告诉讼要求予以撤销(行政代执行是《行政案件诉讼法》第3条规定的行使公权力的事实行为,参照该条规定及其与旧《行政代执行法》第7条在沿革上的关系来看,明显允许对其提起抗告诉讼),在停止继续执行程序的意义上要求停止执行。[3]

(五)对于“物理作用”,在种种层面上说及“事实行为”,值得关注

判决9:虽然本案填埋水面工程只不过是一种事实行为,是被许可者实现三重县知事填埋许可处分所形成的法律关系,但全面禁止被申请人的工程在实质上就起到了停止三重县知事许可处分效力的作用……因而,从《行政案件诉讼

---

〔1〕 最判1960年2月19日,民集14卷2号,第250页。

〔2〕 静冈地判1960年3月18日,行集11卷3号,第716页(依据《监狱法》叱责)。

〔3〕 大阪高判1975年10月5日,行集16卷10号,第1756页(茨木市厅舍案)。

法》第3条的制定目的来看不能容许。[1]

判决10:设置上述人行天桥的法律性质属于公物道路的管理行为……设置人行天桥的决定是被控诉人确定内部意思的程序行为,被控诉人与新日本制铁股份公司之间的契约虽说具有强烈的公益色彩,但与民法上的承包契约并无不同,工程本身是履行契约的事实行为。即使从整体上评价关于设置本案人行天桥的上述一连串行为,也并不相当于《行政案件诉讼法》第3条规定的行政厅处分及其他行使公权力行为。[2]

判决11:本案是许可处分后续的各种处分,而且原告主张的损害系因核反应堆运转的事实行为而造成,因而不能将原告主张的损害作为非因本案(设置核反应堆)许可处分造成的损害。[3]

判决12:原告主张的各个权利并不是作为本案都市规划决定的法效果或附随效果而受到侵害的,而是因本案道路的建设工程或其使用,行驶在上面的汽车带来噪声、振动、尾气等事实行为造成的侵害……不能说是因本案决定及告示直接给原告造成具体权利的侵害。[4]

四、学说上的"事实行为"

学说上是如何理解"事实行为"的,未必清楚。之所以这么说,是因为只有在种种行政活动中作出行政行为或行政处分定位时,才能附带地看到"事实行为"及其类似表达。

如前所述,根据本章的分类,在"精神作用""物理作用"中,在沿革上后者完全是作为"事实行为"来谈论的。而在与行政行为论的关系上,也有必要留意的是,在第二次世界大战前的用语中,只有"行政行为"中的特殊行为被称为"行政处分"。

---

〔1〕 津地判1969年9月18日,《判例时报》601号,第81页(近铁鸟羽湾填埋案)。

〔2〕 东京高判1974年4月30日,行集25卷4号,第336页(国立人行天桥案本案控诉审判决)。

〔3〕 松山地判1978年4月25日,行集29卷4号,第588页(伊方核电案)。

〔4〕 横浜地判1980年2月27日,《判例时报》958号,第22页(东京湾岸道路案)。

例如,在佐佐木惣一博士那里,〔1〕与"基于事实的法行为"相对应的是"基于精神作用的法行为",从中排除行政立法后,"狭义的行政行为"也包含公法上的契约。

而在美浓部达吉博士那里,〔2〕与"事实上的作用"或"行政事实行为"相对应的是"官方的法律性行为",以此作为"行政行为",其中除公法上的契约、协定外,确认、公证、通知、受理也被分为不同于"行政处分"的一类(与此相对,佐佐木博士在"行政处分"中也包含证明、通知,〔3〕这是其特征)。

因而,如果从这种沿革来看,将概念上并非"行政处分"者直接宽泛地作为"事实行为"来把握,〔4〕这种说明是奇怪的,而这种广义上的"行政行为"并不都是撤销诉讼的对象。〔5〕 这种用法是借用民法学的法律事实的分类而来的,但民法学上"法律行为""意思表示""准法律行为""事实行为"的用法自身也不是那么明确,〔6〕学者们也没有将借用的方法当成问题。这一点也有必要予以留意。作为这种行为的"准法律行为"的定位被认为是重要的。例如,美浓部博士认为:

> 行政行为要与事实上的行为及民法上的法律行为相区别……在与事实上行为的区别中,虽说有完全不产生法律效果的行为及产生法律效果的行为,系因外界事实上状态或事件而产生效果者是事实上的行为,而非行政行为……事实上的行为进而可以分为法律上允许的行为(合法行为)与不允许的行为(不法

---

〔1〕 [日]佐佐木惣一:《日本行政法総論》,有斐閣 1921 年版,第 554 页。

〔2〕 [日]美浓部达吉:《日本行政法》,有斐閣 1919 年版,第 616 ~ 617 页。1936 年版第 223 页以下独立列出"赏罚"。

〔3〕 [日]佐佐木惣一:《日本行政法総論》,有斐閣 1921 年版,第 557 页。

〔4〕 [日]山村恒年:《抗告訴訟の対象となる行政処分(一)(二)(四)(五)》,载《民商法雑誌》第 58 卷第 5 · 6 号、第 59 卷第 2 · 3 号。

〔5〕 判例上将公共工程作为广义上的"行政行为",同时讨论能否适用民法侵权行为的规定。作为否定例子,大判 1907 年 2 月 22 日,民录 13 辑,第 148 页。作为肯定例子,大判 1918 年 6 月 29 日,民录(大审院民事判决录)24 辑,第 1306 页。

〔6〕 [日]我妻荣:《新訂民法総則》,コンメンール刊行会 1965 年版,第 230 ~ 235 页;[日]川岛武宜:《民法総則》,有斐閣 1965 年版,第 152 ~ 157 页;[日]四宫和夫:《民法総則》,弘文堂 1972 年版,第 155 ~ 157 页;[日]几代通:《民法総則》,青林書院新社 1969 年版,第 177 ~ 182 页。

行为),其中均有产生法律效果的原因……然而,这是基于外界事实而产生法律效果。行政行为与此不同,它之所以产生效果,完全在于行政权的意思表示或者准意思表示的精神作用的发现(官方证明、通知、表示的知道等)。[1]

这里的分类是两种标准的组合:(a)根据“法律效果”是否“基于外界事实”来区分;(b)根据其是公法上效果还是私法上效果区分。其中,在 a 的区分中,“事实行为”与对照性的“意思表示”(或“法律行为”)、“准法律行为”的共通性得到强调;而在 b 的区分中,与广义行政行为形成对照说明的是“民法上的法律行为”。然而,在民法学上,首先强调的是从与私人自治原理的关系出发,是否为“意思表示”的区别,而作为其反面的,“准法律行为”与“事实行为”的区别则有相对化的一面。

另一方面,在民法学上作为核心受到瞩目的是“法律行为”,在行政法学上作为核心受到瞩目的是前述广义“行政行为”,有时特别是“行政处分”。特别是第二次世界大战后的行政行为论,舍弃第二次世界大战前广义的用语,通例是将“行政行为”与“行政处分”作为大致重合者来使用。

在这种状况下,特别是意识到撤销诉讼或抗告诉讼的对象性,就要强调“行政处分”与否的区别。作为其反面,过去广义“行政行为”中不是“行政处分”者——特别是美浓部博士以来的确认、公证、通知、受理——与“事实行为”的区别的相对化就可能成为问题。这就是对所谓“准法律行为性行政行为”概念有用性产生怀疑的背景。

法律行为性行政行为与准法律行为性行政行为的区别被很多行政法教科书采用。但也有人指出,对其意义有必要从根本上再作探讨,[2]而对于其有用性,已有不少学者有意无意地当作了有讨论余地的问题。这与本章根据赋予“精神作用”何种法效果来分类时的问题相关联。也就是说,赋予“形成国民的权利义务或确定其范围”这种特殊的法效果,就是撤销诉讼或抗告诉讼对象的“行政处分”,这没有问题,而此外均视为“单纯的事实行为”吗?

---

[1] [日]美浓部达吉:《日本行政法》,有斐閣 1919 年版,第 115 ~ 116 页。

[2] [日]藤田宙靖:《行政行為の分類学》,载《自治研究》1977 年第 53 卷第 9 号,第 3 ~ 22 页。

例如,柳濑良干博士在教科书中首先将"行政作用"中采取法规形式者排除,再大致二分为:事实作用,即行政机关的行动中没有意识内容表示性质者(包括行政上的强制执行、即时强制、公物和营造物的建造修筑等)。法律作用,即行政机关的行动中有意识内容表示性质者,并对"法律作用"中"有一定固有法律效果者"说明如下:

前者有私法上法律行为及准法律行为,其规范属于私法的规定,不在这里论述。后者即通常称作行政行为者,它进一步可分为三种:(1)所表示的意识内容是意思(欲望),且根据表示产生法律上的效果;(2)有意思,但与表示无关,法使其附着一定的效果;(3)观念(认识、判断),其效果由法规定。根据通常的私法用语,其中第一个被称作法律行为性行政行为或公法上的法律行为,第二个、第三个被称作准法律行为性行政行为或公法上的准法律行为。[1]

其中,与私法上法律行为相对应的是"法律行为性行政行为",与私法上准法律行为相对应的是"准法律行为性行政行为"。在具有"一定固有的法律效果"上,这四种均为"法律作用",区别于没有"一定固有的法律效果"的劝告、调停、忠告、气象通报以及一切情感的表达等(这些相当于本章所说"精神作用"的事实行为)。柳濑博士的"精神作用"可区分为三种:(1)法律行为;(2)准法律行为;(3)既非法律行为又非准法律行为者三种。

这种分类有怎样的意义呢?将"行政行为"分为"法律行为性"行政行为与"准法律行为性"行政行为,这种说明是着眼于(1)、(2)与(3)的对照,而一如上述,着眼于(1)的特殊性时,(2)与(3)不同点处于相对化的关系。其中是有法律行为的特殊性,但可以指出两点:第一,学说上的"行政处分"或"行政行为"仅在法律行为上使用;第二,判例上对于准法律行为并没有无条件地作为撤销诉讼或抗告诉讼的对象。

首先是学说上的用语。美浓部博士将"法律行为性行政行为"分为"行政处

〔1〕 [日]柳濑良干:《行政法教科書》,有斐閣 1969 年版,第 86 ~ 88 页。

分”“公法上的契约”“协定”,确认、公证、通知、受理不是“行政处分”。[1] 渡边宗太郎博士对佐佐木博士的分类有一点修正。[2] 第一点是将本章所说“物理作用”的事实行为与“精神作用”的事实行为合并在一起并置于非“法的行为”的范畴;第二点是将“狭义的行政行为”中的单方行为进一步区分为“行政处分”与“观念表示行为”。园部逸夫教授继承了这一分类,将“行政处分”等同于“法律行为性行政行为”“观念表示行为”等同于“准法律行为性行政行为”,确认、公证、通知、受理是后者的例子。[3] 杉村章三郎博士仅将前者称作“行政行为”,而将后者作为“准行政行为”的观念来说明。[4]

与此相对,田中二郎博士强调法律行为与准法律行为的共通性:

这里(行政行为的分类)的意思要素,不同于私法行为,不是成为主要要素者。基于法行使公权力这一点是其特色所在。不拘泥于意思表示以及其他精神作用的发现,被认为是共通的特质。因而,包含这两者、界定行政行为概念才是妥当的。

在学说上,一如前述,有学者只将法律行为性行政行为称作行政行为,将准法律行为性行政行为称作区别于此的准行政行为。但在法律上,存在具有大致共通性质、遵守同一规律者,因而仅将前者限定为行政行为,不能说有充分的理由。[5]

另一方面,在判例上,撤销诉讼或抗告诉讼的对象性有争议时,“准法律行为性行政行为”这一范畴并不能有效地发挥功能。[6] 也就是说,学说上被认为属于这些行为的确认、公证、通知、受理等,并没有因为是一种“行政行为”,其对象性就当然地得到肯定。这就与以“撤销诉讼的对象应限定于‘行

---

[1] [日]美浓部达吉:《日本行政法》,有斐閣1919年版,第120页。

[2] [日]渡边宗太郎:《日本行政法》,弘文堂1935年版,第253页。

[3] [日]成田赖明、南博方、园部逸夫编:《行政法講義》,青林書院1970年版,第234页。

[4] [日]杉村章三郎:《改訂行政法要義》(上),有斐閣1948年版,第39页。

[5] [日]田中二郎:《行政法総論》,有斐閣1957年版,第272页。

[6] [日]藤田宙靖:《行政判例百选Ⅰ》,有斐閣1979年版,第48页;[日]高木光:《行政判例百选Ⅰ》,有斐閣1987年版,第128页。

政行为'吗?"[1]的问题设定为前提的状况发生龃龉。

然而,这种状况从前述沿革视角所作的大致说明是可能的。也就是说,"准法律行为性行政行为"以过去广义的"行政行为"为出发点,因而,当初是"准法律行为之行政的行为"的这种意味,多数学说认为不同于"行政处分",自然也就否定其"处分性"。田中二郎博士认为,"准法律行为性行政行为"与"法律行为性行政行为"具有大致共通的性质,遵守同一的规律,但在行政诉讼的救济局面中,按照字面来贯彻,过去是有质疑的余地的。

其中,想回到下面的问题来讨论:以产生这种概念上的问题为背景,在怎样的局面中有事实行为的定性之争。

五、事实行为与裁判救济

在现行法上,作为裁判救济受到关注者可以举出依据《国家赔偿法》的金钱赔偿请求、依据《行政案件诉讼法》的撤销请求、依据《民事诉讼法》的临时处分、通过民事本案诉讼禁止或恢复原状请求。与前揭判决关联起来,顺次来看。

(一)依据《国家赔偿法》的金钱赔偿请求

判决5是对于法制上未采用退休制的地方公务员习惯上实行退职奖劝的界限,将损害赔偿法上的违法性当作问题。对这种广义上的行政指导参照《国家赔偿法》来评价时,该法第1条"行使公权力"的意义就成为问题。

不过,现行法上,对国家或公共团体的金钱赔偿请求,是适用《国家赔偿法》第1条还是《民法》第715条,在实务上并不产生那么大的差别。相反,通过判决5的上告审,还不能看作在判例法上已确立了《国家赔偿法》第1条规定的"行使公权力"包含事实行为的处理方式。[2]

判决5的分析应予关注的是,与雇佣契约的合意解约这一法律行为关联起

---

〔1〕 [日]原田尚彦:《取消訴訟の対象は『行政行為』に限られるべきか——取消訴訟と不可走力との関係》,载《判例タイム》1967年第205号,第32~37页。

〔2〕 参见最判1961年2月16日,民集15卷2号,第244页(梅毒输血案);东京地判1981年11月2日,《判例时报》1022号,第27页(双叶医院案)。其后,在学校事故上出现了最高法院的判决,认为公教育活动属于《国家赔偿法》第1条所说的"行使公权力"。参见最判1977年2月6日,《判例时报》1232号,第100页。

来把握退职奖劝,也能将其评价为法律行为。判决 5 对于地方公务员勤务关系和依愿退职的法的性质的理解未必是主导性的,但其重要的启发是,通常作为“事实行为”或“行政指导”来把握的说服、指示、劝告等,不是割裂开来考察,而是要在整个法律关系中,或者与行政处分、契约等法的行为关联起来考察定性。缔结民法学上契约的权限与为此进行交涉的权限,虽然在理论上有区别(参见判决 6),但从交易安全角度来看,有作统一处理的倾向。[1]《国家赔偿法》上的“行使公权力”概念也出现了通过这种“综合性考察”或“一体性构成”来把握的情形。[2]

(二)依据《行政案件诉讼法》的撤销请求

判决 1、3、4、7、10、12 都是以是否为撤销诉讼的对象为争点。倡导扩大处分性,是在纳入撤销诉讼或抗告诉讼有助于权利救济时的目的论解释。而其妥当与否则常常需要与其他救济方法来对比。例如,对于判决 3,问题是应当给名誉及信用侵害提供怎样的救济方法。原告请求撤销“告诫”,是因为仅仅金钱赔偿是不充分的。然而,金钱赔偿以外的救济方法的可能性并不限于撤销诉讼,《民法》第 723 条规定的“恢复名誉的适当处分”、[3]根据人格权恢复原状是基本方法,在理论构成上,[4]“民事诉讼”、国家赔偿诉讼、“公法上的当事人诉讼”均可设想。当然,通过“民事诉讼”“行政诉讼”禁止或恢复原状的法理在年代上因局面的不同而异,与所谓抗告诉讼的禁止功能的关联呈现出极为复杂的样态。从这种视角来看,兼子仁教授的形式性行政处分论仅强调“撤销诉讼的权利救济功能”是可质疑的。[5] 这可在下面这种情况中得到印证——判例上“相当于行使公权力的行为”的说法很多被用于排除《民事诉讼法》上临时处分——这是最直接有效的权利救济——的语境中。

---

〔1〕[日]高桥三知雄:《民法一一〇条の表見代理と基本代理権の存在》,载《民法判例百选 Ⅰ》,有斐閣 1974 年版,第 80 页。

〔2〕东京地判 1976 年 8 月 23 日,《判例时报》826 号,第 20 页(神鹰迪林杰 Condor-Dilingerコンドルデリンジャー案)。

〔3〕双叶医院案,东京地判 1981 年 11 月 2 日,《判例时报》1022 号,第 27 页。

〔4〕[日]高木光:《行政訴訟による差止に関する一考察——西ドイツにおける結果除去請求権の法理を手がかりとして》,载《神戸法学雑誌》第 32 卷第 1 号。

〔5〕[日]南博方编:《条解行政事件訴訟法》,弘文堂 1987 年版,第 69 页。

(三)依据《民事诉讼法》的临时处分

判决2、9是关于禁止所谓公共事业的临时处分案件。《行政案件诉讼法》第44条排除临时处分的规定继受于《行政案件诉讼特例法》第10条第7款,问题在于应以"考虑与公益之间关系的旨趣",[1]还是以避免与行政处分效力相抵触的目的[2]来把握其根据。一般对于通过民事诉讼要求禁止公共事业或公共工程、恢复原状的界限,妥当与否,有"综合性考察"或"一体性构成"与"分析性考察"或"分解性构成"的对照性路径,[3]为排除临时处分提供根据的两个观点可以说与此分别相对应。

最高法院作出的东京都垃圾焚烧厂案判决[4]成为之后原告要求禁止公共事业倾向于采取"私法构成"的一大契机,其特征在于"分析性考察"或"分解性构成"。不过,需要留意的是,该判决虽然采用"分解性构成",但它是以抗告诉讼不合法为由驳回时的解释论,并未直接触及其反面的民事诉讼是否合法的问题。

判决10沿袭1964年判决,以撤销诉讼不合法为由驳回,在其下级审中,也能看到上述两种路径。首先是"综合性考察"或"一体性构成"的路径,这与前述民事诉讼不合法或者排除临时处分之际的理由(判决2、9)不同,以抗告诉讼合法,承认停止执行的可能性。

设置人行天桥原本是行政厅所作的行为,但也与当地居民的日常生活息息相关。因而,与其将其分解为各个行为,委诸行政厅自律、私法法规规律,不如像前述那样将其把握为行政厅的一体性行为,使其服从于公法的规则,在权利救济上也理解为《行政案件诉讼法》第3条所说的"相当于行使公权力的行为",打开抗告诉讼、停止执行之路。这是根据高速成长、复杂化的现代社会的实际情况来贯彻法治主义的要求。[5]

---

〔1〕[日]雄川一郎:《行政事件訴訟特例法》,载《国家学会杂志》第62卷第8号。

〔2〕[日]雄川一郎:《行政争讼法》,有斐閣1957年版,第209页。

〔3〕[日]高木光:《行政訴訟による差止に関する一考察——西ドイツにおける結果除去請求権の法理を手がかりとして》,载《神戸法学雑誌》第32卷第1号。

〔4〕最判1964年10月29日,民集18卷8号,第1809页。

〔5〕东京地决1970年10月14日,行集21卷10号,第1187页(国立人行天桥案)。

不过,像这样连工程承包合同、业者实施工程也包含在内,一体性地作为“公法”领域来把握,这一立场仅为例外。引人注目的状况是,吉田町环境卫生中心案、[1]牛深市粪便处理厂案[2]等,采取“私法的构成”,全面承认临时处分,或者像阪神高速道路案[3]那样采用“分析性考察”,部分承认临时处分。[4]

(四)通过民事本案诉讼禁止

大阪机场案最高法院判决[5]使用“综合性考察”“一体性构成”,判断认为基于人格权、环境权请求禁止飞机噪声的“民事诉讼不合法”,提出了能否与过去判例理论作出整合说明的问题。

判决12的特征在于,以“噪声、振动、尾气等事实行为”的形式,将事实性侵害自身通过“行为”概念来把握。判决11以包含侵害危险性的“核反应堆运转这一事实行为”的形式来把握,两者稍异其趣。根据这两个判决的用法,在大阪机场案中对于飞机的航运、噪声、尾气,在东京都垃圾焚烧厂案中对于开工作业自身、恶臭,均允许说“事实行为”。

对这种“物理作用”的事实行为请求禁止或恢复原状的问题是,在怎样的层面上设想“事实行为”?这与法的处理也有关联,有必要作出慎重分析。也就是说,在一连串的行政过程中,“物理事实状态的变动”逐渐让损害变得现实化,这时选取哪一部分为“侵害”,将其违法性作为问题,对诉讼救济具有决定作用。这时,行政决定成为引起“物理事实状态的变动”的原因,或者将其正当化(有时课以受害者忍受义务)。在倾向上,“行政诉讼”通过攻击行政决定来救济;而“民事诉讼”着眼于损害的实态来实现救济。[6]

然而,这时的难题是所谓行政行为的公定力[7]以及民事诉讼的界限论。

---

〔1〕 广岛地判1971年5月20日,《判例时报》631号,第24页;广岛高判1973年2月14日,《判例时报》693号,第27页。

〔2〕 熊本地判1975年2月27日,下级裁判所民事裁判例集26卷1~4号,第213页。

〔3〕 神户地尼崎支决1973年5月11日,《判例时报》702号,第18页。

〔4〕 [日]盐崎勤:《行政庁の事実行為と仮処分の許否》,载《判例时报》第307号。

〔5〕 最大判1981年12月16日,《判例时报》1025号,第45页(民集35卷10号,第1369页)。

〔6〕 [日]盐野宏:《国土開発》,载山本草二等编:《未来社会と法》,筑摩書房1976年版,第172~177页。

〔7〕 [日]植村荣治:《公定力の人的限界——大阪空港判決少数意見の示唆するもの》,载《法律家》1982年。

两者受到旧宪法时代以来的讨论影响,不幸与“撤销诉讼与民事诉讼的二者择一”或“行政处分抑或私法行为的二分”的思考样式复杂地纠缠在一起。

围绕禁止公共工程(或者更为综合把握的公共事业),有“是民事诉讼还是行政诉讼”的讨论,在考察之际,从沿革角度[1]不容忽视的是,在审议《行政案件诉讼特例法》修改纲要试案的过程中[2]被提出的“公共工程等之诉”。前述《行政案件诉讼法》第3条第2款“行政厅的处分及其他相当于行使公权力的行为”的表述,以及“事实行为的撤销诉讼”的相关讨论,都是以这一问题为背景的。也就是说,柳濑良干博士之所以认为“事实行为的撤销诉讼”没有意义,广冈隆教授之所以在“物理作用”中仅以能设想为特殊“忍受命令”的即时强制为其讨论对象,所持的立场都是,与旧宪法之下的状况不同,可以“民事诉讼”请求公共工程的禁止或恢复原状。

然而,“公共工程等之诉”的观点与这种观点相反,排斥通过民事诉讼请求禁止和恢复原状,而在行政诉讼的框架内实现救济。这种观点可追溯至1926年行政法院的判决。[3] 例如,以“行政处分”中包含“事实上的行政行为”这样的理论构成,认为河川截流工程之诉合法。

> 同条(《河川法》第60条)中所谓行政处分的法意,不仅是意思表示的行政处分,也包含像本案工程这种事实上的行政行为。[4]

对于这种包含理论上难点的路径,当时有力的学说根据以下三个条件,均采取支持立场:[5](a)除了行政法院与司法法院的管辖区分外,公共工程的禁止及恢复原状请求不能成为民事诉讼的目的;(b)行政裁判事项服从于列举主义,而且仅限于“行政厅的违法处分”;(c)河川法、防沙法等关于损害赔偿设置了特殊规定,提起民事诉讼要以(在行政法院)确定工程违法性为要件。对于条

---

〔1〕 [日]冈垣学:《行政庁の事実行為について》,载《判例时报》第50号。

〔2〕 [日]广木重喜:《事実行為に対する行政訴訟》,载《实务民诉讲座》第8卷。

〔3〕 依据广木重喜前揭文,如正文所述,根据[日]美浓部达吉:《日本行政法》(上卷),有斐閣1936年版,第925页,1917年及1924年已有同一旨趣的判决。

〔4〕 行政法院判决1926年11月1日,行政裁判所判决录37辑,第1261页。

〔5〕 [日]广木重喜:《事実行為に対する行政訴訟》,载《实务民诉讲座》第8卷。

件 a,是以当时大审院对"民事案件"的立场为背景的。旧《宪法》第 61 条规定:"因行政官厅的违法处分而使其权利受到伤害的诉讼,应当属于另依法律规定的行政法院审理,不在司法法院受理范围之内。"大审院在 1917 年判决中将"行政处分"概念广泛扩及一般行政活动,认为公共工程之诉并非"民事案件"。[1]

诸如在町村等地方道路挖掘排水道,作为道路行政的一部分,正属于公法上营造物设施上的一个行政处分……上告人……主张施工侵害其所有权,请求撤废该设施并予以复原,本诉以民事诉讼之名,直接目的在于让属于被上告町权限的行政作用归于无效,这不属于司法法院管辖的民事诉讼案件。[2]

这种立场与金钱赔偿成为问题的情形形成对照。也就是说,在有名的 1916 年德岛跷跷板案判决[3]中,大审院排斥对整个公行政作用适用民法,排斥"一体性构成"。如前所述,美浓部博士认为,"行政厅的事实上作用并不可以作为有权威的国家行为拘束司法法院"。其中,在前述行政法院 1926 年判决中可以看到,关于诉讼的先决问题的特殊规定(条件 c)具有重要意义。

之后,前述三个条件均发生变动,与各自变动相应,原告的权利救济尝试着不同的路径。第二次世界大战后法院一元化,在《行政案件诉讼特例法》之下得到倡导的柳濑良干博士(民事诉讼[4])的学说动摇了条件 a,熊野法官(公法上的权利关系诉讼[5])之说及雄川一郎教授之说动摇了条件 b。在特例法时代,田中二郎博士支持行政法院的抗告诉讼路径,他在之后的教科书中明言,[6]公共工程并非撤销诉讼的对象。

成为问题的是,条件 c 与"金钱赔偿原则"的关系,进而是与排斥金钱给付以外的救济(特别是禁止和恢复原状)意义上的"忍受义务"的关系。也就是

---

[1] [日]美浓部达吉:《日本行政法》(上卷),1936 年版,第 926 页,1916 年有与大审院 1917 年 4 月 27 日判决同一旨趣的判决。

[2] 大审院判决 1917 年 4 月 27 日,大审院民事判决录第 23 辑,第 701 页。

[3] 大审院判决 1916 年 6 月 1 日,大审院民事判决录第 22 辑,第 1088 页。

[4] [日]冈垣学:《行政庁の事実行為について》,载《判例时报》1955 年第 50 号,第 11 页。

[5] [日]冈垣学:《行政庁の事実行為について》,载《判例时报》1955 年第 50 号,第 14 页。

[6] [日]田中二郎:《新版行政法》(上),弘文堂 1974 年版,第 330 页注 1。

说,一般而言,国家赔偿并不直接否定行政作用的效力,因而不论可否提起行政诉讼,均应得到认可。这一说法要想成立,就有必要将其法效果限定为金钱赔偿。这一点,在适用民法的侵权行为规定(《民法》第715条、第717条)予以救济时,在条文上,对于其效果,根据《民法》第722条第1款、第417条,“金钱赔偿原则”是妥当的。只要在为民法侵权行为规定的延长线上理解《国家赔偿法》,那在第二次世界大战之前与之后就是同样的。

然而,在民事法学上,作为侵权行为的法效果,或者根据所谓物权请求权的法理,在承认禁止、恢复原状时,如果无视与条件a的关联,就无法考察前述条件c。也就是说,在民事诉讼中成为问题者仅为金钱赔偿时,条件c可视为根据河川法、防沙法规定的特殊处理;而对于禁止、恢复原状,就出现了是否必须将违法判断保留给“行政诉讼”的一般性问题。其中,对比处理“事实行为”的“综合性考察”“一体性构成”与“分析性考察”“分解性构成”,就表明问题所在。

根据“分析性考察”,起因于公共工程或公共事业的公害,是与私人的情形一样的“物理作用”,不能从其自身的性质决定是“民事案件”还是“行政案件”。例如,柳濑良干博士采取与美浓部博士同样的理论立场:

> 这种作用(事实作用)其结果仅仅为让外界的事实状态发生变动,在法对事实状态的变动附着一定的效果时,间接地成为法律效果的原因,在此之外,它并没有一定固有的法律效果,因而无公私之别。[1]

其中,之所以采取“分解性构成”,认为民事诉讼合法,是因为其判断认为难以通过行政诉讼予以禁止或恢复原状,因而具有目的论意义。

与此相对,采取“综合性考察”时,公共工程和成为公害源的公共事业的特质得到考虑。在强调是作为行政作用而实施时,其中的关键不是在一连串的行政过程中存在介入的“行政决定”,而是整体上的行政作用具有“公共性”“公益性”。笔者认为,前述大审院1917年判决通过“行政处分”一词所说的内容,不是今天这种技术意义上的“公权力”,而正是不委诸司法法院(区别于行政法

---

〔1〕 [日]柳濑良干:《行政法教科書》,有斐閣1969年版,第86页。

院)判断的“公共性”“公益性”。

有观点认为,在“民事诉讼”中并不适合就“公共性”“公益性”作出判断,而要把公共工程带进其他某种形式的“行政诉讼”中。对此,必须加以探讨。

前述“公共工程等之诉”自身未必与扩大行政处分概念的手法相连接,在这一点上包含着不同于大审院 1917 年判决、行政法院 1926 年判决的观点。但在另一方面,被视为该第一次草案之原型的《行政裁判法改正纲领》[1](1928 年)的“公共工程的禁止或恢复原状之诉”以及《行政诉讼法案》[2](1932 年)第 10 条之诉被认为是抗告诉讼的一个类型,即使在成为现行法的过程中,第二次草案“事实行为之诉”也被定位于抗告诉讼的一个类型,这种以处分的撤销诉讼为典型行政诉讼、以其他诉讼为其亚种的构想是根深蒂固的。

在下述雄川一郎教授被称作“准抗告诉讼说”的说明中,也能看到上面的这种情况:

在过去的制度下,作为公行政的事实行为之所以不适合民事诉讼的目的,而仅可以作为行政诉讼争议,是因为司法法院对行政案件一般没有裁判权。但现在的法院并非如此,它对行政作用的违法性问题一般具有审理裁判的权限,因而未必要作同样理解。也就是说,使行政行为失去法的效力要通过抗告诉讼的程序,而对于其他情形则可以判定行政行为的违法性。因此,就可以认为,对于其自身并非法行为的事实行为,不必通过抗告诉讼,就可以认定其违法,作出禁止施工、恢复原状等的命令。

但是,将针对事实行为的诉讼看作纯粹的民事诉讼的问题是,只要是以受公法规范的公行政作用为直接对象,就应当理解为一种公法上的诉讼。为此,特例法规定有部分适用,在发动公权力违法的攻击时,在其性质允许的限度内,应当准用关于抗告诉讼的审理裁判的规定。[3]

其问题在于,事实行为的违法性参照何种基准来判断?如前所述,这时产

---

[1] [日]美浓部达吉:《行政裁判法》,千倉書房 1929 年版,第一附录第 4 ~5 页。

[2] [日]田中二郎:《行政争訟の法理》,有斐閣 1954 年版,第 471 页。

[3] [日]雄川一郎:《行政争讼法》,有斐閣 1986 年版,第 77 页。

生的难题是,在怎样的层面上作为“事实行为”来设想?在行政处分撤销诉讼这种行政诉讼的基本模式中的违法性判断与民事诉讼中“赔偿违法与禁止违法”〔1〕的判断框架,哪一个更适合,无法作出一律判断。要阐明这一点,有必要分析“事实行为与行政处分的结合”的观点及“忍受义务”的概念。这将在下一部分再作探讨。

六、事实行为与行政处分的关联

众所周知,关于“事实行为的撤销诉讼”的广冈隆教授之说,以行政上强制执行的亚种或变形来把握行政上的即时强制。

在即时强制中,具有在有执行力的行政行为中同样的法的性质。也就是说,在即时强制中,法规所承认的“应当强制的情形”现实而具体的存在得到认定,通过行政权的事实行为命令相对方予以忍受,由此基于法规的一般性忍受义务被改造成具体的忍受义务。〔2〕

这样,行政上的即时强制就被视为通过实力执行的事实行为与要求予以忍受的命令的合成物,要想让忍受命令失去作为其法效果的公定力,其诉讼就是“事实行为的撤销诉讼”。在这种理解中可以看出两点:其一是目的论观点,即承认对即时强制的撤销诉讼,有助于权利救济;其二是有志于通过“忍受义务”这种“法的效果”保持与“撤销”观念的整合性。与此相对,在今村成和教授之说中则能看出:其一是目的论观点,即将“事实行为的撤销诉讼”理解为要求“对事实行为的违法性宣告”,由此承认其存在价值;其二是理论性观点,认为事实行为并无效力问题,忍受命令只不过是一种拟制。

第一,就即时强制设想出“忍受义务”的“法效果”,意味着什么呢?作为“物理作用”的事实行为,柳濑良干博士与建造、修筑公物、营造物一起举出的是

〔1〕 暂且可见[日]泽井裕:《公害差止の法理》,日本評論社 1979 年版,第 114、176 页。

〔2〕 [日]广冈隆:《行政上の即時強制の法的構造とその取消訴訟——事実行為の取消訴訟の解明のために》,载《法学论丛》第 75 卷第 3 号。

行政上的强制执行和即时强制。而学说上,很少将代执行和直接强制作为“事实行为”来说明。这一推测的根据在于,在代执行的救济中,多数争执的不是“执行行为”自身,而是其先行的行政行为。也就是说,一般将“执行行为”理解为先行行政行为内容的实现,这时,因“物理性事实状态的变动”而受害,与源自行政行为法效果的“侵害”相重合。除了先行行政行为的撤销诉讼这条路之外,可以说存在某种意义上的忍受义务,即原则上排斥对“事实状态的变动”予以禁止或恢复原状的救济(应当区分通过实力抵抗执行自身与接受罚则制裁[1]意义上的“忍受义务”)。

然而,要让介入这种“忍受义务”的手法有效地发挥功能,需要几个条件:(1)首先,从程序保障的观点出发,对于课以“忍受义务”的行政行为,其执行要有与预定的权利侵害性质相适应的程序;(2)希望在行政行为与其执行之间有充分的时间间隔;(3)从尽早确定法律关系的观点出发,希望执行对象的义务内容自身由行政行为的不可争性予以确定(仅可争议执行自身的违法性)。

但是,即时强制明显不满足这些条件。这在与“持续性质”要件的关系上也特别成为问题。也就是说,所有即时强制不仅在其性质上难以适合条件(1),也不适合条件(2);而且,相当一部分即时强制是瞬间性、一时性的;因而,撤销诉讼的救济在与撤销利益的关系上不能有效地发挥作用。

其中,对于瞬间性、一时性的事实行为,程序性权利保护是特别重要的。在性质上,难以提供程序性保护的局面下得到容许的手法是即时强制,提供程序性保护的制度是代执行。另外,直接强制可设想为行政行为课以义务与义务执行两个阶段,是适合程序性保护的,但在旧《行政执行法》之下,以“情况急迫”为要件也容许直接强制,这一点也是问题。

对于代执行的救济,作为“物理作用”的事实行为可谓执行的本体,事先的告诫及代执行令书的法的性质成为讨论的对象。[2] 也就是说,两者在学说上都是作为“准法律行为性行政行为”之一的“通知”来说明的,在判例上,在与停止执行的关系上就抗告诉讼的对象性进行争议并得到判断(另外,像判决 8 那

〔1〕 [日]藤田宙靖:《行政法Ⅰ:総論》,青林書院 1980 年版,第 216 页。

〔2〕 [日]广冈隆:《行政代執行法》,有斐閣 1981 年版,第 200~208 页。

样，在旁论中，表示将代执行自身作为抗告诉讼的对象，但撤销执行的观点，与已考察过的即时强制具有同样的难点）。这些"通知"行为的法效果并不像通常最高法院作为处分性标志的法效果那样强，特别是在"告诫"中仅限于程序性意义，即"让后续行为变得合法"。[1] "告诫"的撤销诉讼问题有再思考的余地。

第二，对于有"持续性质"的即时强制，事后的救济也有重要意义。广冈隆教授之说是一种通过撤销诉讼来实现救济的目的论解释。在没有其他救济方法时，这也是不得已的解释，但在其反面，是否满足前述条件 c 是有疑问的。因为在没有与条件 a 或条件 b 的程序性保护、争讼可能性组合起来时，法律关系的安定容易变得不合理。

综合上述种种要素来考虑，对于即时强制，将事实行为作为根据法律的要件（有时经一定的程序）作出的行为来把握，认为其中没有介入技术意义上的"行使公权力"，这从行为形式论的观点来看是适当的。另外，在代执行和直接强制中，多数是以一种最强的法的联结来把握的，即由行政处分确定义务的内容，事实行为是其"执行行为"（藤田宙靖教授[2]的"三阶段构造模式"将这种局面视为典型范式）。

对于公共工程或公共事业的"忍受义务"问题，以稍稍不同于即时强制、代执行的形式表现出来。也就是说，与所谓警察国家时代的产物"忍受并请求赔偿"（*Dulde und liquidiere*）原理有关联，民事诉讼的界限论（排除临时处分以及请求禁止、恢复原状的不合法）、因"公共性"而加重实体性忍受义务（违法性阶段说）成为问题。对此在第五部分的（三）、（四）已作概述，从"事实行为与行政处分的联结"视角来看，非常有趣的是判决 9。

津地方法院认为，作为填埋公有水面的立法宗旨，"法从增进公共福祉的角度，通过国家公权力在一定要件和程序下，不论多数权利人的意思如何，一律形成填埋的法律关系，任何人不得直接阻止实现所形成之法律关系的填埋工程自身，借此让填埋水面工程易于顺利完成"。其中，填埋工程自身是在实现填埋许可的行政处分，其联结的强度准于"执行行为"。因而，不去攻击填埋许可的违

---

〔1〕［日］柳瀬良干：《行政行為》，载《行政法講座》第 2 卷。

〔2〕［日］藤田宙靖：《行政法Ⅰ：総論》，青林書院 1980 年版，第 18 页。

法性,就充其量只能就工程方法的违法性进行争议了。[1]

对此,法院对填埋后的铺设铁道工程采取了不同做法,一般而言,“设置工作物的结果是阻碍眺望……在超出受害人社会观念上一般应予忍受的限度时……产生赔偿由此所造成损害的义务,有时受害人也应能排除预防(中止、禁止)侵害”。其中,铺设铁道工程的事实行为与填埋执照的行政处分之间的联结较弱,不关乎处分的效力,可以作出独立的法的评价。[2]

这种观点系针对填埋执照这种稍稍特殊的行政处分,而与行政处分有强联结的事实行为受到限定,这对于介入各种许可、认可的情形也是妥当的。特别是在所谓警察许可中,许可的相对方与第三人之间的法律关系完全不受影响,以这种传统理论为出发点,就更是如此了。例如,在建筑确认后的相邻人纠纷中,建筑物所发生的情况完全是作为建筑物所有人的行为来评价。不过,在公共事业或公共工程的情形中,还有与“民事诉讼的界限论”以及“内部行为论”[3]的关系问题,确定抗告诉讼应当涵盖的范围是今后的课题。

七、结　　语

本章以判例中的用语为线索,因而主要是从裁判救济的角度考察了事实行为法的意义。但是,行政事实行为的意义当然不限于此。正如行政指导相关讨论中[4]所表明的那样,特别是“精神作用”的事实行为问题被定位于法律学与社会学的边界或者行政法学与行政学的接点上。

如本书所述,行政指导是作为行政事实行为的精神作用,而作为行政事实行为的精神作用并不限于行政指导。此外,还有法令解释的提示、确认性判断的表示、提供说明或信息、行政上的期望、斡旋、调停、官方证明等几个样态。仔

[1] [日]阿部泰隆:《公有水面埋立免許と救済手続》,载《法律家》1971 年第 491 号。

[2] 另参见札幌地决 1975 年 3 月 19 日,《判例时报》325 号,第 263 页。

[3] 最判 1978 年 12 月 8 日,民集 32 卷 9 号,第 1617 页(成田新干线诉讼)。

[4] 代表性文献有[日]盐野宏:《行政指導——その法的側面》,载《行政法讲座》第 6 卷;[日]成田赖明:《行政指導》,载《现代法》第 4 卷。此外还有许多文献,参见《法律家》第 741 号特集。

细看日本日常的行政活动，马上就能明白，这些作为行政事实行为的精神作用发挥着并不寻常的功能，比起行政行为、契约等作为法律性行为的精神作用则有过之而无不及。[1]

其中，“行为形式论”与“行政手段论”的意义迄今还没有得到那么严密的有意区分。作为事实行为论的课题，就有必要予以阐明。[2]

---

〔1〕［日］山内一夫：《行政指導》，弘文堂1977年版，序言i。

〔2〕对行政指导与行政行为并列为“行政手段”的定位提出质疑，参见［日］山内一夫：《新行政法論考》，成文堂1979年版，序言页5。

论大学制度中学术性关系的法理*

孙笑侠**

内容摘要：根据大学所涉事务的性质，可以把大学制度中的基本关系，区分为民事关系、行政关系和学术关系。但是，行政关系可能部分地包含着学术性因素，由此形成的行政与学术的混合关系中，可区分出纯粹行政关系和学术行政关系。而从学术关系看，也存在学术性行政关系与学术性判断关系，两者所涉及的法理是不同的。本文进一步从“法理关系”上论述了如何特殊对待大学学术性关系。

关键词：大学制度　法理关系　学术性关系　学术性行政关系　学术性判断关系

大学事务和关系具有特殊复杂性，我们以往最常见的有三种论述方式，一是纵论大学理念，二是评说教育管理，三是研究教育规律。本文试图从另一个角度——制度的法理来论述大学，这就要从大学制度的“法理关系”出发。今天，把大学当作制度来对待，已经提到议事日程。怎样认识大学所涉及的“法理关系”，成为我们认识大学特殊复杂性的一个关键，也是大学制度化和法治化的一个关键。

以往关于大学关系的研究中，我们习惯于从教育学或管理学角度作出划

* 本文是教育部专项委托重点研究项目“依法治校研究”的成果之一。

** 复旦大学法学院教授，法学博士。

分,[1]很少从制度上进行关系的划分。这种情况到1990年后期有所改变,到1990年年末,有法学学者开始关注“教育法律关系”,有人提出教育的四种法律关系。[2] 20世纪以来,随着教育事务诉讼增多,我国行政法学界开始重视教育法特别是大学法的研究,[3]对教育法研究起到重要的推动作用。然而,多数的教育行政法研究是从大学“主体”角度、从实在法上划分大学法律关系,[4]而较少基于大学“事务”性质来划分大学“法理关系”。本文要阐述的重点,是基于大学事务之性质,特别是大学学术性事务,来探讨大学学术性关系的法理。

在此碰到一个前提问题,学术事务关乎法律和制度吗?有的学术事务不涉及法律,准确地说,实在法对有的学术事务不作规定。因此,大学事务“关系”不能全部称为法律关系,而是一种“法理关系”。那么,学术事务在法律制度或其他制度上如何规定呢?要解决这个问题,首先要从大学的三类基本关系入手。

一、大学的三类基本关系

考察近年来涉及大学的纠纷,考察大学开展的活动所涉及关系的性质,考

〔1〕 我们习惯于把大学治理的关系做教育学上的分类,如“大学内部治理与外部治理关系分析”的“两分法”,“大学与国家的关系、大学内部关系和大学与社会的关系”的“三分法”,以及把大学内部关系分为“政治权、行政权、学术权和民主权”等,这也是关涉大学相关主体的四项核心权力。比如,秦惠民:《我国大学内部治理中的权力制衡与协调——对我国大学权力现象的解析》,载《中国高教研究》(京)2009年第8期。揭示中国大学的这些关系和内容是从教育学上进行的,但深入到制度建设上,还要分析其中的法理,尤其是学术权与学术性关系的法理,从而对制度建构起到作用。

〔2〕 一是教育行政法律关系,二是教育经济法律关系(涉及国家对教育的财政拨款、国家征收教育费附加、国家对学校兴办产业及进行基本建设等采取优惠政策等),三是教育民事法律关系,四是教育者与受教育者之间的特殊法律关系。实际上,第二种关系就是行政法律关系,第四种关系特殊在哪里也语焉不详。参见顾明远:《教育大辞典》,上海教育出版社1998年版,第1759页。

〔3〕 比如湛中乐主编:《高等教育与行政诉讼》,北京大学出版社2003年版;湛中乐主编:《大学自治、自律与他律》,北京大学出版社2006年版;湛中乐:《公立高等学校法律问题研究》,法律出版社2009年版;湛中乐:《大学法治与权益保护》,中国法制出版社2011年版;等等。

〔4〕 比如“建立大学制度,守护大学精神,要正确地处理好三对关系,即大学与政府的关系、大学与社会的关系及大学内部的管理关系”。参见徐显明:《如何理解和守护大学精神》,载《大学》(学术版)2012年第6期。比如从行政法律关系上,外部有大学与政府的法律关系,内部分为大学与教师的关系、大学与学生的关系,等等。参见湛中乐:《大学法治与权益保护》,中国法制出版社2011年版,第7、38~45页。

察大学事务与权利、义务的分类,我们可以初步发现:大学事务按其复杂程度可大致区分为民事事务、行政事务与学术事务三种性质不同的事务。比如,学生租用宿舍、大学校舍或运动设施管理不善造成学生受伤,这属于民事关系。大学运行经费的划拨、招生数量的政府审批或许可、师生违纪的处分,这是行政关系。唯独涉及学术的关系和活动比较复杂,容易导致大学、教师和学生权益受损害。法学的任务就是要把行业(教育)事务和各种不同性质的关系,进行法理上的深入、细致、准确地阐释。

表 1　大学三类事务及其基本关系

大学事务	基本关系	主体地位	典型事务举例
民事事务	民事关系	平等主体	学校采购办公用品是作为市场交易主体、校长作为法人代表签订合同、师生租住校舍是承租方,等等
行政事务	行政关系	非平等主体	大学运行经费的划拨、招生数量的政府审批或许可、学生打架违纪处分,等等
学术事务	学术关系	独立主体	对晋升职称的学术判断、对学生论文的学术判断,等等

在两种法律关系之外,还大量存在具有学术性质的权利义务关系,因而具有特殊性。比如,学位委员会因学术原因决定不颁发学位证书给毕业生、学术委员会决定某教师不予晋升职称,这属于大学的学术性事务,因而产生了关系,暂且把它称为学术关系。它们被学位法、劳动法或其他法律规定之后,则受法律调整成为法律关系。但是它们一般是受大学学术规范的调整,法律要么不规定,要么只是原则性的规定(如在宪法上规定大学自治或学术自由),这种关系是不是法律关系?有待后文进一步分析。

区分大学的三大类关系有怎样的意义呢?我们有时混淆学术性活动和行政性活动。比如,学位授予与否和学生的非学术性违纪没有直接关联,不应该因学生普通的违纪而作出不授予学位的决定。再如,学生拖欠学费是民事关系,学生学习权和学籍是学术关系,不能把两者混淆起来,以拖欠学费为由作出开除学生学籍的决定。又如,学校教室设置的安全监控探头,如果有师生提出异议,认为这触及他们的权利领域,同时也有人表示这是防范教室里的电脑被偷盗而表示支持,那么我们如何处理这样的事呢?如果监控探头是校方安装并对采集的信息进行使用,从三类关系上看,它显然属于行政性关系,显然是行政行为。那么,在教室安装监控探头,是否符合行政法的"比例原则",就很容易找到法律上的答案。另外,大学中还有一些难以归类的关系,明显不属于学术性也不属于行政性或民事性关系,其权利、义务并无规范依据的模糊内容。大学接受捐赠后与捐赠方发生纠纷,在法律上没有对捐赠方与受赠方作细致的权利和义务方面的规定,我们必须先问这属于什么法律关系?这在形式上是民事关系,但同时它又是学术关系,涉及教育法上的大学自治问题,捐赠方不得干预教育机构的自主权,作为特别法优于民事一般法,适用教育法上的特别规定。当然,大学事务中的有些问题本身是惯例性的,需要各方有教育和学术的自觉性和责任感,需要加强大学的制度建设,也需要有法治意识和法治方式来处理。

在大学各种关系中,不排除有些关系具有多重性,比如大学与校长的关系,在行政关系上,大学校长是大学的行政事务的行政长官,全权负责大学的行政事务。在民事关系上,大学校长是大学法人的法定代表人。在学术性关系上,大学校长不是大学学术事务的判断者,而是行政管理者。大学内设机构(学术委员会、学位委员会、人事处、研究生院等)作出的决定,虽然不是由校长作出的,但发生纠纷仍然是以大学为主体的,应由作为法定代表人的校长,承担行政责任和应诉任务。

大学的民事关系比较纯粹,因此将民事关系剥离之后,剩余的就是行政关系和学术关系。因此,我们先阐明民事关系,再讨论后面两种关系。

(一)两类民事关系

大学与教师、大学与学生之间存在民事关系。大学因民事事务与校外其他主体产生民事法律关系。这些民事关系是比较纯粹的民事关系,不用考虑大学的特殊性,比如大学向银行借款、与建筑公司签订关于校舍的建设合同、师生租用学校宿舍所产生的租赁关系、师生损毁学校图书的赔偿、师生因学校设施瑕疵而受到人身伤害的赔偿,等等,都适用一般的民事法律,比较纯粹。这种关系虽涉及大学但并不影响其平等性质的权利、义务内容,因此在现代大学法制度中没有任何例外,按照民事法律来解决。

然而,大学中的民事关系也会涉及学术因素,比如教师劳动报酬分配要根据教师的学术水平来认定、大学在知识产权侵权事务上涉及学术判断。由于教师具有劳动的特殊性,它不是纯粹的民事关系。教师作为劳动者的角色,在一定程度上也大致包含作为民事主体的部分权利,包括按劳取酬权、社会保障权、参加工会和参加工会活动的权利等,其义务包括遵守聘约规定的义务、遵守劳动时间的义务等。因此,大学的民事事务中存在混合性质的关系,即学术性民事关系。

民事性关系只是大学关系中的一种,并且大学中的民事关系也只有部分事务属于纯粹民事性关系。在改革开放以来,特别是1990年以来,大学被学生起诉的案件频发,一方面反映了权利意识的增长以及法治化在高等教育领域的发展,另一方面也反映了高等教育中暴露的教育与学术管理规范上的问题。但有必要指出的是,在许多案件中,反映了一个社会对高等教育的误解,作为原告也往往误解了大学与他的关系——以为大学与学生之间只是民事关系,是甲方与乙方的关系,是一手交钱一手交“货”的关系。他们认为的“货”就是课程学分,就是文凭,把大学、教师与他的关系片面理解成商品交换关系。这是值得深思和亟须纠正的倾向。

我国《高等教育法》第60条第1款规定:“高等教育实行以举办者投入为主、受教育者合理分担培养成本、高等学校多种渠道筹措经费的机制。”从大学学费标准的事实上看,我们的高等教育收费标准,并不是完全市场化的收费标准,而是在由国家财政拨款补贴到大学教育的前提下,由受教育者合理分担部分培养成本。这也说明我们的大学教育不是商品交换关系。我们有必要强调教育活动不是一种商品交换活动,教育关系是一种具有教育特殊内涵的复合关系。

在大学事务中,同一件事也可能在处理的不同环节上形成不同性质的关系,甚至出现三种关系的前后关联并列。比如,我国近些年出现学生拖欠学费的事件。[1] 拖欠学费原本属于民事关系,应当按照民事法律规定解决。但是

---

〔1〕 不少大学都纷纷推出相关举措催缴学费,而关于学生缴学费问题也正在引发一场社会信用危机之争。

一些大学出台的应对措施引起争议。比如,暨南大学规定,新生是否交清学杂费不影响报到及宿舍入住,但会影响后续的注册和选课。华南某大学规定,拖欠学费将不能登录教务系统参与选课和查分。暂且不论该规定是否合理,这属于大学的行政行为,形成行政性关系。如果我们从大学的学术特性来看,它属于大学自主制定校规的范围。但是,如果校规规定本校可以对拖欠学费者一律以开除或勒令退学等最严厉处罚来对待,则显然违背比例原则和教育良心原则,法理上就不应当支持这样的校规。对于家庭经济确实困难的学生,学校依照规定以纯粹行政关系予以减免或补助,这是合乎法理和情理的。但是对于少数学生不认真学习且不认真履行学校校规,那么在其学费的减免或奖助学金分配前,需要对其学习情况进行学术性判断,由校方组织一个委员会来作出学术判断,这个认定程序的活动就产生学术性判断关系。

表 2　大学制度之五种法理关系

	基本分类	五种法理关系	典型事务的权利、义务	特点
大学制度之五种关系	民事关系	纯粹的民事关系	校长对外为民事全权代表、师生租用大学校舍的权利、义务等	单一、清晰
		涉学术民事关系	教师基本劳动工资额定和分配、知识产权侵权的赔偿等	民事涉及学术
	行政关系	纯粹的行政关系	师生有义务遵守财务报销规定、上课时间规定,大学对师生违反财务纪律或旷课有行政处分权等	单一、清晰
		学术性行政关系(混合关系)	大学关于学位授予与否的决定、大学对教师聘任与晋升的决定、大学给各院系拨款、下拨招生名额等所产生的权利、义务	行政混合学术
	学术关系	学术性判断关系(纯粹的学术关系)	教师对学生论文和课程学业的考核、是否同意招收某生攻读博士学位、答辩委员会是否同意通过学位论文等	单一、清晰

(二)两类行政关系:纯粹的行政关系与学术性的行政关系

行政关系相比于民事关系会复杂一些。大学活动中有一部分是纯粹的行政关系,比如常规的校产管理、工资发放,如大学师生因窃书、窃自行车、故意损坏公私财物等非学术性的行为而受到学校的行政处分,这就产生纯粹的行政关系。然而,大学活动中多数行政关系涉及学术因素,比如大学经费分配与预算管理中,涉及文科、理科、工科、医科、农科分别应该占据多少份额的时候,就涉及学术性。因此,大学实际上存在两类行政关系:一是不涉及学术因素的行政关系,可称为纯粹的行政关系;二是学术性行政关系,它不同于学术性判断关系,它在大学中是最容易混淆和出问题的地方,尽管在实践中对两者难以作出截然区分,但是如果没有这种区别意识,则容易出问题。在涉及大学的行政关系中,以主体为标准进行分类大致有以下情形:

1. 政府。大学的成立、公立大学的财政拨款、学位授予权的拥有都需要由政府审批或许可,这是大学与政府的关系,属于行政关系中的哪一种呢? 它并不是纯粹的行政,还关联到学术因素,涉及办学资质的学术判断,因此属于学术性行政关系。

此时涉及大学法律地位这一前提问题,就此,各国有不同制度。比如,当代德国法把大学看成公法社团,《德国大学纲领法》第 58 条规定:“大学为公法社团,同时也是国家设施。”大学依行政组织法的归类属于公法自治团体,为“公法人”概念所涵盖。享有“公法人”立法自主权、人事自主权、组织自主权、财政自主权、计划自主权等。原则上,公法人不享有宪法基本权利,唯独大学例外。大学虽由国家所设,但学术自由是它的重要生活领域,其独立性应受保障。因此,宪法保障其宗旨,即实现以追求真理为目的的学术自由,而例外承认大学享有学术自由基本权利。德国法的这个定位,符合了大学的任务性质。一方面要完成学术、研究与教育有关的自治行政,另一方面也受国家的委托执行国家任务。[1]

我国在行政诉讼制度上把大学地位和性质作为行政主体,我国台湾地区也

---

〔1〕 董葆城:《教育法与学术自由》,台北,元照出版有限公司 1997 年版,第 146 ~ 148 页。

有个别学者认为大学具有“基层行政组织”的特性。[1] 其实这个说法只说明大学法律地位的一个方面——只限于大学在其行政活动中产生了争议的情形,并不是说大学在从事其他活动时也属于行政主体。我们不能单一地说大学是行政主体,因此不如把大学法律地位定位于“公法上的自治组织”,公立大学则是公法自治组织和国家设施。大学与教师、学生、政府形成了各种关系,其中包括纯粹的行政关系。

2. 大学。首要的是大学自主权,形成了大学与政府的学术性行政关系。我国《高等教育法》第32~38条规定的大学权利中,有招生方案制定权、学科与专业设置权、教学计划制订权、教材选编权、教学活动组织权、科研技术开发和社会服务权、境外交流权、内部组织机构设置和人员配备权、财产自主管理和使用权。这些法定的大学自主权利具有学术性因素,但本质上是为了与政府管理权划出界限,保障大学的办学自主权,因而大学与政府间属于学术性行政关系,当它有法律规定和调整时,便成为法律关系。因此,大学与政府间发生此类争议时,可能出现行政法上解决争端和权利救济的问题。[2]

3. 教职员工。教职员工的权利中有部分是以大学为义务主体的,教职员工的义务中有许多是以政府和大学为权力主体的。因此,教工与大学、教工与政府的关系中有一部分构成行政性关系。大学教师除普通公民身份之外还有三重属性:一是作为公法上的广义公务人员身份(但不同于公务员);二是作为劳动者;三是作为教育者或学者。但从根本上讲大学教师的角色具有学术性,因此比较特殊,需要慎重对待。教师作为公务人员的义务,包括对国家和人民的忠诚义务、保持人格品位的义务、某些方面的兼职禁限义务、收受不当财物的禁限义务,等等,这些义务也构成了纯粹的行政关系。教职工作为公法上的广义公务人员的权利,包括薪酬请求权、费用请求权、获得社会保障等福利权、接受抚恤权、退休权、请求假期权。它们基本不涉及学术性因素。比如,大学行政手

---

〔1〕 我国台湾地区学者在理论上也把它认定为“具有基层官僚组织的特性”。参见秦梦群:《教育权、教育组织特性与法律保留密度》,载苏永钦主编:《部门宪法》,台北,元照出版有限公司2006年版,第489页以下。

〔2〕 比如西北政法大学因2009年申请博士学位授予权失利,针对陕西省教育厅产生行政复议继而提起诉讼。

续没有及时通知到晋升职称的那位教师,属于行政失误,产生的问题就属于纯粹的行政关系问题。大学教师与政府涉及行政关系的纠纷,无论是否涉及学术性因素,均属于行政诉讼受案范围。[1]

4. 学生。学生的权利中有部分是以大学为义务主体的,学生的义务中有部分是以政府和大学为权力主体的。因此,学生与大学、学生与政府的关系也部分地构成纯粹的行政关系。大学作为被政府授权进行教育和授予学位活动的主体,因而具有行政主体的性质和特点。比如,大学对于学生违反校规的处分,就涉及制度上的权利、义务分配关系。

学术性行政关系与学术的判断关系,它们的相似之处在于它们都涉及学术因素,但它们的区别在于:前者属于行政管理,后者属于学术判断。学术性行政关系是最复杂、最容易混淆和出问题的地方。

二、学术性行政关系的法理

前面从行政角度,初步区分了学术性行政关系与学术的判断关系。由于后者是纯粹的学术问题,因此不在本文重点讨论范围。大学最复杂和最特殊的关系在于涉及学术的行政。为了进一步厘清学术性行政关系,此节重点讨论大学的行政与学术混合的关系。

(一)大学与政府之间学术性行政关系

大学拥有学术权,相对于政府是权利,政府应当予以尊重和维护。大学据此形成或派生出其他的一系列权利。比如,政府之所以把学位授予权授权给大学行使,而不是自己把持,就是基于这种学术性。大学与政府间的学术关系是行政关系,不是判断关系。政府与大学有分工和分权,这在大学法上要作出制度安排——哪些属于政府,哪些属于大学。基于此,大学拥有部分自治性的权力或权利,我国法律所称的"大学自主权",也是基于这个学术性特征。为什么

---

[1] 比如 2015 年 7 月,湖南大学以"未完成合同约定的岗位职责"为由,对该校建筑学院副教授杨建觉、黄礼攸作出"不再续聘,终止劳动人事关系"的处理决定,并限期办理离校手续。两位被解聘的副教授不服学校的处理决定,多次向学校提出异议,质疑处理解聘事宜的"主体机构""学校对教师的评价体系"等。

大学不在工商局登记或接受处罚,而是在教育部登记或接受处罚?原因也在于此。大学在某些事务的权利或权力性质上,属于由政府授权行使。我国行政法学者基本上持这种“大学被政府授权”的观点。[1]

(二)教师与大学、教师与政府的关系

1. 大学教师的职业定位。我们知道作为近代产物的“职业”制度,在牧师、律师、医师和教师等特殊专业中强调其职业的自治性。各国在制度上认为这四种“师”的职业是志业(profession),不只是谋生手段,还是为“群之利益”而工作,是资质、门槛和地位均高于普通行业的一种专业性岗位。大学的学术性自治与教师的专业职业性自治互相印证、相得益彰。我国应该清晰地界定大学教师具有四重法律身份:一是教育者和学者;二是特殊公务人员;[2]三是劳动者;四是普通公民。像公务员执行法律那样,教师在执行教育法上的公务性职务。所以,把大学教师定义为特殊的广义公务人员,这在法理上是可成立的。大学教师的薪酬是教师执行教育法上职务的一种对价,当发生薪酬争议时,属公法上财产请求权。日本[3]和韩国单独设置教育公务员职系。但不管怎样,大学教师的第一重身份是具有本质性的。因此,涉及大学的学术判断,包括师资学术水平的鉴定、与学位授予相关的学生学位论文的鉴定等活动,都是以大学的判断为准。当然,大学的学术判断需要通过学术程序由同行教授或学术委员会进行判断。因此,我们津津乐道的传说——梁启超向清华校长举荐没有学位的

---

〔1〕 我国行政法学者对此的看法是大学受政府的授权。比如姜明安教授就“刘燕文诉北京大学案”发表的看法是:北大肯定不是行政机关,但是不是法律、法规授权的组织呢?《教育法》第 28 条授予学校和其他教育机构 9 项权利,法律在这里使用的是权利而不是权力,但这里的权利有些具有权力(行政权)的性质,例如第 3 项的招生权、第 4 项的学籍管理和处分权(主要指其中的开除学籍权)、第 5 项的授予学业证书(包括毕业证和学位证)权等即具有行政权力的性质。因此,北大在行使这些权力时,可以认为是法律授权的组织,可视为行政主体。参见教育政策与法律研究中心:《案例:刘燕文诉北京大学不授予博士学位案》,载 https://www.chinacourt.org/article/detail/2003/11/id/93787.shtml,2019 年 10 月 30 日最后访问。

〔2〕 在我国台湾地区,公立大学的教师至少有两重身份:一是教育者,二是特别的公务员。参见李惠宗:《教育行政法》,台北,元照出版有限公司 2004 年版,第 164 页。

〔3〕 日本自 1949 年颁布《教育公务员特例法》,将公立幼儿园到大学的园长、校长、教师、教育委员会的教育长的身份统一为“教育公务员”,建立了独立的教育公务员制度。建立教育公务员制度以来,其选拔、任命、工作评定、晋级、轮岗等一系列管理制度和措施,对吸引优秀人才进入教师职业,提高教师队伍质量和促进教育均衡发展起到了重要作用。

陈寅恪评上教授——之所以是可信的,是因为让有学术判断力的学术权威推荐教师,是一种实质性的学术评价。[1]

2. 大学法中的教师和大学一样拥有一部分学术权,相对于学生是权力,学生应当服从;另外,教师的学术权相对于学校和教育主管部门则是权利。教师资格取得之后,教师与学校产生了关系。在我国台湾地区,对于它属于公法关系还是私法关系,一直有理论上的争论。[2] 我们为什么把思维限定在这两个关系之中呢? 其实它首先应该属于学术性关系。其次,再区分在公立和私立的学校,这种学术关系也有差别。公立大学中的教师和学校之间是公法上的学术关系,公立大学的招聘公告、评审机构的组成、审查程序、签订协议等,都应当遵守行政法上的程序性条款。如果教师对此有异议,可通过行政诉讼。私立大学中的教师与学校的关系在整体上则属于私法上的学术关系。我国台湾地区有学者把它分为两个阶段,也是有一定道理的。以签约为界限,前面阶段他们的关系是私法关系;在签约之后,教师与学校的关系也是公法上的学术关系。[3]

3. 教师与大学、政府之间的关系中形成了学术性的权利和义务内容。如前所述,在教师的四重身份中,作为教育者和学者,他的活动和权利是学术性的,包括讲学权、专业自主权、教师身份升等权、进修与学术交流权,有些国家和地区还有"与教职无关工作的拒绝权"。教师的教学自主权实为一种专业上的权利,因此称为"专业自主"[4]是十分妥当的。教师作为教育者和学者的义务包括从事学术研究的义务、遵循专业精神的义务(其底线是拒绝学术不端)、积极维护学生受教的权益、依照规定和约定履行任职职责的义务、培养学生健全人格的义务,即我国一贯强调的"育人"之师道义务。大学教师的学术性权利是《宪法》第 35 条规定的表达自由的范畴,也是我国《宪法》第 47 条规定的科学研究与文化活动自由的范畴。政府在面对教师的言论或论著观点时应当同时考虑两点:第一,要考虑言论权的宪法意义和内涵;第二,要考虑限制言论权的正

---

〔1〕 孙笑侠:《论实质性学术评价——以社会科学为讨论范》,载《中国社会科学论丛》2011 年第 37 期。

〔2〕 李惠宗:《教育行政法》,台北,元照出版有限公司 2004 年版,第 152 ~ 157 页。

〔3〕 李惠宗:《教育行政法》,台北,元照出版有限公司 2004 年版,第 157 页。

〔4〕 我国台湾地区的"教育法"第 16 条第 6 款规定:"教师之教学及对学生之辅导……享有专业自主。"

当理由。[1] 前者是基于宪法来保障言论权,后者是限制言论的理由。用霍姆斯的话来说就是,是否具有“迫在眉睫的”“刻不容缓的”“明显而即刻的危险”。[2] 所谓“明显而即刻的危险”,比如,要区分批评政府的言论与煽动颠覆政府的言论,须考虑其言论的时间、场合和对象。当然,教师面对自己的教育对象,需要有学养、有理性。

(三)大学教师与学生的关系

1. 教师与学生之间的学术性关系,可以分层次地制度化。教师责任首要的是对他的学生应尽的义务。大学教师与学生之间是否等同于中小学的师生关系呢?两者显然是不同的。大学教师对大学生负有什么样的责任?这涉及学术性的关系,因此有必要区分出层次,在大学教师守则中可以区分最低要求的责任和较高要求的责任,前者大致属于“职责”(制度范围),后者接近于师德(道德范畴)。首先是学生权利要求下的职责。从大学生角度讲,他们有学习权,包括学籍拥有权、学习内容自由、选系和转专业的自由、研究自由、校纪处分的申诉权、对学校涉及学习信息的知情权等。[3] 因此,大学和教师有提供这样的机会的责任(职责)。对学生的“责任”是什么呢?学生的学习权涉及课程学习、社会实践、学位论文质量等,导师应当承担学术性职责。大学的师生关系较为复杂,原斯坦福大学唐纳德·肯尼迪校长区分了责任与道德,他举例说,比如课前认真充分准备,还要保持较高的学术水平,花时间帮助学生解决(学术性)问题,对那些可能对学生产生不公正影响的问题保持某种独立和超脱。但也存在难以区分的情形,如果一位教师生病了,另一位教师志愿补台。这种责任叫作“完全责任”,应该也是属于职业道德的范畴。[4] 大学教师对学生的身心健

---

〔1〕 批评政府和官员的言论,即便是刻薄、尖锐的言辞,只有在具有“确有恶意”“明知陈述虚假,故意为之”的情况下才具有被限制的必要。这条宪法性原则来源于“纽约时报诉沙利文案”。“政府官员名誉受损,并不意味着我们要以压制自由言论为代价进行救济。”参见[美]刘易斯:《批评官员的尺度》,何帆译,北京大学出版社2011年版,第182、186页。

〔2〕 霍姆斯认为要保障言者不受事后追惩,唯一被排除在外的,是可能带来“明显而即刻的危险”,后来霍姆斯又为此加上“迫在眉睫的”“刻不容缓的”两个限定。参见[美]刘易斯:《批评官员的尺度》,何帆译,北京大学出版社2011年版,第8页。

〔3〕 李惠宗:《教育行政法》,台北,元照出版有限公司2004年版,第111页。

〔4〕 [美]唐纳德·肯尼迪:《学术责任》,新华出版社2002年版,第23页。

康和学习之外的行为有什么样的职责呢？这也是涉及职业道德的问题。教师不包揽学生生活及其所有责任，但应当关注自己学生的身心健康，包括对学生违法犯罪承担应尽的"注意义务"，发现问题及时与家长沟通，这是职业道德上的最低要求。

2. 大学招生中的考生与大学是什么关系？大学的招生简章属于什么性质？由于考生还不具有学籍，招生活动涉及学习条件的提供和收取学费的要约中具有一定民事行为的成分。它首先具有民事合同的要约性质。根据合同法原理，大学的招生简章不如实或实际上不按照要约中的内容(如学校单方面减少招生数量)进行招生，那么它要适用合同法的民事责任条款。如果招生简章中规定身高、视力、健康、[1]家庭经济条件、民族等歧视性的不合理内容，则违背宪法的平等权保护条款，应当视为民事行为违反平等原则。但大学招生中对考生进行的考核与评估所形成的关系，从本质上讲还是学术性关系。在超过义务教育的阶段，如高中及高等教育阶段，学习权的取得需要通过竞争机制，所谓择优录取原则，是被普遍接受的一项公平正义标准。因此，获得在大学学习权的前提是通过学术竞争获得教育机会。至于学术竞争的方式，可以是多样的，比如高考笔试、自主招生的面试、研究生招生的笔试或实质性学术审查。只要是学术界公认的合理方式都可以成为这种竞争机制的组成部分，这在法理上可被认为是"正当程序"。

如果涉及需要作学术性判断的内容，比如招收有学术潜力的研究生，那么什么叫"有学术潜力"？这是需要进行学术判断的，因此招生录取关系除行政性关系之外还包含学术性关系。在我国司法管辖制度下，这类案件应当受行政诉讼法管辖。2003 年的闵笛诉苏州大学案中，原告闵笛认为苏州大学不录取他是行政不作为。被告则认为招生是法律赋予的民事权利，不是行政权力，因此不受行政诉讼管辖。法院认为，苏州大学是事业法人，根据《教育法》的规定，学校招生录取行为是自主管理行为，不属于行政管理权范畴，并且闵笛还没有进入苏州大学，其受教育的权利还没有形成，因此驳回原告的诉讼请求。[2] 这个案

〔1〕 2008 年学生雷闯呼吁停止招生中限制乙肝病毒考生的招生简章，引发声援和全国性的关注。参见湛中乐：《大学法治与权益保护》，中国法制出版社 2011 年版，第 252 页。

〔2〕 湛中乐：《大学法治与权益保护》，中国法制出版社 2011 年版，第 244 ~ 245 页。

件中的双方观点及判决理由都混淆了一些问题，存在明显的错误。其一，原告的错误在于把招生录取行为看成是纯粹的行政行为，在他看来，录取考生就像申请工商登记一样，你不录取我，你就是不履行职责。他有意无意地忽略了大学招录中的学术性判断。其二，被告苏州大学认为招生是法律赋予的民事权利，这是没有法律根据的，也是荒唐的。在我国教育法律体系中，从来没有把大学招生录取行为作为民事行为。大学招生录取行为是学术性关系，是政府授权大学自主行使的一种特殊的具有学术性判断的权力。因此，根据现行的司法管辖制度，是受行政诉讼法管辖的。法院强调"苏州大学是事业法人"，"闵笛还没有进入苏州大学，因此其受教育的权利还没有形成"，这和行政诉讼管辖有何关系呢？这属于判断理由明显不当。尤其是法院已经强调了"学校招生录取行为是自主管理行为"之后，继续认为"不属于行政管理权范畴"，这是自相矛盾的。招生录取具有学术性判断的特点，是大学的自主管理行为，属于大学自主权范围，同时它从性质上是基于受委托的行政行为，因此招生录取行为是行政行为或行政行为的延伸，因此受行政诉讼法的管辖也就当然成立了。[1]

3. 由于学生与学校及其教师之间具有学术性的关系，因而实际上是一种特别权利关系，在法理上称为学校和教师的教导和管教，产生的权利在我国台湾地区称为"管教权"，这种权利其实也是权力。它具有法律父爱主义[2]的特点——学校和教师出于对学生的爱护而课以义务或限制其自由；同时也包含有伦理关系——学生对学校和老师的单方面服从，这一点被一些国家和地区加以

〔1〕"刘燕文诉北京大学案"，《中华人民共和国行政诉讼法》第2章明确列举了人民法院的受案范围和不予受案的范围，像刘燕文诉北大一案在法律条文中没有明确的受案依据，在其他相关的教育法律法规中也没有明确的法律支持，我国最高人民法院第一次以司法解释的形式确立了大学被诉讼的行政案件性质。两位律师提出的"北大虽然不是行政机关，但属于从事高等教育事业的公法人。北大进行学籍管理、颁发证书，是一种基于职权单方面作出的管理公共事务的行为，属于行政法意义上的具体行政行为"这一观点得到法院的认同。2014年12月，我国最高人民法院发布指导案例38号"田永诉北京科技大学拒绝颁发毕业证、学位证案"，旨在明确高等学校可以成为行政诉讼的适格被告，人民法院对校纪、校规的司法审查权限，以及教育行政管理应当遵循正当法律程序原则等问题。本案作为我国首例大学生因受高校退学处理产生的教育行政纠纷案件，确认了高等学校作为法律法规授权组织的行政主体地位，可以成为行政诉讼被告。这对规范教育领域乃至其他法律法规授权的组织的管理活动具有积极作用和现实意义。

〔2〕关于法律父爱主义请参见孙笑侠、郭春镇：《法律父爱主义在中国的适用》，载《中国社会科学》2006年第1期。

确认。这种基于学术和学习的动机而产生的特别权力关系,具有这样一些特点:(1)他与学校之间是不平等的关系,学校或教师作为特别权力主体对学生具有概括的支配权。(2)学生的义务具有不确定性,甚至在学术上有挑剔和近乎苛刻的要求,学校或教师可以课以学生不定量的义务,比如限期完成额外课业、限期重写论文、在实验室反复实验直到得出结论为止。(3)政府或学校在必要时可制定特别规则来限制学生的基本权利,并设定义务,无须遵循法律保留原则。比如,有的学校治学严谨,校规严格,规定在校本科生即使达到法定婚龄也不得结婚生小孩,违者作退学处理。这一校规虽与婚姻法相抵触,但在大学法的法理上仍然被认为是合法有效的。(4)对于违反特别义务的学生,学校可以制定特别命令对其进行处罚。(5)学生就其权利受到侵害或限制,不可通过常规的诉讼途径予以救济。〔1〕 当解决这类涉及学术性关系的纠纷时,可能涉及法律,就成了有学术性内容的特殊法律关系。尽管法律上不规定学术性判断的标准,但从形式上看,它在法律上仍然要进行法律分析或法理分析。

当然,学校和教师对学生的管教权的行使,应当遵循尊重人权原则、爱护学生原则、保密原则以及行政法上的其他原则,如比例原则。

三、如何特殊对待学术性判断关系

在大学制度或大学法上,如果说什么是最显著的特点的话,非"学术性"莫属。因为大学制度中的权利义务关系大都具有学术性的特点。这是由大学的功能和性质所决定的。我们之所以强调法律要特别对待大学,保证大学自治性或自主性,不是因大学力量太微弱,而是因学术神经太纤细。

大学学术自主权、大学教师学术权与大学生的学习权,都具有学术性。大学生的权利与中小学生的权利存在一定的差别,前者的学术性更强、更明显,所以大学生在法理上应当享有学术权。〔2〕 大学开展的活动中,包括大量的学术性判断关系:(1)大学与政府的学术性判断关系;(2)教师与政府、教师与大学、

---

〔1〕 李惠宗:《教育行政法》,台北,元照出版有限公司 2004 年版,第 99 ~ 100 页。

〔2〕 秦梦群:《教育权、教育组织特性与法律保留密度》,载苏永钦主编:《部门宪法》,台北,元照出版有限公司 2006 年版,第 516 页。

教师与学生的学术性判断关系；(3)学生(考生)与大学、学生与教师、学生与政府的学术性判断关系；(4)其他学术性关系，包括大学与专业院系、校长与教师、学术委员会与教师等都存在学术判断关系。

如前所述，行政关系分为纯粹的行政关系和学术性行政关系。在学术关系中，学术性行政关系又和学术的判断关系相联结。学术关系的本质是一种因涉及学术而形成的关系。学术性行政关系处于学术权利与行政权力的连结点上，因此它联结着行政又联结着学术。然而学术性判断关系则不同，它是纯粹的学术关系。准确地讲，它不是泛指所有涉及学术性因素的关系，而是涉及学术性"判断"的关系。比如，某篇学位论文可否授予博士学位、某位教师的论著是否具备晋升教授的条件，均涉及学术性判断，因此进入学术性判断关系。这个判断主体显然不是大学的行政主体，而是学术主体，可以是教授会、学术委员会或权威同行专家。

(一)学术性判断在国法上如何规定

一部分学术性判断关系是应当由法律规定的，比如《学位法》上的关于学位授予的标准和程序的规定，因而具有法律性质和意义。学术性判断关系在多数情况下并不都有必要在法律上作出规定，因此它们中许多关系并不都是法律关系。这也是学术自由和大学自治原则的内在要求。然而，这并不说明它们不具有法理的支撑。学术性关系是一种十分特殊的关系，它本身不是财产权，但涉及人身权，行政权会触及它，一旦权力越界，则对它形成影响，学术的独立性会出现偏差。因此，学术关系中存在一些特殊的法理，需要特殊对待。

学术性关系如何转化为学术性法律关系？正是基于大学的学术性关系，我们提倡大学应当有特殊的制度。除了宪法相关规定可以通过宪法解释之外，主要是靠《教育法》《高等教育法》《学位法》以及部委规章等来规定必要的学术性关系，但在具体事务运行上，毕竟国法不能代替大学行规和校规。(1)应当在《教育法》《高等教育法》中确立一条原则或规则，允许大学联盟、专业(同业)协会和大学自身去完善大学制度，并允许大学制度中涉及教育和科研的学术性活动的权利义务内容与国法有差别对待的规则。这样一来，这种学术性关系就成为法律认可的关系，它自然而然就转化为学术性法律关系。(2)我们的各级立法机关应当改变教育立法观念，不能依赖数量有限的国法。这也是大学自治的应有之义。当然,制度建立在程序上可采取报请主管部门备案的方式。(3)大学应当减少对国法的依赖,特别是在涉及大学制度建设的特殊性方面,解放思想,澄清以往的对国法的错误认识,敢于进行制度建设上的突破。(4)大学联盟(如"985"、"C9")可以联合起来做一些对中国大学制度完善有益的大事。(5)大学制度创新的依据是什么呢?应当借鉴并吸收国内外高等教育的先进制度、国内外高等教育的行规、国内外高等教育理论的新知,沉淀并转化为中国教育改革的成果到大学制度之中。为我国大学制度的内容的完善、丰富、细化、合理化作出贡献。(6)解决大学的同质化问题,也和大学的制度有关。同质化首先是把大学制度同质化。大学制度在一些基本问题上应该有制度的统一化,但不等于大学消除各自的教育理念和特色。

中国有的名校想提升自己的竞争力,可是被一些传统老学科过大的规模所困扰,办学资源分配上经常出现争论,传统优势变成当下劣势。如果从制度上进行自主性创新,根据自己的学术判断自主设计好自己的大学定位和发展规划,将能推动这个僵局的化解。以校规为主导的制度在大学治理中起到十分重要的作用。这样自主设计自己的大学制度,其理由就是大学具有学术性的关系,具有自治性。

(二)基于学术的特殊保障制度

在法理上,必要的"特权"具有实质上的合理性。我国现行制度中还部分保留某种"特权"。比如,教师的特殊工作决定了教师没有劳动时间8小时工作制的限制,从夏季和冬季的学习效果和规律上看,给予师生较长的暑假和寒假,它并没有在劳动法中予以规定,但这是现实制度给予师生的"特权"。我国大学制度中是否有必要承认大学或教师的某些特权呢?我们还有许多棘手待决的相关问题。比如,科研经费管理中的无序或严苛,都是由全国"一刀切"的财务制度所造成的。[1] 国务院总理在2017年的《政府工作报告》中也提到,要让我们的科研人员摆脱那些琐碎的事务。大学科研经费的特殊性在于,科研经费的支出与机关、企业的支出不同,它作为学术活动是由复杂的脑力劳动构成的,如何

---

〔1〕 目前,虽然加强和加紧科研经费管理制度规范化,但科研经费管理制度可操作性差、科研经费预算管理不科学、劳务费支出规定欠合理等问题都不能充分调动高校科研创新积极性。参见陈青:《高校科研经费管理制度存在问题及完善措施探析》,载《中国管理信息化》2016年第21期。

计算其研究的物化成本和智力酬金,不是财政部或者财务管理者所能够估算的。既然已经通过学术课题申请程序竞争性地获得拨款,那么就应当让课题负责人及课题成员在额度范围内按照科研经费预算进行自主支配。这项不采用常规财务规则的“特权”是合理的,应当给予认可。另外,大学学术研究中的言论权,与一般法意义上的言论权不同,因为学术研究的宗旨是探索真理,何况客观上也是发表于极小众的学术性刊物,它显然不同于大众刊物上的宣传性的言论。我国《宪法》明确规定科研自由,就是基于学术活动的特殊性。大学科研人员的言论与课堂上的言论相比,也有一定的特殊性,应当注重对它的特别保障。

(三)学术性判断的程序

依一般的程序法理,学术性程序同样必须具有这样一些基本的正当性要素:〔1〕一是有对立面设置,有不同利益和主张的双方多方构成程序的对立面,如同司法活动的控辩关系设置、举报人与被举报人之间的举证义务与辩解权利的对立面设置。二是有分化,即把决定者的权力分解给若干个角色分别行使,比如针对学术不端事件,把学术事件的调查者与决定者分开。三是通过形式化的程序,有意识地阻隔先入为主的结论,程序步骤不可逾越。比如,调查取证在先,决定在后,决定前要有质证和验证,验证必须是多名同行专家等。四是直观的公正,让受到不利决定的利益主体参与或直接了解决定的步骤;校务决策中的利害关系人应当有实体内容和程序的知情权,被处分的师生能够了解程序和处理结果。五是对等沟通和交涉,校务决策的利害相关人以及受处分当事人有为自己辩解的机会和权利。学术性程序可以是国法规定,也可以是校规,甚至是通行的不成文行规,比如从专家库中随机抽取多位专家进行匿名评审,就是学术性程序的行规之一。

大学的决定大都涉及师生权益,因而其决定的程序十分重要。尤其在涉及学术性判断的问题上,容易出问题,导致侵权和纠纷。以学位委员会决定不授予学位为例,《学位法》规定由校学位委员会终审,可是学位委员会采取不同学科的委员针对某一学科的学生进行投票的制度。假如投票前有一个委员说一句话就容易误导票数,作出不授予学位的决定。事后发现不授予学位的决定却

---

〔1〕 孙笑侠:《程序的法理》,社会科学出版社2017年版,第22~29页。

是无理由或不合理的理由,唯一能够支持决定的理由是票数不足。这对于学生是多么至关重要的权益,可是在我们的《学位法》中就是这么规定的。几乎所有的大学都是按照这个程序进行的。在近年的诉讼中,这一点已经被提出来——校学位委员会的审查只是形式审查,因为这个委员会是“外行审内行”,难以做到实质审查。可是授予或不授予学位的决定却是实质性的,学生起诉到法院之后,大学除了说这是投票结果外,无言以对。因此,不记名投票的校学位委员会是一架始终潜伏着危险的机器,一不小心就触发诉讼。我国应该尽早修改《学位条例》中关于学位授予与撤销的决定程序。对于无形式瑕疵、无实质争议的学位申请人,由专业学位委员会投票作出专业性学术决定。有形式瑕疵或者有内容疑义的学位申请人,校学位委员会有职权、职责委托相关的委员会或专门小组进行充分调查,报给校学位委员会再作投票决定。这样就把“危险”限定在合理范围内。

(四)大学学术性纠纷和司法克制

当大学学术性纠纷被起诉到法院时,应当分为学术性行政关系与纯粹的学术关系,从而区别为适用和不适用“司法遵从原则”的两种情形。准确地讲,区别的关键在于是否属于纯粹的学术性判断,如果是,则不可诉。例如,某文法专业教授对大学作出的撤销文法学院的决定不服,认为这个决定实体理由上是不合理的。这个案件应该看成是司法不遵从的案件。也就是说,法院可以维持大学的原决定。非学术性理由的,则可诉。在“甘露诉暨南大学”案件中,人民法院判决暨南大学败诉,认为《暨南大学学生管理暂行规定》第 53 条第 5 项所称的“剽窃、抄袭他人研究成果”,系指高等学校学生在毕业论文、学位论文或者公开发表的学术文章、著作,以及所承担科研课题的研究成果中,存在剽窃、抄袭他人研究成果的情形。所谓“情节严重”,系指剽窃、抄袭行为具有非法使用他人研究成果数量多,在全部成果中所占的地位重要、比例大,手段恶劣,或者社会影响大、对学校声誉造成不良影响等情形。甘露作为在校研究生提交课程论文,属于课程考核的一种形式,即使其中存在抄袭行为,也不属于该项规定的情形。因此,暨南大学开除学籍的决定援引《暨南大学学生管理暂行规定》第 53 条第 5 项和《暨南大学学生违纪处分实施细则》第 25 条的规定,属于适用法律错误,应予撤销。[1]

本案的争点在于两个方面:一是它是否属于可以予以开除处分的“剽窃、抄袭他人研究成果,情节严重的”情形?二是课程论文可以例外吗?换言之,剽窃、抄袭是否只限于“毕业论文、学位论文或者公开发表的学术文章、著作,以及所承担科研课题的研究成果中,存在剽窃、抄袭他人研究成果的情形”?这两个问题的答案其实都很明显——第一个问题是暨南大学校规规定的,并且只有学校有资格、有权力将两次抄袭作为“严重”与否的判断依据。第二个问题仅仅是法院的解释,非要生硬地把“课程论文”作为学术剽窃和抄袭的例外,不符合大学学术的客观实际,不能自圆其说。退一步讲,即便是在界限并不显然具有确定性的情况下,人民法院这一判决也应该遵从大学学术性判断。所以,此判决有失偏颇——不尊重大学的学术性判断,甚至涉嫌侵入大学自治的领域。正如暨南大学答辩所言,甘露连续两次的抄袭行为已经严重违反了《高等学校学生行为准则》《普通高等学校学生管理规定》《暨南大学学生管理暂行规定》,丧失了作为一名学生所应有的道德品质,应按照《暨南大学学生违纪处分实施细则》进行处理。即便如申请人所述,其行为属于考试作弊行为,而根据《普通高等学校学生管理规定》第 54 条第 4 项的规定,即“由他人代替考试、替他人参加考试、组织作弊、使用通讯设备作弊及其他作弊行为严重的”,仍然可以给予申请人开除学籍的处分。大学校规规定这种情形可以作出开除处分,大学作这样的处分,显然是有校规依据的,也是加强学风和校风的必要举措,属于其学术性判断权的范畴,法院应当予以遵从。该判决还可能助长大学的不良风气,在法律效果和社会效果上均为失当。

有些纠纷虽然涉及学术性因素,但实质上不是学术性判断或大学自治的问题。比如,刘燕文诉北京大学案中,原告刘燕文的诉讼理由并不是被告北大的学术性理由,原告针对的是被告的决定程序——在拒绝给原告颁发博士学位证书之后,又拒绝给予原告申辩、申诉的机会,也未充分地告知原告拒绝给其颁发博士学位证书的理由,该行政行为违反了法律的正当程序原则,因此是可诉的

---

〔1〕 最高人民法院“甘露诉暨南大学案”再审判决书(2011)行提字第 12 号,载 http://www.court.gov.cn/wenshu/xiangqing-6138.html,2018 年 6 月 30 日最后访问。

学术性纠纷,应当受理并且可以改变大学的原决定。同样,在于艳茹诉北京大学案中,北京大学在作出撤销决定前未充分听取于艳茹的陈述和申辩,这属于程序问题,不属于学术性理由,因此可受理并且可以改变大学的原决定。

在大学对教师不予聘任或晋升的决定中,对仅涉及大学内部学术性事务或理由的诉讼,司法可尊重大学的原决定。[1] 司法对学术的尊重由来已久,而"学术遵从"的司法原则产生于美国。[2] 唯因非学术性理由的诉讼,才可由司法作出最终审查判断。大学因学术性判断关系而发生诉讼的时候,对其的管辖属于行政诉讼还是民事诉讼呢？在我国,这涉及大学行使政府授权的行政权,虽然具有学术性判断的内容,但是它被确定属于行政诉讼的受案范围,[3] 在中国司法体制下,它应该是比较合理的。在一些国家,大学事务的司法管辖权在实质上并不那么重要。比如,美国法院受理的教育纠纷基本上按照民事诉讼程序进行。[4] 这种不分案件性质全面受理的司法管辖制度,优点在于不拒绝受理案件,至少它全面地保护诉权。而在我国现有司法管辖制度下,还会对行政案件受理与否进行审查,超出受案范围的或法无明文规定的则不受理。

我们都知道大学制度很重要,一流大学建设的成败甚至取决于大学制度是不是一流。我们不敢说中国大学没有制度,但制度是否完备是另一回事。大学制度需要厘清涉及大学事务的各种复杂而特殊的关系。

---

〔1〕 例如,2018 年北京市海淀区人民法院就"方流芳诉中国政法大学案"作出的判决指出,本案主要涉及一级教授的退休年龄问题,"就退休年龄的认定……不属于法院受理的范围",因此对被告的决定予以维持。参见京 0108 民初 12978 号判决书,载 http://wenshu.court.gov.cn/website/wenshu/181107ANFZ0BXSK4/index.html？docId=76aaa34f8a8d4a3ca54fa8ac00cb1237,2019 年 11 月 10 日最后访问。

〔2〕 来自 1779 年布兰肯诉威廉玛丽学院(Bracken v. Vistors of William & Marry College)。关于"学术遵从"的司法原则笔者将在另一文章进行分析。

〔3〕 大学因学术性关系而导致的诉讼被作为行政诉讼,这源于 1999 年的田永诉北京科技大学案件。北京市海淀区人民法院于 1999 年 2 月 14 日以(1998)海行初字第 00142 号行政判决判被告北京科技大学败诉。本案被最高人民法院审判委员会于 2014 年 12 月 25 日发布为 38 号指导性案例。载 https://www.chinacourt.org/article/detail/2014/12/id/1524355.shtml,2019 年 10 月 30 日最后访问。

〔4〕 张维平、马立武:《美国教育法研究》,中国法制出版社 2004 年版,第 134 页。

面向司法改革的刑法学发展*

周光权**

内容摘要：随着当前中国司法改革的逐步推进，《刑事诉讼法》中规定的认罪认罚从宽制度及《人民陪审员法》对陪审员制度的改革等一系列举措表明，目前的司法改革正朝着案件处理更迅捷、给予被告人更多优待以及让民众更多参与的方向发展，从而为传统刑法学提出了新的发展要求，犯罪论、量刑理论以及刑事立法论都应有不同层面的回应。面对司法改革的大背景，应当始终坚持刑法的客观主义立场；刑事实体法特别是刑法解释学，应当回应社会一般民众的呼吁；《刑事诉讼法》规定的对被告人的优待措施，需要在实体法上予以落实。

关键词：司法改革　认罪认罚从宽　陪审员法　刑法客观主义

一、问题的缘起

各位同学，大家好！我的讲座题目是“面向司法改革的刑法学发展”。这是一个跨界的题目，选择该题目不是一时的心血来潮，而是一直在思考这个问题。刑法与司法改革以及刑事诉讼法的关系非常密切。在中国，学习刑法往往有一种误解，尤其是在研究生阶段，认为学习刑法与学习刑事诉讼法界限分明。但事实上，这两个学科有着密不可分的联系。在学习刑法或刑事诉讼法时，理解

---

* 本文是作者于2018年11月2日受邀在华东师范大学法学院所作讲座的文字内容，经过整理、修订，添加部分注释，授权本书首次发表，特此说明。

** 清华大学法学院教授，法学博士。

对方的一些想法,是学习这两门学科应有的态度。这是从学科研究视角下选择该题目的原因,而更重要的原因则是司法改革背景下的两个问题意识。

在中国当下,司法改革一直是一个极为重要的命题。我们可以看到,每一任最高人民法院院长就职时都会言及几十项司法改革的计划,其中有大量刑事司法改革的计划,在总结工作报告时,也会大量涉及刑事司法改革,且刑事司法改革确实能够把一国司法制度中最突出的问题展示出来。

在司法改革的背景下,第一个问题意识源于2018年10月26日修订通过的《中华人民共和国刑事诉讼法》所确认的认罪认罚从宽制度。事实上,此次写进《刑事诉讼法》条文中的许多措施,都经过了长时间的试点。在2016年9月,全国人大常委会已经授权最高人民法院、最高人民检察院在部分地区开展刑事案件认罪认罚从宽制度试点,至今已经试行了两年多。在此之前,2014年6月,全国人大常委会曾授权"两高"在部分地区开展刑事案件速裁程序试点,所以相关的司法改革其实在4年前就已经开始了。

认罪认罚从宽制度对刑法这个实体法的发展有何影响,我们以前思考较少,给人的感觉就是在当下的中国,程序法优先而实体法靠后。但是事实上,离开了实体法的变革和研究,司法改革将寸步难行。认罪认罚从宽制度推行以后,接近85%的案件将通过速裁程序解决,这个程序进程很快。目前的设想是,就认罪认罚从宽制度而言,每一个环节均可做一些相应工作。例如,在侦查环节就可以告诉被告人其认罪认罚会产生的从宽处罚的后果;在审查起诉阶段,也可告知被告人认罪认罚从宽处罚后果。因此,认罪认罚从宽处罚制度,除了司法人员及律师参与外,被告人当然也是参与的主体。在这一过程中,有一个很重要的工作,即无论是司法人员还是律师,只要是法律共同体成员,就应当用很通俗的语言把实体法上的道理,特别是犯罪构成的道理告诉被告人。然而,刑法学最近20年的发展是一个反方向的发展,简言之,犯罪论体系越来越复杂,解释方法越来越精巧。认罪认罚从宽制度追求的目标是,司法人员或者律师能够用简洁通俗的语言将罪名背后涉及的理论以及复杂的问题告诉被告人,使其理解法律的构成要件是什么,自己的行为究竟是什么,认罪与不认罪分别是何后果,并且大致能够计算出认罪认罚与不认罪认罚之间的差距。认罪认罚从宽制度这一改革,对实体法提出一个问题,即实体法理论该如何面向程序简易化以及面对被告人。

如果我的问题意识单纯从刑事诉讼法的修改出发,视角未免有些狭窄。因此,接下来我将阐释第二个问题意识。这源于 2018 年 4 月全国人大常委会通过的《中华人民共和国人民陪审员法》。此前,我国陪审员制度常招致批判,如陪审员"陪而不审",并且很多陪审员长期驻在法院,相当于法院的编外法官。此次《人民陪审员法》的出台是想改变这种状况,其中有许多特别重大的变化与我所谈的主题有关。此前,人们通常认为陪审员就是陪审一些简单的案件,但此次《人民陪审员法》对陪审案件有了新的规定。该法将陪审员参与审判的合议庭分为两种:一种是小合议庭,由法官和陪审员共 3 人组成合议庭审理案件,案件可能是基层法院的一审案件,也可能是案情复杂、涉及公共利益、人民群众广泛关注或者社会影响较大的案件。另外一种是大合议庭,即由法官 3 人与人民陪审员 4 人组成的 7 人合议庭,规定在《人民陪审员法》第 14 条。此种合议庭可以审理被告人可能被判处 10 年以上有期徒刑、无期徒刑、死刑及社会影响重大的刑事案件。虽然目前大合议庭可以审理死刑案件的这种制度还未完全推行,但今后一定会逐渐推行。当陪审员可以审理死刑案件的时候,就给我们刑法这一实体法提出了新问题。另外,陪审员参与的是两种合议庭,在两种合议庭中,陪审员的权力不一样,《人民陪审员法》第 21、22 条分别有相应规定。若陪审员参与的是 3 人组成的小合议庭,陪审员可对事实认定、法律适用,独立发表意见,行使表决权。这与从前大不相同。以往,陪审员仅就事实认定发表意见,而不对法律适用发表意见,现在是就事实认定、法律适用均可独立发表意见且有表决权。对于被告人有罪无罪,陪审员有表决权,这是实质的权力,并且这一权力与专业法官毫无差别。当人民陪审员参加 7 人合议庭审理案件时,对事实认定,独立发表意见,并与法官共同表决;对法律适用,可以发表意见,但不参加表决。

陪审员制度的改革提出了很多问题,特别是当陪审员参与 3 人合议庭时,其可以决定定罪量刑,这一权力非同小可,而其并非专业法官,因此现在的刑法理论如何被其适用,如何防止来自普通民众的陪审员可能具有的处罚冲动,是一个新课题。另外,对律师来讲,当其面对专业的检察官和法官时,在辩护时讲刑法的一系列理论,如犯罪构成要件、共犯从属性,即使再复杂,作为法律共同体的成员也可以理解。但面对陪审员时,要去说服他们,就要有一套话语体系的变化。对检察官而言,道理亦然,现在要面对的裁判人员当中有专业的法官,也有人民陪审员,同样需要调整话语体系。此外,对法官来说,也有些新课题。特别是在7人合议庭中,陪审员可就事实认定进行表决,如果单独看人数,有4名陪审员、3名专业法官,陪审员人数多于专业法官,如果某项事实被认定不成立,也就没有了讨论法律适用的必要。《人民陪审员法》第20条第1款规定,"审判长应当履行与案件审判相关的指引、提示义务",即要求专业法官去指引和提示陪审员,一个案件大概是怎样的情况。同时,该条也规定,"但不得妨碍人民陪审员对案件的独立判断",即审判长在指引陪审员时要有分寸。另外,第20条第2款规定,"合议庭评议案件,审判长应当对本案中涉及的事实认定、证据规则、法律规定等事项及应当注意的问题,向人民陪审员进行必要的解释和说明",即要求专业法官在最后讨论的时候,清楚地告诉陪审员案件大概的情况、适用的法律。

概言之,一系列的司法改革措施朝着案件处理更快、更便捷、给予被告人更多优待,以及让民众更多参与的方向发展,从而给传统的刑法学发展带来影响。

二、司法改革对犯罪论的影响

首先要论述的是目前的司法改革举措——认罪认罚从宽制度及陪审员制度改革对刑法学中犯罪论的影响。犯罪论在我们的观念中是整个刑法学的核心,很多时候成为研究的重点。在司法改革对犯罪论的影响中,第一个问题是,这样的改革对刑法基本立场会不会有冲击以及如何坚守刑法的基本立场。

刑法的基本立场大致来说就是客观主义和主观主义这两种取向,即在判断犯罪成立时,是将价值判断的重心置于作为客观要素的行为,重视行为的类型化、定型化,还是将刑事责任的基础定位于个人危险性,仅将行为视为认识犯罪人恶性的征表。[1] 在客观主义中又有所谓行为无价值论和结果无价值论的对立,我无意在这里对这两种理论进行梳理。笔者认为,要坚持现代法治国家理

〔1〕 周光权:《法治视野中的刑法客观主义》,法律出版社2013年版,第6页。

念,只能承认刑法客观主义立场,不能因为个人的危险性和主观恶性而对其施加刑罚。

司法实践中,在方法论上要特别提出,无论任何情况下,都要坚守刑法客观主义的立场,这一定位不能变,在司法改革的大背景下这一定位更不能变。认罪认罚制度实行以后,大量的案件通过速裁程序来审理,这种程序很简单,许多案件的开庭平均时间可能不足 10 分钟。适用速裁程序开庭审理时,根据《刑事诉讼法》第 224 条规定,一般不进行法庭调查、法庭辩论,这些环节都可以省略。只是在判决宣告前应当听取辩护人的意见和被告人的最后陈述意见,这一环节不能省略。在这种庭审进程很快的情况下,被告人的辩护权成为值得关注的问题。

近几年,刑法修正案增设了一些关于危险犯的新罪名。可以说,刑法中危险犯越多,辩护人辩护的机会就越少,部分德国教授也有类似的结论。例如,我见过不少危险驾驶罪的案例,律师辩护成功的很少。行为人酒后驾驶车辆,被查处时血液中酒精含量在 80mg/100ml 以上,很多地区的做法是,只要达到这一标准,就追究刑事责任,这种情况下律师辩护的空间几近于无。偶尔有这种案件,吹气检验得出酒精含量是 100mg/100ml,间隔几小时后抽血检验结果为 120mg/100ml,这明显不合理,因为抽血检测晚于吹气检测,中间有几小时间隔,而抽血时血液中酒精含量更高了,因此取证可能存在问题。对这类因为取证方法不科学带来裁判困难的案件,法官可能会判决无罪,但是这类案件极其罕见。

还有这样一类案件,某人喝醉酒后找代驾,“代驾”认为车辆停在地下车库不易寻找,因此建议醉酒者先将车辆从地下车库开出,然后再由自己驾驶。结果醉酒人将车开到地面上后被警察查处,被拘留进而被逮捕。对这类案件,律师要进行无罪辩护也是很困难的。因为地下车库只要是对外开放的,即使是地下车库通向地面的一小段路程也是道路,所以律师要做无罪辩护十分困难。只是有时检察官认为行为人仅驾驶车辆行驶这样一小段距离就以犯罪论处不甚合理,因而可能做相对不起诉处理,但这也不意味着被告人无罪。总之,对这类危险犯,成功的无罪辩护的概率很小。

此外,不只是危险犯,实践中,凡是程序处理很快的案件,无罪辩护的机会也都很少。因此,这次刑事诉讼法修改就要求一定要给被告人辩护权,被告人要有辩护人。若没有委托辩护人,法律援助机构也没有指派律师为其提供辩护,由值班律师为其提供法律帮助,确保其有辩护的机会;而且犯罪嫌疑人签署认罪认罚具结书时应当有辩护人或者值班律师在场,确保其不出错。这些制度设计是想贯彻实体法上一直坚持的刑法客观主义。在英美法系国家进行辩诉交易的场合,犯罪嫌疑人、被告人为了尽快摆脱刑事程序,即使并未实施犯罪,也可能认罪。但我国的认罪认罚从宽制度和英美的辩诉交易不同,认罪认罚从宽制度一定要建立在客观上行为人确实实施了犯罪行为的基础上,要防止上述辩诉交易制度可能出现的情形。因此,越是轻微的案件,越要防止出现错案。

我对有些案件比较担忧。例如,醉驾案件在认罪认罚从宽制度实施过程中,虽然出问题的概率很小,但也有可能出现问题。比如,有两兄弟都醉酒,其中弟弟的酒量大,尚比较清醒,哥哥酒量小,醉态明显,且哥哥是公务员。哥哥喝酒以后不听劝阻,执意驾驶车辆,弟弟坐在副驾驶位置上。行驶过程中,发现前方有警察,弟弟认为哥哥是公务员,醉驾影响太大,因此让哥哥和自己换了位置。实际上在警察拦下他们之前,一直是哥哥在驾驶车辆。类似此种"顶包"案件,后面的认罪认罚进程可能畅通无阻地走下去,司法人员应切实防止这种错案。为了确保这一点,《刑事诉讼法》第 190 条第 2 款规定,被告人认罪认罚的,审判长应当审查认罪认罚的自愿性和认罪认罚具结书内容的真实性、合法性。认罪认罚制度在此前试点时仅适用于轻罪,此次《刑事诉讼法》将其规定在总则第 15 条,基本的意思就是认罪认罚制度也可适用于重罪,只要认罪认罚,处理的时候就可以从宽。"犯罪嫌疑人、被告人自愿如实供述自己的罪行,承认指控的犯罪事实、愿意接受处罚的,可以依法从宽处理",表明认罪认罚的前提是自愿和真实。因此,法官在审理案件时应反复确认,犯罪嫌疑人当初签署认罪认罚具结书是否是自愿的,内容是否是真实的。相应地,《刑事诉讼法》第 226 条规定,人民法院在审理过程中如果发现被告人违背意愿认罪认罚的,应当按照普通程序或者简易程序重新审理。因此,认罪认罚从宽制度应当建立在客观上被告人确实有罪的基础上。即使是轻微案件,刑法的客观主义基本立场也不应被动摇。过去的冤假错案给司法实践以教训,刑事诉讼法的总结教训固然很多,包括刑讯逼供等,但实体法也同样需要总结教训。那种认为犯罪嫌疑人、被告人主观恶性很大,因此基于有罪的出发点反复去找证据,先进行有罪推定,然后得出有罪结论的思维，看似反映了诉讼观念的不妥当，实则背后的实体刑法观出现偏差。

坚持刑法客观主义的立场，还带来其他一些更高要求，即进一步配套的改革措施。我此时要再将视线转向《人民陪审员法》。前面已经讲到，今后陪审员既可以审理一些轻微案件，也可以审理可能判处10年以上有期徒刑、无期徒刑、死刑的案件。陪审员的一个重要特点是他们来自民众，他们是民众当中有朴素、普通感觉的人。在这种情况下，陪审员参与审判就应有一个前提，即在审理之前尽可能少地受到不良信息的干扰和污染。对于这一点，配套措施还相对缺乏，甚至有些措施不利于贯彻《人民陪审员法》。试举一例来说明，刑法中有累犯从重处罚的规定，这一规定背后的观念是刑法主观主义。一个人之前实施过犯罪，这样的人通常人身危险性高，故而要对其从重处罚，因此我认为累犯的规定背后体现了刑法主观主义的残余，并影响了很多国家的立法。当然，也有许多国家的立法中并无累犯的规定，就是认为这样的规定不合理，行为人原来实施的犯罪已经被处罚过，实施新罪应当就新罪进行处罚，不能在处理新罪时再牵涉已经处理过的前罪。许多人认为累犯的规定违反禁止重复评价的原则，因此有些国家的刑法中原本规定了累犯，后来废除。我国刑法中仍然规定了累犯，立法如此，暂且不论，但司法运行当中依旧保留了一些受刑法主观主义影响的做法。我曾经在检察机关挂职，对检察机关在起诉书中交代被告人身份信息时一并交代被告人前科的做法一直持不同意见。例如，被告人张三，某年某月某日出生，某年某月某日因犯盗窃罪被判处有期徒刑3年，此次因犯故意杀人罪被起诉。有人会认为这没什么问题，检察官只是在描述被告人以前犯过罪的事实。并且有些人会认为只有这样，被告人才能被识别出来。例如，全国名叫张三的人可能很多，但具体到某年某月某日因盗窃罪被判处有期徒刑3年，就可以把人特定化。但我认为问题在于，这样的描述可能对陪审员参与审判造成影响。以往仅是专业法官审判时，因专业法官受过专业训练，所以他们会尽可能在司法过程中不受非理性因素干扰，保持理性。但是陪审员来自民众，当他们听到公诉人讲被告人前科时，很可能会自然地认为被告人人身危险性高，被告人一定是有罪的，这种观念会影响陪审员参与案件的审理。换言之，陪审员如果事先接触到关于被告人早先的与此次犯罪并无关联的不良信息，无助于在司法改革的大背景下推行刑法客观主义。对此,我的建议是,司法程序应当有相对独立的能够区分的定罪程序和量刑程序。此次刑事诉讼法的修改也注意了这个问题,根据《刑事诉讼法》第 176 条的规定,犯罪嫌疑人认罪认罚的,人民检察院应当就主刑、附加刑、是否适用缓刑等提出量刑建议。根据该条规定就可以使刑事诉讼法上的定罪程序和量刑程序相对分开。关于被告人前科的事实不应在定罪程序这个环节提交给法庭,换言之,被告人有前科,检察官不能写在起诉书里,要单独放在量刑建议的文书中,关于量刑建议的文书要提交,但是事前陪审员不能接触。待陪审员对事实问题认定完毕,法官宣布合议庭达成一致,认定被告人有罪,定罪程序终了,接下来进入量刑程序,被告人有前科的事实再在这个环节出示。如此,双方进入辩论,也没问题,司法成本不会过分增加,但是却有助于在司法改革的大背景下仍然坚持刑法客观主义的立场,此即司法改革对犯罪论的影响之一,且这是一个交互影响的过程。

司法改革对犯罪论的第二个影响是要求刑法学理论的"平易化"。笔者在前面曾提及,司法改革以后,程序进程迅捷,且陪审员参与审判,此时刑法理论不能太抽象,过于专业、生僻的术语应尽可能减少,太复杂的理论要尽可能交代得简洁。换言之,原来面向刑法教授、专业法官、检察官的刑法理论,现在要面向陪审员,面向被告人,若刑法理论还朝着很复杂的方向去发展,司法改革就很难进行。例如,刑法理论中的"构成要件该当性"就似乎比较复杂,一般人不太容易理解,但是如果告诉被告人是你"该当何罪"中的"该当",那可能就能够理解。我举此例只是想说明,刑法理论的平易化、简洁化,是可以做到的。再举一个例子,日本学者前田雅英教授的教科书第 6 版厚度很薄,而此前的第 5 版约比第 6 版厚 1/3,前田教授将教科书朝着简单化的方向去改。笔者自己也写教科书,以亲身经历来讲,每一版删减自己的稿子都很不舍,毕竟一字一句均出自个人之手。那为何前田教授把自己的教科书减少了 1/3?前田教授在书中给出了一个理由,即为了回应作为普通民众的陪审员[1]参与审判的现实,原来以专业人员为受众的复杂理论就必须要改,必须要朝着更加简洁化、具体化且重视

〔1〕 在日本,"裁判员"对应我国的"陪审员","裁判官"对应我国的"法官"。下文中均依照我国称谓使用"陪审员"和"法官"。

解决具体问题的结论妥当性的方向去改，尤其是要考虑“国民视角出发的具体妥当性”。前田教授认为，在司法改革背景下过于注重理论的体系化，过于注重理论自身的圆满，过于关注国外理论，是不合时宜的。[1] 基于这样的出发点，前田教授的理论注重具体问题的解决，比如其阶层论体系即由客观构成要件、主观构成要件、违法阻却事由、责任阻却事由构成。再将目光转回我国，认罪认罚从宽制度实施时，专业的法律人要告诉被告人，使其意识到其行为的不妥当，此时太过专业的术语是需要改造的。

此外，刑法学理论特别注重体系化的思考，比如说如果坚持刑法客观主义中的结果无价值论，那么在处理未遂犯、共犯等一系列问题时，都要将这条线索贯彻到底。但作为司法人员，可能会觉得有时要彻底贯彻下去有困难，就有可能进行些许变通。例如，现在盗窃罪数量是有所下降的，其中原因之一是民众出行越来越少地携带现金，若行为人在某行人口袋中翻找许久，但是该行人口袋中并无任何现金，若彻底坚持绝对的结果无价值论，行为人是不能犯，这个结论社会普通民众无法接受。所以，笔者认为，类似不能犯、未遂犯的一些判断，要考虑民众的感觉。前田教授的教科书中提及，日本的案件处理中，定罪、刑罚的裁量都不能不考虑国民的规范意识。国民的规范意识简言之就是常识，即案件处理过程中需要考虑国民常识。笔者在《客观归责论在财产犯罪案件中的运用》一文中曾举过这样一个案例，广东有一被告人，在某针织公司（以下简称A公司）负责原材料采购工作。该被告人以其妻名义成立了某纱行（以下简称B纱行），先用自有资金从福建厂家购进棉纱，然后自己利用职权将棉纱卖给A公司，中间赚取人民币约七八十万元。检察院坚持要起诉，认为行为人的行为构成职务侵占，因为既然行为人在A公司工作，就要维护A公司的利益，而行为人自己成立B纱行，将自有纱行的棉纱出售给A公司，自己获利，A公司有损失。该案起诉到法院后，最终判决被告人无罪，无罪的理由是B纱行是以正常的市场价格向A公司出售棉纱，A公司不能主张损失。假如此案用传统的因果关系理论去判断，A公司的80万元到了被告人手中，A公司是有损失的，但若

---

〔1〕［日］前田雅英：《刑法总论讲义》，东京大学出版会2015年版，第22页。

实际计算会发现,A 公司其实没有损失。[1] 像这样一些案件,陪审员是可以判断无罪的,交由陪审员审理也会得出无罪的结论。但是这样的问题,刑法教授往往会在理论层面进行激烈的争论。因此,有时在一些问题的处理上,让民众去判断可能更简单。此时,应当保证刑法理论与民众一般的感觉或者判断相适应。

再以"昆山反杀案"为例,此案如果交由刑法学家去讨论,时间会很久,关于不法侵害是什么、防卫行为对不法侵害是否必要、防卫过当的界限在哪里、究竟是防卫行为不妥当还是造成的后果不妥当等问题都会有激烈争论。但恰恰是这样的案件,民众是可以判断的。因此,笔者建议,法院遇到太棘手的案件时,不妨按照《人民陪审员法》把案件交给 3 人合议庭或者 7 人合议庭,让民众参与司法审判作出结论,这也是司法民主化的重要体现。当然,考虑国民规范意识或者国民常识并非完全迁就他们,而是要把握分寸感。在民众参与审判的过程中,专业法官要去引导、解释、说明,这种情况下传统的复杂理论就有些不合适。例如,现在的过失犯理论很复杂,如旧过失论、新过失论,加之客观归责理论与过失犯理论的结合,这一系列的理论特别复杂,但是司法实践中完全按照理论上如此复杂的构造去处理,陪审员理解起来是很困难的,因此我认为需要进一步去梳理。比如,类似于信赖原则等一些法理很容易让陪审员认同,但是在理论构造上如何将其打造得更合理,也是我们要思考的问题。

因此,一方面,刑法理论要朝着更加平易、易于理解的方向改造;另一方面,刑法理论要吸收最容易被民众认同、同时又最具有合理性的一些观点,将其融入刑法理论,实现刑法理论和国民规范意识的互动。我们现在遇到的很多难题,理论上的方案基本是可以解决的,但笔者认为未来比较紧迫的任务是完成话语的转换,防止太深奥的理论无法为普通民众所理解,在速裁程序或者认罪认罚程序里无法使被告人或陪审员接受,这是实体法要面对的问题。

三、司法改革对量刑理论的影响

司法改革对量刑理论的影响是更大的问题。在认罪认罚以后,被告人对于

---

〔1〕 周光权:《客观归责论在财产犯罪案件中的运用》,载《比较法研究》2018 年第 3 期。

自己的行为会不会被定罪基本已不关心，因为其已然认罪，认罪认罚的目的是期望得以从宽处罚。所以，对被告人来讲，量刑如何更轻才是重要问题，这对我们传统的量刑理论有冲击。

前面讲到，犯罪嫌疑人认罪认罚的，人民检察院应当就主刑、附加刑、是否适用缓刑等提出量刑建议。量刑建议提出以后，一般就能够约束法官。《刑事诉讼法》第201条规定，对于认罪认罚案件，人民法院依法作出判决时，一般应当采纳人民检察院指控的罪名和量刑建议。在笔者的理解中，今后可能90%以上的案件人民法院会采纳检察院的量刑建议。这个问题在日本是一样的，日本有些刑诉法学者说，日本法官也受检察官的约束，量刑建议也一般会采纳。因为如果修改检察官的量刑建议，法官的理由要讲得很充分，论证起来并不容易。就我国而言，无论如何，检察官的量刑建议对法官的约束是很大的，法官通常不会改动，但是有特殊情况的除外，包括被告人无罪、违背真实意愿认罪认罚的、被告人否认指控的事实的、起诉指控的罪名与审理认定的罪名不一致的等。第201条第2款规定："人民法院经审理认为量刑建议明显不当，或者被告人、辩护人对量刑建议提出异议的，人民检察院可以调整量刑建议，人民检察院不调整量刑建议或者调整量刑建议后仍然明显不当的，人民法院应当依法作出判决。"总之，刑事诉讼法修改对检察官的量刑建议提出了较高的要求，检察机关要充分研究量刑建议提出的依据是什么，这在以往一直是很薄弱的环节。

另外，刑法中关于量刑的理论要尽快发展上去，这在我国始终是一个特别薄弱的环节。我们曾经有一段时间尝试"电脑量刑"，操作起来发现存在问题，电脑量刑的功能只是用来检验法官的人工量刑是否准确，起不了独立的作用。后来理论界对量刑又有一些研究，但其基本的研究方法存在问题，导致司法实务中的量刑通常是一种"差不多即可"的状态。另外，实践中总体来说量刑偏重。我对人工智能在刑事司法中的运用，一直持相对谨慎的态度。中国改革开放近40年来所积累的刑事案件素材，量刑普遍偏重。例如，"处3年以上10年以下有期徒刑"，我们量刑时总是朝着最高的目标瞄准。这样一来，如果利用人工智能去深度学习许多量刑偏重的素材，最后由机器得出的量刑结果可能更高。因此，量刑理论确实是需要特别考虑的一个问题。

我在前面讲到，陪审员参与审判后，要对量刑发表意见。被告人认罪认罚以后,检察官也要提量刑意见,这都涉及量刑的问题。由此给我们提出的重要问题就是,量刑的方法究竟是什么。

最高人民法院前几年曾发布过关于量刑指导意见的文件,2017年又进行过修订,对常见的20多种犯罪具体如何量刑规定了大概的标准,我也曾经参与过论证。笔者认为,目前的指导意见并没有厘清量刑的核心问题。关于责任刑、预防刑的区分,最高人民法院在设计量刑指导意见时并未考虑进去,未明确"决定责任刑的事实是什么"和"决定预防刑的事实是什么"。对被告人进行量刑,其行为在客观上的危害与其主观的罪责两部分决定出责任刑。责任刑与被告人此次的犯罪行为有关联,且是整个刑罚的上限。但实践中,这种"责任刑是上限"的观念并没有得到确认,所以才会有"顶格判刑"的说法。而被告人个人的某些特点、过去的某些经历、是否是累犯、是否自首立功,这类因素决定了预防刑的轻重。例如,有些人受教育良好,且系初犯,危险性小,此次是偶然犯罪,虽然这次犯的罪并不轻、责任刑并不轻,但是预防刑不能判重。因此,责任刑是上限,预防刑是调节,而且此种调节只能在责任刑所确定的基础上下调。也许有人认为,若在一个案件中被告人犯了严重罪行且系累犯,那么在预防刑的层面便没有下调余地。但笔者认为,再可恶的人,在法庭上经法官教育后,其认罪态度也可能很好,而这可能就是在裁量预防刑时需要考虑的因素。所以,"顶格判刑"这样的结论或口号,是不成立且不应提出的。

此次的认罪认罚从宽制度强调,被告人认罪认罚以后,其预防刑要大幅下调。我认为这是此次改革给量刑论提出的要求。此前通行的观念是,由此次犯罪行为的客观危害与行为人主观恶性决定出的责任刑是基础,是刑罚裁量中最重要的指标,而预防刑对刑罚的影响是有限的。但是,在规定认罪认罚从宽制度后,笔者认为,"预防刑的调节功能有限"这种观念必须要改变。合理的观念是,责任刑决定量刑的上限基准,预防刑作为调节同样应当发挥其作用,即责任刑是上限,预防刑是调节。

笔者一直对最高人民法院、最高人民检察院《关于办理盗窃刑事案件适用法律若干问题的解释》的一项规定有疑问。根据该解释第2条,盗窃公私财物,并且存在曾因盗窃受过刑事处罚或者一年内曾因盗窃受过行政处罚等情形,"数额较大"的标准可以按照一般规定标准的50%确定。有前科劣迹表明行为人没有被改造好,因此这项规定对其严格要求看起来似乎是正当的,运用这项规定单独去处理某一个人表面上看似乎问题也不大,但在有共犯的场合其不合理性就凸显出来。说到底,这一规定其实也是主观主义的产物。被告人此次犯罪的违法性未达到通常的犯罪标准,因此用“有前科劣迹”这样一个决定预防刑的因素,去填补“违法事实的构成”之欠缺,这样的逻辑存在根本问题。曾有一位检察官咨询我这样一个案件。某被告人盗窃财物价值为1280元,该省的定罪标准为2000元,但是该被告有前科,依照前述司法解释规定已经可以定罪。同时,还有一个望风的同案犯也被逮捕。检察官的问题是,按照共犯从属性理论,望风者是否可以定罪?笔者当时的回答是,从形式上看是可以,因为实施盗窃行为的正犯构成盗窃罪。但是帮助犯从属于正犯,是一种有限的从属性,即从属于正犯的构成要件该当性和违法性。但本案中,正犯犯罪行为的违法性是达不到的。之所以正犯可以被定罪,是因为考虑了其前科事实,但该事实应当是决定预防刑的因素。因此,笔者认为司法解释的该项规定存在问题,其将量刑需要考虑的因素提前在定罪中予以考虑,所以在该案中对正犯勉强定罪,但是正犯的违法性并未满足通常盗窃罪要求的违法性,因此望风者应当无罪。这个案例能够展现出不区分预防刑对应的事实和责任刑对应的事实带来的漏洞。因此,刑法回应量刑改革时,应当区分预防刑和责任刑,并且区分两者分别对应的事实和情节。

规定认罪认罚从宽制度后,预防刑对量刑的影响成倍放大,但放大到何种程度,这就要考虑设立该制度的初衷。刑事诉讼法学界压倒性的观点认为,认罪认罚从宽制度就是为了提高司法效率,减轻司法负担,缓解目前“案多人少”的矛盾。笔者认为这个逻辑有问题。速裁程序于2014年在部分地区进行试点,试点之后案件审理确实很快。然而事实上,规定认罪认罚从宽制度以后,很多案件的处理时间比原来速裁程序还要长,成本更高。因为被告人签署认罪认罚具结书时,律师要在场,所以检察官要迁就律师的时间,且每个案件都要花费时间向被告人阐释认罪认罚从宽制度,因此成本是增加的。笔者认为,设立认罪认罚从宽制度的初衷,是出于案件分流、节约司法资源方面的考虑,但这只是一方面,另一方面的考虑是,要实体性地给被告人一些优待,使其能享受到一些实体上的利益,即“从宽处罚”,并且“从宽处罚”可以获得被告人的实际认同,减少社会对立。假如被告人不服判决结果,家属也不服,这就是社会矛盾,被告人出狱后可能仍然对国家充满仇恨。现在,如若被告人发自内心地认罪,正如《刑事诉讼法》第 15 条规定的"自愿如实供述自己的罪行",进而根据其认罪态度来处理,处理的时候给予优待。这样一来,被告人会对政府、国家感恩在心,因此在平复社会矛盾方面收益会更大。

司法尤其是刑事司法,确实是不到万不得已不出手。其在打击犯罪时有分寸感,留有余地,让被告人从中感受到"虽然司法机关要对其处罚,但也在一定程度上考虑其一部分切身利益",从而对整个法律制度有认同感。认罪认罚从宽制度的相关改革举措,目的看似是使程序推进更快捷,但其与改革的大背景,譬如"让民众参与审判、让更多的人认同法律规范"是一致的,且可能与我倡导的行为无价值论、行为人对规范的认同更加一致,完全符合我所预测的理论体系的构造,因此我非常认同。

认罪认罚从宽制度定位于"程序上有一些特殊考虑,实体上要给被告人以优待"。如若优待的幅度仍像原来一样——自首可以从轻处罚,立功也是可以从轻处罚,有时即便自首、立功,也不从轻处罚——就是有问题的。所以,认罪认罚从宽制度实施后,量刑可以在何种幅度内从宽处罚,需要实体法详尽研究,后面讲到司法改革对立法论之影响时将具体展开。

还应当注意的是,我国的认罪认罚从宽制度与英美的"辩诉交易"不同。对被告人从宽处罚存在两种类型,一种是双方协商,另一种是司法人员依职权决定。英美国家采用第一种方法,即辩诉交易,其对被告人的优待幅度很大,这是由英美国家的诉讼制度所决定的。"交易"一词表明,控辩双方可以就许多事项进行"讨价还价"。笔者曾阅读过一份美国的判决书,案件中的被告人之一是一名 50 多岁的女性,她的一名男性朋友实施抢劫,她负责望风。其朋友总共实施 7 次抢劫,每一次都是持枪抢劫,被定了 14 个罪,7 次抢劫罪及 7 次非法持枪罪。女性被告人作为帮助犯,同样被定了 14 个罪。另外还有一个情节,正犯虽然 7 次持枪,但从未开枪,这是对被告人有利的情节。最终,帮助犯被判处 159 年监禁,而持枪抢劫的正犯却被判处 32 年监禁。为什么正犯反倒量刑更轻?原因在于正犯有一个很好的律师,而且其认罪,律师和检察官辩诉交易达成。而帮助犯智力略有缺陷(仍有刑事责任能力),坚决不认罪并拒绝辩诉交易,因此法官量刑更重。可以发现，辩诉交易制度下给予被告人的优待可能没有边际，这就是协商型的“从宽”，但我国是依职权的“从宽”，不可能有如此大幅度的优待。

除了上述认罪认罚从宽制度对量刑理论的影响之外，陪审员制度改革同样要求量刑理论予以回应。《人民陪审员法》实施后，在3人合议庭中，陪审员与专业法官同职同权，但陪审员作为普通民众，可能受情绪影响，难免会有处罚冲动。所以此时，在量刑问题上赋予陪审员如此大的权力，如何去解决可能出现的问题？对此，日本有两种解决方法：第一种方法，在日本有一个对检察官、法官、陪审员都公开的量刑检索系统，数据库中的案件很多，因此在该系统中一步步键入检索数据以后，对比相关案件，大致可以得出合理的结论。另外，长期以来日本的专业法官量刑整体偏轻，缓刑采用较多。所以，根据这套系统检索出来的刑期，一般不会有问题。第二种方法，靠上诉审来解决。一审中，陪审员依据其权力进行裁判，如果量刑过重，被告人通常会上诉，依靠上诉程序解决，笔者试举两例说明。

第一个案件大约发生在2010年，一对夫妻将自己一岁的孩子虐待折磨致死，检察官对该对夫妻的求刑为10年有期徒刑。一审中有陪审员参与审判，陪审员基于朴素的法感情，对该种行为气愤难当，最终一审裁判罕见地突破了量刑建议，判处被告人有期徒刑15年。被告人上诉后，终审判决判处10年有期徒刑。这就是利用上诉审解决问题。

第二个案件大概发生在2015年，是日本的井田良教授在一篇文章中提及的案件。被告人被指控晚上到他人家中实施抢劫，抢劫过程中，被害人惊醒，于是被告人将其杀害。单纯这一个事实，在日本通常不会被判死刑。该案第一审由陪审员参与审理，检察官指出，该被告人多年以前曾杀害妻子，并且为毁灭现场，在明知两个孩子在家的情况下放火，导致两个孩子被烧死。当时被告人被判处有期徒刑20年，之后减刑出狱，出狱一年半后又犯下了现在这桩罪行。陪审员认为该被告人血债累累，不杀不足以平民愤，一审判处被告人死刑。后来，二审进行了改判，日本最高裁判所也认同改判。改判的主要理由有两点：第一，被告人入室是为了抢劫而非杀人，因此其杀人行为与预谋杀人的案件不同；第二，被告人多年前实施的案件与本案起因完全不同，因此最终没有判处死刑。

笔者举这些例子无意对具体案件裁判进行评价,仅是为了说明陪审员制度的改革对量刑理论提出了新课题,值得深入研究。

四、司法改革对刑事立法论的影响

最后一个问题是,认罪认罚从宽制度及陪审员制度改革以后,对刑事立法会提出什么要求? 刑事诉讼法学界有学者认为,依据《刑事诉讼法》第 15 条的规定,即"犯罪嫌疑人、被告人自愿如实供述自己的罪行,承认指控的犯罪事实,愿意接受处罚的,可以依法从宽处理",就可以对被告人从宽处罚。笔者认为这种认识有待商榷。事实上,要让被告人享受到司法改革的成果,仅仅依靠程序法的改革是无法实现的。我国实行罪刑法定原则,因此定罪量刑的情节必须法定,且我国实行统一的刑法典,决定量刑情节的这些事实应该在实体法上有反映。因此,根据刑事诉讼法上的"认罪认罚从宽"不能直接决定最后从宽到何种程度,需要相应地修改刑事实体法。

《刑法修正案(九)》已经在这方面有所尝试。例如,对于贪污贿赂罪的量刑,既做了"加法",也对终身监禁做了"减法",比如规定"犯第一款罪,在提起公诉前如实供述自己罪行、真诚悔罪、积极退赃,避免、减少损害结果的发生,有第一项规定情形的,可以从轻、减轻或者免除处罚;有第二项、第三项规定情形的,可以从轻处罚",即在分则的具体条文中体现了认罪认罚从宽制度。接下来就需要考虑,在刑法总则中对认罪认罚后的量刑情节加以明确,这样才与程序法的规定相呼应。但这个问题并不像我们想象得那么简单,并非仅在分则或总则里有一个条款就可以解决,落实认罪认罚从宽制度是一个系统工程,刑法要修改的话涉及许多配套的、复杂的事项。

第一,要厘清现有的量刑从轻情节之间的关系。例如,《刑事诉讼法》第 15 条的表述是"自愿如实供述自己的罪行",这与"自首"和"坦白"都存在部分交叉,如何厘清"认罪认罚"与"自首、坦白"之间的关系就成为一个比较复杂的问题。再如,有些犯罪和其他犯罪之间的关系较为复杂,因此认罪认罚的后果有时候也同样复杂。例如,被告人被指控运输毒品,被告人认罪,在法庭上,被告人仍然承认运输毒品的事实,但同时称运输毒品是为了满足自己吸毒的需要。

按照这种说法,一个重罪(运输毒品)就成为一个轻罪(持有毒品),这是不可想象的。被告人和他的律师固然会认为,被告人承认了检察官指控的事实,但此"认"非彼"认",厘清此处的"认"与"认罪认罚"中的"认"之间的关系也不是一个简单的问题。

第二,要明确认罪认罚从宽的情节。类似如实供述、真诚悔罪、交代赃物的去向、愿意为赔偿被害人的损失去筹集财物等一些情节,需要明确列举。

第三,要在实体法上明确从宽幅度,真正体现对被告人的优待。笔者试举一例说明。依照目前关于诈骗罪的司法解释,诈骗公私财物价值 50 万元以上的应当认定为"数额特别巨大",依据《刑法》应当判处 10 年以上有期徒刑或者无期徒刑,这是一个刚性规定。例如,被告人诈骗财物价值 50 万元整,并且全数退还被害人,取得了被害人谅解,同时被告人认罪认罚的态度良好,此外,定罪的证据主要依靠被告人的口供,通过口供又不断获取其他证据,从而得以定案。我的疑问是,按照现行《刑事诉讼法》及《刑法》,被告人认罪认罚以后,能从宽处罚到何种程度?如果还是有期徒刑 10 年,被告人就会觉得冤枉,因为即使完全不退还被害人财物,量刑可能也不过是 11 年有期徒刑。而且,很可能有些法官会判处 10 年有期徒刑,因为"50 万元"是这一量刑区间的"门槛"。因此,类似此种刚刚满足某个量刑区间"门槛"的案件,如果实体法不修改,认罪认罚从宽是无路可走的,无法减轻处罚,被告人也就无法享受优待。笔者认为,实体法应明确从宽幅度,且从宽幅度应大于现在自首、立功的从宽幅度,并要考虑把现在只是"可以"从宽处理的,改为"必减制",即一旦有某些情节,就必须从轻、减轻或免除处罚,法定裁量情节和"必减主义"强制性对接。如果某个案件中,定案的证据主要来自被告人的口供,且基于该口供取得了后续的证据,那么从宽的幅度应该较大。例如,对此可明确规定,该种情况下的量刑要比照基准刑减少 1/3 或 1/4,以体现对被告人的真正优待。

五、结　论

当前司法改革进程正在稳步推进,对刑事实体法提出了新的要求。

第一,刑法的客观主义立场不能改变,保障人权的理念不能改变。常言道:

“不能因为走得太快,灵魂跟不上。”不能为了追求案件的繁简分流,追求办案速度而放任一些冤假错案的出现。确保被告人的认罪认罚是真实的、自愿的,是未来司法的一项重要使命。

第二,刑事实体法特别是刑法解释学,应当回应民众的呼吁,使得刑法理论与国民的规范意识相适应。

第三,刑事诉讼法规定的对被告人的优待措施,需要在实体法上予以落实。

谢谢各位!

宪法变迁与直接民主：现代挑战与宝贵机遇

维克拉姆·戴维·埃玛尔*
吴志刚　译**

内容摘要：在美国联邦宪法的正式变迁及非正式变迁过程中，最重要特征之一就是以选举制为代表的直接民主机制得到了持续巩固和强化。源于州级宪法变迁中的公民立法创议机制、选区划分机制，以及关于总统竞选的筹资机制、普选机制，都通过映对直接民主理念的不断认知和接纳，激发和推动联邦宪法发生相应的直接民主机制变迁。面向未来，不论是立法领域，还是司法领域，都应克服既有的守旧传统转而对直接民主理念持以开放和包容的立场，并推动直接民主机制不断往前发展。

关键词：宪法变迁　直接民主　公民立法创议　总统选举

本次研讨会的会议手册已经提到，“会议投稿人不仅将能够围绕区州级宪法与联邦宪法中有关对应部分之间差异的结构、规范和上下文关系等内容进行讨论，而且还将围绕能够反映州级宪法变迁之本质属性和重要意义的相关差异

---

* 美国伊利诺伊大学香槟分校法学院院长和法学教授，伊万基金会法学教授。本文是在阿肯色州大学法学院的刊物《阿肯色法律评论》于2016年1月22日（星期五）主办的研讨会上所作口头主题发言的修订版。感谢本次活动的组织者及提供很多帮助的《阿肯色法律评论》工作人员。本次发言中的一些观点已经在justia.com在线专栏等其他地方发表过。

** 美国伊利诺伊大学香槟分校法学院访问学者，南京森林警察学院副教授，南京师范大学中国法治现代化研究院特邀研究员，法学博士。原文发表于《阿肯色法律评论》2016年第69期，文中现有的摘要、关键词和段落标题系由译者添加。

本身进行讨论”。[1] 除此之外,本人还想把这个讨论重心再稍微扩大一点,从而以便于讨论州级宪法与联邦宪法中有关对应部分的差异,究竟是如何影响到联邦宪法变迁进程的。理由是,笔者认为这两种宪法间的相互影响(而不仅仅是比较)在美国民主制度中是一个非常重要的,但又未受重视的探究性课题。

一、美国联邦宪法的正式变迁与非正式变迁

当我们提及联邦宪法变迁时,尽管一定会有很多可供讨论的话题,但是,还是有很多人都倾向于凭借联邦最高法院的经典裁判来研究联邦宪法的变迁。诚然,诸如布朗诉教育委员会案(Brown v. Board of Education)、[2] 罗伊诉韦德案(Roe v. Wade)[3] 和纽约时报诉沙利文案(New York Times Co. v. Sullivan)[4] 等分别涉及种族平等、自主生育和言论自由的案件,都属于类似的经典案例,而且相关裁判也确实对后世产生了巨大的影响。可是,问题是,一旦从本能上认可联邦最高法院此类开创性裁判的中心地位,则往往会使我们容易忽视那些同样重要的(只可能会更重要)宪法变迁。只不过,尽管这些宪法变迁会发生在法院外部,但却是同样有可能会导致产生一些具有可行性的司法原则。[5] 另外,本人和其他参会者在本次会议上所提及的“正式”和“非正式”宪法修正案也属于典型的宪法变迁成果。不过,从性质来看,不仅所有联邦宪法修正案往往都具有民粹主义属性,而且这种民粹主义也已经被其他法律发展趋势所不断巩固和强化。

我们先来集中讨论正式宪法修正案究竟是如何发生变迁的,只不过需要事

---

〔1〕 法学院共邀请了 15 位客座学者和公务人员参加本年度研讨会,阿肯色州大学新闻稿,载 https://news.uark.edu/articles/33323/law-school-to-host-15-guest-scholars-public-officials-for-annual-symposium [https://perma.cc/8R4T-SXQV],2016 年 1 月 19 日最后访问。

〔2〕 347 U. S. 483(1954).

〔3〕 410 U. S. 113(1973).

〔4〕 376 U. S. 254(1964).

〔5〕 此外,基于所谓的“政治问题排除”原则,某些特定类型的宪法变迁则必然会导致形成司法原则。参见 Baker v. Carr,369 U. S. 186,208 - 14(1962)(讨论政治问题排除原则是否可以决定议席分配不属于司法裁判议题)。U. S. CONST. amend. XXI.

先声明的是,这些宪法变迁其实是宪法修正案在宪法文本上的变迁,而不是对宪法修正案的解释或实际适用。到目前为止,美国联邦宪法文本共有27条宪法修正案。其中,有11条修正案(第1条修正案到第10条修正案,以及第27条修正案)属于州和联邦分权协议中的最本质部分。根据这11条修正案,只要州的数量达到最低的法定标准,宪法修正案就将作为宪法一部分被批准通过,而且这种批准也并不完全属于是对宪法本身所进行的实质修订,其实只属于对宪法原初含义的进一步强化。另外,至于其他16条修正案,我们则可以称为“真正的”修正案或后续修正案。在这16条修正案中,被整体称为“重建修正案”的宪法第13、14、15条三条修正案,是在美国南北战争之后,基于特殊背景和通过特殊程序制定的。如此一来,只有剩下的13条修正案才是在相对普通背景下通过或多或少的常规程序制定的。而在这13条宪法修正案中,第18条宪法修正案和第21条宪法修正案则又由于多少属于相互抵销而几乎不再具备任何宪法影响,即前者先将禁酒政策写进基本法,而后者则又于13年后正式废止该修正案。[1] 为了回到我们正在讨论的议题,笔者将忽略(或者至少加个引号)这个关于宪法的简短题外话。

就剩下的11条宪法修正案而言,我们可以将其称为宪法档的一般变迁(必须承认,对国家基本宪章作出的任何修改都需要不寻常的政治协议)。当我们仔细审视这些修正案时,一个清晰的关联脉络将自动浮现出来,因为其中有9条修正案都涉及设置政府组织的民主程序。具体言之,从时间顺序上来看这9条宪法修正案,第12条修正案规定了总统与副总统的选举程序;[2] 第17条修正案要求各州民众直接选举参议员;[3] 第19条修正案将公民选举权范围扩大

---

〔1〕 另外,在同意废止第18条宪法修正案问题上,第21条宪法修正案还规定:“在美国任何一个州、准州或属地内,凡违反当地法律为了在当地发货或使用而运送或输入可以致醉的酒类饮品,均予以禁止。”U. S. CONST. amend. Ⅻ.

〔2〕 U. S. CONST. amend. Ⅻ. 为了讨论需要制定第12条宪法修正案的原因,专门设计出总体和副总统的“转化”问题以供分析,参见 Akhil Reed Amar and Vik A mar,“President Quayle?”,78 *VA. L. Rev.* 913,1992,pp. 918 – 924。

〔3〕 U. S. CONST. amend. ⅩⅦ. 关于该条宪法修正案的背景,参见 Vikram David Amar,“Indirect Effects of Direct Election: A Structural Exammation of the Seventeenth Amendment”,49 *Vand. L. Rev.* 1347,1996。

到女性;[1]第 20 条修正案不仅明确了总统权力交接和国会会议的时间安排问题,而且还规定了当选总统在正式就职前出现死亡情况的紧急对策;[2]第 22 条修正案通过限制总统不超过两届任期的方式保证总统职位不会被长期霸占;[3]第 23 条修正案将哥伦比亚特区纳入总统选举进程之中;[4]第 24 条修正案专门通过取消人头税的方式将公民选举权范围扩大到穷人;[5]第 25 条修正案不仅对涉及总体死亡、离职、失去资格等问题进行了部分修订(并非全部),而且还构建了更为民主的总统职位替补程序;[6]第 26 条修正案禁止以年龄歧视为由来限制 18 周岁及其以上公民的选举权。[7]

不仅这些修正案推动选举程序取得了很多明显进步(我们可以将此称为"选举机制完善"),而且,更为重要的是,所有这 9 条修正案(也许我们在这里还可以加上第 14 条和第 15 条修正案)还将美国选举机制往更加民主的方向推进——在人口上和地理上都扩大公民选举权范围、促使总统职位减少被长期霸占的可能性,以及使总统职位交接程序更能接近选举结果。

除了前述正式的宪法修正案以外,还有其他一些宪法变迁。如同正式的宪法修正案一样,这些宪法变迁也是通过司法解释以外的方式来完成的。另外,与正式宪法修正案不同的是,非正式的宪法修正案则都是不成文的。例如,就总统及其选举方式而言,费城制宪者早在 1787 年就明确拒绝如下两种模式:一种模式是政府议员模式,即由议会或议会内的执政党来负责选出行政首长;另一种模式则是必须由各州议会来负责共同选出总统。从根本原因上来看,费城

---

[1] U. S. CONST. amend. XIX. 关于一般背景,参见 Vikram David Amar and Alan Brow Nstein, "The Hybrid Nature of Political Righ L. S. ", 50 *Stan. L. Rev.* 915, 1998, p. 920。

[2] U. S. CONST. amend. XX.

[3] U. S. CONST. amend. XXII.

[4] U. S. CONST. amend. XXIII.

[5] U. S. CoNST. amend. XXIV. 关于该条的措辞,参见 Vikram David Amar, "Jury Service as Political Participation Akin to Voting", 80 *Cornell L. Rev.* 203, 1995, pp. 242 – 244。

[6] U. S. CONST. amend. XXV. 关于该修正案的一般背景和相关分析,参见 Akhil Reed Amar and Vikram David Amar, "Is the Presidential Succession Law Constitutional?", 48 *Stan. L. Rev.* 113, 1995, pp. 127 – 129。

[7] U. S. CONST. amend. XXVI. 宪法第 15 条、第 19 条、第 24 条和第 26 条修正案的文本结构是基本相似的,参见 Amar, supra note 13, pp. 206, 216。

制宪者之所以会拒绝这两种模式,是因为拟打算设置的总统职位不仅将独立于国会和各州,而且还需要被配置适当的权力以便能够对国会和各州作出适当的限制。与前两种模式相反的是,目前,总统是由独立于国会和各州议会的、且被称之为选举人团的独立机构所选举出来。[1]

最初,各州议会其实无须通过普选机制来选出本州/岛的选举人团成员。然而,自 19 世纪 20 年代开始,有些州就开始通过普选机制来选出本州/岛的选举人团成员。到了 20 世纪,所有的州都开始实行类型不一的普选机制。随后,在 20 世纪期间,许多州都相继制定法律,明确要求本州/岛的选举人团成员必须把选举人票投给本州/岛选民通过全民普选所选出的候选人。但是,至于这些要求是否真的具有法律执行力,其实并不十分清楚。[2] 假设,目前任何一州的议会真的能够推翻以前惯例,并选出那些将会遵从其自身或州议员意愿,而非州全体选民意愿的选举人团成员。[3] 但是,可以肯定的是,这种拟推翻以前惯例的做法,不仅作为一个宪法议题是异常艰难的,而且作为一个政治议题更是不可能的。由此,我们目前所实行的要求总统选举人或多或少受限于州普选结果的选举方案,不仅已经成为我们不成文宪法的一个基本特征,而且似乎同时得到了国家和最高法院(在一定程度上)的批准。现在,所有美国人都坚信一个道理,即他们自己在选举总统,而且总统是属于"他们"自己的总统。

尽管我们目前所实行的民粹主义总统政策是前述非正式宪法变迁进程的必然产物,但是其已经在持续强化将自身宪法化的正式发展进程。例如,1967 年通过的宪法第 25 条修正案其实就是本人刚刚所提到的相关背景下的典型性产物。除此之外,该修正案还规定了副总统的补缺方式。根据原先宪法,总统其实无权替换已经死亡或离职的副总统。[4] 但是,宪法第 25 条修正案现在则

〔1〕 宪法并没有使用"选举人团"这一术语,而是仅使用了来自不同州的"选举人",而本人之所以使用"选举人团",是因为该术语更适合用来讨论总统选举机制。参见 Akhil Reed Amar and Vik Amar, "President Quayle?",78 *VA. L. Rev.* 913,1992,pp. 918 – 924,p. 919 n. 2 3(明确指出,"严格来讲,宪法并没有使用'选举人团'一词")。

〔2〕 Ray v. Blair,343 U. S. 214,229 – 30(1952).

〔3〕 不同大法官都在布什诉戈尔(Bush v. Gore)一案裁决意见中提及这种可能性,531 U. S. 98,104(2000)(由法院作出裁决)。

〔4〕 U. S. CONST. amend. XXV.

要求总统在面对副总统职位出现空缺时,“应提名一名副总统,并经国会两院都以过半数票批准后正式任职”。[1] 关于总统应该优先挑选和亲自挑选继任者的观点,其实是 20 世纪总统自身系由全民授权机制的直接产物。与之相反,对于经由部分民众选出的个别参议员或众议员而言,这个原理就无法适用了。因为,目前,当我们提及“人民总统”这个术语时,其就是指人民选择的、且应当享有挑选直接继任者权力的那个人。

二、美国州级宪法变迁与直接民主机制尝试

现在,关于联邦宪法变迁及发展的讨论已经足够了。但是,如何保证我们本次研讨会的主题——州级宪法的功能及结构改革——也能够与前述相关原理相吻合?一句话,最为显著的是,宪法第 25 条修正案之所以会集中关注总统选举制及能够反映总统选举方式的一些非正式变化,并导致白宫组织架构发生了一些正式改变。个中原因,主要在于州内民众和州议会运用宪法赋予他们的权力(该情况是依据第 2 条)进行集体创新,并保证不再重新构建总统选举机制。而如果州级宪法和州级议会还没有向总统普选制(建国者之所以没有选择该制度,一定程度上是因为奴隶制)方向发展的话,[2] 那么现在我们就可以在电视上看到很多完全不同的总统候选人。[3]

另外还有一个鲜为人知的例子,其不涉及总统选举,而是涉及国会选举,能够再次清晰说明:源于州级宪法传统的诸多改革究竟是如何激发并巩固联邦宪法发生正式变迁的。通常看法是,不仅原先宪法将选举美国参议员的权力和责任配置给各州议会,而且宪法第 17 条修正案将直接选举参议员机制写入宪法也属于进步时代的一个重要标志。不过,就宪法第 17 条修正案的发展历程来

---

〔1〕 U. S. CONST. amend. XXV.

〔2〕 关于该议题的具体讨论,参见 Akhil Reed Amar and Vikram David Amar,“History, Slavery, Sexism, the South and the Electoral College: Part One of a Three-Part Series on the 2000 Election and the Electoral College”. Accessed November 1, 2019, 载 http://writ. news. findlaw. com/amar/20011130. html [https://perma. cc/85A9 - NVH9]。

〔3〕 译者注:一旦各州没有实行总统普选制,那么各选举人则势必会将其所持选票投给自己满意的候选人。如此一来,自然将导致全国会出现非常多的总统候选人。

看,其主要是针对州级层面的改革。对此,正如我在其他地方已经作出的详细解释那样,自19世纪中期开始,州级层面的政党、组织就曾尝试多种方法以保证人们可以更为直接地选举出本州/岛选举人:

这一改革进程中的最关键的一步也许就是首次出现了将全州范围内的喜好度投票和选举制度联系起来的改革尝试。早在20世纪初,俄勒冈州就开始率先启动此项改革。根据众所周知的"俄勒冈州计划",该州选民参加作为例行选举之组成部分的喜好度投票,尽管不会在法律意义上选举出参议员,但却可以影响到州议员的下一步选择。"就个体意义上的州议员而言,只要其愿意的话,那么他们可以在喜好度投票阶段作出拟支持本次投票获胜者的正式承诺"(即使遭遇到很大的政治压力,他们依然可以如此承诺)。后来,该计划的后续版本开始提出州内公民立法创议权(直接民主),(从州级法律层面)要求在全州公选中获得最多票数支持的州议员应当当选为参议员。"到了1909年,内布拉斯加州和内华达州也开始启动这项改革",后来,"到了1911年……有一半以上的州都采用了俄勒冈州的这项制度或其他类似制度"。对此,正如我在以前的文章中所言,"事实上,宪法第17条修正案在相关改革进程中其实只是正式入宪的最后一步"。[1]

的确,宪法第17条修正案似乎真的无法获得参议院2/3多数票,但是,不论基于何种意图和目的,许多在职参议员却都是通过直接选举方式得以当选的。随之,这些参议员也应该相信他们可以在未来的直接选举时代能够做得更好。对此,我也早就注意到,宪法第17条修正案对既定事实的承认,不仅使得相关事实不受改革所左右,而且还将具有一定的象征性意义。[2] 不过,在这里,必须要说明的是,故意淡化州级法律改革作为整体改革进程核心的做法其实是很不明智的选择。[3]

---

〔1〕 Vikram David Amar, "The Case for Reforming Presidential Elections by Subconstitutional Means. The Electoral College, the National Popular Vote Compact, and Congressional Power", 100 *GEO. L. J.* 237, 238, 2011.

〔2〕 Vikram David Amar, "Indirect Effects of Direct Election: A Structural Exammation of the Seventeenth Amendment", 49 *Vand. L. Rev.* 1347, 1996, p. 1355.

〔3〕 Vikram David Amar, "Indirect Effects of Direct Election: A Structural Exammation of the Seventeenth Amendment", 49 *Vand. L. Rev.* 1347, 1996, p. 1355.

笔者坚信,不论是现在,还是在将来,州级宪法能够接纳直接民主机制(如果不是鼓励的话)都显得尤为重要。尽管建国时期已经非常流行人民主权和人民自治等华丽辞藻,同时,尽管在全国推行公民立法创议机制在许多方面也与我们的基本原则相符合,但是,对直接民主的认知确实属于州级宪法在 20 世纪所取得最重要成果之一。从 20 世纪早期进步时代的系列改革开始,许多州就已经在各自宪法中增加为公民提供直接立法机会的内容。到 20 世纪末,除了有 24 个州已经针对公民投票创议机制作出规定,以及 24 个州允许选民可以通过全民公决的方式撤销相关立法行为外,还有一些州授权选民可以罢免本州/岛的议员、行政官员和司法官员。[1] 加利福尼亚州、科罗拉多州、俄勒冈州和华盛顿州等许多州都选择"通过直接民主方式处理很多最重要和最高层级的立法事务"。[2] 尽管有些评论人主张起源于加利福尼州的直接民主机制,不仅存在被滥用的情况,而且还是一种比较危险的理念,但是,我也的确看到许多存在争议的公民立法动议最后也被批准为法律[3]——这已经成为我们州级宪法传统的一部分,而且也绝不和联邦宪法的文本及精神存在冲突。

从一开始,美国宪法理论就具有比较简单、但却异常强大的理念基础,即主权(终极性法律统治权)应当归属于人民而非政府。尽管联邦宪法不允许联邦政府在日常运转中采用直接民主机制[正如法院最近在库克诉格拉克(Cook v. Gralike)一案中所作出的正确裁定一样,不应为州选民配置"命令"联邦议员的权力],[4]但是联邦宪法却也没有给州级宪法可以采用直接民主机制设立任何障碍。另外,虽然"共和制"政府只能采用代议制的观点在直觉上具有很强的诱惑性,但是必须要明确的是,共和制政府最持久和最核心的理念应当是多数决

---

〔1〕 Vikram David Amar, "Standing Up for Direct Democracy: Who Can Be Empowered Under Article Ⅲ to Defend Initiatives in Federal Court?", 48 *U. C. Davis L. Rev.* 473, 2014, p. 475.

〔2〕 Vikram David Amar, "Standing Up for Direct Democracy: Who Can Be Empowered Under Article Ⅲ to Defend Initiatives in Federal Court?", 48 *U. C. Davis L. Rev.* 473, 2014, p. 475.

〔3〕 在加利福尼亚州,诸如第 13 号(涉及 20 世纪 70 年代的财产税增长)、第 187 号(涉及控制该州的非法移民)和第 209 号(涉及试图明显减少或完全消除种族歧视的纠正歧视行动)等提案都属于广受批评的公民立法动议。

〔4〕 531 U. S. 510, 525 – 26(2001).

定原则。[1] 对此,正如亚历山大·汉米尔顿在《联邦党人文集》第21篇所言,宪法要求各州必须采用共和制政府形式并“不会阻碍大多数人可以用合法且和平的方式来修订各州宪法”。[2]

三、直接民主机制推动宪法变迁的具体实例

为什么笔者坚信,直接民主机制会永远重要?个中原因,不仅在于其能够不断塑造或修正各州基本政策,而且在于其能够推动联邦宪法保持持续更新。当然,直接民主机制能够发挥此等作用的前提是政府部门及所有法院不能对直接民主机制进行压制。在这里,通过三个当代案例来加以说明。

首先,关于选区划分问题。主流观点认为,各州议会均无权划分联邦和州的选区界线,因为该项权力应该属于人民。而从相关改革措施来看,其中,最有创意及最根本的改革举措应当是将所有选区划分工作全部由各州当选议会移交给具有独立属性的选区划分委员会。至于亚利桑那州、加利福尼亚州和佛罗里达州之所以也都推行这一改革举措,并不是基于巧合,而是源于这些州的宪法都规定了符合直接民主理念的选民立法创议机制。[3]

其次,关于竞选筹资问题。许多重要且仍然继续涌现的竞选筹资创新方案都是经由直接民主方式而产生。[4] 在这里,我将集中对此提出全面质疑。在加利福尼亚州,选民会被要求就如下问题进行投票从而正式表明其观点(据我所知,这是全州范围内的首次针对选举的民意投票):

如果美国国会提出动议,且加利福尼亚州议会予以批准的话,美国宪法的一条或多条修正案是否能够推翻联合公民诉联邦选举委员会[Citizens United

---

〔1〕 Akhil Reed Amar, “The Central Cleaning of Republican Government: Popular Sovereignty, Majority Rule, and the Denominator Problem”, 65 *U. Colo. L. Rev.* 749, 1994. (强调宪法第4条中有关共和制政府的条款,不仅重申主权这一基本原则,而且也并不一定排斥直接民主机制)

〔2〕 The Federalist No. 21, at 140 (Alexander Hamilton) (Clinton Rossiter ed., 1961).

〔3〕 亚利桑那州第106号提案于2000年通过,加利福尼亚州第11号提案于2008年通过,佛罗里达州第6号修正案于2010年通过。

〔4〕 John Pippen et al., “Election Reform and Direct Democracy: Campaign Finance Regulation in the American States”, 30 *AM. Pol. Res.* 559, 2002.

v. Federal Election Commission(2010)558 U. S. 310]一案的判决及其他类似司法判例,进而可以通过对竞选费用的捐款和支出进行全面监管和限制,从而保证所有公民都可以在不论财富多少的情况下能够相互表达观点,以及可以进一步明确美国宪法所保护的权利是人之为人的天然权利?[1]

现在,笔者恰巧也认为应当对通过宪法修订方式推翻 Citizens United 一案判决的观点持以必要的警觉。尤其是,一旦 Citizens United 案的判决被撤销,为何《纽约时报》集团的编辑数量不能被限制在一定程度以保证可以支持特定候选人,或者,为何《纽约时报》集团的新闻报道数量不能被限制在一定程度以保证这些新闻报道将被合理地认为没有预设的民主立场?对此,笔者认为在新闻出版行业和其他行业(法院再三抵制这一观点)之间划定界限,不仅徒劳无益,甚至还会适得其反。[2] 但是,我在这里想强调的重点,其实并不是联邦宪法变迁的实质内容,而是联邦宪法变迁的具体过程,因为该变迁过程使得州级宪法中的直接民主机制优势得到了充分发挥。

最后,再来考虑总统全国普选运动。对此,正如之前所言,尽管州级宪法的发展已经推动国家不再固守选举人团机制的原初内涵,但是,正如 2000 年总统大选结果所示,我们依然没有做到可以确保最受全国欢迎的候选人能够赢得总统选举的最终胜利。在过去的 15 年里,根据一项合作计划,我和我哥哥阿希尔 · 艾玛尔(Akhil Amar),还有西北大学法学院前院长罗伯特 · 贝内特(可能还有其他人)共同撰写了一些文章,呼吁应当尝试推动全民去更进一步了解全国直接普选总统制度。[3] 该选举方案(尽管有点类似于柔道,但却完全以符合宪法的方式)意图充分利用总统选举进程下沉基层的优势,尤其是宪法第 2 条已经为各州配置自主选择选举人或选举人团成员权利的优势。目前,各州都各自任命本州/岛选举人并希望其能将选票投给在本州/岛最受欢迎的总统候选人

〔1〕 S. 1272,2014 Leg. ,2013 – 2014 Sess. (Cal. 2014). 基于诉讼原因,加利福尼亚州第 49 号提案并没有出现在 2014 年大选当中,而是推迟到 2016 年大选中才出现。

〔2〕 Vikram David Amar,"From Watergate to Ken Starr: Potter Stewart's 'Or of the Press' a Quarter Century Later",50 *Hastings L. J.* 711,1999,pp. 713 – 715.

〔3〕 笔者之所以会说"更进一步了解",是因为从长远来看,能够保证全国普选机制得以施行的唯一方法就是必须要对现行宪法进行修订,但是,正如我和其他主张此项改革的倡议者所认识到的一样,修订宪法似乎不可能发生,至少短期之内不会发生。

和副总统候选人。[1] 但是,不论是从联邦宪法第2条角度来看,还是从联邦宪法的文本、结构或历史来看,其都没有禁止各州可以要求本州/岛选举人应当支持赢得全国普选的总统候选人和副总统候选人。事实上,许多州更愿意其任命的选举人能够支持那些获得全民授权而非仅获得地方支持的总统候选人和副总统候选人,不过,相关前提必须是这些州已经知道其他一些州(足够多的)也愿意这样做。由此,NPV(全民普选)计划将会邀请美国各州签署一项州际协议。根据该协议,各签署州将承诺在下次总统选举过程中会让选举人团将其选票投给获得全国最多选票的总统(也包括副总统)候选人,而非投给仅在各签署州内获得最多选票的总统(也包括副总统)候选人。[2] 一旦有足够数量的州能够签署 NVP 计划(National Popular Vote)(这些州可以集体代表绝大部分州的选举人团),那么,除非选举人出现不忠行为(最终投票违背了先前的公开承诺),或者出现其他异常情况(如总统候选人在选举日至选举人团最后投票的期间内出现死亡),否则,最终都将由 NPV 的获胜者当选总统。[3] 与此同时,由于 NPV 获胜者最终将入主白宫,故而 NPV 计划必须要确保每位选民(不管其居住在哪个州)的选票都将与其他选民的选票具有同等效力。更重要的是,NPV 计划还将为总统竞选活动提供更好的激励。因为既然每张选票都具有同等效力,那么所有总统候选人不仅都将会想方设法以赢得各州(包括坚定的红州或蓝州)所有未决选民的选票,而且还不会将竞选重心仅放在(向他们正在做

[1] Vikram David Amar, "The Prospects for Presidential Election Reform as the 2016 Campaign Season Gets Underway", VERDICT, July 31, 2015, Accessed Oct. 30, 2019, https://verdict.justia.com/2015/07/31/the-prospects-for-presidential-election-reform-as-the-2016-campaign-season-gets-underway [https://perma.cc/Q6FT-3FPQ].

[2] Vikram David Amar, "The Prospects for Presidential Election Reform as the 2016 Campaign Season Gets Underway", VERDICT, July 31, 2015, Accessed Oct. 30, 2019, https://verdict.justia.com/2015/07/31/the-prospects-for-presidential-election-reform-as-the-2016-campaign-season-gets-underway [https://perma.cc/Q6FT - 3FPQ].

[3] Vikram David Amar, "The Prospects for Presidential Election Reform as the 201 6 Campaign Season Gets Underway", VERDICT, Accessed November 1, 2019, https://verdict.justia.com/2015/07/31/the-prospects-for-presidential-election-reform-as-the-2016-campaign-season-gets-underway[https://perma.cc/Q6FT - 3FPQ].

的一样)两党选民势力几乎相当的"摇摆州"身上。[1] 目前,很多几近被忽视的州(及其民众)都没有得到应有的重视。值得注意的是,基于我之前曾提到过的原因,即有些州不愿意降低地方偏好以支持全国范围内支持度最高的候选人,除非其他州也都愿意这样做,由此,从 NPV 计划自身来看,其将直至且除非各州都联合起来以拥有足够数量的选举人票,也就是说,签署州的选举人团所持有的总票数将达到 270 票及其以上,否则,NPV 计划将不会起到任何实际效果。[2]

到目前为止,加利福尼亚州、夏威夷州、伊利诺伊州、马里兰州、马萨诸塞州、新泽西州、纽约州、罗得岛州、佛蒙特州和华盛顿州 10 个州以及哥伦比亚特区的议会所持有的共计 165 张选举人票,已经超过 NPV 提案生效(正式批准为法律以供实施)所需的 270 张选举人票的一半。[3] 即使是在那些还没有批准 NPV 计划的州,也有很多州议员都非常重视或者积极对待(至少有许多州)该计划。[4]

需要指出的是,NPV 运动存在一个不太乐观的特征——确实能够被感知到的党派属性,即迄今为止所有参加 NPV 计划的州都是在近些年倾向于支持民

---

〔1〕 Vikram David Amar, "The Prospects for Presidential Election Reform as the 201 6 Campaign Season Gets Underway", VERDICT, Accessed November 1, 2019, https://verdict. justia. com/2015/07/31/the-prospects-for-presidential-election-reform-as-the-2016-campaign-season-gets-underway [https://perma. cc/Q6FT - 3FPQ]; Vikram David Amar, *Challenges to the National Popular Vote Plan: Part One in a Series of Columns*, Accessed November 1, 2019, https://verdict. justia. com/2013/03/15/unpersuasive-challenges-to-the-national-popular-vote-plan [https://perma. cc/ZW2F-F44A].

〔2〕 NPV 计划中还有一些条款规定相关签署州可以退出该计划,但前提是:第一,要在下次总统竞选前的足够长时间内提出;第二,退出行为将不损害其他州,以及那些将会相信他们参与该计划的候选人。

〔3〕 *Agreement Among the States to Elect the President by NationaI Popular Vote*, Nat'l Popular Vote, Accessed April 5, 2016, https://www. nationalpopularvote. com/written-explanation [https://perma. cc/RR9G—2D7Y].

〔4〕 See *Agreement Among the States to Elect the President by NationaI Popular Vote*, Nat'l Popular Vote, Accessed Apr. 5, 2016, https://www. nationalpopularvote. com/written-explanation [https://perma. cc/RR9G—2D7Y].

主党候选人的"蓝州"。[1] 关于NPV计划只会帮助民主党人(实际上是党派策略)的观点,不仅是不幸的,而且是完全不准确的。事实上,目前的总统选举机制不仅可以轻易摧毁蓝州,而且可以轻易摧毁红州。不少民众可能已经忘记2000年的大选情况了,当时许多分析人士都预测阿尔·戈尔将会赢得选举人团,但会失掉全国普选,可是事实情况却恰恰相反。另外,在2004年,如果约翰·克里能在俄亥俄州做得更好一点的话(或者说,如果天气不那么恶劣的话),即使乔治·沃克·布什可以在全国普选中多获得300万张选票,约翰·克里依然能够赢得总统职位。[2] 还有,暂且抛开近年一些历史案例以集中观察相关激励情况,我们将看到NPV计划能够产生如下效果:如果所有选民的选票都具有同等效力的话,红州和蓝州都会得到更多的关注。目前,对于得克萨斯州与加利福尼亚州这两个都属于被忽视的州而言,其州内共计数百万选民在全国普选机制下将会比目前选举机制下能够得到更多的关注。进而,如前所述,NPV计划势必会促使总统候选人向那些"摇摆州"投入更多的精力和作出更多的承诺。[3]

令人遗憾的是,很多红州的议会都似乎忽略了历史学和分析学,进而仍对NPV计划持怀疑态度(尽管我应该补充一点,许多由共和党人所控制的红州议会和蓝州议会都已经投票支持该项改革举措)。[4] 或者,即使很多共和党议员

---

[1] Vikram David Amar, *What the Supreme Court's Arizona Redistricting Ruling Means for Presidential(Not Just Congressional) Election Reform*, VERDICT, July 8, 2016, Accessed Oct. 30, 2019, https://verdict. justia. com/2015/07/08/what-the-supreme-courts-arizona-redistricting-ruling-means-for-presidential-not-just-congressional-election-reform [https://perma. cc/GD2 S-MGE5].

[2] 2004 *Presidential General Election Results*, Dave Leip's Atlas U. S. Presidential Elections, Accessed Apr. 5, 2016, https://uselectionatlas. org/results/national. php? year = 2004 [https://perma. cc/B8W3-7T2N]; 2004 *Presidential Election Electoral Vote Data*, Dave Leip's Atlas U. S. Presi Dential Elections, Accessed Apr. 5, 2016, https://uselectionatlas. org/RESULTS/national. php? year = 2004&f = 0 [https://perma. cc/PV44-YSEE](列出各州选举人团的票数).

[3] *Agreement Among the States to Elect the President by NationaI Popular Vote*, Nat'l Popular Vote, Accessed Apr. 5, 2016, https://www. nationalpopularvote. com/written-explanation [https://perma. cc/RR9G—2D7Y].

[4] Ben Adler, *Would the National Popular Vote Advantage Red-State Republicans?*, AM. Prospect, Jan. 9, 2009, Accessed Oct. 30, 2019, http://prospect. org/article/would-national-popular-vote-advantage-red-state-republicans [https://perma. cc/M HV8-ECU4].

已经意识到 NPV 计划其实是符合本州/岛所有选民最大利益的,但是他们仍然担心共和党总部会以违反党的一贯原则为由对其进行处罚。[1]

作为共和党立法怀疑论产物(似乎是非理性在作祟)[2]的 NPV 计划运动,很有可能在红州取得成功(不过,无论是从理论角度,还是从实践角度,NPV 计划都必须要通过 270 张选举人票大关),由此红州民众或许必须要推翻或避开本州/岛当选议会。[3] 任何一州的选民,即便是投票给共和党候选人的那些选民,不仅似乎不会像本州/岛在任议员那样更能坚守党派立场,而且反而会更加关注那些在全国范围内属于正确的、公平的,以及能够对本州/岛产生利益的事项。[4] 由此,如果 NPV 计划想要跨过 270 票这一大关的话,那么州级宪法中的直接民主机制改革就将是关键突破口。

四、立法领域对直接民主机制的抵制与支持

直接民主的倡议者将如何在 21 世纪开展工作?在这里,我认为这个问题较为复杂。对此,正如本次研讨会主持人约翰·迪南所言,近期很多改革方案都是试图使得直接民主机制的运用变得更加艰难,而非更加容易。[5] 在我看

---

〔1〕 *Agreement Among the States to Elect the President by NationaI Popular Vote*, Nat'l Popular Vote, Accessed Apr. 5, 2016, https://www.nationalpopularvote.com/written-explanation [https://perma.cc/RR9G—2D7Y].

〔2〕 另一种可能性是共和党人比较关注未来,并基于人口和党内诸多困难,认为民主党人只可能获得未来几代选民的支持,随之,这就意味着目前的总统选举机制(根据该制度,类似于 2000 年总统大选的结果是很容易发生的)对共和党其实是有利的。如果这就是共和党人之所以反对 NVP 计划的根本原因,那么相应的改革举措就是应当调整 NPV 计划以使其在未来 15 年内不进行网运作。不过,相较于现行的总统选举机制而言,其实很难就哪个政党(如果有的话)会在哪个时间点将会在全国普选中获胜或失败给出明确的结论。

〔3〕 *Agreement Among the States to Elect the President by NationaI Popular Vote*, Nat'l Popular Vote, Accessed Apr. 5, 2016, https://www.nationalpopularvote.com/written-explanation [https://perma.cc/RR9G—2D7Y].

〔4〕 *Agreement Among the States to Elect the President by NationaI Popular Vote*, Nat'l Popular Vote, Accessed Apr. 5, 2016, https://www.nationalpopularvote.com/written-explanation [https://perma.cc/RR9G—2D7Y].

〔5〕 John Dinan, "Twenty-First Century Debates and Developments Regarding the Design of State Amendment Processes", 69 *ARK. L. Rev.* 283, 2016. (讨论州级宪法修订程序的可行性)

来,由于州级议会时常会持有一些敌意,故而其自然会经常采取一些明显的非法举措以阻挠相关提议。例如,以亚利桑那州选区划分委员会提案为例,该州当选议会就曾专门提起过诉讼(起诉本州/岛——不夸张地说,这简直就是一个奇怪的诉讼程序)以阻止该改革举措生效。[1] 另外,再介绍一个不太广为人知的(但更能说明问题的)加利福尼亚州187号提案,因为该提案也曾试图通过在法理上更站不住脚的立法手段以阻挠如下改革倡议,即由加利福尼亚州选民于1994年所提出,其主旨是处理加利福尼亚州的学校及其他公共服务机构所凸显出来的非法移民问题。加利福尼亚州187号提案通过提出非法入境不具有合法身份人员不应当享受公共健康服务、公共社会服务和公共教育服务等社会福利等相关条款,要求"州及其以下相关部门应当调查任何被拘捕嫌疑犯究竟是否属于非法入境人员"。[2] 187号提案是亚利桑那州参议院于2010年批准,旨在控制非法移民之第1070号法案的先驱或蓝本。而就该第1070号法案来看,其不仅是众多美国新闻媒体的关注焦点,而且曾是相关联邦诉讼的争议焦点。2012年,联邦最高法院在亚利桑那州诉联邦政府(Arizona v. United States)一案中就曾判决该法案的部分条款无效。[3]

在187号提案获得通过后不久,就出现了一起针对其部分主要条款的联邦诉讼。[4] 经过初步救济和一系列涉及当事人法定权利的诉讼程序之后,联邦地区法官根据联邦宪法中的宪法至上条款所产生的联邦优先性,以及其发现的相关立法动议与联邦移民法及政策之间的冲突,决定永久性阻止该提案关键条

---

〔1〕 Ariz. State Legislature v. Ariz. Indep. Redistricting Comm'n, 135 S. Ct. 2652, 2658 – 59 (2015).

〔2〕 Vikram David Amar, *Why the California Legislature Can't Simply Repeal the Judicially Invalidated Proposition* 187, VERDICT, June 20, 2014, Accessed Oct. 30, 2019, https://verdict.justia.com/2014/06/20/california-legislature-cant-simply-repeal-judicially-invalidated-proposition-187 [https://perma.cc/R7SS-Q6CV].

〔3〕 Vikram David Amar, *Why the California Legislature Can't Simply Repeal the Judicially Invalidated Proposition* 187, VERDICT, June 20, 2014, Accessed Oct. 30, 2019, https://verdict.justia.com/2014/06/20/california-legislature-cant-simply-repeal-judicially-invalidated-proposition-187 [https://perma.cc/R7SS-Q6CV]; 132 S. Ct. 2492, 2510 (2012).

〔4〕 Amar, Ariz. State Legislature v. Ariz. Indep. Redistricting Comm'n, 135 S. Ct. 2652, 2658 – 59 (2015).

款有获得通过的可能。[1] 最终,加利福尼亚州州长选择不再向上级联邦法院提出上诉,而是通过调解程序来解决这一争议。至于最终结果,则是针对 187 号提案的联邦初审法院禁止令已经持续生效了近 20 年。[2]

几年前,一群善良的加利福尼亚州议员批准了参议院第 396 号法案,授权联邦初审法院"将违宪的 187 号提案从加利福尼亚州法规汇编中删除"。[3] 一名参与撤销 187 号提案过程的关键议员通过如下言论解释了努力撤销该法案的缘由,即"20 年来,不仅明确承认 187 号提案中有关歧视性和排斥外国人等缺陷条款会对加利福尼亚州人民造成诸多伤害的事实是正确的,而且将这些缺陷从州法规汇编中予以删除的做法无疑也是正确的"。[4] 目前,第 396 号法案已经顺利通过了该州的常规立法过程,只要加利福尼亚州议会两院以简单多数通过且州长签署后,其就将成为正式法律。[5]

如果从州法规汇编中删除"那些不仅不具有可操作性,而且还向社会公众传递歧视性信息的提案",到底会产生哪些具体危害?[6] 对此,正如我在其他地方所观察到的那样,[7] 在该立法行为的具体目的上,套用情景喜剧《辛菲尔德》主演伊莱恩 · 贝奈斯针对另一名女演员曾努力摆脱剧中人物乔治 · 科斯塔萨形象时所说过的话,即"我确实不能再同情自己了"。[8] 但是,该项立法任务

---

[1] Amar, Ariz. State Legislature v. Ariz. Indep. Redistricting Comm'n, 135 S. Ct. 2652, 2658 – 59 (2015).

[2] Amar, Ariz. State Legislature v. Ariz. Indep. Redistricting Comm'n, 135 S. Ct. 2652, 2658 – 59 (2015).

[3] Amar, Ariz. State Legislature v. Ariz. Indep. Redistricting Comm'n, 135 S. Ct. 2652, 2658 – 59 (2015).

[4] Amar, Ariz. State Legislature v. Ariz. Indep. Redistricting Comm'n, 135 S. Ct. 2652, 2658 – 59 (2015), see also Kevin Deleón, SB 396 (Deleón,): ERA PROPOSITION 187 ACT 2 (2014), Accessed Oct. 30, 2019, http://sd22. senate. ca. gov/sites/sd22. senate. ca. gov/files/SB% 20396% 20 (De% 20Leon)% 20Erase% 20Proposition% 20187% 20Act-Background% 20Sheet. pdf [https://perma. cc/QUR7- BTZP].

[5] Amar, Ariz. State Legislature v. Ariz. Indep. Redistricting Comm'n, 135 S. Ct. 2652, 2658 – 59 (2015).

[6] Amar, Ariz. State Legislature v. Ariz. Indep. Redistricting Comm'n, 135 S. Ct. 2652, 2658 – 59 (2015).

[7] Amar, Ariz. State Legislature v. Ariz. Indep. Redistricting Comm'n, 135 S. Ct. 2652, 2658 – 59 (2015).

[8] Seinfeld: *The Chicken Roaster* (NBC television broadcast Nov. 14, 1996).

的难点在于,加利福尼亚州宪法会与其他一些州的宪法一样,都将会阻止州议会撤销那些全部或部分由选民提出的立法动议。当然,例外的情况是,除非这些由公民提出的立法动议本身明确授权州议会有相应撤销权力或者除非提出这些动议的选民自身同意撤销相关动议。[1] 而之所以会这样安排,原因其实相当简单:如果公民立法动议机制本身应当属于一种监督机制——对州议会内部功能失调的响应,那么州议会将无权基于对州议会之所作所为的不满而可以规避或废止那些由公民提出的且已经生效的立法动议。[2] 基于这一缘由,在加利福尼亚州,对于经由公民发起的立法动议,不论是被定性为普通的州法还是被定性为州宪法修正案,其都应当在州宪法渊源中占有一席之地,而且在法律效力等级上还将高于州议会制定的其他普通法律。[3] 由此,187 号提案就如同州宪法修正案一样,也属于州议会无权撤销或修改的法案。与此同时,同样重要的是,187 号提案自身也并无相关条款授权州议会可以在未经选民批准的情况下通过普通立法程序来将其撤销。[4]

事实上,联邦法院法官已经裁决 187 号提案部分条款违宪的事实,也并不会改变任何情况:

> "基于不可执行性所引发的法律清理"这一观点(隐藏在参议院第 396 号法案背后)其实是对司法审查机制以及法院针对某一法令所使用的"使无效"或"废除"之真正内涵的根本性误解。裁定某项法令是否违宪的司法裁决(会伴随出现禁止实施该法令的禁止令)实际上只是法院作出的书面陈述。与此同时,其他所有法院都将尊重该法院的此项裁决,并将同时拒绝适用已被裁定违宪的相关法令。当一项法令被"废除",其并不意味着会按照字面解释将该法令从法规汇编中删除,而只是意味着该法令将暂时无法被执行,直到且除非情况发生改变。既然被"废除"的法令还会始终保存在法规汇编中,那么一旦发生足以撤

[1] Ariz. State Legislature v. Ariz. Indep. Redistricting Comm'n, 135 S. Ct. 2652, 2658 – 59 (2015); see also Cal. CONST. art. II, § 10.

[2] Ariz. State Legislature v. Ariz. Indep. Redistricting Comm'n, 135 S. Ct. 2652, 2658 – 59 (2015).

[3] Ariz. State Legislature v. Ariz. Indep. Redistricting Comm'n, 135 S. Ct. 2652, 2658 – 59 (2015).

[4] Proposition 187: *Text of Proposed Law*, AM. Patrol. Accessed Apr. 5. 2016, http://www.americanpatrol.com/REFERENCE/prop 187text.html [https://perma.cc/7MT8—HUV9).

销法院禁止令的情形,该法令将会立即被执行而无须经过新的立法程序。(事实上,除了 187 号提案继续保持在法规汇编之中这一事实外,参议院第 396 号法案也将不会被重新提议)

在法院宣布某项法令无效之后,又该采取哪些举措才能使其重新生效?一方面,上级法院将撤销导致该项法令无效的裁决。毫无疑问的是,没有人会认为加利福尼亚州议会将会在第九巡回法院上诉期间撤销 187 号提案,因为我们都清楚,很多联邦初审法院的裁决其实往往都是很短暂的。但是,问题是,现在这个上诉已经停止了,难道这还不意味着(联邦初审法院的)裁决将是长期的吗?当然,情况也并不完全如此。例如,随着法律干预所取得的不断进步,新颁发的联邦最高法院案例可以使各方能够寻求"重启"案件,并使其从不再能够如实反映当前法律问题和事实问题的法院裁定中解脱出来。事实上,尽管加利福尼亚州的政治氛围可能会阻止民选官员在近期试图重启 187 号提案,但是联邦最高法院在 Arizona v. United States 一案中的部分裁决意见,不仅支持亚利桑那州参议院第 1070 号法案,而且还可能会引发一些关于当地执法官员将插手监管是否违反移民法的疑虑(联邦初审法院在 187 号提案一案中所提出的观点)。

事实上,联邦最高法院判定某项法令无效的裁决其实只能表明多数法官在目前不愿意执行该法令,而不意味着该裁决就将一成不变。一些由联邦最高法院作出的最重要(正义)的裁决,已经推翻联邦最高法院在以前作出的,但是我们现在认为是错误的司法裁决。由此,我们应该知道没有哪个联邦最高法院的司法裁决将是永远正确的。[1]

---

〔1〕 Ariz. State Legislature v. Ariz. Indep. Redistricting Comm'n, 135 S. Ct. 2652, 2658 – 59(2015). 我曾就联邦最高法院裁决的持久性写过如下文字:

尽管法院很少会去否决那些曾经承认个人权利或有限州权的既往裁决,但是,如同 Brown v. Board of Education 一案一样,更为普遍的做法是否决那些排斥而非支持限制州权的既往裁决。事实上,也没有什么事情可以阻止法院去撤销那些对政府进行限制的裁决了。例如,如果法官们愿意否决 Roe v. Wade 一案的原先裁决,并且承认堕胎权利缺乏宪法保护的话,那么在 *Roe* 案之前就已经针对堕胎问题制定相关法规的州就可以直接开始施行这些法规,而无须重新通过立法程序以恢复这些法规的效力。可以肯定的是,当任何一州准备长时间不执行某项法律时,"不用就可以废止"的法律原则将可以组织该州试图使该法律重新生效,但是,如果长时间不执行某项法律的理由是基于我们正在讨论的错误的司法禁止令,那么一旦该宪法错误被纠正,则就可以重新实施相关法律。

正确评价参议院第396号法案之法律问题属性的另一个方法,就是假定存在一个不同的程序不完善问题(并非未能获得通常意义上的批准)。具体言之,假定推动撤销187号提案的支持者坚称他们无须通过州议会两院多数投票通过及州长签名批准就可以实现撤销目的。[1] 可以想象得到,他们会基于187号提案已经被司法裁决判定失效,进一步主张无须在该州法典的后续版本中将其印刷进去,毕竟没有多大实质意义。[2] 事实上,每个人都能很容易就认识到这种行为其实是非法的,因为加利福尼亚州宪法明确要求所有法律都必须要履行两院制和呈送制,否则将无法生效(不论他们是正在将无法执行的条款从法规汇编中删除,还是要试图实现其他合理目标)。[3] 除此之外,履行两院制和呈送制的法定要求也并不属于187号提案自身的合宪性根据。[4] 但是,相较于州议会拟撤销公民发起的立法动议所必需之公众批准这一前置程序而言,两院制和呈送制的法定要求则并不属于州立法程序的最基本原则。[5] 如同既不能忽视前文,也不能忽视后文的法律清理机制一样,不论是排除州议会两院或州长,还是排除社会公众,都将无法实现撤销提案的立法目的。[6]

另一种假设也许更有助于把问题解释清楚。设想一下,加利福尼亚州议会准备对本州/岛宪法的文字进行修订,而非撤销选民已经批准的法令。[7] 具体言之,加利福尼亚州宪法虽然授权州议员可以提出修宪提案,但是却没有授权

---

〔1〕 Amar, Ariz. State Legislature v. Ariz. Indep. Redistricting Comm'n, 135 S. Ct. 2652, 2658 – 59 (2015).

〔2〕 Amar, Ariz. State Legislature v. Ariz. Indep. Redistricting Comm'n, 135 S. Ct. 2652, 2658 – 59 (2015).

〔3〕 Amar, Ariz. State Legislature v. Ariz. Indep. Redistricting Comm'n, 135 S. Ct. 2652, 2658 – 59 (2015).

〔4〕 Amar, Ariz. State Legislature v. Ariz. Indep. Redistricting Comm'n, 135 S. Ct. 2652, 2658 – 59 (2015).

〔5〕 Amar, Ariz. State Legislature v. Ariz. Indep. Redistricting Comm'n, 135 S. Ct. 2652, 2658 – 59 (2015).

〔6〕 Amar, Ariz. State Legislature v. Ariz. Indep. Redistricting Comm'n, 135 S. Ct. 2652, 2658 – 59 (2015).

〔7〕 Vikram David Amar, *Follow-Up on California's Legislative Effort to Repeal Proposition* 187, VERDICT, June 30, 2014, Accessed Oct. 30, 2019, https://verdict. justia. com/2014/06/30/follow-californias-legislative-effort-repeal-proposition – 187 [https://perma. cc/Q2WL – LKBB].

其可以直接批准此等提案能够即刻生效。与此相反,这些修正案却必须经过本州/岛选民批准后才会正式生效。[1] 这种必须经由公众批准的法定程序并不会无缘无故地不适用或被简单放弃,因为该州议会正打算改变宪法文本以使其能够符合近期关于州宪法的司法解释。例如,假设加利福尼亚州最高法院(州级法律的终局性解释者)已经于最近根据本州/岛宪法决定将汽车不再列入搜查和扣押措施的保护范围。[2] 可是,对于所有宪法修正案而言,如果缺少了公众批准这一法定程序,有谁还会认为加利福尼亚州议会有权在宪法文本中增加更加清晰化的促使搜查汽车不属于保护范围的文字吗,而理由仅仅是因为(根据当下的普遍司法裁决)该修正案并不必然会改变原先条款的实际适用"范围和效力"? 就我个人而言,我不会这么认为。[3]

我还应当明确指出,在这里,我从未说过能够表达如下意思的话:加利福尼亚州议会不会在正式撤销 187 号提案或其他涉及州宪法内容法案的过程中发挥多大作用。如前所述,加利福尼亚州宪法授权本州/岛议会只能在选民批准的前提下才能撤销由公民发起的立法动议。作为保障州议会权力不受侵犯的重要举措,参议院第 396 号法案可以而且应该作出适当调整,从而提交给选民并获得他们的批准。州议会本该可以起到引领作用(其实这是比较明智的选择,因为没有哪个组织会愿意投入时间和金钱就撤销法案问题亲自征求各方签名),但是允许选民在批准阶段直接参与决定是否废止 187 号提案,无疑将是一种比较适当和合法的方式。[4] 另外,让选民自己撤销其因为受到误导而发起

---

〔1〕 Vikram David Amar, *Follow-Up on California's Legislative Effort to Repeal Proposition* 187, VERDICT, June 30, 2014, Accessed Oct. 30, 2019, https://verdict. justia. com/2014/06/30/follow-californias-legislative-effort-repeal-proposition – 187 [https://perma. cc/Q2WL-LKBB].

〔2〕 Vikram David Amar, *Follow-Up on California's Legislative Effort to Repeal Proposition* 187, VERDICT, June 30, 2014, Accessed Oct. 30, 2019, https://verdict. justia. com/2014/06/30/follow-californias-legislative-effort-repeal-proposition – 187 [https://perma. cc/Q2WL-LKBB].

〔3〕 Vikram David Amar, *Follow-Up on California's Legislative Effort to Repeal Proposition* 187, VERDICT, June 30, 2014, Accessed Oct. 30, 2019, https://verdict. justia. com/2014/06/30/follow-californias-legislative-effort-repeal-proposition – 187 [https://perma. cc/Q2WL-LKBB].

〔4〕 Vikram David Amar, *Follow-Up on California's Legislative Effort to Repeal Proposition* 187, VERDICT, June 30, 2014, Accessed Oct. 30, 2019, https://verdict. justia. com/2014/06/30/follow-californias-legislative-effort-repeal-proposition – 187 [https://perma. cc/Q2WL-LKBB].

的提案,不仅具有法律上的适当性,还是优雅的,甚至是富有诗意的补救措施。[1] 从目前情况来看,无论原因如何,州议会在事实上压制公众意愿和漠视公民立法创议机制的做法其实都是不正当的。[2]

另外,还要补充一点,加利福尼亚州议会也并不总是对直接民主机制充满敌意。例如,旨在就是否凭借宪法修订方式解散公民联合会这个议题以征求选民意见的149号提案,其实就是由州议会积极推动并要求交由选民进行投票的。[3] 所以,当政治理念正确的时候,州议会有时就会坚持直接运用公众意见。

五、司法领域对直接民主机制的抵制与支持

当我们将观察视野从立法领域转向法院时,我们还会对那些指向直接民主机制的司法意见作出何种评价呢？事实上,有些情况比较令人担忧,有些情况则比较令人乐观。需要优先考虑的问题其实是立场问题。例如,尽管亚利桑那州法院和当时的议会一样,都在诉选区划分委员会一案中秉持相同的包容立场,[4]但是,在几年前,该州法院却并不倾向于对本州/岛 8 号提案(加利福尼亚选民就同性婚姻议题发起的州宪法禁令提案)的官方发起人或倡议人持包容立场。[5] 尽管这种缺乏立场的论证方式对于历史上州最高法院在谨慎处理案件的是非曲直问题时非常具有吸引力,但此种解决方案的基础在当时却存在很

[1] Amar, Ariz. State Legislature v. Ariz. Indep. Redistricting Comm'n, 135 S. Ct. 2652, 2658 - 59 (2015).

[2] Amar, Ariz. State Legislature v. Ariz. Indep. Redistricting Comm'n, 135 S. Ct. 2652, 2658 - 59 (2015).

[3] Maura Dolan, "*Citizens United*" *advisory measure can go on ballot*, *California high court says*, L. A. Times, Jan. 4, 2016, Accessed Oct. 30, 2019, http://www. latimes. com/local/lanow/la-me-ln-california-supreme-court-ballot-20160104-story. html [https://pe rma. cc/N5KW-NS8M].

[4] Ariz. State Legislature v. Ariz. Indep. Redistricting Comm'n, 135 S. Ct. 2652, 2659 (2015).

[5] Hollingsworth v. Perry, 133 S. Ct. 2652, 2659 (2013).

多潜在风险。[1] 总体来看,尤其是法院用来驳回 8 号提案发起人之要求的理由明显存在损害公民立法创议机制的风险。事实证明,法院在这里其实无须过于谨慎,因为其完全可以基于公民立法创议机制具有无害性的理由来驳回该提案发起人的相关要求。要想厘清联邦最高法院首席大法官罗伯茨的 5∶4 多数裁决意见是如何轻松处理直接民主机制完整性在立法进程中受到损害这一棘手问题,那么我们就必须要仔细审视那些赞成和反对案件立场的相关因素。[2]

支持提案发起人立场的常识性言论(如肯尼迪法官的反对意见)有点类似于前文就 187 号提案所讨论的观点,即民选官员仅凭不对那些挑战联邦法院司法裁决的法令进行辩护,其实是无法真正摧毁公民立法创议机制的。[3] 正如前文所指出的那样,对于那些能够弱化或破坏公民发起的立法动议之民选官员而言,其之所以有可能会处于尴尬境地,不仅在于民选官员有权发起立法动议这一根本原因,而且在于民选官员有时并不一定会完全忠于公众的利益和愿望。[4] "尽管绝大多数由公民发起的立法动议其实是属于对立法部门不作为(或者是不经常的作为)的回应,但是我们仍然没有足够理由认为,通过公民立

〔1〕 Vikram David Amar, *What the Supreme Court Should Have Said in the Proposition 8 Case, and How an Important Tweak Would Have Avoided Unnecessary Damage to the Initiative Device*, Verdict, July 3, 2013, Accessed Oct. 30, 2019, https://verdict.justia.com/2013/07/03/what-the-supreme-court-should-have-said-in-the-proposition-8-case-and-how-an-important-tweak-would-have-avoided-unnecessary-damage-to-the-initiative-device [https://perma.cc/9SC7-C9LM].

〔2〕 Vikram David Amar, *What the Supreme Court Should Have Said in the Proposition 8 Case, and How an Important Tweak Would Have Avoided Unnecessary Damage to the Initiative Device*, Verdict, July 3, 2013, Accessed Oct. 30, 2019, https://verdict.justia.com/2013/07/03/what-the-supreme-court-should-have-said-in-the-proposition-8-case-and-how-an-important-tweak-would-have-avoided-unnecessary-damage-to-the-initiative-device [https://perma.cc/9SC7-C9LM].

〔3〕 Vikram David Amar, *What the Supreme Court Should Have Said in the Proposition 8 Case, and How an Important Tweak Would Have Avoided Unnecessary Damage to the Initiative Device*, Verdict, July 3, 2013, Accessed Oct. 30, 2019, https://verdict.justia.com/2013/07/03/what-the-supreme-court-should-have-said-in-the-proposition-8-case-and-how-an-important-tweak-would-have-avoided-unnecessary-damage-to-the-initiative-device [https://perma.cc/9SC7-C9LM].

〔4〕 Vikram David Amar, *What the Supreme Court Should Have Said in the Proposition 8 Case, and How an Important Tweak Would Have Avoided Unnecessary Damage to the Initiative Device*, Verdict, July 3, 2013, Accessed Oct. 30, 2019, https://verdict.justia.com/2013/07/03/what-the-supreme-court-should-have-said-in-the-proposition-8-case-and-how-an-important-tweak-would-have-avoided-unnecessary-damage-to-the-initiative-device [https://perma.cc/9SC7-C9LM].

法创议机制体现出的对民选官员的不信任感,不会被传递给州长和司法部部长等其他(行政)官员。"[1]

当然,还有一些更为根本的且更有说服力的主张,也可以减少质疑公民立法动议发起人立场的可能性。[2] 而就公民立法动议发起人的立场而言,最关键的困难是这些并非"经由选民选举出的发起人或倡议人很有可能会缺乏信誉,或者实际上就是受到操控的无赖傀儡。从主要观点、情感,以及愿望等方面来看,这些人和我们正在讨论的已经批准公民立法动议的选民完全不是一回事,更不用说那些还正处于立法争议诉讼期间的选民了"。[3]

这一系列主张(略有不同的表述)似乎能够说服大多数法官不再坚持如下观点,即公平来看,公民立法动议的发起人一旦无视本州/岛相关法律规定,则就不可能会与州进行换位思考。[4] 根据霍林斯沃思(Hollingsworth)一案中的多数判决意见,公民立法动议发起人所持立场的根本问题其实是在于这些发起人不像其他普通州官员那样会受到选民的掣肘。[5]

但是,事实证明,当发起人与部分普通官员进行比较时,尽管关于是否受到掣肘这一关键问题的结论在一定程度上可能是真实的,但是情况又并非总是如此。这一结论进而也就不可能具备足够的立论基础。[6] 例如,在选民没有被配置罢免权和任命权的相关州内,尽管选民对其缺乏足够的控制力量,但是任期受限的州司法部部长仍然有资格去捍卫那些已经被批准的有关法令。事实上,对 Hollingsworth 一案多数判决意见进行多元但公正地解读可能意味着,对于任何人而言,如果其不属于领取政府薪水的全职工作人员,那么将无权在联

---

〔1〕 Vikram David Amar, *What the Supreme Court Should Have Said in the Proposition* 8 *Case, and How an Important Tweak Would Have Avoided Unnecessary Damage to the Initiative Device*, Verdict, July 3, 2013, Accessed Oct. 30, 2019, https://verdict.justia.com/2013/07/03/what-the-supreme-court-should-have-said-in-the-proposition-8-case-and-how-an-important-tweak-would-have-avoided-unnecessary-damage-to-the-initiative-device [https://perma.cc/9SC7-C9LM].

〔2〕 Amar, Hollingsworth v. Perry, 133 S. Ct. 2652, 2659 (2013).

〔3〕 Amar, Hollingsworth v. Perry, 133 S. Ct. 2652, 2659 (2013).

〔4〕 Amar, Hollingsworth v. Perry, 133 S. Ct. 2652, 2659 (2013).

〔5〕 Amar, Hollingsworth v. Perry, 133 S. Ct. 2652, 2659 (2013).

〔6〕 Amar, Hollingsworth v. Perry, 133 S. Ct. 2652, 2659 (2013).

邦法院对公民立法动议进行辩护。[1] 不过,公民立法创议机制的支持者经常基于合理的理由,不愿意授权或直接建立新的政府机构。[2]

一些持不同意见者已经意识到司法裁决中多数意见所主张的方法有可能会损害到公民立法动议机制,并且也正是基于这一原因,所以才允许经授权的公民立法动议发起人可以为所有由公民发起的立法动议进行辩护。[3] 但是,这种过于绝对的方法却并未能充分说明许多公民立法动议发起人可能存在欺诈情况的事实。[4] 不过,我们所需要的恰恰也是正被遗忘的方法,应当是中间路线,即"任何一个州都应当可以自由授权公民立法动议发起人能够为相关立法动议进行辩护(在某种程度上,联邦法院也会接受这一做法),但是此类授权必须要谨慎且以选民能够接受的方式来完成"。[5] 对此,正如前文所述:

> 如果要在公民立法动议发起人立场所反映的各种冲突性关切之间构建一个可行的平衡方案,那么联邦法院就应当要承认这些发起人是有特定立场的。但是,只有当州法明确授权公民立法动议发起人有权进行辩护,选民才可能会充分认识到,在其批准该立法动议时,他们实际上也就是授权特定当事人可以在法院进行辩护。此外,作出如下明确授权的声明是比较明智的:(1)公民立法动议发起机构中能够有权作出关键决定及让步的具体主体;(2)公民立法动议发起人辩护权的持续时限;(3)如果辩护失败,律师费用是否将由国库负担清偿;(4)当政府官员决定采取与公民立法动议发起人为支持相关法案而采取的辩护措施时,公民立法动议发起人和司法部部长/州长的各自权限范围。[6]

最终结果显示,解决此类争议的关键并不在于(正如大多数人提出的错误建议一样)公民立法动议发起人是否被选民或州其他部门所左右,相反,却应在于(所有大法官都忽略了这一关键因素)公民立法动议发起人是否受到严格挑

---

〔1〕 Amar, Hollingsworth v. Perry, 133 S. Ct. 2652, 2659(2013).

〔2〕 Amar, Hollingsworth v. Perry, 133 S. Ct. 2652, 2659(2013).

〔3〕 Amar, Hollingsworth v. Perry, 133 S. Ct. 2652, 2659(2013).

〔4〕 Amar, Hollingsworth v. Perry, 133 S. Ct. 2652, 2659(2013).

〔5〕 Amar, Hollingsworth v. Perry, 133 S. Ct. 2652, 2659(2013).

〔6〕 Amar, Hollingsworth v. Perry, 133 S. Ct. 2652, 2659(2013).

选以及是否被选民先行授予一定的自主权。[1] 这个关键因素是区分公民立法动议发起人和司法部长的正确方法。非常有趣的是(并且令人高兴),事实证明,8 号提案的发起人将无须经过该挑选程序,因为 2008 年加利福尼亚法律(该法律通过时)已经告知选民,在批准该项法案时候,他们可以同时选择一些动议发起人作为其代理人。[2] 不过,我们还应以此制度为基础继续往前发展,即给那些希望在加利福尼亚州或其他地方利用公民立法创议制度的人民提供更加明晰的指引,指引他们如何委派公民立法动议发起人作为本州/岛的支持代表。而从相关指引内容来看,要么包括公民立法创议机制的详细文字表述,要么通过其他一些类似制度以保证选民能够知悉采用公民立法创议机制势必会让公民立法动议发起人产生代理关系。只有澄清这个问题,才可能会产生有效的手段以防止民选官员仅仅基于那些在联邦法院受到质疑的法令未能得到有效辩护的情况而破坏直接民主制度。[3] 非常不幸的是,联邦最高法院所有九名大法官都没有能够注意到这种中间路线的必要性和可行性。[4]

笔者已经集中讨论过诸多民选官员和法官对直接民主机制的抵制,现在则以针对直接民主机制的司法支持进行结尾,即联邦最高法院关于亚利桑那州议会诉由选民创设的选区划分委员会(Arizona Legislature v. Arizona Independent Redistricting Commission,AIRC)一案(以下简称 AIRC 一案)司法裁决中的诸多积极价值。[5] 对选区划分委员会的挑战依赖于宪法第 1 条中所谓选举条款(第 1 条第 4 款)的文本及含义,即“各州州议会应规定本州/岛的参议员及众议员之选举时间、选举地点和选举程序,但是国会却可以随时通过法律来制定或变更此种规定”。[6]

---

〔1〕 Amar,Hollingsworth v. Perry,133 S. Ct. 2652,2659(2013).

〔2〕 Amar,Hollingsworth v. Perry,133 S. Ct. 2652,2659(2013).

〔3〕 Amar,Hollingsworth v. Perry,133 S. Ct. 2652,2659(2013).

〔4〕 Amar,Hollingsworth v. Perry,133 S. Ct. 2652,2659(2013).

〔5〕 Ariz. State Legislature v. Ariz. Indep. Redistricting Comm'n,135 S. Ct. 2652(2015)(裁定第 106 条提案没有违反联邦宪法中的选举条款,因为该提案并没有取消州议会的区划权力).

〔6〕 U. S. CONST. art. I, § 4; *see also* Amar, See *Agreement Among the States to Elect the President by National Popular Vote*, Nat'l Popular Vote, Accessed Apr. 5, 2016, https://www.nationalpopularvote. com/written-explanation.

亚利桑那州议会声称:

无论是从宪法文本本身来看,还是从宪法的历史发展和相关政策来看,选举条款中的"议会"都是专指由州普通议员组成的民选机构。与之相反,如果是另一方选区划分委员会被授权进行重新划分选区,那么民选议会其实就是被不恰当地剥夺了宪法赋予的特权。[1]

霍克诉史密斯(Hawke v. Smith)一案可以作为论据对亚利桑那州的观点提供有力论证。[2] 在该案中,法院不允许通过事后公民投票的形式来破坏各州依据宪法第 5 条对相关宪法修正案作出的最终批准。事实上,宪法第 5 条也使用了"议会"一词。[3] 但是霍克注意到,"议会"一词在被写进宪法时其实并非是一个内涵不确定的词。今天,这个词的含义仍然应当保留其当初被写进宪法时的状态,[4] 即"代表人民制定法律的代议机构"。[5]

更重要的一点是,法院在审理 AIRC 一案过程中还发现两个其他判例,即俄亥俄州前众议员戴维斯诉希尔德布里兰案(Ohio ex. rel. Davis v. Hildebrant)[6] 和斯迈利诉霍尔姆案(Smiley v. holm)。[7] 其中,在 Hildebran 判例中,法院支持俄亥俄州利用公民复决制度(人民通过直接投票方式行使否决权)来审查各州民选议会实施的选区划分行为;在 Smiley 判例中,Smiley 则赞成明尼苏达州

---

〔1〕 *Agreement Among the States to Elect the President by National Popular Vote*, Nat'l Popular Vote, Accessed Apr. 5,2016, https://www.nationalpopularvote.com/written-explanation Brief of Appellant at 13, Ariz. State Legislature v. Ariz. Indep. Redistricting Comm'n,13S S. Ct. 2652(2015)(No. 13-1314).

〔2〕 253 U. S. 221(1920).

〔3〕 253 U. S. 221(1920). at 227; *Agreement Among the States to Elect the President by National Popular Vote*, Nat'l Popular Vote, Accessed Apr. 5,2016, https://www.nationalpopularvote.com/written-explanation[https://perma.cc/RR9G—2D7Y].

〔4〕 Hawke,253 U. S. at 227.

〔5〕 Hawke,253 U. S. at 227.

〔6〕 AIRC,13S S. Ct. at 2666[discussing Ohio *ex rel* Davis v. Hildebrant,241 U. S. 565(1916)].

〔7〕 AIRC,13S S. Ct. at 2666[discussing Ohio *ex rel* Davis v. Hildebrant,241 U. S. 565(1916)]. at 2667[discussing Smiley v. Holm,285 U. S. 355(1932)].

授权州长可以通过行使否决权以参与选区划分过程的相关法律规定。[1] 更为关键的是,通过借鉴 Hawke 一案后面两个判例得以产生的 AIRC 一案多数裁决意见(由金斯伯格大法官执笔),能够说明联邦宪法第5条所提到的"议会"(也是 Hawke 案的关键问题)与联邦宪法中选举条款所提到的"议会"并不是同一回事。因为在联邦宪法第5条中,议会的任务是作出能够起到上下沟通作用的批准性决定;而在联邦宪法选举条款中,议会的任务则是通过制定能够普遍适用的法律以规制国会选举进程。[2] AIRC 一案多数裁决意见的推理过程不仅清晰,而且很有说服力。对此,正如如下解释一样:

> 在联邦宪法中,提及州"议会"的条款被称之为州立法条款(不同于批准或其他功能。例如,在19世纪,根据不涉及一般法规政策的原有宪法来挑选参议员)。在该条款中,"议会"是指州立法机制,其概念中包括履行直接民主职责的全州人民。[3]

事实上,由于亚利桑那州法规汇编中的议会法已经授权本州/岛选民可以这样做,故而法院自然会极力支持该州选区划分委员会一方。进而,金斯伯格大法官的观点就选择竭尽全力去论证选举条款中"议会"的内涵应当属于广义上的宪法问题。[4]

回想一下,选举条款的后半部分最终给了国会全权管理国会选举的权力。

---

〔1〕 *Agreement Among the States to Elect the President by National Popular Vote*, Nat'l Popular Vote, Accessed Apr. 5, 2016, https://www.nationalpopularvote.com/written-explanation [https://perma.cc/RR9G—2D7Y].

〔2〕 *Agreement Among the States to Elect the President by National Popular Vote*, Nat'l Popular Vote, Accessed Apr. 5, 2016, https://www.nationalpopularvote.com/written-explanation [https://perma.cc/RR9G—2D7Y]; *see also AIRC*, 135 S. Ct. at 2666 - 67.

〔3〕 *Agreement Among the States to Elect the President by National Popular Vote*, Nat'l Popular Vote, Accessed Apr. 5, 2016, https://www.nationalpopularvote.com/written-explanation [https://perma.cc/RR9G—2D7Y].

〔4〕 *Agreement Among the States to Elect the President by National Popular Vote*, Nat'l Popular Vote, Accessed Apr. 5, 2016, https://www.nationalpopularvote.com/written-explanation [https://perma.cc/RR9G—2D7Y].

此外,还有一个事实,AIRC 一案中的多数裁决意见选择支持委员会一方,认为现行联邦法规能够反映出国会其实是允许各州通过公民立法创议机制来重新划分选区(只要该机制与州法保持一致)。尽管如此,法院(没有遵循所谓的"规避"理论,即法院会尽可能去寻找各种方式以规避宪法问题)仍然明确选择根据对选举条款的广义(在笔者看来,这是正确的)理解来作出裁决。根据法院支持的广义理解,即使没有国会批准,亚利桑那州选民仍然被允许可以做他们已经做的事情。〔1〕

可以肯定的是,AIRC 一案的裁决结果及其广义推理方法都为国会选举进程中的许多改革事项开启了更为广阔的大门。〔2〕 但是,这一裁决也同时能对总统选举进程的改革起到重大影响。例如,就前文详细讨论的 NPV 计划而言,笔者不仅指出红州只有采用 NPV 计划才能推动总统选举机制改革取得成功,而且还指出全国性的公民立法创议机制(不同于民选议会立法创议机制)是取得改革突破的最简单方法。〔3〕

就此而言,AIRC 一案其实还是相当重要的。因为尽管可以根据选民所享有的公民立法创议权这一背景来对宪法第 1 条选举条款和第 5 条批准条款中的"议会"一词进行界定,但是到目前为止,宪法第 2 条中"议会"一词的内涵却还是有点不太清晰的。〔4〕 不过,AIRC 一案似乎可以对此提供一个清晰的答案,即"当宪法第 2 条使用了'议会',其就是指制定旨在规制各州如何普遍选举

---

〔1〕 *Agreement Among the States to Elect the President by National Popular Vote*, Nat'l Popular Vote, Accessed Apr. 5, 2016, https://www.nationalpopularvote.com/written-explanation [https://perma.cc/RR9G—2D7Y].

〔2〕 *Agreement Among the States to Elect the President by National Popular Vote*, Nat'l Popular Vote, Accessed Apr. 5, 2016, https://www.nationalpopularvote.com/written-explanation [https://perma.cc/RR9G—2D7Y].

〔3〕 *Agreement Among the States to Elect the President by National Popular Vote*, Nat'l Popular Vote, Accessed Apr. 5, 2016, https://www.nationalpopularvote.com/written-explanation [https://perma.cc/RR9G—2D7Y].

〔4〕 U. S. Const. art. I I, § 1; *Agreement Among the States to Elect the President by National Popular Vote*, Nat'l Popular Vote, Accessed Apr. 5, 2016, https://www.nationalpopularvote.com/written-explanation [https://perma.cc/RR9G—2D7Y].

总统选举人进程之法律的机制”。[1] 由于 AIRC 一案能够对州议会(可能不允许全民参与)和州立法(允许全民参与)两者间的二元选择或其他类似行为作出简单且清晰的区分,故而有充足理由相信对前述涉及选举条款中“议会”一词裁决意见的分析可以同样适用于宪法第 2 条。[2] 事实上,联邦宪法第 2 条和联邦宪法选举条款在文本结构上是非常相似的,都是“关于授权和限制各州制定规制选举进程的规则,而不是就批准或决定(在 20 世纪以前)谁能在小范围内被选为美国参议员这一议题作出二元选择”。[3] 就文本而言,选举条款就议会选举问题仅提及应当“规定……方式”的权力,而宪法第 2 条则就总统选举人的挑选问题正式规定“指导方式的权力”。[4] 更为关键的是,“manner”这个词均是两个条款的核心亮点,而且(两个条款分别使用的)“prescribe”和“direct”则属于内涵相当的同义词,因为不论是有意识还是无意识,美国招生协会一案多数裁决意见在描述选举条款时,都在事实上替换使用“direct”和“prescribe”这两个词。[5] 事实上,关于宪法第 2 条允许全民参与的论据可能比宪法第 1 条选举条款允许全民参与的论据更为有力,原因在于宪法第 2 条中授权条款的语法主体是“州”本身,而非“议会”。[6]

应当说,即使是在 AIRC 一案之前,笔者就已经主张(并且也这样说了)[7] 宪法第 2 条其实是允许实行全民参与机制的。但是,一些分析人士似乎不确定这一点。其中,部分原因是因为前文提及的戴维斯诉希尔德布兰德案(Davis v.

---

〔1〕 *Agreement Among the States to Elect the President by National Popular Vote*, Nat'l Popular Vote, Accessed Apr. 5, 2016, https://www. nationalpopularvote. com/written-explanation [https://perma. cc/RR9G—2D7Y].

〔2〕 *Agreement Among the States to Elect the President by National Popular Vote*, Nat'l Popular Vote, Accessed Apr. 5, 2016, https://www. nationalpopularvote. com/written-explanation [https://perma. cc/RR9G—2D7Y];U. S. Const. art. Ⅰ, § 4; U. S. Const. art. Ⅱ, § 2.

〔3〕 *Agreement Among the States to Elect the President by National Popular Vote*, Nat'l Popular Vote, Accessed Apr. 5, 2016, https://www. nationalpopularvote. com/written-explanation [https://perma. cc/RR9G—2D7Y];U. S. Const. art. Ⅰ, § 4.

〔4〕 U. S. Const. art. Ⅱ, § 2.

〔5〕 Ariz. State Legislature v. Ariz. lndep. Redistricting Comm'n,135 S. Ct. 2652(2015).

〔6〕 U. S. Const. art. Ⅱ, § 1.

〔7〕 Vikram David Amar,“Direct Democracy and Article Ⅲ: Additional Thoughts or Initiatives and Presidential Elections”,35 *Hastings Const. L. Q.* 631,2008.

Hildebrant)这一早期案例有很多篇幅是关于议会授权而非“议会”一词的本身内涵;部分原因则是三名大法官(首席大法官伦奎斯特、大法官斯卡利亚和大法官托马斯)在 Bush v. Gore 一案[1]中似乎清晰表达了宪法第 2 条中“议会”应当做狭义理解。[2] 但是,现在的五位大法官(包括肯尼迪大法官,从现有优势来看,他在布什诉戈尔一案中没有加入相对多数裁决意见的决定似乎是故意为之)已经签署了一份裁决意见。该裁决意见认为(确认)戴维斯诉希尔德布兰德一案将宪法第 1 条中“议会”一词解释为是允许州在立法过程中可以使用直接民主机制,以及 NPV 计划或其他类似改革可以采用直接民主机制的路径似乎并不存在任何障碍,至少从宪法角度来说是如此。

---

〔1〕 531 U. S. 98(2000)(per curiam).

〔2〕 531 U. S. 98(2000)(per curiam) at 111(Rehnquist, C. J. , concurring).

权利的法理

明显且即刻的危险原则：源流、发展与作用*

陈道英**

内容摘要：明显且即刻的危险原则长达50年的发展过程同时也是美国宪法第一修正案走向现代化的过程。在这一过程中，布兰代斯大法官作出了最为重要的贡献：他将言论自由与民主直接勾连起来，对于“危险”作出了最为严苛的界定，并且吸收了汉德提出的客观基准将一般性鼓动与煽动严格区别开来。布兰代斯大法官的这一努力在1969年终于得到了联邦最高法院的正式承认，明显且即刻的危险原则最终以布兰登堡审查基准的形式确立了下来。厘清了危险原则的历史对于准确把握这一审查基准具有重要意义。

关键词：明显且即刻的危险原则　布兰登堡审查基准　言论自由

一、导　论

明显且即刻的危险原则（以下简称危险原则）是美国言论自由理论中为国人所熟知，但同时也是研究有欠深入的一个问题。根据2019年1月10日在中国知网（cnki. com）查询的结果，在将数据库限定为“期刊”“博士”“硕士”，文献分类目录限定为“哲学与人文科学”“社会科学Ⅰ辑”“社会科学Ⅱ辑”的条件下，以“明显且即刻的危险”为关键词进行模糊检索，当搜索字段限定为“篇名”

* 本文系2016年度国家社会科学基金项目“我国网络言论自由法律机制与宪法第35条解释适用问题研究”（16BFX041）的阶段性成果。

** 东南大学法学院副教授，法学博士。

时,结果仅为 6 个(以下简称检索 A);搜索字段限定为"关键词""或者""摘要""不含""篇名"时,结果为 67 个(其中有 7 篇文献与法学无关)(以下简称检索 B);而搜索字段限定为"全文"时,结果却为 264 个,即使再以关键词"言论自由"进一步进行搜索限定,搜索结果也仍有 221 个。检索条件不变,将关键词替换为"明显而即刻的危险",当搜索字段限定为"篇名"时,结果仅为 5 个(均在检索 A 中);搜索字段限定为"关键词""或者""摘要""不含""篇名"时,结果为 34 个(均在检索 B 中);而搜索字段限定为"全文"时结果却为 440 个,再以关键词"言论自由"进一步进行搜索限定,搜索结果也仍有 332 个。单从这些数据就可以看出,[1] 我们对于危险原则的认识停留在这样的水平:尽管明显且即刻的危险原则在大量的被人们谈论着、作为一种知识背景被人们使用着,但是对于危险原则本身却缺乏透彻的了解。[2]

同时,还应当注意到的是,美国第一修正案真正的发展是与危险原则的诞生和发展相生相伴的。1917 年《间谍法》颁布之时,法官们对于包括言论自由在内的自由的基本认识是:个人的自由应受共同体的合法主张的限制,否则就是无政府主义。[3] 正是通过对煽动罪与言论自由关系的思考,第一修正案才开始走向现代化。

本文拟在这一背景下以时间为线索对危险原则进行梳理,以期真实、完整

---

[1] 即使考察这些论文的内容也可以发现基本上找不到对危险原则的来龙去脉进行过细致梳理的论文,同时有不少论文都存在对危险原则的误读和简单化、偏颇化地解读。例如,李海新:《公民表达权及其保障研究》,武汉大学 2011 年博士学位论文,第 100 页;李炳烁:《言论自由的限度理论》,载《江苏大学学报》(社会科学版)2005 年第 5 期;陈建平:《言论自由的保障——以 1923 年〈大公报〉案为例》,载《岳麓法学评论》2014 年第 9 期。当然,其中也不乏值得称道者。例如,程洁:《美国言论自由的限度》,载《环球法律评论》2009 年第 1 期;李丹、任东来:《霍姆斯、查菲与言论自由的司法审查标准》,载《南京大学法律评论》2012 年春季卷。然而前者重在对危险原则进行反思,后者则着重探讨了查菲(Chafee)在霍姆斯的"大转变"中起到的作用,在危险原则的梳理上仍有所欠缺。

[2] 细察有关危险原则的论文可以发现,它们大都受到了以下文献很深的影响:荆知仁:《美国宪法与宪政》,台北,三民书局 1984 年版;林子仪:《言论自由与新闻自由》,台北,月旦出版社 1993 年版;[美]杰罗姆 · 巴伦、托马斯 · 迪恩斯:《美国宪法概论》,刘瑞祥等译,中国社会科学出版社 1995 年版等。这些文献虽然对危险原则做了介绍、评价和反思,但也许是为篇幅所限,或为主题所囿,它们对危险原则的介绍也都较为简单。

[3] Vincent Blasi, "Learned Hand and the Self Government Theory of the First Amendment: Masses Publishing Co. v. Patten", 61 *U. Colo. L. Rev.* 1, 1990, pp. 11 – 12.

地呈现危险原则的样貌。

二、缘　起

汉德(Hand)法官在群众杂志社诉帕滕案中表示:"言辞不仅是说服一个人的关键,它同样也是引发行动的导火索"。[1] 这正是20世纪一二十年代美国法官们处理言论自由问题的基本思路:言辞之所以得以刑法限制和处罚,是因为它可能诱发、导致某种违法行为。由此,第一修正案所要解决的核心问题就是:言辞与违法行为之间存在何种联系的时候得以刑法限制和处罚之?[2]

对此,1917年《间谍法》第三节第一条(§3,title I)的3个条款是这样规定的:为阻扰美国军事上的胜利或促成敌军的胜利而故意制造或散布谣言、在军队中故意引起或意图[3]引起不服从、叛变、不忠或拒绝履行职责以及故意阻扰征兵的,均构成犯罪。[4] 这一规定仅仅规定了主观意图(故意)与危害后果,而对于言辞与危害后果之间的联系是直接的还是间接的、言辞是具体的还是模糊的,均未作出规定。而1918年的《反煽动法》在《间谍法》的基础上又增加了9个条款,进一步扩大了刑法限制言论的范围。在这些条款中尤其需要注意的是修订后的第5款。该条款规定,以口头、印刷、书写、出版等形式发布任何不忠的、不敬的、下流的、粗鄙的言论,或者任何意图引起对美国政府轻视、鄙视、侮辱或败坏名誉的言论均构成犯罪。[5] 这就将煽动性诽谤也包括了进来。由此可见,当时刑法对于言辞的限制是相当随意的,这也就在司法审查上对法官提出了要求。

然而,由于当时第一修正案基本上尚处于空白,因此法官和学者们对于这一问题的思考和分析难免经历了一段混乱时期。其中,尤其亟须厘清的问题是:如果要将言辞入罪,言辞与其所引发的违法行为(或危害后果)之间应该是

---

〔1〕 Masses Publishing Co. v. Patten, 244 F. 535, 540(S. D. N. Y. 1917).

〔2〕 对更为广泛的意义上的言辞与犯罪的关系,参见 Kent Greenawalt, "Speech and Crime", *American Bar Foundation Research Journal* 5, 1980, p. 645。

〔3〕 此处原文为"attempt",与犯罪未遂为同一个词。此处着重号为笔者所加。

〔4〕 Chafee, "Freedom of Speech in Wartime", 32 *Hav. L. Rev.* 932, 1919, pp. 935 - 936.

〔5〕 Chafee, "Freedom of Speech in Wartime", 32 *Hav. L. Rev.* 932, 1919, pp. 935 - 936.

一种怎样的联系？是否应该依言辞所引发的违法行为(或危害后果)的不同做区分处理？根据小凯尔文(Kalven,Jr.)的观点,从言论与违法行为之间联系的角度来看,依这种联系紧密程度的不同可以将言论分为三类:煽动性诽谤、一般性鼓动和煽动。[1] 那么,这三种言论是否都应该受到刑法规制？如果答案为否定,那么对这三种言论又该如何进行区分和处理？此外,小凯尔文还依据目的和后果的不同将煽动分为了一般性煽动和颠覆性煽动两类,并且认为后者是引发言论自由上争议的核心问题。[2] 对于这两种煽动又是否应该适用同一审查基准？

上述问题正是引领我们回顾、梳理明显且即刻危险原则的主要线索。

三、危险原则及其流变

(一)不良倾向原则(bad-tendency test)

在 1917 年《间谍法》颁布之时,法院通行的审查基准是不良倾向原则。根据不良倾向原则,只要言论满足以下两个条件,就应该判决其构成犯罪:(1)该言论自然的、合理的倾向可能造成某种被禁止的或不被允许的行为;(2)言论发布者为有意造成该结果(故意)。[3]

从表面上看起来,不良倾向原则是从目的和后果两方面来判断言论是否构成犯罪的,似乎也算是较为严格的审查基准。然而,在司法实践中,以下几个因素的存在使得不良倾向原则的审查流于表面,大量政治言论被判构成犯罪:(1)不良倾向原则并不要求在后果与言论之间存在直接的因果关系,而只要求

---

〔1〕 Harry Kalven,Jr.,*A Worthy Tradition: Freedom of Speech in America*,New York,Harper & Row Publishers,1988,p. 236.

〔2〕 Harry Kalven,Jr.,*A Worthy Tradition: Freedom of Speech in America*,New York,Harper & Row Publishers,1988,pp. 119 - 121. 小凯尔文认为,所谓颠覆性煽动即以采取一定的政治策略为特征,以改变或动摇现有统治秩序为最终目标的煽动,而一般性煽动则是仅仅意在引发一般的违法行为,如抢劫、盗窃、杀人等的煽动。

〔3〕 Geoffrey R. Stone etc.,*The First Amendment*,New York,Wolters Kluwer Law & Business,2012,p. 26.

存在间接的因果关系。[1] 这也就意味着只要陪审团认为二者之间存在一点即使是很遥远的联系,就可以认定存在不良倾向。(2)故意为推定认定。如果言论被认定存在造成被禁止行为的倾向,那么即可认定存在故意。这一推定的理论基础是,一个人对自己行为的自然的和可预见的后果必然是存在故意的。[2] 因此,"故意"虽为不良倾向原则的审查要素之一,但是实际上言论发布者是否存在故意根本在所不问。(3)"自然的、合理的倾向"之存在与否为由陪审团决定的事实问题。而由于陪审团组成人员代表的是主流价值观,因此在战时这样一个特殊时期,对于边缘言论很有可能抱有敌对情绪。即使法官对陪审团作出了严格的指示,陪审团也有极大的可能作出不利于被告的决定。[3] 因此,以不良倾向原则审查的煽动罪案件都是以有罪判决结案的。

(二)危险原则:社会达尔文主义者霍姆斯

在现代宪法学人看来,危险原则的出现是照亮第一修正案历史的第一缕曙光。然而严格来说,危险原则应分为两个阶段来看:霍姆斯大法官提出和发展的危险原则;经过布兰代斯(Brandeis)大法官改造后的危险原则。正如拉班(Rabban)所指出的,尽管使得自由主义者为之振奋,但是霍姆斯笔下的危险原则绝对不是"自由主义的"审查基准。[4] 诞生之初的危险原则与不良倾向原则相比并不存在实质区别,二者之间充其量只是有"度"的区别而已。

正如上文所指出的,霍姆斯笔下的危险原则并非自由主义的审查基准,而是社会达尔文主义的审查基准。可以说,社会达尔文主义对于霍姆斯的影响是贯穿始终的。[5] 基于真理的不确定性和社会的民主性,霍姆斯相信真理就是

---

〔1〕 Chafee, "Freedom of Speech in Wartime", 32 *Hav. L. Rev.* 932, 1919, p. 949.

〔2〕 Chafee, "Freedom of Speech in Wartime", 32 *Hav. L. Rev.* 932, 1919, p. 949; Geoffrey R. Stone, "The Origins of the 'Bad Tendency' Test: Free Speech in Wartime", *Sup. Ct. Rev.* 411, 2002, pp. 424 - 425.

〔3〕 Ernst Freund, "The Debs Case and Freedom of Speech", 19 *The New Republic* 13, 1919, p. 15, reprinted in 40 *U. Chi. L. Rev.* 239, 1973, p. 241; David M. Rabban, "The Emergence of Modern First Amendment Doctrine", 50 *U. Chi. L. Rev.* 1205, 1983, p. 1232.

〔4〕 Gerald Gunther, "Learned Hand and the Origins of Modern First Amendment Doctrine: Some Fragments of History", 27 *Stan. L. Rev.* 719, 1975, p. 735.

〔5〕 拉班详细描述了霍姆斯与布兰代斯之间存在的不同。他认为,霍姆斯是一个社会达尔文主义者,布兰代斯才是一个真正的自由主义者。David M. Rabban, "The Emergence of Modern First Amendment Doctrine", 50 *U. Chi. L. Rev.* 1205, 1983, pp. 1310 - 1311, 1320 - 1321.

"多数人的投票",多数人有镇压少数人的"自然权利"。[1] 由此,法官就应该对作为共同体代表的立法者和陪审团保持谦抑。[2] 就是在霍姆斯承认应重视言论自由的阿布拉姆斯案之后,他也并未放弃或改变社会达尔文主义——他的"思想的自由市场理论"不过是将"人与人之间的竞争"转换为"思想与思想之间的竞争"罢了。[3] 由于霍姆斯并未发掘出言论自由本身的价值和力量,他的危险原则对于言论自由的保护也就注定是不牢靠的。[4]

而就技术层面上而言,影响和贯彻危险原则始终的则是《普通法》一书。《普通法》可谓霍姆斯思想的集大成者,在该书完成后的 50 年里,霍姆斯一直都坚定地践行着这本书里的观点和思想。《普通法》的两大主题就是应该普遍构建外部的、客观的审查基准以及法律必须践行共同体的意志,而不是违逆共同体的意志而保护个人的自由。[5] 这一思想自然也体现于危险原则之上。而直接对危险原则产生影响的则是《普通法》中关于犯罪未遂的阐述。[6] 霍姆斯认为,犯罪未遂之所以应以刑法规制,其原因是在于该行为在它所处的具体环境中对社会所具有的危害性,与行为人的主观意图并无关系。在《普通法》中,霍姆斯将判断是否构成犯罪未遂的因素总结为 4 点:危险的紧迫性;危害的严重

〔1〕 Gerald Gunther, "Learned Hand and the Origins of Modern First Amendment Doctrine: Some Fragments of History", 27 *Stan. L. Rev.* 719, 1975, pp. 734 – 735; David M. Rabban, "The Emergence of Modern First Amendment Doctrine", 50 *U. Chi. L. Rev.* 1205, 1983, p. 1278.

〔2〕 David M. Rabban, "The Emergence of Modern First Amendment Doctrine", 50 *U. Chi. L. Rev.* 1205, 1983, p. 1276.

〔3〕 对于思想的自由市场理论的质疑,参见 Ashutosh A. Bhagwat, "The Story of Whitney v. California", in Michael C. Dorf, eds., *Constitutional Law Stories*, Santa Barbara, Foundation Pr., 2004, pp. 426 – 427。

〔4〕 霍姆斯的危险原则只能保护微不足道的边缘言论——在阿布拉姆斯案中,他说涉案言论不过是"一个毫不知名的人写的愚蠢的小册子"罢了。Abrams v. U. S., at 628.

〔5〕 David M. Rabban, "The Emergence of Modern First Amendment Doctrine", 50 *U. Chi. L. Rev.* 1205, 1983, p. 1267.

〔6〕 关于《间谍法》案件与犯罪未遂之间的紧密联系的分析,参见 Yosal Rogat, "The Judge as Spectator", 31 *U. Chi. L. Rev.* 213, 1964, p. 215; David M. Rabban, "The Emergence of Modern First Amendment Doctrine", 50 *U. Chi. L. Rev.* 1205, 1983, p. 1277。同时,当时政府在此类诉讼中也是将其作为犯罪未遂来理解的。参见 Geoffrey R. Stone, "The Origins of the 'Bad Tendency' Test: Free Speech in Wartime", *Sup. Ct. Rev.* 411, 2002, p. 429。

性;(对于危险的)理解的程度;完成犯罪的可能性。[1] 这一思想被直接适用到了申克案中——霍姆斯在申克案中提出,“当言论在它发生的具体环境中将自然产生造成国会有权阻止的实质罪恶的清楚且现实的危险时”,[2]政府即有权限制言论。事实上,霍姆斯本人曾向查菲承认过,《普通法》一书中关于犯罪未遂的观点是危险原则的直接根源,[3]而他所举的在剧院中高呼“起火”的例子也不禁让人想起他曾经判决过的纵火未遂案。[4] 总之,煽动性犯罪与犯罪未遂都是“一个接近度与程度的问题”。[5]

由此,危险原则的问题就非常明显了:(1)对言论与行为予以同等对待。换言之,并未承认言论自由的特殊价值。这一点霍姆斯虽然在后来的阿布拉姆斯案中予以了改进,然而正如前文所指出的,此改进仍是不完全的。(2)抛开了对行为人主观意图的审查。基于“行为之所以构成犯罪是在于对社会的危害,与主观意图无关”的思想,霍姆斯在危险原则中只考察言论可能造成的危险,而对言论发布者是否具有故意不予考虑。[6] 这就可能造成“过度打击言论”的后果。[7] (3)强调对立法机关与陪审团的谦抑。这一谦抑态度是由霍姆斯“共同体意志至上”的信念决定的。而对立法机关的谦抑正是危险原则在保护言论自由上存在的最大障碍。[8] 此外,与不良倾向原则一样,危险原则中对于危险的

---

〔1〕 David M. Rabban, “The Emergence of Modern First Amendment Doctrine”,50 *U. Chi. L. Rev.* 1205,1983,pp. 1272 – 1273.

〔2〕 Schenck v. United States,249 U. S. 47,52(1919).

〔3〕 Letter from Oliver Wendell Holmes, Jr. , to Zechariah Chafee, Jr. June 12, 1922; David M. Rabban, “The Emergence of Modern First Amendment Doctrine”,50 *U. Chi. L. Rev.* 1205,1983,pp. 1266 – 1267.

〔4〕 Commonwealth v. Pealsee,177 Mass. 267,59 N. E. 55(1901).

〔5〕 Schenck v. U. S. ,at 52.

〔6〕 但是,霍姆斯又认为应从“一般人的经验对于后果的预见”来推定存在故意。David M. Rabban, “The Emergence of Modern First Amendment Doctrine”,50 *U. Chi. L. Rev.* 1205,1983,pp. 1271, 1273. 另外,布兰代斯以及布兰登堡审查基准都是将“故意”的因素包括在危险原则的内容之内的。

〔7〕 但也有学者赞成霍姆斯在煽动罪上对“故意”这一因素的排除。参见 Yosal Rogat,“The Judge as Spectator”,31 *U. Chi. L. Rev.* 213,1964,p. 216; Geoffrey R. Stone,“The Origins of the ‘Bad Tendency’ Test: Free Speech in Wartime”,*Sup. Ct. Rev.* 411,2002,p. 426。

〔8〕 因此,拉班认为霍姆斯在阿布拉姆斯案中最重要的转变就是放弃了对立法机关的谦抑。David M. Rabban, “The Emergence of Modern First Amendment Doctrine”,50 *U. Chi. L. Rev.* 1205,1983, p. 1316.

存在与否是交由陪审团决定的。[1]

基于以上分析,尽管危险原则在言论与后果关联的紧密性上的分析较不良倾向原则更为精细、强调的力度更大,但二者之间并不存在实质区别。事实上,在阿布拉姆斯案之前,霍姆斯是将二者交替使用的。[2]

(三)被忽视的客观基准(masses test)[3]

在很多方面,汉德与霍姆斯都非常相像:同样尊崇多数人的决定,同样是怀疑论者,同样主张司法谦抑。[4] 只是在少数人的权利是否足以对抗多数人的意志这一点上,汉德与霍姆斯发生了不可调和的分歧。遗憾的是,汉德没能说服霍姆斯;[5]幸运的是,言论自由最终胜出了。[6]

客观基准是汉德法官在群众杂志社案中提出的。群众杂志社案到达汉德手中之时,危险原则尚未问世,不良倾向原则正当其道。然而不良倾向原则在汉德看来并非判断煽动罪的法律适用问题的恰当的基准;[7]作为一个怀疑论者,汉德认为对于将来可能发生的后果的判断无论是交由法官还是陪审团来进

---

〔1〕 这也正是弗洛伊德对危险原则极度不满的主要原因之一。Ernst Freund, "The Debs Case and Freedom of Speech", 19 *The New Republic* 13, 1919, p. 15, reprinted in 40 *U. Chi. L. Rev.* 239, 1973, p. 241. 直到丹尼斯案,危险存在与否的认定才被确认为是法律问题。Dennis v. United States, 341 U. S. 494, 515 (1951).

〔2〕 Gerald Gunther, "Learned Hand and the Origins of Modern First Amendment Doctrine: Some Fragments of History", 27 *Stan. L. Rev.* 719, 1975, p. 737.

〔3〕 这一基准本应翻译为"群众杂志社基准",但因为汉德最引以为傲的就是它是一个客观的审查基准,因此笔者称之为"客观基准"。

〔4〕 事实上,霍姆斯是汉德崇拜的偶像。参见 Gerald Gunther, "Learned Hand and the Origins of Modern First Amendment Doctrine: Some Fragments of History", 27 *Stan. L. Rev.* 719, 1975, p. 733。

〔5〕 有关汉德与霍姆斯通信的详情。参见 Gerald Gunther, "Learned Hand and the Origins of Modern First Amendment Doctrine: Some Fragments of History", 27 *Stan. L. Rev.* 719, 1975, pp. 732 – 745。

〔6〕 但是汉德本人在晚年却改变了对于言论自由的看法,不过这一转变与他的怀疑主义其实是相一致的。Learned Hand, *The Bill of Rights*, Cambridge, Harvard University Press, 1958, pp. 56 – 76.

〔7〕 在群众杂志社案中,汉德并未追问《间谍法》的合宪性,而只是致力于解决《间谍法》的适用问题。但是,甘特(Gerald Gunther)认为该案表面上是在进行法律解释,实质上却是在试图为受到保护的言论划定界限。Gerald Gunther, "Learned Hand and the Origins of Modern First Amendment Doctrine: Some Fragments of History", 27 *Stan. L. Rev.* 719, 1975, p. 726.

行都不过是主观猜测罢了;[1]更为重要的是,从后果来判断言论是否构成煽动将会造成对批评政府的言论的压制,与言论自由的价值是不相符的。[2] 因此,汉德认为在煽动罪的成立上应采取客观的审查基准——围绕言论的内容来进行判断。据此,汉德在群众杂志社案中提出,尽管民主社会对于言论应予诸多容忍,但是没有哪一个自由政府能够容忍"直接煽动暴力违抗(政府和法律)的言论"。[3] 这就是客观基准。与不良倾向原则和其后的危险原则不同,客观基准不问言论发布者的主观状态如何,也不问言论可能造成何种后果,它只考察言论的内容是否构成直接煽动。汉德所说的"煽动"就是建议他人违反法律,而要构成这里所说的"建议"就需要使他人相信违反法律是他的利益或责任之所在。[4]

煽动罪与言论自由之间的关系应如何处理?换言之,煽动罪合宪成立的条件是什么?不良倾向原则、客观基准与危险原则提出了两种不同的解决思路:(1)从言论可能造成的后果(以及故意)出发;(2)从言论的内容出发。哪种思路更为恰当?尽管汉德认为自己提出的基准是客观的,因此较危险原则更加恰当,但是客观基准的问题也是非常明显的。由于客观基准将行为人的主观状态和言论的后果完全抛开不问,因此很容易造成过度打击与过度保护的问题——对于虽然具有煽动的内容,但是并未造成严重后果或者不具有实质危险,例如听众都将之视为痴人说梦的言论而言,客观基准可能会造成过度打击言论自由的效果;而对于从言论内容来看虽然不具有直接煽动性,但是言论发布者具有

---

〔1〕 同时,汉德还认为任何涉及对程度的判断实际上都是授予了评判者自由裁量权,从而也就产生了滥用裁量权的可能。参见 Letter from Learned Hand to Zechariah Chafee, Jr., Jan. 2, 1921; Gerald Gunther, "Learned Hand and the Origins of Modern First Amendment Doctrine: Some Fragments of History", 27 *Stan. L. Rev.* 719, 1975, pp. 749 – 750。然而,对于程度的判断也许恰恰并不是一个审查基准的缺点而是它的长处。正如霍姆斯所指出的,引入了对程度的判断也许正是文明进化的象征。横亘在理性人或正当程序与巴比伦铜表法之间的,是人类2000年的文明。LeRoy Fibre Co. v. Chicago, Mil. & St. P. Ry., 232 U.S. 340, 354 (1914); Bernard Schwartz, "Holmes Versus Hand: Clear and Present Danger or Advocacy of Unlawful Action?", *Sup. Ct. Rev.* 209, 1994, p. 244.

〔2〕 Gerald Gunther, "Learned Hand and the Origins of Modern First Amendment Doctrine: Some Fragments of History", 27 *Stan. L. Rev.* 719, 1975, pp. 726 – 727.

〔3〕 Masses Pub. Co. v. Patten, p. 540.

〔4〕 Masses Pub. Co. v. Patten, p. 540.

煽动的故意,只是采取了间接的、暗示性的表述,并且实质上有极大的现实可能会造成对社会的危害的情况,客观基准则可能会造成过度保护的问题。尽管针对这两点指责汉德也曾为自己进行过辩护,[1]但不得不说这两个问题仍然是客观基准的致命伤。

由此可见,从言论内容入手判断煽动罪是否能合宪成立的思路很难说一定就优于从后果(以及主观意图)入手的思路。然而,客观基准却得到了弗洛伊德、小凯尔文等学者的推崇,[2]其原因何在呢?总体来说,客观基准较霍姆斯的危险原则更优的方面主要并不在技术层面,而是在价值取向上:汉德是第一个从民主的角度强调言论自由价值的法官。[3] 汉德苦心打造客观基准、力劝霍姆斯,原因都在于他认为言论自由对于民主具有重要意义。在汉德看来,对不同意见的容忍是民主政府合法性的来源。边缘言论虽然不容于主流价值观,但却是民主社会所不可或缺的构成要素。只要不构成煽动性言论,批评政府的言论即使可能造成严重的后果(如使民众对政府产生不信任),也不应被视为危害,不应予以限制和惩罚。[4] 这一思想在技术层面的具体体现就是汉德对于

---

〔1〕 Gerald Gunther, "Learned Hand and the Origins of Modern First Amendment Doctrine: Some Fragments of History", 27 *Stan. L. Rev.* 719, 1975, p. 729; Geoffrey R. Stone, "The Origins of the 'Bad Tendency' Test: Free Speech in Wartime", *Sup. Ct. Rev.* 411, 2002, p. 427.

〔2〕 弗洛伊德明显反对危险原则,并主张应该将重点放在"直接煽动"上。Ernst Freund, "The Debs Case and Freedom of Speech", 19 *The New Republic* 13, 1919, p. 15, reprinted in 40 *U. Chi. L. Rev.* 239, 1973, p. 240. 小凯尔文则明确表示更推崇客观基准。Harry Kalven, Jr. , *A Worthy Tradition: Freedom of Speech in America*, New York, Harper & Row Publishers, 1988, p. 125. 此外,布拉西(Vincent Blasi)也表示汉德的客观基准开创了第一修正案的新纪元。Vincent Blasi, "Learned Hand and the Self Government Theory of the First Amendment: Masses Publishing Co. v. Patten", 61 *U. Colo. L. Rev.* 1, 1990, pp. 5, 12. 甚至就连查菲也在私底下表示汉德的客观基准较霍姆斯的危险原则更为恰当。Gerald Gunther, "Learned Hand and the Origins of Modern First Amendment Doctrine: Some Fragments of History", 27 *Stan. L. Rev.* 719, 1975, p. 747.

〔3〕 Vincent Blasi, "Learned Hand and the Self Government Theory of the First Amendment: Masses Publishing Co. v. Patten", 61 *U. Colo. L. Rev.* 1, 1990, p. 5.

〔4〕 Gerald Gunther, "Learned Hand and the Origins of Modern First Amendment Doctrine: Some Fragments of History", 27 *Stan. L. Rev.* 719, 1975, p. 727; Vincent Blasi, "Learned Hand and the Self Government Theory of the First Amendment: Masses Publishing Co. v. Patten", 61 *U. Colo. L. Rev.* 1, 1990, pp. 11 - 12; Geoffrey R. Stone etc. , *The First Amendment*, New York, Wolters Kluwer Law & Business, 2012, p. 22.

"直接煽动"的强调。正是在汉德这里,煽动性言论与一般性鼓动才开始分道扬镳,这对于言论自由具有非同寻常的意义。[1]

具体说来,客观基准具有如下积极意义:(1)首次强调了言论自由对于民主的价值;(2)区分了煽动性言论与非煽动性言论,明确提出不构成煽动性言论的批评政府的言论受到言论自由的保护,从而将其排除在刑法限制之外;(3)提出了依据言论的内容来判断是否构成煽动罪的新思路。无论是不良倾向原则还是危险原则,都是从后果(以及是否具有故意)出发判断煽动罪的成立与否的。然而,言论与行动的区别就在于,言论自由具有特殊的价值。抛开言论的内容而仅仅只考察言论可能造成的后果,如同汉德所说,必然会压制某些对于民主社会而言必要的边缘言论。

不能否认,客观基准并不完美。但是它所具有的上述积极意义足以使得它虽经岁月的洗礼,但仍不致为历史的尘埃所遮蔽。尽管汉德为司法界对待他的客观基准的冷淡态度而感到心灰意冷,但是经过布兰代斯在惠特妮案[2]中的协同意见以及布兰登堡案的吸收,客观基准实际上已如汉德所期望的那样影响了第一修正案。

(四)危险原则:自由主义者布兰代斯

如上所述,霍姆斯笔下的危险原则问题多多,意义有限。尽管在阿布拉姆斯案中霍姆斯实现了重要转向,[3]将言论自由的价值纳入危险原则,放弃了对立法机关的谦抑,并且加入了"即刻"的因素,[4]但是危险原则存在的问题并没有得到真正的解决。相反,在阿布拉姆斯案之后的吉特罗案中,危险原则还暴

---

〔1〕 甘特指出,这一区分由汉德开创,但是直到布兰登堡案才得到正式适用。Gerald Gunther, "Learned Hand and the Origins of Modern First Amendment Doctrine: Some Fragments of History",27 *Stan. L. Rev.* 719,1975,p. 754. 而霍姆斯则不承认这一区别:他在吉特罗案中说,"一切思想都是煽动"。Gitlow v. People of State of New York,268 U. S. 652,673(1925).

〔2〕 Whitney v. California,274 U. S. 357(1927).

〔3〕 对于霍姆斯这一转向的原因,学者们有过多种分析和猜测,但是没有一种说法得到过完全的证实。Douglas H. Ginsburg,"Afterword",40 *U. Chi. L. Rev.* 243,1973,pp. 245 – 246; David M. Rabban, "The Emergence of Modern First Amendment Doctrine",50 *U. Chi. L. Rev.* 1205,1983,pp. 1311 – 1317.

〔4〕 甘特认为,即刻这一因素的加入才将危险原则与不良倾向原则区别开来。Gerald Gunther, "Learned Hand and the Origins of Modern First Amendment Doctrine: Some Fragments of History",27 *Stan. L. Rev.* 719,1975,p. 743.

露出了它的另一个问题点:将言论问题等同于犯罪未遂来考虑。在吉特罗案中,桑福德(Sanford)大法官直接指出,危险原则只适用于像《间谍法》所规定的那样以导致某种危害后果为成立条件的煽动性言论,而对于国会针对其内容本身而以立法禁止的言论——例如 1918 年《反煽动法》所禁止的煽动性诽谤,则应适用合理性审查基准。[1] 由于无法放弃犯罪未遂的思路,霍姆斯在该案的反对意见中对此未置一词。

对于危险原则所存在的这一系列问题的解决是由布兰代斯大法官在惠特妮案的协同意见中完成的。作为一个"真正的自由主义者",布兰代斯完成了危险原则最为重要的蜕变。在惠特妮案的协同意见中,布兰代斯在吸收汉德的客观基准的积极因素的基础上,对危险原则进行了如下改造:(1)进一步限定了"即刻"这一因素,要求危险的发生必须紧迫到"没有(给予这一问题)充分讨论的机会"[2]的地步。布兰代斯强调,应该相信公共讨论过程中理性的力量,"只要还有时间能够以讨论来揭露其虚假性和荒谬性,能够以教育来避免其罪恶,那么应该采取的补救措施就是更多的言论,而不是强制的沉默"。[3] (2)加入了严重性的因素,要求所可能发生的危险必须是国家能够合宪的寻求阻止其发生的"实质罪恶",而且这一罪恶必须足够严重。[4] 因为言论自由是一项如此值得珍视的价值,以至于为了避免微小的罪恶而压制言论自由是不恰当的。[5] (3)严格区分了煽动与一般性鼓动,指出煽动性言论与一般性鼓动的区分正是罪与非罪的区分。[6] 布兰代斯指出,我们必须牢记煽动与鼓动之间的区别,"即使是出于对严重损害的恐惧,仅仅是这一个因素也不足以证成对言论和集会自由的压制"。[7] (4)以言论自由对于民主,尤其是参与式民主的构成性价

---

〔1〕 Gitlow v. People of State of New York, p. 670.

〔2〕 Whitney v. California, Brandeis concurring, p. 377.

〔3〕 Whitney v. California, Brandeis concurring, p. 377.

〔4〕 Whitney v. California, Brandeis concurring, pp. 373, 376.

〔5〕 Whitney v. California, Brandeis concurring, p. 377.

〔6〕 Whitney v. California, Brandeis concurring, p. 376.

〔7〕 Whitney v. California, Brandeis concurring, p. 376.

值为基础构造危险原则。[1] 由此,布兰代斯赋予了言论自由独立的价值,[2]对于煽动性犯罪的合宪性控制分析彻底摆脱了犯罪未遂的思路。危险原则从此彻底脱离了与密尔的伤害论的瓜葛,不再像在霍姆斯手中时那样只能保护微不足道的言论。[3] (5)布兰代斯在这里所着力于解决的问题不再是言论什么时候可以被限制,而是第一修正案什么时候禁止政府限制公民的言论自由。[4] 用拉班的话来说,布兰代斯实际上是把危险原则改造成了"不得限制言论自由"这一普遍性原则的例外标准。[5] 至此,危险原则已彻底改头换面。

布兰代斯对危险原则改造的意义是无论怎样强调也不过分的。可以毫不夸张地说,如果没有布兰代斯大法官在惠特妮案的协同意见中所表达的伟大思想,要想象第一修正案能够达到今天的这种广度与深度是不可能的。[6]

四、终点? 布兰登堡审查基准

危险原则在布兰代斯发表惠特妮案协同意见后又经历了40多年的浮浮沉沉。[7] 20世纪三四十年代的休斯和斯通法院时期,危险原则曾一度成为联邦

---

〔1〕 Ashutosh A. Bhagwat, "The Story of Whitney v. California", in Michael C. Dorf, eds., *Constitutional Law Stories*, Santa Barbara, Foundation Pr., 2004, p. 427.

〔2〕 布拉西认为,布兰代斯对于言论自由与民主以及政府为什么应该容忍少数意见的论述是这份协同意见中最为重要的内容。Vincent Blasi, "The First Amendment and The Ideal of Civil Courage: The Brandeis Opinion in Whitney v. California", 29 *Wm. & Mary L. Rev.* 653, 1988, pp. 670-680.

〔3〕 Harry Kalven, Jr., *A Worthy Tradition: Freedom of Speech in America*, New York, Harper & Row Publishers, 1988, p. 163.

〔4〕 Vincent Blasi, "The First Amendment and The Ideal of Civil Courage: The Brandeis Opinion in Whitney v. California", 29 *Wm. & Mary L. Rev.* 653, 1988, p. 668.

〔5〕 David M. Rabban, "The Emergence of Modern First Amendment Doctrine", 50 *U. Chi. L. Rev.* 1205, 1983, p. 1337.

〔6〕 Ashutosh A. Bhagwat, "The Story of Whitney v. California", in Michael C. Dorf, eds., *Constitutional Law Stories*, Santa Barbara, Foundation Pr., 2004, p. 430.

〔7〕 有关布兰代斯的协同意见在1930~1940年的发展过程,参见Ashutosh A. Bhagwat, "The Story of Whitney v. California", in Michael C. Dorf, eds., *Constitutional Law Stories*, Santa Barbara, Foundation Pr., 2004, pp. 422-423; Harry Kalven, Jr., *A Worthy Tradition: Freedom of Speech in America*, New York, Harper & Row Publishers, 1988, pp. 167-185。

最高法院在颠覆性煽动领域的主导性审查基准。[1] 然而随着文森(Vinson, C. J.)接任首席大法官一职,联邦最高法院在言论自由上就日趋保守了。直至 1969 年的布兰登堡案,布兰代斯的协同意见才真正得到了承认与继承。[2]

在布兰登堡案中,联邦最高法院以简明意见(Per Curiam)的形式对于言论何时构成法律可以限制的煽动确定了以下判断标准:[3] 只有当言论是意在煽动或导致立即将发生的违法行为,并且存在导致这一违法行为的现实可能性时,鼓动他人使用暴力或违反法律才是得以禁止和处罚的。[4] 具体说来,布兰登堡审查基准有以下几点要求:(1)煽动的语言必须明确地指向具体的违法或暴力行为。仅仅只是泛泛的鼓动(具体指向不明),或者指向具体但是鼓动的语言并不明确,都不能构成煽动。(2)煽动必须是会立即引起违法行为。这就是布兰代斯所强调的,只要还没有到迫在眉睫的地步,还有给予这一观点或思想以公共讨论的可能,就不应该强制禁止言论自由。(3)煽动所将立即引发的违法行为必须是有实际发生的可能。如果听众仅仅将这一言论视为呓语,那么无论言论发布者采取怎样的鼓动性语言,都不能构成煽动。[5]

需要注意的是,布兰登堡审查基准不仅是对布兰代斯协同意见的继承,还是对它的发展。与布兰代斯的协同意见相比,布兰登堡审查基准有以下两个明显的变化:(1)布兰代斯是将“危险”(可能立即发生违法行为)与“煽动”作为二

---

〔1〕 墨菲(Murphy)大法官在 1940 年的索恩希尔案中(Thornhill v. Alabama, 310 U. S. 88, 1940)几乎重述了布兰代斯在惠特妮案的协同意见;小凯尔文则非常肯定地说,1940 年,在颠覆性煽动领域,法院所适用的基准就是危险原则。Harry Kalven, Jr., *A Worthy Tradition: Freedom of Speech in America*, New York, Harper & Row Publishers, 1988, p. 182.

〔2〕 同时,正是布兰登堡案推翻了惠特妮案的先例。

〔3〕 在这里,联邦最高法院只是说“惠特妮案之后的判例确定了”如下标准,但是布兰登堡案与此前的耶慈案(Yates v. United States, 354 U. S. 298, 1957)、斯盖尔斯案(Scales v. United States, 367 U. S. 203, 1961)等明显存在区别。关于“布兰登堡案之谜”,参见 Bruce Allen Murphy, *Fortas: The Rise and Ruin of a Supreme Court Justice*, New York, William Morrow & Co., 1988, pp. 543 – 544。

〔4〕 Brandenburg v. Ohio, p. 447.

〔5〕 Bernard Schwartz, “Holmes Versus Hand: Clear and Present Danger or Advocacy of Unlawful Action?”, *Sup. Ct. Rev.* 209, 1994, pp. 240 – 241.

选一的条件列出的,[1]而布兰登堡审查基准则是要求必须同时具备这两个条件。[2] (2)在惠特妮案(包括布兰代斯协同意见),危险的认定仍然是需要由被告举证、陪审团认定的事实问题,[3]而到了布兰登堡案,它已经转换为了由法官认定的法律问题,而且举证责任也是在政府一方而不是在被告一方。

总体来说,布兰登堡审查基准作为"吸收汉德的客观基准与危险原则二者的精华"[4]的结果,不愧为"联邦最高法院产生过的保护言论自由力度最大的"[5]审查基准。危险原则发展到布兰登堡审查基准已经到达了它的终点。然而,布兰登堡审查基准是否为煽动罪合宪性解释的终点?或者更为准确地说,布兰登堡审查基准在第一修正案的语境下是否是"帮助犯罪的言辞入罪"的最为恰当的审查基准?

上文曾指出,在危险原则产生和发展过程中亟须澄清的两个问题是:如果要将言辞入罪,言辞与其所引发的违法行为(或危害后果)之间的联系应该是一种怎样的联系?是否应该依言辞所引发的违法行为(或危害后果)的不同做区分处理?对于第一个问题,布兰登堡审查基准给出了令人满意的回答:[6]它将刑法限制的范围明确限定在煽动,排除了不明确的、指向不具体的一般性鼓动,从而解决了耶慈案与斯盖尔斯案遗留的问题;它同时强调了"即刻""严重性""可能性"三个要素,从而编织了一张保护言论自由的严密的网;它还明确了言

---

〔1〕 布兰代斯的原话是:"要成立明显且即刻的危险,就必须或者存在立即发生严重暴力行为的可能,或者存在对上述行为的鼓动。"Whitney v. California, Brandeis concurring, p. 376. 小凯尔文认为,"对上述行为的鼓动"就是煽动。Harry Kalven, Jr., *A Worthy Tradition: Freedom of Speech in America*, New York, Harper & Row Publishers, 1988, p. 166.

〔2〕 Harry Kalven, Jr., *A Worthy Tradition: Freedom of Speech in America*, New York, Harper & Row Publishers, 1988, p. 166.

〔3〕 布兰代斯曾考虑过举证责任倒置,但是在惠特妮案协同意见中最终没有采用。Ronald K. L. Collins & David M. Skover, "Curious Concurrence: Justice Brandeis's Vote in Whitney v. California", *Sup. Ct. Rev.* 333, 2005, pp. 375 – 376.

〔4〕 Gerald Gunther, "Learned Hand and the Origins of Modern First Amendment Doctrine: Some Fragments of History", 27 *Stan. L. Rev.* 719, 1975, p. 754.

〔5〕 John Hart Ely, *Democracy and Distrust: A Theory of Judicial Review*, Cambridge, Harvard University Press, 1980, p. 115.

〔6〕 本文的探讨只是在布兰登堡审查基准能够得到贯彻的假设下进行的。由于美国联邦最高法院在布兰登堡审查基准确立后再没有审理过颠覆性煽动的案件,因此作为颠覆性煽动言论的审查基准,布兰登堡审查基准究竟会表现如何,仍然有待实践的检验。

论自由与民主之间的关系,从而从基础上论证了不得为共同体的利益而轻易牺牲言论自由。然而,在第二个问题上,布兰登堡审查基准却是存在问题的。

稍作回顾即可发现,从汉德的客观基准到霍姆斯与布兰代斯的危险原则,再到布兰登堡审查基准,所有这些审查基准都并没有将目光仅仅放在颠覆性煽动上,它们所针对的都是言论引发违法行为的一般性问题。那么,布兰登堡审查基准作为这种一般性审查基准是否恰当呢? 回顾危险原则发展的历程我们可以发现,布兰登堡审查基准成立的基础是言论自由对于民主的特殊价值。为什么某些言论在会对共同体造成实质的损害(如降低人民对政府的信任度)的背景下却仍然处于宪法的保护范围之内? 为什么对一般性的鼓动不得以刑法限制和处罚? 为什么要将政府对鼓动的禁止和处罚限制在"即刻""严重性""可能性"所编织的网内? 布兰代斯给我们提供的答案是:因为一般性鼓动、边缘言论和批评政府的言论并非"危害"而是民主社会的构成性要素。〔1〕 这一对言论自由与民主勾连的证成是布兰代斯协同意见以及布兰登堡审查基准的灵魂之所在,也是第一修正案理论的现代化在煽动性言论合宪性解释上的投射。而回到上面的问题,我们很快就可以发现布兰登堡审查基准作为可能引发犯罪行为的言论的一般性审查基准的问题之所在:只有在针对的是政治性煽动〔2〕的时候,布兰登堡审查基准为言论所织就的严密的保护网才能找到论证的基础;当它指向的是其他言论时,布兰登堡审查基准就会产生过度保护的问题。〔3〕 因此,笔者认为,布兰登堡审查基准即使是在美国第一修正案的理论框架下,也仅仅应该适用于政治性煽动,而不应适用于其他的可能引发违法行为

〔1〕 布拉西在对布兰代斯协同意见的分析中认为,布兰代斯论证最后的落脚点是在勇气上。民主社会必然不会是一个恐惧反对意见的懦弱的社会。"与真正邪恶和危险的思想公开争辩的经验使我们成为一个更加巩固、更加生气勃勃的政治共同体。" Vincent Blasi, "The First Amendment and The Ideal of Civil Courage: The Brandeis Opinion in Whitney v. California", 29 *Wm. & Mary L. Rev.* 653, 1988, p. 692.

〔2〕 尽管小凯尔文称之为"颠覆性煽动",但是笔者认为重点应该是在煽动性言论是否构成政治性言论,因此在这里采取了"政治性煽动"的称谓。

〔3〕 关于布兰登堡审查基准作为一般性煽动罪审查基准的问题,参见 Kent Greenawalt, *Speech and Crime*, New York, 1980 Am. B. Found. Res. J, p. 724。但是,也有学者持不同看法。Vincent Blasi, "The Pathological Perspective and the First Amendment", 85 *Colum. L. Rev.* 449, 1985, pp. 449 – 500; Geoffrey R. Stone, "Free Speech in the Twenty-First Century: Ten Lessons from the Twentieth Century", 36 *Pepp. L. Rev.*, 2008, p. 273.

的言论,如煽动恐怖活动、教唆犯甚至帮助犯等。[1]

五、现代言论自由理论视野下的危险原则

如文章开头所说的,危险原则50年的发展历史实际上同时也是现代言论自由理论的发展历史。在危险原则诞生之初,由于三重审查基准论尚未产生,言论自由在美国面临的处境是:对于煽动性言论,法院将适用不良倾向原则;对于煽动性言论外的其他言论,法院则将如同审理其他案件一样适用合理性审查基准。这种情况直到1937年才首次得到了正式纠正:在赫恩登诉劳里(Herndon v. Lowry)案[2]中,罗伯茨大法官提出对于煽动性言论之外的其他言论应该适用较合理性审查基准更加严格的审查基准。[3] 随着危险原则的发展,在20世纪40年代危险原则一度成了言论自由的普遍审查基准。但是进入沃伦法院时期后,由于被认为存在逐案利益衡量(ad hoc balancing)的问题,危险原则遭到了法院的普遍拒绝。[4] 随之,作为言论自由普遍审查基准的严格审查基准在1960年后半叶正式形成。[5] 与此同时,布兰登堡审查基准得到正式确立。

而回顾危险原则发展的50年历程,我们可以进一步发现,危险原则的最终版本与最初版本之间的区别固然在于前者对危险的界定更为精确,但更为重要的却是以第一修正案理论的整体发展为背景的合宪性控制思维的引入。以行为可能带来的危害后果(危险)为标准来判断是否应对行为定罪科刑是刑法传

---

〔1〕 美国法院在这类案件中对布兰登堡审查基准的适用有时并不严格,参见 Holder v. Humanitarian Law Project,561 U.S.1(2010),有时甚至排除对布兰登堡审查基准的适用,参见 Rice v. The Paladin Enterprise,28 F.3d 233(4th Cir. 1997)。在这类案件中,"即刻"的要求是否还应该成立就是值得考虑的了。

〔2〕 Herndon v. Lowry,301 U.S. 242(1937).

〔3〕 Herndon v. Lowry, pp. 258 – 259; Harry Kalven, Jr., *A Worthy Tradition: Freedom of Speech in America*, New York, Harper & Row Publishers, 1988, p. 174.

〔4〕 Harry Kalven, Jr., *A Worthy Tradition: Freedom of Speech in America*, New York, Harper & Row Publishers, 1988, p. 180; Frank R. Strong, "Fifty Years of 'Clear and Present Danger': From Schenck to Brandenburg-And Beyond", *Sup. Ct. Rev.* 41, 1969, p. 52.

〔5〕 Richard H. Fallon, Jr., "Strict Judicial Scrutiny", 54 *UCLA L. Rev.* 1267, 2007, pp. 1275, 1284.

统的思维模式,也是20世纪初美国法院(包括霍姆斯的危险原则)判断言论是否落入《间谍法》条款规制范围,从而构成刑事犯罪的惯用思维模式。而危险原则在霍姆斯之后最重要的发展就是提出了危险并非判断言论是否构成犯罪的唯一标准,要断定言论构成犯罪,还必须对言论的内容(是否构成煽动)进行考察。这就是小凯尔文所说的现代第一修正案理论发展史上最重要的发展之一——对于煽动与一般性鼓动、煽动性诽谤的区分。而在所有这些变化后所蕴含的,则是对言论自由价值认识上的重大突破。言论自由从霍姆斯眼中的“众多不能对抗多数人同意的自由中的一种”,不仅成为民主社会的建构性要素,还成了具有特殊价值的优先性自由。由此,政府对言论自由的刑法规制不再是理所当然,而成了极为特殊的例外;在言论自由的事项上,司法权不应对政治部门保持谦抑,而应该积极履行合宪性控制的职能。

可以说,一方面,危险原则的发展触动和引发了言论自由基础理论。例如,对言论自由的价值的深入思考,从而推动了言论自由理论的现代化进程。另一方面,言论自由理论整体上的发展。例如,严格审查基准正式作为言论自由案件的审查基准得到确认,对于简单化的逐案利益衡量手法的质疑与摒弃等也在很大程度上促成了布兰登堡审查基准的最终树立。危险原则的发展与言论自由理论的现代化是一个互相交织、互相影响的过程,一旦剥离了这一大背景去看待危险原则是不可能获得准确的认识的。同样地,如果一味地着眼于危险原则中的具体规则和技术性要素,而忽略了由查菲、汉德和布兰代斯等人所赋予给它的,并为言论自由理论的现代化进程增强的灵魂性要素的话,危险原则将是经不起推敲的。

同时,我们也切不可过于夸大危险原则在现代言论自由理论中具有的地位,更不可随意扩大危险原则的适用范围。具体说来,从判例法来看,对于政府依据言论的内容对落入第一修正案保护范围内的“高价值”言论进行的限制,法院主要是依据严格审查基准进行审查的。危险原则仅适用于煽动性言论、威胁言论、挑衅言论和公布国家保密的信息(如国家机密、性侵案件的受害人个人信息)这样的“具有危险性的思想和信息”的情形。[1] 此外,我们还应注意到以下事实:在“帮助犯罪的言辞”的场合下,自丹尼斯案之后,联邦最高法院再未有过定罪的判例;自芬纳案[2]之后它也再未作出过限制挑衅言论的判决;同样地,除阿吉案外,[3]联邦最高法院从未因泄露国家秘密而限制公民的新闻或出版自由;它甚至从未支持过因可能导致司法不公而限制言论自由的诉讼请求。[4]

我们在谈论危险原则时,对以上诸种不可不察。

---

〔1〕 Geoffrey R. Stone et al. , *The First Amendment*, New York, Wolters Kluwer Law & Business, 2012, p. 125.

〔2〕 Feiner v. New York, 340 U. S. 315(1951).

〔3〕 Haig v. Agee, 453 U. S. 280(1981).

〔4〕 Geoffrey R. Stone et al. , *The First Amendment*, New York, Wolters Kluwer Law & Business, 2012, p. 125.

奥利弗·温德尔·霍姆斯的言论自由思想研究

袁博文*

内容摘要：奥利弗·温德尔·霍姆斯是美国法律史上最伟大的法官之一。在他长达49年的法官生涯中，他写下了许多意义深远的判决意见，而其中最著名的部分集中在言论自由方面。他所提出的"明显而现实的危险"原则与"思想自由市场"理论在美国言论自由史中占据着重要地位，极大地促进了言论自由的发展。霍姆斯的一生是传奇的，他出生于贵族家庭，接受了良好的教育，也曾在战争中出生入死。他曾因为主张优胜劣汰的社会达尔文主义而饱受批评，又因为对言论自由的保护成为自由主义者的偶像，拥有大批追随者。霍姆斯的言论自由思想是在不断变化的，而每一次的重要转变，都给美国言论自由的司法立场带来了深远影响。

关键词：奥利弗·温德尔·霍姆斯　言论自由　"有害倾向"标准　明显而现实的危险　思想自由市场

一、霍姆斯及其早期言论自由思想

（一）关于霍姆斯

奥利弗·温德尔·霍姆斯（Jr. Oliver Wendell Holmes）是美国著名法官、法学家。他出生于高知家庭，他的父亲老奥利弗·温德尔·霍姆斯是医生、演讲家、诗人、作家，母亲阿梅莉亚·杰克逊·霍姆斯是波士顿地区法官杰克逊的女

---

* 广东晟典律师事务所。

儿。受家庭影响,哲学和文学的种子从小便在霍姆斯的心里种下。1857 年,霍姆斯进入哈佛大学学习。1861 年南北战争爆发,同年,他应征入伍,服役期间三次身受重伤。1864 年,霍姆斯退役,并再次进入哈佛大学,决定选择法律作为学海生涯的起点,求学于法学院,并于 1866 年毕业。次年,他取得律师资格,成为马萨诸塞州的律师。1881 年,霍姆斯发表了理论著作《普通法》,引发了不少关注,他也因此于次年被哈佛大学法学院聘为教授。1882 年 12 月,霍姆斯辞去了教学职务,接受了马萨诸塞州最高法院法官的任命,由此开始了他长达 49 年的法官生涯。1902 年,霍姆斯迁任美国联邦最高法院大法官,并于 1932 年 1 月退休。就任法官期间,霍姆斯裁决了大量言论自由案件,其意见对美国言论自由保护历程和联邦最高法院对相关案件的裁判标准产生了深远影响。1935 年 3 月 6 日,霍姆斯因肺炎在华盛顿逝世,享年 94 岁。

霍姆斯的一生是传奇。他在美国内战中出生入死,三次重伤又奇迹般康复;他无疑是早慧而才华横溢的,却直到晚年才获得其梦寐以求的盛名;他的著作《普通法》被认为是"美国人撰写的最具原创性的法学著作";[1]他被誉为美国近百年来最重要的法学理论家;[2]他的法官生涯占据了他长寿的一生中的一半以上时间——长达 49 年之久,空前绝后;他在著作、演讲和法律文书中创造了许多令人难忘的警句,被后人广泛引用。

霍姆斯也是充满争议的。他在美国的声誉几经沉浮。20 世纪 30 年代起,美国掀起了霍姆斯热潮,他成为自由民权主义的象征与现实主义法学的旗帜,被评论家盛赞为"几百年来人类文明的巅峰"。[3] 然而 10 年后,人们出于对法西斯主义的恐惧,开始声讨霍姆斯对集权主义和社会达尔文主义的推崇,以及他对军国主义的浪漫渲染。同时,他也因为种族主义、对妇女权利的轻视而再度引发了一系列批判。由此,霍姆斯被拉下神坛,遭受道德拷问与质疑。直到

---

〔1〕 [美]怀特·爱德华:《奥利弗·温德尔·霍姆斯——法律与本我》,孟纯才、陈琳译,法律出版社 2009 年版,引言部分第 1 页。

〔2〕 [美]R. 萨默斯:《法学理论家富勒传略》,斯坦福大学出版社 1984 年版,第 1 页。转引自沈宗灵:《现代西方法理学》,北京大学出版社 2017 年版,第 42 页。

〔3〕 Albert W. Alschuler, *Law Without Values: The Life, Work, and Legacy of Justice Holmes*, Chicago, University of Chicago Press, 2000, p. 14. 转引自柯岚:《霍姆斯法官的命运》,载《法律方法与法律思维》2005 年第 00 期。

20世纪70年代,有学者开始主张对霍姆斯名誉的修正。1990年年末,《法律的道路》发表100周年纪念后,对霍姆斯的研究又兴起高潮。20世纪以来,与霍姆斯相关的话题被反复提起,人们对这位传奇的法官或迷恋或痛恨。他超越了职业的樊篱,广泛地影响了美国社会,甚至成为美国的象征之一。毫无疑问的是,他的言论自由思想在学术思想史中熠熠生辉,是一个值得研究的重要课题。

(二)霍姆斯早期的言论自由思想

1881年3月3日,霍姆斯的著作《普通法》出版,尽管该书在当时并未引起很大反响,但依然使波士顿社会名流中的法律界人士注意到霍姆斯的学术才华,并在某种程度上改变了他的职业生涯。同年秋,当时的哈佛大学法学院院长查尔斯·W.埃利奥(Charles W. Eliot)致信霍姆斯,邀请他加入教员行列。霍姆斯在回信时表示,一旦法院出现职位空缺,他会选择填补空缺而非留任教职。次年2月,他受邀成为教授,教学内容主要涉及他在《普通法》中阐述的问题。12月,霍姆斯辞去哈佛法学院的职务,出任马萨诸塞州最高法院法官。自此至1919年申克诉美国政府案(Schenck v. United States),这37年间霍姆斯共参与了9个言论权利案件[1]的审理,在其中6个案件中与多数意见一致,3个案件中表示了异议。他早期的言论自由思想便反映在他所裁判的言论自由案件和他对普通法的理解中,呈现出以下特点:

第一,霍姆斯早期对言论自由的理解是初步的。他尚未形成系统、明确、独到的看法,甚至在不同的言论权利案件中,他的立场并不始终如一。总体而言,霍姆斯所遵循的是普通法中的限制学说。但是从托莱多报业公司诉美国案和巴尔泽诉美国案两案中霍姆斯的异议来看,霍姆斯开始逐渐从自由主义的角度理解言论自由。

第二,霍姆斯相对局限于从法律的视角看待言论自由。除了以经济关系解释言论自由时,霍姆斯在思考中加入了经济学理论;在其余案件的裁判中,他都

---

〔1〕 分别是考利诉普尔西弗案(Cowley v. Pulsifer),伯特诉每日广告公司案(Burt v. Advertiser Daily Company),麦考利夫诉新贝德福德市长案(Mcauliffe v. Mayor of New Bedford),联邦诉戴维斯案(Commonweath v. Davis),帕特森诉科罗拉多案(Patterson v. Colorado),福克斯诉华盛顿案(Fox v. Washington),汉森诉全球报业公司案(Hanson v. Globe Newspaper Co.),托莱多报业公司诉美国案(Toledo Newspaper Co. v. United States),巴尔策诉美国案(Baltzer v. United States),其中前6个属于多数意见。

是依据普通法检视言论自由,其意见完全没有偏离法理学传统。而霍姆斯后期的言论自由思想则更多地增添了哲学思考。例如,“思想自由市场”理论包含更多的社会关注,也具有理想主义的特点。

第三,霍姆斯尚未重视宪法第一修正案意义上的言论自由。尽管言论权利案件中的当事人往往以宪法第一修正案中的言论自由条款为自己的言行辩护,但是霍姆斯并没有采纳此类辩护理由。在判决意见中,霍姆斯以言论自由意味着禁止事先审查而非事后惩戒来理解第一修正案,甚至在部分案件中根本没有着墨于宪法条款,仅依普通法原则裁决。

第四,霍姆斯这一阶段的大部分裁决都属于限制言论自由的性质。除在托莱多报业公司诉美国案和巴尔泽诉美国案两案中他对运用“有害倾向”标准提出了限制意见,认为该标准在案件中扩大了言论限制范围,在一定程度上侵害了自由,霍姆斯在他审理的其他案件中都站在了限制言论的立场,无论其依据是普通法原则、“有害倾向”原则抑或是经济学理论。

第五,霍姆斯的言论自由思想是在发展变化的,并提出过具有创新性的看法。尽管霍姆斯在这一阶段总体上都是在普通法的框架下审理言论权利案件,但是其思想是在不断发展变化的。他的裁判标准先是普通法中的抽象原则,后是“有害倾向”标准,最后又从自由主义的角度出发,限制“有害倾向”标准的运用。此外,运用经济学理论,以经济关系解释言论自由,是霍姆斯言论自由思想中的创新之处。

尽管此时霍姆斯尚未形成对言论自由的独到见解,其所裁判的案件也并未引起太多关注,但是一些看似不起眼的决定可能拥有具有广泛影响力的理论酵母。霍姆斯在这一阶段的言论自由思想在不断发展变化,后期甚至从自由主义的角度表达了对“有害倾向”标准的限制意见。

二、“明显而现实的危险”原则

(一)“明显而现实的危险”原则的提出

1917 年,美国正式向德国宣战,并加入了第一次世界大战。同年 6 月,国会批准通过了《间谍法》,并于次年对其进行进一步修改。虽然《间谍法》的立法直接目的并不是限制言论,但是在执法过程中却转化为言论管制的利剑,产生了诸多言论自由案件。仅第一次世界大战期间及战争结束后的短期内,美国政府根据《间谍法》提起的诉讼多达 1900 件,基本上是指控报刊等出版物发布反战言论。[1] 申克诉美国案[2]就是在这样的背景下发生的。霍姆斯正是在该案中提出了著名的"明显而现实的危险"原则。

被告申克(Schenck)时任美国社会党官员,他指示给费城应征人员寄送大量反战、反征兵传单。传单主张废除征兵制度,抨击该制度是反人道且违宪的,号召应征者主张个人权利、抵制征兵。申克随后被控妨害征兵、违反《间谍法》而受到起诉。申克及其律师以宪法第一修正案作为辩护理由主张自己无罪,认为《间谍法》违宪,并要求最高法院推翻联邦地区法院的判决。

最高法院认同下级法院的判决,裁定申克有罪。霍姆斯没有采纳申克的辩护理由,认为该案中的传单不受第一修正案保护,因为在战时,许多平时可以容忍的言论都将因妨碍战争变得不能容忍。他以在剧院高呼失火引起恐慌为例,说明行为的性质与其特定背景息息相关,特定场景下的某些言论是不能容忍的。这里存在一个程度的问题。霍姆斯在判决意见书中写道:"在每一个有关言论的案件中,其问题都在于所发表的言论在当时所处的环境及其性质,是否会造成明显而现实的危险……这是一个是否迫近和程度的问题……"[3]

霍姆斯的这份判决意见语言精彩,影响深远。他在此提出了"明显而现实的危险"原则,旨在以特定环境下言论可能造成危险的程度和性质来决定是否对其进行限制。在这里,言论自由是一项可以衡量的、可以克减的权利。霍姆斯并没有对宪法第一修正案展开直接论述,没有采纳汉德法官(Learned Hand)于 1917 年提出的"直接煽动"标准,甚至没有对"明显而现实的危险"原则的内涵及其立论基础展开具体说明。就本案而言,"明显而现实的危险"原则更注重的是案件发生时的特殊背景和对《间谍法》的解释,被运用于论证言者的罪行。其实,仔细分析后我们不难发现,该原则在本案中与"有害倾向"标准并无本质

---

[1] Zecharish Chafee Jr. , *Free Speech in the United States*, Cambridge, Havard University Press, 1941, p. 3. 转引自邱小平:《表达自由——美国宪法第一修正案研究》,北京大学出版社 2006 年版,第 17 页。

[2] Schenck v. United States, 249 U. S. 47(1919).

[3] Schenck v. United States, 249 U. S. 47(1919).

的区别,它只不过是“有害倾向”的翻版。“‘明显而现实的危险’与‘有害倾向’一样,只是一种衡量行为与犯罪之间的评判标准。”[1] 霍姆斯此时还没有脱离普通法的思考框架,“明显而现实的危险”原则在提出之时并不是一项保护言论权利的自由主义标准,而只是将“有害倾向”原则具体化,是它的一个变形。尽管在申克诉美国案中,霍姆斯无意创设一项新的司法审查标准,但是对后世影响深远的“明显而现实的危险”原则于此案中被首次提出,拉开了联邦最高法院审查言论自由案件的序幕。在后面的案子中,霍姆斯和最高法院进一步发展完善了该原则。

(二)“明显而现实的危险”原则的发展完善

与《间谍法》相关的言论权利案件不断增加,在霍姆斯裁定申克诉美国案不久之后,他又审理了弗罗沃克诉合众国案(Frohwerk v. United States)[2] 和德布斯诉合众国案(Debs v. United States)。[3] 在这两个案件中,虽然霍姆斯没有提及“明显而现实的危险”一词,但是仍然采用申克案中的推论,依据“有害倾向”标准认可法院依据《间谍法》对上诉者的定罪。但在之后的司法实践中,霍姆斯又逐渐跳出普通法的思维框架,摒弃“有害倾向”标准,在审判中以异议者的姿态加强了对言论自由的保护,发展了“明显而现实的危险”原则,使其逐步得以完善。值得注意的是,这项原则自诞生之时起至20世纪60年代,最高法院在不同的案件中不断将其修正完善,并在很长一段时间普遍认同其作为审理言论权利案件的司法标准,直至1969年布兰登伯格诉俄亥俄州案(Brandenburg v. Ohio)之后才很少再提起。但霍姆斯本人对该原则的发展仅体现在1919年艾布拉姆斯诉合众国案(Abrams v. United States)、1925年吉特洛诉纽约州案(Gitlow v. New York)和1927年惠特尼诉加利福尼亚案(Whitney v. California)三个案件中。本部分仅就霍姆斯对“明显而现实的危险”原则的发展进行研究。

---

[1] David M. Rabban, “The Emergence of Modern First Amendment Doctrine”, *The University of Chicago Law Review* 50, 1983.

[2] Frohwerk v. United States, 249 U. S. 204, 209 (1919).

[3] Debs v. United States, 249 U. S. 211, 1919.

1. 艾布拉姆斯诉合众国案

1919 年 11 月,霍姆斯在艾布拉姆斯诉合众国案[1]中提出了著名的异议,即反对以“明显而现实的危险”原则认同《间谍法》的多数意见,这也是他关于第一修正案的伟大论述。该案原告艾布拉姆斯(Abrams)和他的同事撰写并散发了英文和犹太依地语两种文字的传单,谴责美国派军到俄国的行为,号召工人罢工抗议,并呼吁工人阶级推翻资本主义政府。他们被控违反 1918 年《间谍法》第 3 条并被分别判处 15 年到 20 年的徒刑。艾布拉姆斯向最高法院上诉,他辩称他们没有主观故意,不具备依据《间谍法》定罪的主观要件,并且《间谍法》本身是违宪的,他们应当享有第一修正案赋予的言论自由权利。

最高法院在审理后,多数意见认为申克案对处理依据第一修正案提起的诉讼具有指导意义,运用“明显而现实的危险”原则维持了下级法院的判决。但是霍姆斯在该案中提出了反对意见。他首先承认,这些传单确实攻击了美国政府,煽动军火工人罢工。但他同时强调,行为必须有破坏美国进行战争的意图才能被认定为是《间谍法》所禁止的犯罪。霍姆斯一方面表示,他自己不会有任何理由怀疑最高法院关于申克案和德布斯案裁定的正确性;另一方面对“明显而现实的危险”原则进行了极为重要的修正,即对“明显而现实的危险”的含义作出具体限定,必须是针对“显而易见又迫在眉睫的危险的言论”,[2]美国政府才可以合法地予以处罚。在这里,霍姆斯发展了该原则的含义,将现实变为即刻,“明显而现实的危险”变为“明显且即刻的危险”。这项修正是本案最精彩的亮点之一,霍姆斯通过强调危险的紧迫性,大大削弱了危险本身的一般威胁,体现了霍姆斯保护言论自由的立场。此外,值得注意的是,霍姆斯对“显而易见又迫在眉睫的危险的言论”设定了一个限定条件,即不涉及私人权利的言论。这表明霍姆斯开始有意识地将私人言论与公共言论进行区分。或许,这里还有一个重要的契机,即该案当事人艾布拉姆斯只是一个普通的俄国移民,相较于作为社会主义党官员的申克而言,不具有广泛影响力,法院对战时背景的考量可能因此减少,故霍姆斯选择在该案中重新阐释“明显而现实的危险”原则。

---

〔1〕 Abrams v. United. States, 250 U. S. 616(1919).

〔2〕 Abrams v. United. States, 250 U. S. 616(1919).

2. 吉特洛诉纽约案

霍姆斯在1925年吉特洛诉纽约州案中进一步发展了“明显而现实的危险”原则。本杰明·吉特洛(Benjamin Gitlow)因参与发行宣扬社会主义革命的手册、发表无政府主义言论而被认定违反了《纽约州刑事无政府主义法》,进而被判有罪。吉特洛不服,上诉至最高法院。最高法院维持了州法院的裁判,认为对吉特洛的定罪的合理的。桑福德大法官(Edward Sanford)代表多数意见表示,煽动颠覆政府的言论无疑会给公共秩序带来危险,且其后果难以预料。微小的火种也可能会引发毁灭性的火灾,因此政府有必要为了维护公共秩序与安全而及时扑灭革命的火种。[1]

霍姆斯和布兰代斯(Louis Brandeis)大法官都对此案持不同意见,他们向法院共同提交了一份由霍姆斯执笔的异议书。霍姆斯首先提出,该案中的手册不具有危险。他强调了“明显且即刻的危险”原则中的程度问题,即言论要造成显而易见且迫在眉睫的危险时方能处罚,并明确了该原则处罚的是行动而非思想。此外,霍姆斯还对表达和煽动这两个概念进行了区分,他认为每一种想法都是具有煽动性的,而正常的表述观点与狭义上的煽动之间的区别在于“演讲者是不是热衷于实现其所表述的思想”。[2] 霍姆斯的这段论证进一步丰富了“明显而现实的危险”原则的内容,但遗憾的是,他的论证理由主要是基于吉特洛的手册尚未造成社会危险。这也正是一种奢侈的公民自由观的体现。

3. 惠特尼诉加利福尼亚案

1927年,“明显而现实的危险”原则在惠特尼诉加利福尼亚案中得到了进一步发展,更加具有保护性。夏洛特·安妮塔·惠特尼(Charlotte Anita Whitney)在1919年11月底参加了共产主义劳动党的一次大会。当局指控该组织是一个鼓吹工团主义的反政府组织,已明显违背州法,惠特尼也因此获罪。

惠特尼不服加利福尼亚州法院的判决,向最高法院提起上诉。最高法院维持了加利福尼亚州法院的判决。桑福德大法官再次代表多数执笔意见书,他并没有用过多的篇幅讨论言论自由问题,他认为,鼓吹暴力工团主义足以说明惠

---

〔1〕 Gitlow v. New York, 268 U. S. 625 (1925).

〔2〕 Gitlow v. New York, 268 U. S. 625 (1925).

特尼行为的危险性。布兰代斯法官和霍姆斯都对此持不同意见。布兰代斯法官代表霍姆斯发表了长篇附议。

布兰代斯抨击了桑福德大法官的多数意见。他认为多数意见的说理不具有说服力,忽略了“明显而现实的危险”原则。他在意见书的开篇就指出,“明显而现实的危险”原则是人民公认的言论标准,并进一步表示,由于司法审查,立法机关的言论立法不具有结论性。这份意见书的精彩之处还在于,布兰代斯在说理中弥补了霍姆斯“剧场高喊失火”的论证漏洞,他将“明显而现实的危险”原则与宪法联系起来,认为公共参与与公共讨论是一项政治义务,能够为理智决策提供更多机会,但同时也表示,言论自由的性质不是绝对的。进而,布兰代斯得出结论:只有危害到政府,才能压制言论,“明显而现实的危险”意味着“言论将引起的危险是如此紧迫以致来不及充分讨论就会发生”。[1]

布兰代斯附议的论述对“明显且即刻的危险”原则进行了重要修正,丰富了其内涵。他承认这项原则的具体内容,包括何种程度达到明显和现实等,最高法院尚且没有明确。但是他主张对这项原则的使用进行严格的限制,并从程度上对该原则作出了限制性解释。布兰代斯的意见还从民主政治价值的角度说明了言论自由的意义,将该原则与宪法挂钩,增强了这项原则对言论自由的保护性。尽管这份意见书是由布兰代斯执笔,但霍姆斯也在该份意见书上联署签名,代表霍姆斯认同布兰代斯对“明显且即刻的危险”原则的解读。

(三)争议与反思[2]

霍姆斯提出的“明显而现实的危险”原则在美国法学界引发了空前的争论。赞同者认为,“明显而现实的危险”原则确认了言论自由的价值和言论自由在现有权利序列中的优先性,同时也具有一定的可操作性。[3] 美国宪法学者安提欧(Chester Antieau)认为,“明显而现实的危险”原则的精髓在于对社会各种利

---

〔1〕 Gitlow v. New York, 268 U. S. 625 (1925).

〔2〕 此部分的论述参见笔者另一篇论文,袁博文:《〈表达自由的法律限度〉:背景、争议与贡献》,载《人权研究》2017 年第 18 辑。

〔3〕 Zechariah Chafee Jr., *Free Speech in the United States*, Cambridge, Havard University Press, 1941, pp. 81 – 82; Chester Antieau, "Clear and Present Danger: Its Meaning and Significance", *Notre Dame Lawyer* 25, 1950, p. 640.

益的仔细权衡,为言论自由的保护作出了很大的贡献。[1] 学者查菲(Zechariah Chafee Jr.)将这项原则解释为保护言论自由的肯定性允许规则,而不是否定性规则。[2] 而不认同这项原则的学者则从霍姆斯的论证过程开始加以讽刺。美国宪法学者卡尔文(Harry Kalven)认为,剧院里谎叫失火造成恐慌这一类比纯粹是误导世人,因为它立论的前提是言论得以依第一修正案而具有绝对性。并且这个类比缺乏必要的复杂性,只是显得振振有词罢了。[3] 厄恩斯特·弗罗因德(Ernst Freund)也表示,剧院谎报失火这个类比显然不恰当,不适用政治性违法行为,由此得出的结论也是靠不住的理论。[4] 在众多反对意见中,亚历山大·米克尔约翰(Alexander Meiklejohn)的批评最有力度,是"明显而现实的危险"原则遭遇的最大冲击。概括而言,学者们对该原则的批判主要集中在以下四个方面:

第一,"明显而现实的危险"原则含义不清,在实践中难以准确把握。正如霍姆斯在惠特尼诉加利福尼亚案中承认,最高法院的确尚未确定一个标准以决定什么危险是明显的,危险在多遥远的时候即应被视为即刻的,言论应当在什么程度上被认定为危险,而又应当在什么程度上得以纳入保护范围。大法官斯通(Harlan Stone)也说过,该原则应该被视为实践技术而非抽象准则,并且其内涵从未被准确地表达出来。[5] 这使得"明显而现实的危险"原则在实务中不便操作,不仅是同一社会背景之下难以把握分寸,更可能导致不同社会背景中对同一言论的区别对待,进而引发司法公正问题。此外,这甚至还可能引发另一问题,即导致边缘写作或议论失去信心。[6]

---

〔1〕 Chester Antieau, "Clear and Present Danger: Its Meaning and Significance", *Notre Dame Lawyer* 25, 1950, pp. 604–606, 639–640.

〔2〕 Zechariah Chafee Jr., *Free Speech in the United States*, Cambridge, Havard University Press, 1941, pp. 81–82.

〔3〕 Harry Kalven Jr., *A Worthy Tradition: Freedom of Speech in America*, New York, Harper and Row, 1988, pp. 133–134.

〔4〕 Ernst Freund, "The Debs Case and Freedom of Speech", *The New Republic* 19, 1919, pp. 13–14.

〔5〕 [美]亚历山大·米克尔约翰:《表达自由的法律限度》,侯健译,贵州人民出版社2003年版,第37~38页。

〔6〕 [美]T. 巴顿·卡特、朱丽叶·L. 迪、马丁·J. 盖尼斯、哈维·祖克曼等:《大众传播法概要》,黄列译,中国社会科学出版社1997年版,第10页。

第二,“明显而现实的危险”原则忽视了对公私两种不同言论的区分。米克尔约翰认为,宪法第一修正案对公共言论自由的保护是绝对的,霍姆斯错误地理解了宪法,而错误的关键在于他忽视或否认了宪法第一修正案与第五修正案的区别,试图以第五修正案的正当程序条款代替第一修正案。[1] 米克尔约翰通过对宪法条款的考察论证得出结论:美国宪法赋予了公民两种在性质上存在根本区别的言论自由权利,即第一修正案所保护的是公共言论的自由,而第五修正案所保护的是私人言论的自由。他认为,霍姆斯的“明显而现实的危险”原则违背了第一修正案,将言论自由从不能克减的绝对权利变为一种可让渡的、可以削减的相对权利,从原则问题变为条件问题,降低了公共言论的法律地位,因此霍姆斯和最高法院的立场是站不住脚的。

第三,“明显而现实的危险”原则削弱了美国的民主。米克尔约翰认为,公民自治是美国民主社会的基础。宪法第一修正案的目的在于所有公民根据共同的协定进行自我统治。言论自由对民主自治而言有着不可估量的价值,因为只有当公共言论不受限制时才能使公民更广泛、更深入地参与政治生活,从而实现自治和民主制度的健康运转。而霍姆斯的思想基础便是个人主义的哲学观。在霍姆斯看来,国家是一群原子式个人的巨大聚合物,宪法是人们共同活动的结果,而人们组成的社会并没有集体目的。米克尔约翰对这种冰冷的法律机械论提出质疑,主张发现蕴含在宪法中的明智而坚实的道德原则,并从热心关心公共利益的好人的角度理解宪法。米克尔约翰认为,霍姆斯的“明显而现实的危险”原则取消了第一修正案的价值,忽视了公共言论的民主价值,不利于公民参与公共事务、发表公共言论,“破坏了自治方案的智识基础”,[2]“对自治观不啻是一场灾难”,[3]不利于民主政治机制的正常运转,进而削弱了美国的民主。

第四,“明显而现实的危险”原则并不利于言论自由保护。美国宪法学者马

---

〔1〕[美]亚历山大 · 米克尔约翰:《表达自由的法律限度》,侯健译,贵州人民出版社 2003 年版,第 28~29 页。

〔2〕[美]亚历山大 · 米克尔约翰:《表达自由的法律限度》,侯健译,贵州人民出版社 2003 年版,第 22 页。

〔3〕[美]亚历山大 · 米克尔约翰:《表达自由的法律限度》,侯健译,贵州人民出版社 2003 年版,第 25 页。

丁·夏皮罗(Martin Shapiro)指出,在实践中,政府、法官和陪审团极容易运用这一原则来限制他们不喜欢的内容。[1] 因为这一项原则过于宽泛,可能沦为政府压制反对意见的工具,导致公民不敢就公共事务自由发表评论。并且由于其含义不清,在实践中难以把握,政府和法官对该原则的解读具有较大的主观性,不利于言论自由保护。此外,这也可能对民主代议制和违宪审查制度造成威胁。因此,米克尔约翰表示,"明显而现实的危险"原则或许对言论自由的保护仅仅能起到短期的效果,但是对未来却贻害无穷。

(四)影响与评价

尽管"明显而现实的危险"原则引起了广泛争议,但恰如美国历史学家比尔德(Charles Austin Beard)所言,"在表达对秩序的进步确实有害的见解与表达即便属于极端但是还在宪法保证的自由范围之内的见解之间划一条准确的界限,是很不容易的",[2]最高法院这么多年以来一直就言论自由问题与美国社会进行着苏格拉底式的对话[3]——我们无法找到一个界定言论自由的最终答案。虽然"明显而现实的危险"原则源于"有害倾向"标准,最初是作为限制言论的标准出现的,但在后来的发展中,霍姆斯将其转化为保护言论自由的准则,几十年来被美国自由派所珍视。申克案也被认为是涉及美国宪法第一修正案的司法先例。美国人民关于宪法第一修正案的概念理解及其之于政府的约束和民主政治的作用,都来自申克案。[4] 可以说,霍姆斯在艾布拉姆斯案中对"明显而现实的危险"原则的修正,标志着美国言论自由法理学现代化进程第一阶段的结束。[5] 他在申克案、艾布拉姆斯案和吉特洛案中的司法论证也增添了第一修正案的魅力。

---

〔1〕 Martin Shapiro, *Freedom of Speech: The Supreme Court and Judical Review*, New Jersey, Prentica-Hall, Englewood Cliffs, 1966, p. 48.

〔2〕 [美]查尔斯·A. 比尔德:《美国政府与政治》(上册),朱曾汶译,商务印书馆 1987 年版,第 27 页。

〔3〕 [美]小哈里·卡尔文:《美国的言论自由》,李忠、韩君译,生活·读书·新知三联书店 2009 年版,第 7 页。

〔4〕 邱小平:《表达自由——美国宪法第一修正案研究》,北京大学出版社 2006 年版,第 23 页。

〔5〕 [美]怀特·爱德华:《奥利弗·温德尔·霍姆斯——法律与本我》,孟纯才、陈琳译,法律出版社 2009 年版,第 546 页。

“明显而现实的危险”原则也对联邦最高法院带来了深刻影响。直到20世纪30年代,联邦最高法院在言论自由方面还是比较保守的,多数派法官依然倾向于运用“有害倾向”标准来裁决言论自由案件。霍姆斯的意见放在整个20年代去看,无异于黑暗世界里的微光。[1] 同时,学术界也更多地将目光投射于言论自由保护,批评最高法院的保守裁判。这些努力促使最高法院更加重视言论自由保护,重新看待言论自由的裁判标准,并慢慢接受了霍姆斯提出的原则。在1937年赫恩登诉劳里案(Herndon v. Lowry)中,最高法院批评了“有害倾向”标准,重新开始适用“明显而现实的危险”原则。接下来,该原则在20世纪40年代成为最高法院审理言论权利案件的基本准则。此后至20世纪50年代,最高法院对该原则的运用达到顶峰。

“明显而现实的危险”原则的提出与发展反映了同时期美国的政治文化和司法文化,对美国言论自由标准产生了重大影响。在其发展过程中,有一个问题贯穿始终,即当言论自由与国家安全、公共利益发生冲突时,言论可以在何种程度上受到限制。该原则为政府限制言论自由的权力划定了界限,对言论自由的保护发挥了积极的促进作用。同时,它的发展也反映了最高法院对人民基本权利的严格保护态度。“明显而现实的危险”原则是霍姆斯为言论自由保护作出的贡献,也是最高法院在保护人民权利上作出的值得尊重的努力。

三、“思想自由市场”理论

(一)“思想自由市场”理论的提出

霍姆斯对言论自由的另一大贡献在于他赋予了“思想自由市场”理论新的生命。

“思想自由市场”理论最早可以追溯至1644年,英国著名政治家、诗人约翰·弥尔顿(John Milton)在其著名的演讲《论出版自由》中抨击了禁书制和出版许可制度,认为这些制度的阴谋阻挠了真理的输入,将给社会带来难以置信

[1] 李丹、任东来:《霍姆斯、查菲与言论自由的司法审查标准》,载《南京大学法律评论》2012年第1期。

的损害,甚至比敌人堵塞港口更可怕。他指出,写作自由和言论自由是“一切伟大智慧的乳母”,[1]尽管意见有真假对错之分,但各种学说流派还是应当自由地传播,因为真理必定会在与虚伪的交手中胜出,而真理对谬误的驳斥便是对错误言论的最好的压制。此外,弥尔顿还相信理性的理论,认为人们有明辨是非的能力。他在《论出版自由》中表达的观点被很多学者视为“思想自由市场”理论的最早形态。之后,英国哲学家约翰·斯图亚特·密尔(John Stuart Mill)于1859年出版了《论自由》一书,进一步发展了“思想自由市场”理论。密尔强调了言论自由的重要性,他认为限制言论自由是一种罪恶,因为“假如意见正确,那么限制言论将丧失以错误换真理的机会;假如那意见错误,那么限制言论将丧失从真理与错误冲突中产生出来的对于真理的清楚认识和生动印象”。[2]在密尔看来,无论言论的对错真假,开放言论市场对于追求真理都是有益的,假如我们因为言论可能会错而不去发表,那么我们在失去这些益处的同时,也抛弃了我们的义务,更何况我们永远都无法判断我们要压制的言论是否真的是谬误。

弥尔顿和密尔都重视言论自由的价值,相信人类理性与真理的力量,主张开放言论市场,奠定了“思想自由市场”理论的基础。但是他们都并没有明确使用这一概念。霍姆斯是明确提出“思想自由市场”这一概念的人,并极大地丰富了其内涵。

1919年11月,霍姆斯在艾布拉姆斯诉合众国案中发表了一段针对言论自由的脍炙人口的经典论述,提出了“思想自由市场”理论。他认为,人们确信思想交流而得的至善胜过了斗争中的信念。他在意见书中写道:“最终美好愿望的实现最好通过自由交流思想而得到——真理的最好验证就是那个思想的力量在市场竞争中得到认可……”[3]换言之,他认为市场机制能够实现对言论的筛选效果,开放言论市场不仅有利于获得真理,还有利于增强人们对真理的信念。进而,霍姆斯又论证了思想自由市场在宪法上的意义,他宣称:“我们的宪法理论是一种实验……虽然这种实验是现有机制的一部分,但我认为我们应当

---

[1] [英]弥尔顿:《论出版自由》,吴之椿译,商务印书馆2010年版,第51页。

[2] [英]约翰·密尔:《论自由》,许宝骙译,商务印书馆2015年版,第19~20页。

[3] Abrams v. United. States,250 U. S. 630(1919).

对试图限制言论自由的举措永远保持警惕……"[1]在这里,霍姆斯为第一修正案的解释和适用找到了一个哲学基础,即美国的宪法理论与政治体制本身就是一场实验,而开放言论市场,使真理在自由竞争中脱颖而出便是验证真理的最佳方式。此外,霍姆斯还将"明显且即刻的危险"原则与"思想自由市场"理论结合起来,除非在迫在眉睫的情况下,言行来不及被制止便会给国家造成显而易见而又即刻的威胁时,否则都应纳入实验过程中,在自由市场里公平竞争。

概括而言,霍姆斯的"思想自由市场"理论有五个基本内涵。第一,言论自由是一项基本权利,强调了言论自由保护。第二,人是理性的动物。"思想自由市场"理论认为人是理智、理性、具有独立意志的,因此可以凭借理性和经验判断真伪和是非,在真理和谬误之间作出判断和选择。这一定程度上也反映了霍姆斯的经验主义思想。第三,真理是某一特定时间里多数人的偏见。按照霍姆斯的意见,哪种观点能够在思想自由市场中受到多数人青睐,那么这种观点就是真理,在一定程度上也体现了民主的多数决理论。霍姆斯相信,真理并非永恒的,信念会随着时间的推移而变化,这是其怀疑主义思想的体现,却也因此受到不少质疑。第四,相信自由市场机制的良性作用,主张开放言论市场,让不同的言论彼此自由竞争,并相信经由此种自由竞争,真理必然突破。对市场机制的推崇也使该理论在美国社会备受欢迎。第五,言论自由的价值在于发现真理。霍姆斯的意见也成为"追求真理说"的代表,极大地促进了言论自由保护,对寻求真理具有极大意义。

(二)理论争议

霍姆斯的"思想自由市场"理论收获了许多赞美,但同时也引发了不少质疑与批评,相关争议主要集中在以下七个方面:

第一,该理论的科学性不足。首先,什么是真理?普遍并且客观的、可以认知的真理是否真的存在呢?如果缺少了可认知的真理,思想自由市场理论就无法自圆其说。其次,该理论是建立在人是理性的,具备洞察真理之能力的基础之上的。诚然,人具有理性,但人并不总是理性的,事实也显示人的许多行为及决定并非出于理性。例如,现代非理性主义哲学思潮就得到了很大的发展,强

[1] Abrams v. United. States, 250 U. S. 630(1919).

调情绪、感情、直觉等人的非理性成分,并认为这对人具有决定性作用。该理论对人类理性的态度过于乐观。或许有人会引用密尔的观点争辩,认为即使真理在短时间内无法脱颖而出,但是长时间看,真理必定战胜谬误,人的理性最终会选择真理。但是所谓的“长时间”也是个不确定的因素,因为假使它可能是无限期的长,那么这段论证便没有意义。

第二,该理论是自相矛盾的。因为该理论认为言论自由的目的在于获得真理,但又同时主张人们永远无法确认自己获得的是不是真理,所以思想自由市场必须一直开放,让人们一直追寻下去。但是如果我们永远无法确认真理,那么这样的追寻就显得有些徒劳了。

第三,该理论不具备现实的可能性。“思想自由市场”理论的前提是市场的完全竞争。但是完全竞争的市场只存在于理论之中,现实中难以形成这种理想结构。随着19世纪末20世纪初垄断资本主义的发展,大众传媒业逐渐呈现垄断和集中的特点。少数媒体的发展日益艰难,难以与主流媒体抗衡,更难以实现完全的自由竞争。大众传媒成为操纵舆论的最有力形式,弱小的声音难以被听见。在这种环境中,言论的竞争常常与财富、地位等其他因素相挂钩,“思想市场只是一个虚构的神话”。[1]

第四,该理论容易陷于“不可知论”,或者引起盲目的相对主义。该理论主张思想自由市场需要持续开放,让真理和谬误永远地博弈下去,因为我们永远无法肯定我们所获得的是否是真理。照此推论,我们永远也无法获得真理,或永远无法确定真理。这与哲学中的不可知论暗合,在一定程度上体现了霍姆斯的怀疑主义思想。也正因如此,“思想自由市场”理论遭受了不少质疑与批判。

第五,该理论的价值基础薄弱。该理论主张保护言论自由、开放言论市场的价值在于追求真理。诚然,真理的意义不言自明,但是它并不是宪法所追求的目的之一。言论自由作为一种宪法权利,我们更应当从宪法的意义上理解其价值。因此,“思想自由市场”理论的价值基础稍显薄弱。[2]

第六,该理论将言论工具化,是功利主义价值观的体现。根据霍姆斯的理

---

〔1〕 吴飞:《在思想与行为之间摆动的言论自由——从美国法院的“明显和即刻的危险”规则看美国的言论自由》,载《新闻与传播研究》2002年第3期。

〔2〕 林子仪:《言论自由与新闻自由》,台北,月旦出版公司1993年版,第24页。

论,开放思想自由市场,保护各种言论自由发表是因为通过市场竞争,我们可以寻求到真理。换言之,言论自由在这里只是追求真理、实现社会利益的手段,与表意人本身的利益无关。该理论没有挖掘言论自由本身的价值,而只关注了它的工具价值,其重心在于听者而非言者,这是功利主义价值观的体现。正如美国宪法学者因格贝尔(Stanley Ingber)所言,“霍姆斯的论述强调的是社会整体效益,而不是言论者本身可以收获的价值”。〔1〕

第七,该理论并不利于言论自由保护。首先,该理论基于功利主义价值观,将言论视为工具。这可能导致一个十分恶劣的后果——假使压制某种言论能使社会整体受益,那么社会就很容易提高政府压制言论的容忍度。其次,霍姆斯认为,大多数人的意见就是真理。这也遭受了学者的抨击,因为舆论不具有可靠性,真理往往不是由舆论决定的。从这个意义上看,霍姆斯的论述潜在地威胁着第一修正案的言论自由,并不利于言论自由保护。〔2〕

(三)影响与评价

霍姆斯的“思想自由市场”理论给学界和司法实务界都带来了深远的影响。尽管这一理论受到了不少学者的批评,但不可否认的是,它对言论自由保护和思想繁荣具有积极的促进意义。首先,它体现了平等主义原则,极大地保护了反对意见,扩大了言论的保护范围,加强了言论自由的保护程度,有利于探寻并发现真理。其次,不存在完全自由的思想市场并不能否认言论的自由表达与思想的交流对发现真理的作用,相反,这恰恰反映了思想市场的垄断和不公平竞争对寻求真理的危害,进而表明了调整思想市场的必要性。〔3〕 此外,霍姆斯也认识到了将言论工具化的潜在危险,因此他也强调所有生活都是实验,社会生活的实验性构成了美国制度的一部分。换言之,霍姆斯提出“思想自由市场”理论的重点不仅在于寻求真理,也在于言论的自由表达及其本身的价值。该理论逐渐被大家所接受,得到了普遍赞赏,也成为美国联邦最高法院裁决言论自由

---

〔1〕 Stanley Ingber, “The Marketplace of Ideas: A Legitimizing Myth”, *Duke Law Journal* 1984, 1984, pp. 4 – 5.

〔2〕 Stanley Ingber, “The Marketplace of Ideas: A Legitimizing Myth”, *Duke Law Journal* 1984, 1984, pp. 4 – 5; Bernard Schwartz, *The Law in America*, New York, McGraw-Hill, 1974, p. 76.

〔3〕 侯健:《表达自由的法理》,上海三联书店 2008 年版,第 63 页。

案件的依据,[1]为保护言论自由作出了贡献。

霍姆斯的思想自由市场理论也对“追求真理说”的发展、完善作出了贡献。“追求真理说”与“健全民主程序说”“实现自我说”是探讨言论自由价值、支持言论自由保护的三大有力学说。“追求真理说”主张言论自由的价值在于发现真理,追求知识,约翰·弥尔顿和约翰·斯图尔特·密尔都是该学说的代表人物。该学说抨击了出版许可制度和其他限制言论自由的行为,是对抗君主专制的有力武器,也促进了对言论自由的保护。霍姆斯首次提出了“思想自由市场”这一概念,在“追求真理说”中正式加入了市场机制的内容,极大地丰富和发展了该学说。

此外,霍姆斯的意见中还包含言论自由的经济学进路的萌芽。“思想自由市场”理论鼓励以思想市场这一看不见的手调节美国社会的各种言论,相信市场机制的良性作用。这与亚当·斯密(Adam Smith)主张经济自由和市场自我调节的经济学理论有着异曲同工之妙。

最后,“思想自由市场”理论对美国的民主也产生了影响。基于公共言论的重要性和脆弱性,民主国家有必要加强对公共言论的保护。“思想自由市场”理论提高了对反对意见的容忍度,这有利于保护公共言论,进而塑造积极公民,保持信息机制畅通,增强公共决策的理性,促进民主社会的血液循环。霍姆斯在这里的意见也被认为是最高法院将言论视为美国民主社会之关键权利的开端。[2]

四、影响霍姆斯言论自由思想的因素

(一)时代背景

1. 战争期间的言论管制

霍姆斯的一生经历了美国内战和第一次世界大战。美国政府在非常时期加强了对言论自由的管制。霍姆斯所裁判的言论自由案件就贯穿于非常时期。

---

〔1〕 例如 Columbia Broadcasting Co. v. Democratic Committee, Bridges v. California 等。

〔2〕 贺文发:《言论表达与新闻出版的宪政历程——美国最高法院司法判例研究》(下册),中央编译出版社 2016 年版,第 242 页。

特殊的时代背景对霍姆斯言论自由思想造成了极大影响。

首先是内战期间的言论管制。1861年美国内战爆发后,由于媒体对战事的报道带来了泄密、干扰战争的可能,政府对新闻报道和言论自由进行了一系列限制。例如,实施新闻检查,并且对新闻报道和战争消息的控制也逐渐不再限于首都华盛顿。同时,记者的采访资格也受到严格限制,其稿件也必须先交给军部的专门机关批准。此外,内战时期,国会还通过了数项对言论加以限制的法案。

虽然内战期间政府对言论,尤其是新闻报道进行了严格管控,但是包括新闻界在内的社会各界对此都表示理解。因媒体报道而导致的泄密现象少有发生。在这段时间对于言论的控制被普遍认为是必要的。

此外便是第一次世界大战期间的言论管制。美国参加第一次世界大战后,当时的总统托马斯·伍德罗·威尔逊(Thomas Woodrow Wilson)便授意成立了公共资讯委员会,负责发布战争消息。该机构设定了以自愿为基础的新闻检查制度并编印《官方公报》,统一发布战时消息。与此同时,限制性的法律也先后出台。1917年6月15日,国会通过了《间谍法》。该法案设定了美国历史上对言论问题最严厉的惩罚。次年,国会又对《间谍法》进行了修订,将有关煽动性言论的内容大大扩充,因而又被称为新的"反煽动法"。

战争的特殊背景与战时政府对言论自由的管制对霍姆斯影响很大,这体现在霍姆斯早期倾向于适用"有害倾向"标准,对言论进行限制性解释,并且强调特殊的场景对言论自由限度的影响。

此外,第一次世界大战结束后,美国对"红色恐怖"的恐惧十分严重,政府进一步加强了对反对意见的打压,法院受理的针对无政府主义者和共产主义者的案件也在不断增加。不仅如此,第一次世界大战后美国化运动达到了高潮,美国将大量发表反政府言论的外籍人士驱逐出境。政府对言论自由的限制越发严重,在这种氛围下,人们开始越发珍重言论自由的价值。政府对言论自由的严厉压制造成了许多争议,引发了批判浪潮。霍姆斯也受到了这种氛围的影响,开始反思自己对言论自由的态度,这也能体现在他自艾布拉姆斯案起对言论自由的立场转变。

从1791年宪法第一修正案到1919年艾布拉姆斯诉合众国案的100多年

间,联邦最高法院都很少运用第一修正案解读言论权利案件。当然,其中的重要原因之一是在宪法第十四修正案通过之前,第一修正案只适用于联邦政府而不适用于州政府。另外,言论立法也一度停滞。[1] 因此,对言论自由案件的审理裁判基本上是在普通法的框架内,依照"有害倾向"标准或依照《间谍法》审理的。我们分析霍姆斯审理的言论自由案件,也可以发现这个规律。在战争这种特殊的时代背景之下,人们普遍会出于国家利益的考虑而对言论自由进行限制。霍姆斯最初提出"明显而现实的危险"原则,也正是这一时代背景的反映。

2. 个人主义观与实用主义哲学

个人主义一直是美国社会流行的主要价值观之一,其核心是个体自由,奉行自由放任主义。它对政府保持防备的态度,倡导个体的独立性与主体性,强调个体自由不容侵犯。在经济领域内,个人主义则体现为经济自由主义,遵从亚当·斯密的自由放任资本主义理论,反对政府干预。同时,个人主义也信奉社会达尔文主义,强调个体的独立属性而忽视其社会属性,这也在社会上引发了一系列批判。霍姆斯的思想便是以个人主义为基础的,将社会视为由个人组成的原子式的聚合物。这也是米克尔约翰抨击"明显且即刻的危险"原则的主要理由之一,认为霍姆斯没有认识到公民精神的意义,没有重视公共言论自由之于民主自治的价值。

实用主义哲学是美国第一个独立发展的哲学流派,具有广泛影响力。霍姆斯的现实主义法学思想是以美国的实用主义哲学为其哲学基础的。实用主义哲学奉行两个重要命题,分别是"有用即真理"和"实践哲学"。实用主义哲学认为,真理必须有其价值,并且同时强调生活经验的客观意义。它重视事实、行动与经验,反对空谈、教条与形式。实用主义主张实践与实验,将实践作为验证真理的标准,并且不认可绝对真理的存在,其本质是理论联系实际。实用主义哲学不仅反映在霍姆斯批判形式主义的经验主义思想里,更反映在他的言论自由思想中。"思想自由市场"理论认为,言论自由的价值在于追求真理,主张开放言论市场,让真理在与其他言论的竞争和实践的检验中脱颖而出;同时认为

---

〔1〕 Michael Gibson, "The Supreme Court and Freedom of Expression from 1791 to 1917", *Forfham Law Review* 55, 1986, pp. 267 – 272.

绝对的真理是不存在的,所以思想自由市场必须一直开放下去。这与实用主义哲学观是吻合的。霍姆斯的言论自由思想体现了他那个时代的普遍信仰与哲学观念。

(二)军旅生活与学术经历

霍姆斯在内战期间的参军经历和他的学术经历都是塑造其言论自由思想的重要因素。

1. 内战经历

内战经历对霍姆斯及其法律职业都有着深刻影响。这段经历丰富了霍姆斯的思想,尤其是法学思想,甚至塑造了他的哲学方针与生活信念。

霍姆斯的从军经历实际上从他还在哈佛读书的时候就开始了。1861 年 4 月,他参加了马萨诸塞州志愿步兵营的第四营并成了一名士兵。1861 年 6 月和 7 月,他因为要重新加入战斗部队而暂时中断参军,随后,又于 8 月加入第二十志愿步兵团,由此开始了长达三年的战斗生活。霍姆斯反对南方各州脱离联邦政府,反对奴隶制,对联邦政府发起内战给予内心的支持。他认为参军是为联邦政府负责,并将其视为一份至高无上的荣誉。怀着对骑士精神和遥远的十字军运动的敬佩,霍姆斯积极参与战斗,在他参战早期的书信中也可以看出他的坚定信念与澎湃激情。然而随着战火的进一步燃烧,他也越来越多地记录了战争的艰苦、紧迫与瞬息万变,他曾看着战友们一个个倒下,自己也三次身负重伤,与死神擦肩而过。在经历了战争的残酷之后,霍姆斯对战争的态度也由最初的积极参与转变为厌恶、害怕。1862 年 9 月 17 日,霍姆斯在给父母的信里表示,战争经历让他已经不再是过去的自己了,在潮湿的夜晚回忆那些沉闷的日子犹如噩梦。[1]

退役之后,霍姆斯却常常提起他在内战时期的经历,讲述军旅生涯的意义,甚至在回忆中将其镀上浪漫主义的色彩,而那些疲惫、伤痛与磨难似乎被有意无意地隐去。1884 年,霍姆斯从马萨诸塞州第二十志愿步兵团退役近 20 年后,他应邀在新罕布什尔州的基恩市发表军人纪念日演讲。在演讲中,他表达了这

---

〔1〕 Mark de Wolfe Howe, *Touched with Fire*: *Civil War Letters and Diary of Oliver Wendell Holmes, Jr.*, New York, Fordham University Press, 2000, pp. 58 – 60.

样的观点,即参战经历与炮火洗礼使他们这一代人变得与众不同,能够更加体会到生命的意义与激情,唾弃对人生的冷漠、回避态度,并认为他们有义务向后人描绘这些经历。[1] 此后,他进一步挖掘内战经历对个人的积极因素。他体会到在战争中"必须服从一项事业,这有可能是一项长期而艰巨的任务,而你不能预料到最终的结果",[2]并且"战争要求人们在遇到危险时与他人分享激情和行动,好像他们不是作为个体生命"。[3] 此外,霍姆斯的书信中也经常提起战争和战争对自己的影响。马克·德沃尔夫·豪(Mark Dewolfe Howe)曾对此发表评论。他认为,分析霍姆斯内战经历的时候,不仅要注意"事实上的战争",还要注意"回顾中的战争"。[4]

内战经历之于霍姆斯言论自由思想的影响体现在两个方面:一方面,霍姆斯因此更多地从生活经历中对法律、哲学进行思考。例如,霍姆斯在退役之后长期专注于法律事业,这与他在战争中体会到应该服从一项长期而艰巨的事业不无关系,是其战斗激情与信念的延伸;又如,"明显而现实的危险"原则的提出,与霍姆斯在战时体会到的服从整体利益有关。另一方面,内战经历也为霍姆斯带来了诸多关注。1895 年霍姆斯曾应邀发表名为《战士的信念》的演讲,也因此与西奥多·罗斯福(Theodore Roosevelt)结识。罗斯福十分欣赏霍姆斯的才华与战斗经历,并在当选总统后将他提名为联邦最高法院法官。可以说,内战经历在一定程度上改变了霍姆斯的职业生涯。

2. 学术经历

霍姆斯的学术经历也深刻地影响了他对言论自由的看法及相关思想的形成,这体现在两个方面:一是霍姆斯在哈佛大学法学院的求学经历;二是他早期

---

〔1〕 参见霍姆斯,"Memorial Day",1884 年 5 月 30 日在新罕布什尔州基恩市发表的演说,收录于 Occasional Speeches,第 4 页。转引自[美]怀特·爱德华:《奥利弗·温德尔·霍姆斯——法律与本我》,孟纯才、陈琳译,法律出版社 2009 年版,第 56 页。

〔2〕 Max Lerner, *The Mind and Faith of Justice Holmes: His Speeches, Essays, Letters, and Judicial Opinions*, New Jersey, Transaction Publishers, 1988, p. 10.

〔3〕 Max Lerner, *The Mind and Faith of Justice Holmes: His Speeches, Essays, Letters, and Judicial Opinions*, New Jersey, Transaction Publishers, 1988, p. 15.

〔4〕 Max Lerner, *The Mind and Faith of Justice Holmes: His Speeches, Essays, Letters, and Judicial Opinions*, New Jersey, Transaction Publishers, 1988, p. 15.

参与的法学学术活动。

霍姆斯退役之后,于 1864 年 9 月重回哈佛大学,开始接受系统的法学教育。英国普通法和布莱克斯通的学说在当时的美国社会和法学教育中十分具有影响力。《英国法释义》是霍姆斯求学期间的重要阅读书目。通过在哈佛的学习,霍姆斯接触了布莱克斯通的言论自由理论,对霍姆斯言论自由思想的塑造产生了深刻影响。霍姆斯早期虽未形成系统的、明确的言论自由思想体系,但从其裁判意见中也体现出了从对普通法原则和布莱克斯通"有害倾向"标准的遵从,到对"有害倾向"标准进行限制性解释的变化趋势。直到 1919 年艾布拉姆斯诉合众国案中,霍姆斯才彻底放弃了对布莱克斯通理论的坚持。

从法学院毕业之后,霍姆斯积极参与学术活动和项目。例如,编辑《詹姆斯 · 肯特评论集》和《美国法律评论》等。编辑工作使他能够广泛阅读英国判例和各州判例,加深了英国普通法对他的影响,这也可以体现在霍姆斯早期在言论自由案件的裁判中倾向于运用普通法原则。此外,在霍姆斯早期的学术活动中,他表现出了对自然科学方法论的兴趣,并逐步在法学研究中结合历史研究和哲学思考。尽管彼时霍姆斯尚未形成独到的、明确的法学见解,但是将历史分析与哲学思辨渗透于法律推理中对其后来法学思想的塑造产生了重要影响,也是霍姆斯言论自由思想的特点之一。

(三)他人的影响

霍姆斯的言论自由思想是在与他人的交流碰撞中逐渐发展的。他的父亲老霍姆斯对他的熏陶,他与密尔的相遇,与威廉 · 詹姆斯(William James)、查尔斯 · 皮尔斯(Charles Pierce)等形而上学俱乐部成员的往来,以及与查菲、汉德法官、布兰代斯法官的交流都在不同程度上影响着他的言论自由思想。

1. 老奥利弗 · 温德尔 · 霍姆斯

霍姆斯的父亲老霍姆斯对霍姆斯的生活和事业有着很大影响,可以说激励与刺激作用并存。这主要体现为以下两点:

第一,老霍姆斯促使霍姆斯以法律为业。1905 年霍姆斯给朋友尼娜 · 格雷

(Nina Gray)的信中写到,他"被父亲踢进了法律业"。[1] 1932年霍姆斯在和费利克斯·弗兰克福特(Felix Frankfurter)的谈话中又提到,他当时想选择哲学甚至医学,却被父亲以威严迫使自己走上了这条路。[2] 有趣的是,老霍姆斯早年放弃攻读法律而转向医学,却坚决地让儿子走上法律之路。而霍姆斯也在法律之路上越走越远,热爱法律胜过了其他追求。

第二,老霍姆斯是一个多才多艺的人,在医学、文学等方面颇有建树,并且活泼健谈、擅长社交。但霍姆斯认为,他的父亲缺乏专心致志的职业主义精神,并将为这种对自己的专业不专心的态度付出代价。霍姆斯引以为戒,始终对法律事业保持专一的态度,并将其视为有戒律的工作。事实也证明,霍姆斯对思想文化贡献的持久力胜过了他的父亲老霍姆斯。

2. 密尔

1866年4月,霍姆斯结识了英国著名哲学家密尔。他们相互交流了哲学问题,密尔的哲学思想给霍姆斯带来了许多启发,也对其言论自由思想造成了影响。这具体体现为两点:

第一,霍姆斯在审理申克案的三天前,与评论家哈罗德·拉斯基(Harold Laski)的通信中提到,自己再次品读了密尔的《论自由》,认同其对言论自由的理解,尤其对其中一段说理叹服不已,即"如果玉米造成穷人饿死,私有财产是一种掠夺等言论仅仅在报纸上散布,不应加以干涉。但当它们以演讲或传单的形式流传于聚集在玉米商住宅前的群情激愤的人群时,便可对言论进行公正地惩罚"。[3] 很显然,霍姆斯在申克案中的判决意见与这段论述十分相似。

第二,在艾布拉姆斯案中,霍姆斯提出了"思想自由市场"理论。这一理论借鉴并发展了密尔关于言论自由竞争、真理终将战胜谬误的观点。

3. 形而上学俱乐部成员

霍姆斯就读法学院时,当时的法学院教学内容陈旧,方式老套,尚未进行法

---

〔1〕 参见1905年4月30日霍姆斯致尼娜·格雷的信。转引自[美]怀特·爱德华:《奥利弗·温德尔·霍姆斯——法律与本我》,孟纯才、陈琳译,法律出版社2009年版,第56页。

〔2〕 费利克斯·弗兰克福特1932年9月28日备忘录。转引自[美]怀特·爱德华:《奥利弗·温德尔·霍姆斯——法律与本我》,孟纯才、陈琳译,法律出版社2009年版,第56页。

〔3〕 邱小平:《表达自由——美国宪法第一修正案研究》,北京大学出版社2005年版,第37页。

学教育改革。霍姆斯不满于这种学习状态,希望建立一种更为生动的法学,并开始对法哲学展开深入研究。形而上学俱乐部(Metaphysical Club,也被译为“玄学俱乐部”)便是组建于这样的背景下,最初由霍姆斯、威廉 · 詹姆斯、查尔斯 · 皮尔斯共同发起。他们及其他学者志同道合、互相欣赏,共同探讨哲学问题,并把讨论会称为“形而上学俱乐部”。

从事法律职业之后,霍姆斯比较少参与形而上学俱乐部的讨论,但是俱乐部成员的哲学观对他造成了很大的影响,如俱乐部成员讨论形成的实用主义哲学、部分成员对社会达尔文主义的推崇。霍姆斯一直对哲学保持着浓厚兴趣,在他的判决意见中,我们可以感受到他的哲学思辨。在他的思想发展和塑造过程中,形而上学俱乐部成员发挥着重要影响。

4. 勒尼德 · 汉德

勒尼德 · 汉德是一名联邦地方法官。1917 年,汉德法官在群众出版公司诉帕滕(Masses Publishing Co. V. Pattern)一案中,提出了一项新的言论自由保护的验证标准——直接煽动验证法,即如果言论本身构成对非法行为的直接煽动,则政府有权予以惩处;反之,如果没有达到煽动的程度,则言论应该受到宪法的保护。此外,汉德还发现了言论自由之于民主政体健康运转的意义。汉德的这项标准对言论的保护程度颇高并且意义深远,体现了汉德对言论自由的深刻认识。然而在现实中,这项标准的发展运用并不理想——在汉德作出判决不到两周后,联邦巡回法院就推翻了汉德的初审判决。

在这样的背景下,次年 6 月,霍姆斯在火车上与汉德相遇了,两人一起就第一修正案进行交谈,之后,两人便开始通信。汉德对言论自由的理解也深深地影响了霍姆斯。在申克案判决之前,汉德致信霍姆斯,提醒他关注直接煽动验证法。霍姆斯对此标准表示赞叹,“很少有法官……可能会以这种力度及这种令人羡慕的方式提出他们的观点”,[1]但依然表示自己会做一个不一样的决定。在德布斯案之后,汉德又致信霍姆斯,表示自己认为追究言论的标准应该是看其是否构成直接煽动,而不是对言论可能造成的后果的预测。尽管两人看

---

〔1〕 1919 年 2 月 25 日霍姆斯致汉德的信。转引自[美]怀特 · 爱德华:《奥利弗 · 温德尔 · 霍姆斯——法律与本我》,孟纯才、陈琳译,法律出版社 2009 年版,第 56 页。

待言论自由的方式不同,霍姆斯对汉德的观点是尊重并理解的。

5. 泽卡赖亚·查菲

泽卡赖亚·查菲是哈佛大学法学院的教授、第一修正案研究学者、言论自由的倡导者。1919 年,查菲在《哈佛法律评论》上发表了一篇题为《战时言论自由》的文章。查菲巧妙地通过语言修辞,将自由主义理念塞入"明显而现实的危险"原则之中。他声称霍姆斯提出的原则与汉德的直接煽动验证法在本质上是一致的,并且符合第一修正案的历史与政治目的。查菲进一步将这项原则与"有害倾向"标准区分开,将其转变为一项保护言论自由的原则。查菲的文章也招致许多批评,学者发现这篇论文里充满了许多历史性错误,更像是一个宣传作品而非学术作品。

霍姆斯十分欣赏查菲这样的解读。彼时,霍姆斯因为在征兵系列案之后受到了许多批评而沮丧不已。1919 年的四个征兵系列案中,霍姆斯审理了其中三个。[1] 在裁判中,他对言论自由进行了限缩性解读,从本质上遵循着"有害倾向"标准。征兵系列案将大众视线锁定在言论自由上,随着社会对言论自由的关注度提高,霍姆斯遭到的质疑和批评也越来越多。这也让霍姆斯反思自己的意见。查菲的改良给他带来了许多启发。1919 年 7 月,霍姆斯与查菲通过拉斯基的引荐在剑桥第一次相见。他们一起喝茶,深入交流了对言论自由的看法。可以说,查菲的影响是促使霍姆斯在艾布拉姆斯案中转变立场的重要因素之一。

6. 路易斯·布兰代斯

路易斯·布兰代斯大法官在言论自由案件与霍姆斯有着紧密联系。布兰代斯与霍姆斯都参与了吉特洛诉纽约案和惠特尼诉加利福尼亚案的审理,他们站在同样的立场上,也进一步发展了"明显而现实的危险"原则。

但是我们仔细分析就可以发现,布兰代斯与霍姆斯虽然立场相同,但是支持依据各不相同。霍姆斯的理论呼应了美国自由主义思潮,而布兰代斯在惠特尼案中的附议则带有共和色彩,将公众讨论视为政治义务,强调公民责任和道德。有学者认为,他们维护言论自由的同时,却拥有完全不同的理论基础,其根

---

〔1〕 这四个案件分别是申克诉美国案(Schenck. v. United States),弗洛维克诉美国案(Frohwerk v. United States),戴伯斯诉美国案(Debs v. United States),休格曼诉美国案(Sugerman v. United States),其中,霍姆斯负责审理了前三个案件。

本原因是二者完全不同的社会经历。霍姆斯是崇尚个人主义的法官,他的怀疑主义使他很容易倾向保护言论自由;而布兰代斯在律师生涯中积极参与政治活动,深信公共参与讨论的意义,这也使他坚定地站在保护言论自由的立场。[1]尽管二人的政治哲学不同,布兰代斯对言论自由的理解以及对"明显而现实的危险"原则的发展,还是对霍姆斯有着深刻影响。

五、结　语

高高的个子,谈吐不凡,衣着考究,留着尼采似的小胡子,这些鲜明的特点构成了霍姆斯的独特形象,在 20 世纪美国法学发展史中熠熠生辉。普通大众所了解的霍姆斯,基本上就是一个用难忘的言辞描写言论自由的法官。[2] 然而,他在前 60 年的人生之路上却时常有怀才不遇的感叹,他不满自己只是作为"早餐桌的独裁者的儿子"[3]而更为大众知悉,认为自己应该成为比马歇尔更伟大的法官,但却苦于在马萨诸塞州最高法院的 20 年间多处理琐碎的案件,而缺乏更广阔的舞台。1901 年麦金利总统暗杀事件后,霍姆斯因受到新总统西奥多 · 罗斯福的赏识得以于次年步入联邦最高法院,从而开启更为精彩的职业生涯。也正是在最高法院任职期间,这位"忠诚的老兵和骄傲的达尔文主义者发现了反对意见的价值",[4]发现了言论自由最鼓舞人心的地方。他从保护言论自由的角度解释第一修正案,也因此以民权自由主义者而闻名。

仔细分析霍姆斯言论自由思想的发展脉络,我们不难发现,在霍姆斯长达 49 年的法官生涯中,他在前面将近 40 年的时间里一直遵循普通法传统,并未对言论自由形成明确清晰的看法,而在后期才与多数意见不符,展现出自由主义者的姿态。这体现为三个有趣的特点:第一,霍姆斯在担任法官的大部分时间里,对于言

---

〔1〕 Pnina Lahaf, "Holmes and Brandeis, Libertarian and Republican Justification for Free Speech", *Journal of Law and Politics* 4, 1988.

〔2〕 [美]怀特 · 爱德华:《奥利弗 · 温德尔 · 霍姆斯——法律与本我》,孟纯才、陈琳译,法律出版社 2009 年版,第 511 页。

〔3〕 《独裁》系列文章是老霍姆斯的代表作。

〔4〕 [美]安东尼 · 刘易斯:《言论自由的边界——美国宪法第一修正案简史》,徐爽译,法律出版社 2016 年版,第 178 页。

论自由的思考是初步的。在1919年艾布拉姆斯诉合众国案之前,当他作为法官裁判言论自由案件时,他总是从传统的立场看待第一修正案的作用,遵循普通法原则,深受布莱克斯通"有害倾向"标准的影响,其意见往往属于限制言论的性质。"明显而现实的危险"原则最初便是一项限制而非保护言论自由权的标准。第二,霍姆斯对言论自由的立场自艾布拉姆斯诉合众国案之后才发生彻底的变化,但他的转变并非自发性的,而是在很大程度上受到了他人的影响启发。第三,霍姆斯在审理言论自由案件时所作出的著名判决意见,主要是围绕1917年《间谍法》展开的,然而大众往往将他与宪法第一修正案联系在一起。

此外,霍姆斯对言论自由的看法始终缺乏一致性,这又体现为三点:第一,霍姆斯多年来一直把言论自由看作仅仅是"我们不喜欢的一种任意的公开行为",[1]但后来霍姆斯又认识到了言论自由的意义,从而将对言论自由的限制严格控制在发生"明显且即刻的危险"的情况下,主张思想自由市场,加强对言论自由的保护。然而一旦形成了这种观念,霍姆斯又倾向于将这些看法生搬硬套,哪怕有些案件中似乎根本不存在言论权利问题。第二,从他所裁决的言论自由案件来看,他在法官生涯中也表现出了自相矛盾的特性。这个矛盾表现在他既保护言论自由,又尊重那些极大地限制了言论自由的立法政策。第三,他在裁决言论自由案件时所运用的准则也不是一致的。

另外,当我们分析霍姆斯的裁判意见时,我们还可以发现一个特点,即他的判决意见中不仅表达了他的法律思想,也表现了他出色的修辞水平;他对言论自由的分析,不仅在于法律逻辑推理,也在于语言技巧和哲理思考。有学者甚至认为,霍姆斯在处理言论自由案件过程中所表现出的矛盾态度揭示了他的法学思想的本质,一种以模棱两可及夸张言辞为乐的法学思想。[2]

尽管霍姆斯的言论自由思想并不是前后一致的,也具有一定的矛盾性,但是正如他自己所言,"孤军奋战的人无法在其五十年的任期中留下连贯自洽的

---

〔1〕 1918年7月7日霍姆斯致拉斯基信,West R. BR. Holmes-Laski Letters. Harvard Law Review, 1953, p. 161。转引自[美]怀特·爱德华:《奥利弗·温德尔·霍姆斯——法律与本我》,孟纯才、陈琳译,法律出版社2009年版,第511页。

〔2〕 [美]怀特·爱德华:《奥利弗·温德尔·霍姆斯——法律与本我》,孟纯才、陈琳译,法律出版社2009年版,第512页。

法律和政治哲学体系,或是有关宪法,甚至是有关宪法裁判中的某一个重大主题的体系",[1]他的矛盾性是可以理解的,反映了他那个时期的思想冲突。霍姆斯用生动的文字传播着他的言论自由思想,对美国20世纪言论自由标准的发展与联邦最高法院对言论自由案件的裁判都产生了深远影响,为言论自由的保护提供了有力的理论论证与支撑。霍姆斯的言论自由思想在言论自由思想史中闪耀着人道的、智慧的光辉,值得我们去尊重和瞻仰。

---

〔1〕[美]亚历山大·M.比克尔:《同意的道德性》,中国政法大学出版社2016年版,第9页。

法律上的权利与义务总量等值命题可能被证成吗?

张　镭*

内容摘要:法律权利与法律义务在总量上等值的命题普遍见于目前的法理学教材中,但至今未能获得充分的解析和证成。该命题本身包含四个子命题:一是法律权利和法律义务都是可量化的;二是法律权利和法律义务是可以比较的量化对象;三是法律权利和法律义务的总量是可以计算出来的;四是法律权利和法律义务在总量上是相等的。这四个子命题必须同时成立,才能完全证成法律权利与法律义务在总量上等值的命题。即使我们假定前两个子命题均是成立的,那么第三和第四个子命题也未必成立,法律权利和法律义务在总量未必总能算出,即便能够算出也未必能够证明其总是等值的。

关键词:权利　义务

权利和义务的概念是法理学的基本范畴,权利与义务的相互关系也是中国法理学的基本内容之一,在目前使用中的大部分法理学教科书中,都或多或少会有这方面的阐述或分析。对于法律上的权利义务关系,有一种比较通行的表述是法律权利与法律义务具有总量上的等值关系,本文称之为"法律上的权利与义务总量等值命题"。该命题的含义可以理解为在同一个社会中,法律权利和法律义务的总量总是相等的,这样社会才是平衡的,不会发生混乱。如果一个社会中的法律权利多于法律义务,则一部分法律权利(因为没有对应的义务)有可能被虚化,被虚化的那部分法律权利往往难以成为现实权利;如果法律义务多于法律权利,则这样的社会往往会因为总有一部分人承担了过多的法律义

* 南京师范大学法学院教授,法学博士。

务,从而造成社会的不公平。对于该命题及其理解,目前绝大部分法理学教科书的表述大同小异,几乎是法理学教材的一种通说。不过,一个命题是否已经成为通说是一回事,该命题是否可以获得足够的证明则是另一回事。一个命题的真正成立需要充分的证成,而非仅仅获得广泛的认同。然而,就目前所见的材料而言,对于这一命题的论证过程常常语焉不详,也没有对这一命题的结构及其可能包含的子命题进行深入的分析和证成,从而导致该命题的成立至今仍然处于常理的层面而非论证的层面。[1] 正由于对这一命题及其所包含的若干子命题缺乏深入的解析和证成,从而影响了这一命题总体正当性的证立,使这一命题无法实现对现有法律上的权利义务关系理论形成逻辑上的充分支持。本文试图先就该命题的结构进行一定程度的解析,厘清该命题内部的子命题结构,然后再就其中部分命题进行展开分析,对法律上的权利和义务在总量上总是等值的命题能否真正获得证成进行尝试性的讨论。

一、问题的提出

法律权利与法律义务总量等值命题从 20 世纪 90 年代初即为法理学界所熟悉,并取得广泛而一致的认同,至今各种法理学教材只要谈到法律权利和法律义务关系的时候,大多会使用这一命题。

从目前所见资料来看,较早对这一命题进行完整表述和论证的是徐显明教授,他在 1991 年出版的《公民权利义务通论》一书中提出:"如果既不享有权利也不履行义务可以表示为零的话,那么,权利和义务的关系就可以表示为以零为起点向相反的方向延伸的数轴,权利是正数,义务是负数,正数每展长一个刻度,负数也一定展长一个刻度,而正数与负数的绝对值总是相等。"[2] 这一论述后来被许多法理学教科书所直接采用。

张文显教授在《法理学》教材中,表达了同样的意思。"权利和义务的另一关系式是一社会的权利总量与义务总量的等式。如果把权利作为数轴的正侧,

[1] 童之伟教授于 1990 年曾经就该命题提出过不同意见,但也没有充分展开对该命题的相关论证。参见童之伟:《对权利和义务关系的不同看法》,载《法商研究》1998 年第 6 期。

[2] 徐显明:《公民权利义务通论》,群众出版社 1991 年版,第 65 页。

把义务作为数轴的负侧,则权利每前展一个刻度,义务必向另一方向延展同样的刻度,权利的绝对值总是等同于义务的绝对值。该关系式的原理可以适用于每一个社会主体。一个为社会履行义务量多的人,必然社会应赋予其更多量的权利,这种量的对等关系是社会公正与正义的基本标准。如果允许没有贡献的权威存在,如果允许没有劳动的财富存在,那么必定是做了贡献的人反而受制于人,付出劳动的人反而成为愈加贫穷的人,这种社会便是容忍罪恶存在。虽然社会权利的总量和义务的总量不因罪恶而失衡,但总量平衡关系在具体主体身上的不公却能证明社会实体的不公正。"[1]而在张文显教授主编的另一本《法理学》教材中,有这样的阐述,即"权利和义务在数量上是等值的。首先,从宏观层面来看,一个社会的权利总量和义务总量是相等的。无论其权利和义务怎样分配,不管每个社会成员具体享有的权利和承担的义务怎样不等,也不管规定权利和义务的法条是否相等,在数量关系上,权利和义务总是等值或等额的"。[2]

姚建宗教授在其主编的《法理学:一般法律科学》中,强调法律权利与法律义务在数量上的等值关系,其表明:"一方面,一个社会中的法律权利的总量和法律义务的总量是相等的,这里的'总量'或'量',不是指'数字'的'(总)量',不是指法律权利和法律义务及其相关法律条文在数量上的对比,而是指'数值'的'(总)量',即在'质量'称重意义上的'总量'相等;另一方面,在具体的法律关系之中,法律权利与法律义务是彼此包含的,即它们各自的范围也都同时成为彼此的界限。"[3]但是姚建宗教授并没有详细阐述他所说的"数字"的量与"数值"的量究竟有何不同,而"质量"称重意义上的总量究竟是什么意思也没有做更多的说明。

而徐显明教授主编的《法理学》教材,则对这一命题的前置命题,即权利义务对立统一关系进行了解释:"在我国目前多数法理学教科书里,对于权利和义务的关系这个问题,有着比较一致的见解,普遍认为它们是一种对立统一的关系——'没有无义务的权利,也没有无权利的义务'。具体说来其表现为以下四

---

[1] 张文显:《法理学》,高等教育出版社2003年版,第112页。

[2] 张文显:《法理学》,法律出版社2007年版,第167~168页。

[3] 姚建宗:《法理学:一般法律科学》,中国政法大学出版社2006年版,第128页。

种关系:(1)权利义务相互对应、相互依存、相互转化。(2)一个社会的权利总量与义务总量保持相等。(3)权利义务的价值一致性与功能上的互补性。(4)权利义务守恒定律,其有以下三层含义:其一,在权利义务总量不变的前提下,私权利义务与公权利义务成反比例关系;其二,私权利主体间的权利义务成等比例关系;其三,权利义务相对于一国经济、社会文化及民主的状况成正比例关系。"〔1〕孙笑侠教授则在其主编的《法理学》教材中直接将权利和义务视为正利益和负利益的关系,"权利和义务在数量上的等值主要是指一个社会的权利总量和义务总量是相等的,尤其是指权利和义务所指向的正利益和负利益是相等的。法律是通过权利和义务来分配利益的,权利和义务逻辑上的相关关系决定了权利所能要求的东西与义务所能提供的东西在数量上必然是等值的"。〔2〕

郑成良教授认为法律上的权利和义务不仅在数量上是等值的,而且是平衡的,理由在于:"首先,一个社会的权利总量与义务总量是相等的。在一个社会中,法律对权利义务的规定虽然可能存在一些不平等、不均衡的地方,如社会成员之间具体享受的权利和承担的义务可能是不同的,法律形式上的平等往往是以牺牲事实上的平等为前提的,何况形式上的法律平等还是特定历史条件的产物。所以,总会存在各种形式的社会成员权利义务的不平等。在法律条文的数量上,关于权利义务的法律规定,也会存在一定的数额差异。但是在社会总的数量关系上,权利义务总是等值或等额的……其次,在具体法律关系中,权利隐含着义务,义务隐含着权利;权利指向义务,义务也指向权利。每一项权利的宣告,都给定了相应的义务的范围和内容;而每一项义务的设定,都界定了国家所认可的权利的限度。一定量的权利,需要一定量的义务予以满足,而一定量的义务又肯定满足了一定量的权利。权利义务相互界定、互相包容,互以对方为自己的尺度。所以,法律实践中,往往要通过对履行义务行为的判断来确定权利是否受到尊重;同时又可以同各国对权利人履行义务的情况的判断来确定他享有权利的合法性与正当性。"〔3〕

---

〔1〕 徐显明:《法理学》,中国政法大学出版社2007年版,第88~89页。

〔2〕 孙笑侠:《法理学》,清华大学出版社2008年版,第77页。持相同观点的还有杨春福教授,参见杨春福:《法理学》,清华大学出版社2009年版,第227页。

〔3〕 郑成良:《法理学》,高等教育出版社2012年版,第97~98页。

公丕祥教授在其主编的《法理学》教材中,则对这一命题持有不太相同的观点,该教材认为权利和义务在范围上是对应的:“范围对应所说明的是权利义务的一种量的关系,这种量的关系指的是权利义务在社会生活领域的对应,而不是说数量的对应。在数量上有时是数项义务针对一项权利,有时是一项义务针对数项权利,并不能说完全等值。但是,权利义务在范围上是对应的。权利义务范围的对应的具体内容表现为譬如在政治领域存在权利也必然存在政治义务,在经济领域存在权利必然存在经济义务,在其他领域也是如此。这种关系在我们的立法中值得注意,我们不能够用经济义务来对应政治权利,或用政治义务对应经济权利。人们在享受政治权力时必须履行政治义务,而不可用经济义务来代替;人们履行经济义务应当获得的是对应的经济权利,而不由政治权利代替经济权利,比如我们不能在法律上设定一个剥夺政治权利的人只要经济上作出多大贡献就能恢复政治权利。”〔1〕令人疑惑的是,权利和义务在范围上的对应关系既然不是一种数量上的对应关系,却又仍然被称为一种“量的关系”,有什么内在含义呢?数量上的不等值与量上的对应关系之间又是什么关系?该教材没有作出详细的解释。

本文将首先从权利义务一致性命题出发,论证能否从该命题直接推导出权利与义务在总量上等值的命题,该部分构成本文的第二部分。其次,本文将论证即便我们承认权利义务一致性命题可以推导出权利义务总量相等命题,也不能保证权利义务总量相等命题内部逻辑上具有可证成性,从而完成本文的论证过程,该部分构成本文的第三部分和第四部分。

二、法律上的权利与义务整体上总量等值命题的合理性

从现有材料来看,法律上的权利与义务总量相等命题的提出,主要是从权利义务一致性命题推导出来的。该命题的基本含义被论述为:权利与义务具有

〔1〕 公丕祥:《法理学》,复旦大学出版社2010年版,第338页。第1版和第2版该部分表述完全一样,在权利义务关系的部分没有谈到数量上的等值关系。

一致性,有权利必有义务,有义务也必有权利,没有无义务的权利,也没有无权利的义务。[1] 那么是否可以从这一命题直接推导出这样的结论,即权利和义务在总量上总是相等的呢?按照这个表述来说,每个社会中的权利和义务在整体上都是总量相等的,所不同的仅仅是权利和义务的分配模式而已。那么由此推论,则可以认为任何一个社会的法律都保障了权利和义务整体上的平衡。就法律发展的角度而言,人类社会的法律制度是从早期不成熟的法律制度发展成为今天相对成熟的法律制度的,按照这个认识,很难想象从法律开始产生之时,人类就已经掌握了制度中的权利和义务整体上总量相等的技术和能力。实际上,无论我们考察中国早期的法律制度,包括《周礼》《法经》等,还是考察犹太人早期的《摩西十诫》,或西亚的《汉谟拉比法典》,抑或印度的《摩奴法典》,都无法认为这些早期法律已经实现了权利和义务在总量上的相等。更不用说该命题还有一个问题,那就是如果说该命题中的权利是指法律制度上的所有的权利和义务的话,那么至少包含宪法、刑法、民商法律、行政法等所有法律制度中所规定的权利和义务,这样一来,有的法律主要是规定义务的,其所对应的权利究竟是什么不得而知(如行政法),如果拿这样的法律中规定的义务作为一个比较项,而用其他法律中规定的权利与之相比较,不同法律中的权利和义务可以在总量上进行比较吗?以上还只是以国家法作为观察对象,如果考虑到国家法在传统社会具有多种形式的表现,以及现代法律制度下的地方立法和国际法,则权利与义务总量相等的命题就更难在实证层面予以证明了。

因此,如果我们需要该命题正确的话,必须在理论上假设任何一种权利的规定都必然是以对应的义务的存在为先决条件的,有了这个假设,当然在理论上可以推导出有权利就必然有义务,有义务也必然有权利,进而就可以推导出权利有多少,义务就必然有多少,权利和义务总量上是相等的结论。但是这样一个假设显然既不符合法律发展的历史事实,也无法在现实的立法过程中证

---

〔1〕 关于权利与义务是否具有对应关系,童之伟曾经给予了批判,发表了不同的看法。参见童之伟:《对权利和义务关系的不同看法》,载《法商研究》1998年第6期。陈景辉也在《权利和义务是对应的吗?》一文中曾经进行了论证,论证的结果是权利和义务并非是对应的关系。参见陈景辉:《权利和义务是对应的吗?》,载《法制与社会发展》2014年第3期。本文不拟在这一问题上进行新的论证,而是对权利与义务的对应关系暂且认同,并在此基础上进行相关命题的论证。

立。但如果抛弃这个理论假设,那么该命题就失去了前提的正当性。同时,回到客观的法律世界之中,也必然面临一个困难,即实际上根本无法对权利的总量和义务的总量进行(无论是数量上还是质量上)计算,更不用说相互进行总量上的比较了。

三、法律上的权利与义务总量等值命题的结构

即便从法律上的权利和义务总量相等这一命题本身的内部结构来看,[1]这一命题实际上包含两个具有递进关系的命题:第一,权利和义务是可量化的;第二,可量化的权利与可量化的义务在总量上是等值的。对于第一个权利和义务是可量化的命题,其又包含两个子命题:一个是权利和义务均是可量化的;另一个是可量化的权利和义务是可比较的。对于第二个命题,即可量化的权利义务总量上是等值的命题,其也包含两个子命题:一个是权利和义务的总量是可以计算出来的;另一个是可计算出来的权利和义务的总量是等值的。通过这样的方式解析权利义务总量等值命题的话就可以发现,如果我们需要证成权利和义务总量等值命题是成立的,则至少需要对其所内含的两个子命题予以证成;而要证成两个子命题,则必须对其中内含的上述四个子命题予以证成。只有在上述四个子命题均成立的情况下,两个子命题才能分别成立,从而才能最终完成对主命题的证成。

对于第一个子命题,无非有两种证成结果:一个是权利和义务是可量化的,另一个是权利和义务是不可量化的。由于权利义务是不可量化的这一结论将会对权利义务总量等值命题产生毁灭性的结果,所以我们先假定权利和义务是可量化的。那么,随之而来的问题就是:这个"可量化"的对象究竟是什么?是权利和义务本身,还是权利和义务所包含的内容?笔者认为,目前学术界的通说基本上延续了徐显明教授在1990年提出的阐释,即数轴上的权利义务等值观点。该观点认为权利和义务分别被置于一条假想数轴的原点两端,向相反方向总是延展相同的刻度,所以二者在绝对值上总量相等,因而可以推断该观点

[1] 为了叙述上的方便,本文中除非特别注明,权利就是指法律权利,义务就是指法律义务。

是将权利视为“正的利益”,而将义务视为“负的利益”,从而构成在数轴的意义上的“绝对值相等”,是从利益说的角度解释了权利和义务是“可量化”并且等值的。这说明可量化的对象并非权利和义务本身,而是权利与义务的内容,是将权利和义务所表达的主体的利益作为可量化的对象,然后进行数值上的比较。

对于第二个子命题表明权利和义务在可量化的情况下又是可比较的对象。对象的可量化性与可量化的对象之间能够进行相互比较是两个不同的问题,可量化的成立也不必然可以在逻辑上推导出可比较性的成立。一般而言,当我们认为两个事物之间可以进行比较的时候,说明待比较的两个事物之间存在类的同一性。从这个角度来说,并非所有的可量化物之间都可以相互比较,因为不是所有的事物之间都存在类的同一性。例如,在性别这一类上,我们可以比较男人和女人的量化数,可以说“本校的男生和女生一样多”,因为在这个类下,男生和女生可以成为相互对应的对象,从而可以进行比较。又如,如果不能找到类的同一性,虽然也可以从数量关系上说“学校的学生和树木一样多”。权利和义务之间的比较也是如此,只有当权利和义务被设定在同一个类的前提下,二者才能够成为可比较的对应概念。问题在于权利和义务所指向的利益在现实中显然是存疑的,只有在相互对应的权利和义务之间,它们所指向的利益才具有可比较性,并不能证明无论哪种权利所指向的利益都可以和其他义务所指向的利益具有可比较性。而通常在描述权利义务总量等值命题的时候,我们往往忽视权利和义务是否可以比较的证成。

对于可量化的权利和义务是可以计算出总量的这一命题,就数学的角度而言,一个事物可以计数与一个事物的总量可以算出来,实际上属于两个不同的问题,一个事物是可以计数的并不必然推导出该事物一定可以算出总量。这一方面可能因为可量化物虽然可量化,但数目可以是无穷多的,因而无法实际给出总量。还有一种情况是可量化物的总量可能不是无穷多的,但是由于技术上的局限性,实际上根本无法计算出来,如银河系的星球的数量、地球上的沙粒的数量。因此,如果需要证明权利和义务的总量是可以计算的,那么我们首先需要证明权利和义务的总量是有限的,不是无穷大的;其次需要设定一个合理的计数单位,找到一个合理的技术性方法,并且证明运用这个单位和技术方法能够计算出权利和义务的总量。缺少任何一个条件，都将难以证明权利和义务的总量是可以算出的。

对于权利和义务不仅能够计算出总量，而且两者的总量必定是相等的命题。这一结论也可以表述为："无论在何种情况下，能够计算出的权利总量和义务总量在数值上总是相等的。"对象之间的相等关系是一种比较关系，正因如此，所以要证明权利与义务的总量相等必须先证明这两个"总量"是具有类的同一性的可比较数据。而相等关系是一种绝对的关系，必须保证比较的对象在任何情况下都能够数值相等，只要有一种情况超出相等的范围，相等的结论就会受到质疑甚至被推翻。从这个角度来说，除非我们能够穷尽所有的情况，否则这一命题的成立就属于推论，而并非事实。

以上四个命题都需要证成，并且同时成立，才能支撑权利义务总量等值命题的完全成立。不过，这四个命题之间的地位也是不同的，第一个命题是最具基础性的，对其他三个命题的证明具有前提性的地位。如果权利和义务被证明是不可量化的，那么权利与义务的总量当然也就无从获得，那样一来，则表明权利与义务总量等值命题将彻底无效，所有围绕这一命题的讨论就此终结。但是第一个命题的证明也是最为艰难的，因为需要每一种权利和相应的义务必须要证成其可量化性，而权利和义务在概念上具有多样性[1]，权利和义务内部也可以依不同标准进行若干分类。在每一种概念下，以及每一种分类下，权利和义务的可量化性都应当获得证成，因此这必然会导致对于权利义务可量化性的证明变得异常复杂。本文暂时不打算介入这一异常复杂的工作，而是先假定权利义务可量化命题是成立的，并且权利义务的总量也是有限的，即先假定前两个子命题均成立，从而在此基础上对权利义务总量是相等的这一命题展开相关的分析和论证。本文后面将会说明，即便权利和义务都是可量化的，并且是可比较的，二者的总量也并非总是能够算得清楚，并且即便权利和义务的总量能够

〔1〕 例如，张文显教授在《法哲学范畴研究》一书中，曾经对中外法学史上产生过重要且长期影响的权利义务的释义进行过系统的阐述，主要包括资格说、主张说、自由说、利益说、法力说、可能说、规范说、选择说。参见张文显：《法哲学范畴研究》，中国政法大学出版社 2001 年版，第 300 ~ 305 页。张恒山教授则整理出 9 种释义，分别是资格说、主张说、法力说、规范说、自由说、选择说、可能说、利益说、优势说。参见张恒山：《法理要论》，北京大学出版社 2002 年版，第 359 ~ 360 页。

算清楚,也不能证明二者的总量必然是相等的。

四、权利与义务总量等值的证成困难

如果我们假定权利和义务不仅是可量化的,而且是可比较的对象,那么剩下的问题就在于是否能够证明第三个和第四个子命题了。也就是说,我们需要证明权利和义务的总量是可以计算的,并且计算的结果必然是权利和义务的总量是相等的。要证明这两个二级子命题,则需要解决如下几个问题:

第一,我们如何认定法律权利和法律义务是可以穷尽的概念?也就是说,我们是否可以完全证成权利和义务的总量是可以计算出来的这一命题。如果说权利义务在总量上等值,那么当然意味着我们是可以计算出法律权利的总量的,同时也能够计算出法律义务的总量。然而,从计算这一行为来看,计算的前提是被计算的对象是明确的和可量化的。既然我们已经假定权利和义务是可量化的,那么就必然要证明权利和义务在法律上一定是明确的。然而,现实的情况是,没有哪个国家的法律会将权利和义务完全明确地列举出来。法律权利并非完全被列明的,不仅宪法上存在“未列举的权利”,同时还存在“法不禁止即可为”这样的排除性的非列举权利,更有对于公权力行使的“法无规定不可为”的排除性义务规定。如果我们承认对于一般公民来说,法不禁止即可为是一个行为原则的话,那么法律的禁止性规则规定的是公民的法律义务,这个义务在禁止性规则中是明确的,除此之外的都是权利,这种权利的范围是法律没有具体规定的,当然也就是未完全规定的。对于这些权利如何计算呢?同样的情形是,对于公权力而言,法无规定不可为则是另一条行为规则,该规则确立了公权力机构和人员的权力(称之为权力清单),这个权力是明确的,除此之外都是不能作为或者不作为的义务,但是该义务的范围同样是法律无法具体计算的。对于上述两种情形而言,计算法不禁止即可为中的权利以及法无规定不可为中的义务将极其困难。

第二,依据“没有无权利的义务,也没有义务的权利”这一论断,权利和义务是相互对应的概念,因而它们之间是具有可比性的。如果将权利用A表示,义务用B表示,则这个论断可以表述为,“如果存在A,则必存在B;如果存在B,

也必然存在 A”，唯其如此才能顺利推断出 $\sum A$ 与 $\sum B$ 有可比较性与总量等值的结论。但是，需要注意的是，如果我们将这一命题作为一个全称命题来看的话，我们在计算 $\sum A$ 与 $\sum B$ 的时候，是必须穷尽 A 和 B 的对应关系的。如果法律中的权利和义务总是一一对应的关系的话，那么穷尽权利和义务并不困难。但是现实中的法律权利和义务从来就不总是一一对应，现实的情形是权利和义务之间既有一一对应，也有一对多、多对一、多对多的情形。在这种情况下，假设发现有一个 An 没有一个对应的 Bn，那么意味着什么呢？当然就意味着至少多出了一个 An，这样一来 $\sum A = \sum B$ 就无法成立了。这个例子在日常生活中经常见到。例如，赠与行为中，被赠与方是没有义务设定的，这样赠与方的赠与权就成了 An，没有相对应的 Bn，从而就会导致 $\sum A = \sum B$ 等式的不成立。

第三，对于上述问题，可能会有一个辩解的途径。那就是说，即便在赠与活动中存在 An，但没有相对应的 Bn。不过，可以认为我们仍然能够在其他行为中寻找到有义务而无权利的情况，因为单方义务的情况也是存在的。也许这种情况下会存在一个 Bm，但没有相对应的一个 Am，这样一来，总量计算的时候，就可以说等式左边多了 An，右边少了 Bn，但右边多了 Bm，左边却少了 Am，等号两边还是可以平衡的。不过，我们应该注意到，这种辩解的前提是用 An 与 Bm 进行等值互换，即 $\sum A + An = \sum B + Bm$。这样的结果看起来似乎可以理解，等号左边多一个权利，等号右边多一个义务，等号两边正好相等。问题在于，凭什么认为 An 一定与 Bm 是等值的呢？这种判断理由何在呢？进言之，如果我们认为 An 存在于 P 行为中，Bm 存在于 Q 行为中，那么 P 行为中的权利与 Q 行为中的义务一定可以进行比较吗？一定可以判断其二者等值吗？

第四，对于上述问题，也许还会找到另一个辩解方案，即把权利和义务都用“项”的单位来表示，说一项权利和一项义务是对应的，所以法律规定了多少项权利，就必然有多少项的义务与之对应，这样权利的“项数”与义务的“项数”就在总量上就可能存在等值的关系了。这种辩解方案确实可以避免权利和义务在何种概念上才是可量化的疑问，我们姑且不论用“项”来表达权利和义务的“数”有什么实际意义，仅仅就这样的辩解方案而言，如果说 P 行为中只有 An 而没有对应的 Bn，Q 行为中存在 Bm 但没有相对应的 Am，这样按照 An 和 Am 各算一项权利，Bn 和 Bm 各算一项义务的话，在设定 $\sum A = \sum B$ 等式成立的前提下,$\sum A + An = \sum B + Bm$ 的等式成立应当是可以理解的,因为两边"项数"是相等的。然而,实际情况中,当出现权利与义务之间存在多对一或一对多的情况时,可能是P行为中只有 An_1、An_2 和 An_3,但是没有对应的Bn;而Q行为中存在 Bm_1、Bm_2,但没有相对应的Am。如此一来,设定的 $\sum A = \sum B$ 等式的等号左边变成了 $\sum A + An_1 + An_2 + An_3$,等号右边变成了 $= \sum B + Bm_1 + Bm_2$。如果用项的概念来表述权利和义务的话,就可以简化为等号左边是 $\sum A + 3$,等号右边是 $\sum B + 2$,这个时候 $\sum A + 3$ 还能等于 $\sum B + 2$ 吗?这样的两边如何能够相等呢?如果出现权利和义务之间多对多的情形,则情况将更为复杂了。更为复杂的情况亦如上述法不禁止即可为的例子中,权利的项数其实也是不可数的,这样用项这样一个单位计算权利就没有办法准确计算出究竟有多少"项"的权利了。

第五,最后一个可能的辩解方案是从个体出发的,即任何一个个体都不能只享有权利,不承担义务,也不能只承担义务,不享有权利,所以在个体上权利和义务是等值的。然后将所有个体加成总体,这样因为个体的权利和义务是等值的,个体的权利和义务的总和当然应该是等值的。这样的辩解很有说服力,简单说,也就是因为 $A1 = B1$, $A2 = B2$, $A3 = B3$, $A4 = B4 \cdots\cdots An = Bn$,所以最终 $\sum A1 - n = \sum B1 - n$。但是,仔细分析这样的解决方法就会发现,它是将"任何一个个体都不能只享有权利,不承担义务,也不能只承担义务,不享有权利"这个论断置换为"任何一个个体享有的权利一定等于其承担的义务"的论断了。实际上,前一个论断和后一个论断之间并不要求完全吻合,即"任何一个个体都不能只享有权利,不承担义务,也不能只承担义务,不享有权利"这样的论断说明的是任何个体都不能仅仅享有权利,而其他个体仅仅承担义务,但是不排除有这样的情况,那就是不同个体之间享有的权利和义务不一定要求总是一致的。有些个体可以享有更多的权利,另一些个体承担更多的义务,这无论在法理上还是在实践上都是可以理解的。如果考虑这个结果的话,上述等式 $\sum A1 - n = \sum B1 - n$ 就未必是成立的了。例如,妇女儿童应当享有更多的权利,残疾人和老年人也可以享有更多的权利,在妇女儿童和残疾人老年人那里,个体所享有的权利和承担的义务一定是不等值的。相似的情况还有公众人物在隐私权方面与一般公民相比可能会减少,但并不因此减少其应当承担的义务。

五、结　语

从人类社会发展的历史过程来考察权利和义务之间的关系可以发现，到目前为止，每一个时代都存在权利和义务总量或多或少的问题，这就是人类社会的不平等的现实。因此，如果将这一命题作为一个实然的命题的话，那么显然会在社会事实层面遭到质疑。目前法理学通识的观点认为，在剥削阶级统治的社会，法律只能表达剥削阶级的集体意志，从而使他们享有最多的权利，承担最少的义务，而无产阶级则享有最少的权利，却承担最多的义务。“用权利义务守恒的定律来分析公民和国家间的关系，可以发现两种不同本位的对立。以国家权利（权力）为标准，强制公民只有服从的义务，该类型的法律便是义务本位的法，资本主义以前的法皆具这一特征。”[1]在这种情况下，我们如果仍然认为剥削阶级社会中权利和义务的总量是等值的，显然是非常荒谬的。既然我们无法证明剥削阶级社会的权利总量和义务总量在数量上是相等的，我们又凭什么认为在非剥削阶级统治的社会中权利的总量和义务的总量就能够是相等的呢？从这个层面来说，权利义务总量等值的命题在现实的社会发展的事实角度上必然存在无法逾越的难题。而在总量等值的绝对层面上来说，由于权利和义务的总量计算存在无法证成的难度，从而导致一个社会的法律中权利和义务的总量实际上是无法真正计算出来的。因此，至少在上述诸层面上，权利和义务在总量上等值命题的证成是难以实现的。

---

〔1〕 张文显：《法理学》，高等教育出版社2003年版，第112页。

4

中西法律史

法律民族化运动：关于民国司法改革的一个整体观点

江照信*

内容摘要：通过本文，作者希望能够提供关于民国司法改革的一个整体观点，强调民国司法改革的整体进程与意义。从整体上来看，民国的司法改革可以视为一次法律民族化运动。法院编制改革、大司法院模式及重建中华法系论潮是法律民族化运动的三个基本内容。这一法律民族化运动促成民国司法改革，在制度设计与实践之外，创生出关于中国司法自己的法律哲学，这大致体现在司法界文化立国主义的理念养成与实践方面。因此，我们在思考如何借鉴民国司法改革的经验之际，需要注意"民国司法改革"所具有的非常宽广的历史镜鉴意义。

关键词：法律民族化运动　大司法院模式　重建中华法系

在制度完善的前提下，司法的价值是多元化的。按照最近的理论认识，核心司法价值大致会有程序公正、有效、便民、公众信赖与司法独立等几个方面。[1]制度设计因而需要不仅注意于合理性，而且需要"韧性"(robustness)[2]以此来

* 山东大学法学院副教授，法学博士。

〔1〕 Simon Shetreet, "Judicial Independence and Accountability: Core Values in Liberal Democracies", in H. P. Lee., ed., *Judiciaries in Comparative Perspective*, Cambridge, Mass, Cambridge University Press, 2011, p. 13.

〔2〕 Will Schildknecht, "Designing for Robustness: Overcoming Systemic Risk in the Political Branches", *California Law Review* 103, 2015, pp. 433 - 466. 需要注意制度设计中的"韧性"与"系统风险"之间的关联。

防范制度实践中系统性风险的发生,然后我们才可能预期制度设计整体上所能实现的司法核心价值,并最终产生宪法“耐持力”[1]的改良效果。在这样的设计思路之下,司法改革会成为法治改革的突破口,而且经历专业化与精英化改革的司法会是一种好司法。[2] 就制度设计而言,现在的司法改革者与决策者遵循着这样的设计逻辑,在民国同样也是如此。事实上,当下司法改革的制度设计和路径选择与民国40年间的司法改革有太多相似的地方,如司法的价值取向问题,司法职业化问题,专业化与精英化问题,司法在社会与政治中的功能与角色问题。因为存在制度设计与路径选择方面的类似之处,民国司法的历史才有了对于当下司法改革的镜鉴意义。通过本文,笔者希望能够提供关于民国司法改革的一个整体上的观点,尽可能避免因关注于技术、规范与制度的某个层面而提出以偏概全的看法。本文将从司法职业化与司法在政治中的角色两个方面开始探讨民国司法对于当下司法改革的意义。本文的一个初步观察是,在民国史的情境中,司法精英化虽是通往好司法的途径,而民国的大国司法事实上却是通过文化建设出来的。因为民国时期政治与财政的问题,法官与法庭数量困局自始至终都存在于司法的进程之中,所谓司法核心价值的实现在实际上只能成为一种理论与理想。民国一系列顶层设计在实践中遇到挫折,才会有大司法院模式的产生及司法的文化建设问题,[3] 1930~1940年的重建中华法系运动实际上成了“司法改革的再改革”。[4]

下文分六个部分详细论述之。第一部分解释民国司法制度设计上的重级不重审的政策取向,造成了虚四级三审制的事实。民国后续出现的司法改革问题都与此有着或多或少的关联。第二部分讲述改革者内部观点上的礼法之争以及民国时代的“员额制”改革方案是如何形成的。第三、第四两部分论述在顶层设计遇到实施问题之后,民国司法改革进程所创生出的制度回应能力,即大司法院制度与司法改革的文化建设运动(重建中华法系论潮)。第五部分重在

---

〔1〕 Tom Ginsburg, "Constitutional Endurance", in Tom Ginsburg and Rosalind Dixon, eds., *Comparative Constitutional Law*, Massachusetts, Edward Elgar Press, 2011, pp. 112 - 125. 尤其需要注意“耐持力”(endurance)一词,在制度设计与再设计中的意义。

〔2〕 季卫东:《法治中国》,中信出版社2015年版,第131~137页。

〔3〕 江照信:《中国法律“看不见中国”》,清华大学出版社2010年版,第24~39页。

〔4〕 苏永钦:《司法改革的再改革》,台北,元照出版公司1998年版。

提示司法改革不仅止于制度设计与实践两个方面,还有理念养成的层面。民国司法改革进程中因为文化运动的介入而产生出一种司法改革的法律哲学,即文化立国主义。第六部分是一个简短的结论。笔者的看法是,民国司法改革的历史整体可以视为一次法律民族化运动,因而我们在思考如何借鉴民国司法改革的经验之际,需要注意"民国司法改革"所具有的非常宽广的历史镜鉴意义。

一、民国司法顶层设计:虚四级三审制

清末以来,司法改革实际上成为中国被迫承担的一种国际法上的条约义务,这令改革的制度设计者与实践者一开始便具有一种独特的司法意识形态。如徐谦、许世英两人在1911年所表达的观点:"方今世界,法制固已趋于大同,彼行之于欧美各国无不宜者,或不致行之中国而不宜。况我国因条约之关系,于法权之行使本多障碍,尤当亟亟改良,始望有修正条约之一日。"[1]反过来讲,清末以来司法界民族主义意识形态之所以如此牢固,很明显的一个事实就在于妨碍民国司法独立的首先在于领事裁判权,"以收回领事裁判权一语为唯一无二之主张"[2];其次才在于其他因素,原因也就在于"司法改良"乃是一种基于不平等条约前提下的"义务"。因而,关于司法的价值,我们可以看一种独特的民国式理念,即"司法独立=司法自主+裁判独立"。从这一意义上说,清末以来的司法改良运动可以认为是一种中国追求司法自主独立的政治运动。相应地,民国司法改革的顶层设计,自然而然地涉及法律与政治两个方面的问题,同时也不得不受政治的影响。事实上,民国政府与司法界在制度设计方面的不懈努力,反而成了民国司法史的一个重要特征。

中国基于顶层设计,以司法计划的方式推荐司法改革的传统始自1912年司法计划书,内容就是1912年的第一份司法改革五年计划。如按1912年民国第一个司法五年计划(1914~1918),"计全国应设院局二千有奇,分为五年设备,每年至少期以成立五分之一为率,扣至第五年,一律完成。先由各省就地方

---

〔1〕《法部代奏会员徐谦等考察各国司法制度报告书折》,载《湖北官报》1911年第143期。

〔2〕李贵连:《沈家本年谱长编》,山东人民出版社2010年版,第270页。

之情状,分开办之先后。院局之设备,大略如此。……吾国疆域广大,需用之法官狱官,预计五年完成时,法官逾四万人,狱官将及二千人”。[1]

此后,我们又看到了1920年的司法改革五年计划,1920年的一个十五年计划,[2]1929年司法院规划的六年计划,[3]1935年全国司法会议的健全法院组织宣言,以及1947年的普设法院五年计划。[4] 因此,理解民国的司法改革,最好的理解方式是从数字开始,理解司法转型中司法职业化中的法官化与法庭化进程。在认识这一事实的基础上,我们再去看司法的制度设计问题以及制度实践问题,然后我们就容易思考民国到底在多大程度上是可以成为当下司法改革的顶层设计者与思考者所借鉴的。

需要注意,民国司法计划中对于法官化最有想象力的、最理想化的目标也不过是4万人而已。而事实上,按谢冠生所论,终北京政府时代(1912~1927),全国法院仅114所,即高等审判厅21所,高等分厅26所,地方厅67所。而此后经历国民政府持续努力建设,至1947年终得最高法院1所,高等法院37所,高等分院119所,地方法院782所。全国在职推事只有2389人,检察官1774人。[5] 1947年,司法行政检讨会议决议司法改良计划,首要目标之一重提“普设法院”,[6]民国司法进程因而以此“普设法院”一词意味着司法改革自始至终未能成功。究其失败的原因,若暂不论法律外的因素,就在于以司法计划为标志的制度设计,自一开始就预设司法改革是以专业化、法庭化与法官化为前提的,因而没有考虑专业化的替代方案,而且制度设计的重心在审级而非在审判

---

〔1〕 许世英:《许总长司法计划书》,载《司法公报》1912年12月15日。

〔2〕 按江庸所言:“民国九年,司法部有添厅计画,此项计画分为二期:第一期于五年内,就各省旧道治遍设高等审检分厅,旧府治遍设地方审检厅;第二期于十五年内将各县地方审检厅一律设置。”参见江庸:《撤废领事裁判权问题》,太平洋会议后援同志会1921年版,第22页。

〔3〕 按1929年司法计划书,“将来全国遍设新式法院之计画,则拟以六年为期,斟酌缓急,次第筹设。第一步废止县政府兼理司法制度,于第一第二两年内设立组织较简之县法院一千三百六十七所,同时于旧时府治州治及人口较多之县各设地方法院,务使最短期间司法机关完全成立。自第三年起逐渐将已设之县法院扩充改组为地方法院,至第六年一律改组完毕,于是全国各县之地方法院完全成立。”参见魏道明:《中国司法之现状及将来之计划》,档案藏于台北“国史馆”,编码020000036821A。

〔4〕 《法界消息——司法行政部实施普设法院五年计划(附表)》,载《法令周刊》1948年第20期。

〔5〕 汪辑宝:《民国司法志》,正中书局1954年版,谢冠生为该书所撰“弁言”部分。

〔6〕 谢冠生:《全国司法行政检讨会议汇编》,司法行政部1947年版,“宣言”部分,第1页。

上面(重级不重审)。

关于法官化与法庭化的数量,我们可以继续看下面的3份表格。[1]

表1 法院数量简表(1912~1947)

年份	法院总量
1947	905(+1318县司法处)
1937	412(+872县司法处)
1928	221
1926	139
1912	327

表2 法院与分院、分庭数量比较表

年份	高等法院	高等分院	地方法院/分院/分庭[2]
1947	37	4	56
1937	24	91	302
1928	21	25	156
1926	23	26	66
1912	19	4	124

表3 历年录取法官数量简表(1913~1948)

年份	录取法官数量(考试、甄拔、铨定)
1913	171
1916~1926	668
1927~1936	735
1938~1945	594
1946~1948	≈360

---

〔1〕 表1~表3更加详细完整的内容及解释,参见江照信:《中国法律"看不见中国"》,清华大学出版社2010年版,第17~33页。

〔2〕 "分庭"含高等法院分院附设地方庭及地方法院分庭数量。

基于上列表格,从数量的角度来讲,我们看到民国压根就没有可能施行四级三审制,因为初级法院的缺失,县长兼理司法,[1]加上分院、分庭制度的存在,造成的结果是同级两审[2]或二级三审,[3]因而两级终审就成了民国事实上的审级制度。司法独立意义中所要求的制度分层在民国也便失去了意义。因而,司法编制问题[4]自始至终就是改革的核心问题,用现在的话来讲,民国的司法改革,重心就是一个"员额制"改革。[5] 但与当下的改革方向不同,民国追求的是数量与规模上的大司法模式,而我们现在朝着司法瘦身的道路在走。1928 年,最高法院与司法部同时归属于司法院,原因一方面在于五权制的政治设计,另一方面更在于司法界希望在两者之上有一个权力的呵护伞。在司法院之前,最高法院与司法部都是个弱衙门,民初法官"为法受过",[6]20 年代初的 5 次司法罢工[7]就是典型例子。而且自如此看来,仅从制度设计的角度上来看,民国并不是适合当下参考的好榜样。

更进一步,我们来看 1936 年司法统计[8]所列的司法官数量,即法官共 1655 名(女法官共 5 名),检察官共 856 名(共 5 名女检察官),如表 4 所示。

---

〔1〕 县长兼理司法之制一开始就成了司法制度改良的负担与司法进展缓慢与问题化的符号,如汪辑宝所论,"尝谓中国司法权之完整,有三大障碍,一为外国领事裁判制度,一为县长兼理司法,一为司法经费之不统一"。参见汪楫宝:《民国司法志》,正中书局 1954 年版,第 112 页。

〔2〕 "同级两审问题",指由于法庭与法官的短缺,初级审判在某县完毕后,有上诉者,若二级审判法庭距离太远,以致上诉不经济与加重上诉人负担的情况下,则可以上诉到邻县初级审法庭或者县公署;或者在地方法院内设地方分庭,当事人对地方分庭的初审判决不服者,可以上诉到同一地方法院,另行组织法庭审理上诉。参见汪楫宝:《民国司法志》,正中书局 1954 年版,第 112 页。

〔3〕 "论者谓于同一机关内之两法庭强名为两级,于受同一机关推事之审判强名为二审,不如称为二级三审为直截了当。"参见郭卫:《现行司法制度之实际谈》,载《中华法学杂志》新编第一卷第 5/6 号合刊,第 88 页。

〔4〕 罗文干:《法院编制改良刍议》,载《司法公报》1921 年 9 月 15 日。

〔5〕 季卫东:《法治中国》,中信出版社 2015 年版,第 131 ~ 137 页。

〔6〕 章氏时任大理院院长,如其言:"除上述尚有不能已于言者,则司法官为法受过一事。……中国现行法律之不备及不适于社会者,不可胜数,此等情形有立法之责者,亟宜从事编订修正而不能即视为适用法律者之过。"参见章宗祥:《关于司法问题之谈话》,载《庸言》1914 年第 1 ~ 2 期。

〔7〕 这里指的是民国首都法界大罢工。法官、检察官集体罢工分别发生在 1921 年和 1926 年。司法部大罢工发生在 1923 年、1925 年和 1926 年。详细内容参见江照信:《法律民族化运动:以民族主义解读民国司法史》,载《复旦法律评论》2016 年第 3 辑。

〔8〕 司法行政部统计室编:《民国二十五年度司法统计》(南京:司法行政部,1938 年全册)。

表4 司法官情况统计

教育程度	高等法政类毕业	高等法政类毕业	高等法政类毕业	高等法政类毕业	高等特种教育	高等非法政类毕业
类别	计	国内	欧美	日本		
推事(男/女)	1288/2	1185/2	13/0	90/0	357/3	5/0
检察官(男/女)	721/4	645/4	9/0	67/0	127/1	3/0

中国一心一意以渐进司法改革、求"中外一律"而废领事裁判权,至于司法价值未能实现的原因,我们可以以1926年《调查治外法权委员会报告书》[1]的结果得以理解,即缺法律、缺法院、缺监狱、缺独立(军阀干涉,因为存在前三种原因,即使军阀不干涉,司法也无法独立!)、缺钱(司法经费)。又以1935年为例,中国"司法不良之最大原因","多不在司法本身,而在(一)有力者不拥护不尊重司法,(二)不宽予经费,而使其穷蹙莫能有所计划"。[2] 在国民政府黄金10年(1927~1937)中,司法制度真正成形(五院制、六法全书、大司法院体系形成),但制度形成的人事基础就是这不足2500号人马(法律职业化)。又按照司法官的教育构成,我们可以认为民国司法的职业化进程是明显带有专业化与精英化的趋势的。民国在制度设计方面,明显存在精英化的质量与员额制的数量之间的紧张关系。而员额制本身所蕴含的司法精英化的最低与最佳数量状态,在这个红线之上不会存在什么问题,但一旦低于这个红线,就是司法顶层设计满盘皆输的局面。民国司法就是这样的状况,而且员额制本身的问题就在于其所需要的数量最佳化状态很大程度上是一种主观的设计。至1935年,三级三审制度正式推行,而最高法院因积案问题而连锁引发各种社会与政治上的反应,即如阮毅成当时所言,"我国自改用新式司法制度以来,人民感觉便利者少,感觉痛苦者多"。[3] 全国司法会议在1935年召开,其就成了职业化与精英化改革的再改革途径。相应地,自1935年始,在全国法律人共同体中所发生的重

---

〔1〕 *Report of The Commission on Extra-territoriality in China Anglo-Chinese edition*, Shanghai, The Commercial Press, Ltd. ,1926.

〔2〕 吴昆吾:《中国今日司法不良之最大原因》,载《东方杂志》第32期第10号。

〔3〕 阮毅成:《所企望于全国司法会议者》,载《东方杂志》第32卷第10号。

建中华法系论潮就成为法律转型的文化再造。[1]

概言之,与当下的中国司法改革完全不同,民国在事实上存在的虚四级三审制,加上司法改革政策取向上的精英化,令司法改革的进程受制于法官与法庭的数量短缺,即司法职业化困局。但反过来讲,基于法院与法官的数量,我们又看到民国司法改革似乎显得是做到了严格的职业化与精英化的。民国司法精英化的进程是以整个司法制度设计的质量为代价的,这种代价典型表现在历次司法计划的被迫失败上面。我们理解民国司法史,首先需要注意这样一种制度情境。那么在这样的制度困境之中,民国司法为何仍然具有活力推动改革的后续进程呢?我在下文将会详细论述,民国在顶层制度设计之外,通过制度实践达成了两个根本的司法改革成就:一是大司法院模式,二是重建中华法系运动。换句话说,我们思考民国司法改革的历程,需要注意两个方面的内容:一个在于以司法职业化为内容的制度顶层设计,另一个就是基于实践所形成的中国司法进程的这两个创造性特征。下文分述之。

二、民国"员额制"改革:司法界的"礼法之争"

一旦存在司法在数量上的困局,财政问题与人才储备问题又加重司法进程的困难,社会不信任司法,政治缺乏对司法的支持,财政在中央与地方两个层面上又不能保障,人才教育上面又遇到限制文法教育的政策[2](居正所言的"亡国教育"),[3]司法只能遵从制度内外的"自存之道"。[4] 正是在这一意义上,我们又能看到一个精英化的司法界,不论是主动形成的还是不期而至的,在制度发展遭遇困局的时刻,他们能够形成继续推进改革的激励因素以及具有回应制度设计问题的智慧。典型的例子,如从制度内的角度来讲,看似是坏东西的做法(如废除县级司法机构)就成了挽救司法改良的好办法。需要注意,在民国的历史情境中,由于司法经费问题与人才缺乏,县级司法机构是没有办法职业

[1] 江照信:《中国法律"看不见中国"》,清华大学出版社 2010 年版,第 115 ~ 117 页。

[2] 江照信:《中国法律"看不见中国"》,清华大学出版社 2010 年版,第 34 ~ 38 页。

[3] 居正:《法治与法律教育》,载《中华法学杂志》第 3 卷第 2 期。

[4] 郑天锡:《对于司法改良之意见》,载《法令周刊》1933 年第 145 期。

化的。在这里,仅仅依据对于历史事实的认识来说,员额制改革可能会出现两种制度途径:自上而下以最高法院简约为最终目的,或者自下而上由基础法院始。民国所作的是后一种,由基层司法的去专业化而实现员额制改革。如在第一个司法五年计划施行之始,章宗祥氏的观点是:

如就地方而论,彼审检所之制,其组织本不完善,即令裁撤,亦不足惜……欲审判之公正得乎,据仆之所见,莫如仿照欧美各国治安裁判所办法。于全国之内设立多数之治安裁判所,凡轻微之事件,概由该所审理,其推事员额视事物之繁简而定,于推事资格必择有法律知识经验及相当之资产者为之,作为名誉职或全尽义务或酌给津贴,衡量情形以为之制。虽无司法官特别之保障而免职不足以引起其恐怖心。何则免职者不过免其应尽之义务,于生活上固绝无损害也。故其独立不惧,与司法官有特别保障者无异。一方可以节经费,一方可以得审判之公正。以视县知事之兼掌司法,其得失不待智者而决矣。[1]

从制度外来求自存之道,那只有求助于文化与传统智慧了。事实上,在每一次司法计划遭遇阻力的时刻,司法界所作出的回应都是在向传统寻求制度与规范之外的资源。民国司法史的特征,不是为历次司法计划所表征的顶层设计所创造,反而是对于顶层设计在实践中所促生的知识性回应。例如,1910 年司法界在政治会议上“护法”[2]而形成的法治思潮,[3]1920 年的法院编制改革(如审检合署),1930 年的重建中华法系论潮,这些实实在在构成了民国司法的历史进程与特征。这种努力的代表性司法人物,如第一个司法五年计划时代的董康、章宗祥与梁启超,第二个五年计划时代的罗文干,国民政府第一个司法六年计划时代的居正。在这一意义上,民国司法改革的进程始终存在一个隐含的在法律人之间的“礼法之争”。

需要注意的是,这一礼法之争首先肇始于法律人之间的一个共识,即如董

---

〔1〕 章宗祥:《关于司法问题之谈话》,载《庸言》1914 年第 1 ~2 期。

〔2〕 江照信:《由司法革命到法官罢工:民国司法进程问题(1912 ~1921)》,载《北大法律评论》2014 年第 1 期。

〔3〕 《时事汇报》1914 年第 5 期。

康所言:“自修订法律以来,康亦于此时期忝任法曹。从经验上,将新旧二时期平心比较,亦觉从前主张,偏重新之一方,至今日更苦手续之繁重。然此中困难情形,恐非吾国一国为然,凡属用大陆法系者,当同抱此感想也。”[1] 其次才是法律人从礼法两个方面的司法改革竞力。在法的方面表现在民国历次的司法计划方面。清末“法理派”在民国初年发起司法革命,尤以许世英、徐谦、王宠惠为代表,司法界组党,制订司法计划书,司法积极参与政治,由此司法的一种强势形象在民国根深蒂固。[2] 体现在民国司法制度上,自一开始司法进程就呈现出明显的创造性与韧性,具体表现在五个方面:(1)裁判上的判决例与解释例;(2)三审制的苦力支撑;(3)司法中央集权建设;(4)司法透明度建设,如司法公报(1912 年起)、司法统计传统(1914 年起)的确立;(5)在民国司法进程中,始终存在有凝聚力的法律人共同体。[3]

事实上,司法制度进程不尽如人意,“维新以后,司法制度事事亦无不学人……维新抄袭之风,真有百弊而无一利者”。[4] “如何求减轻人民受狱讼拖累的痛苦”一直被司法界视为“司法工作最主要的目标”。[5] 至 1947 年,司法界因而仍须致力于“一、保持司法独立;二、切实保障人权;三、简化诉讼程序;四、限期普设法院”,[6] 尤其在普设法院方面,“吾人深愿中央抱定决心,款筹经费,广储人才,务期三年有成,使全国第一审司法机构普遍健全”。[7] 从这一方面看出来,1947 年的中国司法进程似乎又重新回到了民国元年司法进程的起点,如司法独立、保障人权及普设法院之类正是民初司法计划所标榜追求的目标。但我们都非常清楚,此时所谓三年普设法院计划,早已成为有计划而无机会的代名词了。也正是在这一意义上,我们看到了自 1912 年以来一个完整的顶层制度设计与再设计的时期,也能够清楚司法进程的动力及其所受的限制。

---

〔1〕 何勤华、魏琼:《董康法学文集》,中国政法大学出版社 2005 年版,第 471 页。

〔2〕 江照信:《由司法革命到法官罢工:民国司法进程问题(1912 ~ 1921)》,载《北大法律评论》2014 年第 1 期。

〔3〕 江照信:《民国没有反沈派:立宪派司法与辛亥派司法》,载《法制史研究》2013 年第 24 期。

〔4〕 罗文干:《外国制度与中国》,载《晨报副刊》1924 年 10 月 23 日。

〔5〕 居正:《司法院居院长训词》,载《全国司法行政检讨会议汇编》,司法行政部 1947 年版。

〔6〕 《全国司法行政检讨会议宣言》,载《全国司法行政检讨会议汇编》,司法行政部 1947 年版。

〔7〕 《全国司法行政检讨会议宣言》,载《全国司法行政检讨会议汇编》,司法行政部 1947 年版。

在礼的方面则表现在每次司法计划垂败之际的文化运动。下文将会论述如废除初级厅时的司法顶层设计进程(董康、章宗祥、梁启超),如1921年司法罢工之际的文化反思与员额制改革方案(罗文干),如始于1925年国民政府司法六年计划事败垂成之际的法律民族化运动(居正)。由1914年"司法界之名论"〔1〕始至1921年罗文干氏发表法院编制问题止,我们看到民国司法的员额制改革在顶层设计的理论论证方面,至少经历了十多年的细致论证。有了这样礼法之间的暗战,表面上看上去总是司法改革的逆流,但实际上司法进程因此才会有持续的动力,我们也才会看到民国司法改革的生命力。

在1914年政治会议之后,政治不仅不支持司法,反而极力压制司法,裁减法院与司法经费就是一例。司法改革事实上很难在制度与规范上进一步推进,董康与梁启超在1914年的司法改革方针就成了一种"据礼"力争的策略。按董康《匡救司法刍议》八条,〔2〕呼吁减审级,〔3〕甄别法官,〔4〕"法曹诸彦率皆昧已国法制之源流,拘泥外国之判例学说,适用之际,凿枘诚多,亟宜筹沟通之法"。〔5〕董康减审级与甄别法官之论,与当下中国员额制改革有异曲同工之

〔1〕参见《庸言》1914年第1~2期,"司法界之名论",需要注意司法界领袖人物如章宗祥、董康、春岳氏对于民初司法改革发表的观点。

〔2〕八条即减审级、甄别法官、编刑律施行法、强盗从严、立审限、疏通监狱、行秋谳、定民事取债法。参见董康:《匡救司法刍议》,载《庸言》1914年第1~2期。

〔3〕按董康:"四级三审,瀛寰通例,而于事实进行恒虞迁缓。近欧美学者颇主三级之说。日本于台湾及治关东侨民采用之。上年并节并初级裁判所,颇称便宜。中国财政支绌,欲按旧日编制法设立审判,诚不易易。若仍隶行政官,于独立宗旨,南辕北辙,去之愈远。且或行或辍,亦非政体。今拟折中其说,裁初级审检以地方厅为初审,用单独制。繁剧区域,酌设分厅。事简者民刑合并为一。凡刑事徒刑一年以下,民事五百元以下,以高等为终审。逾此,许至大理院上诉。若高等以上员数仍用旧制。日此变通,似较简易,再中国幅员至广,司法行政断非中央一司法部所能监督,拟于边远省份酌设大理分院二三所,于中区划一部管理司法行政事宜,以收覜一之效。"参见董康:《匡救司法刍议》,载《庸言》1914年第1~2期。

〔4〕按董康:"审判为四民生命财产所寄,非品学经验三者兼备不能胜任。前清以刑部为刑名总汇,每届分部,必须磨练有年,放任主稿(犹今之庭长),三载考绩,择优升擢,是以诸曹治术,秋官称最。洊擢封圻卿二者亦多于他部。民国改建,锐志刷新,官人一途,未暇审择而外省法官尤乏良才。演述登场,既同优孟;师心妄断,更戾舆情;甚至朋比律师,交相舞弊,亭平之旨多乖,怨讟之声莫恤,诚恐将来篝火孤鸣,揭竿起事,必有藉口审判之黑暗者,拟请诸公秉公考核,用资匡正。凡黩货骫法者及不职者惩处。学堂未合格或贿买文凭者斥罢。甄别律师亦准此。黜陟之途严,斯贪残之风熄,而国民可获法律之保护矣。"参见董康:《匡救司法刍议》,载《庸言》1914年第1~2期。

〔5〕参见董康:《匡救司法刍议》,载《庸言》1914年第1~2期。

妙,或者可以视为中国第一份司法员额制改革方案。事实上,董康言论为梁启超所接受,[1]一变而成为北京政府时代司法顶层设计的基本方针。

至 1921 年,罗文干著文论述法院编制改良刍议,意味着民国的员额制改革在理论上已经准备充分。1920 年民国司法改革所存在的问题,按罗文干观点,简言之就是一个法院编制问题。

司法制度之改良,首在法院编制。若法院编制不善,则法律之附丽失其运用之灵,此可断言也。故欲求司法与行政独立,使人民直接蒙司法之益者,决在普设法院。况吾国日言收回领事裁判权,而以各地方比较有第一审法院者不及全国百分之四,法院编制于形体上已不完备,何论精神。

吾国日言普设法院,无论普设未易,就如德法现制非不普设也,然其流弊如此。以德法今日之情形,证以吾国已有之积弊,推想将来,纵能普设,其效亦可逆睹矣！然则欲求依法以救济之,非从根本改革不可。[2]

罗文干相应所提出的根本方案,是一个以 3500 名法官为目标的“用人少而经费省”的员额制改革方案。这个方案内容包括八项初级审判厅改革建议(罗氏有“宜规复乡局”“初级厅为普设起见,非废检察官不可”的主张),六项地方厅改革方案(罗氏主张“现制地方检察厅与审判厅立于对等地位,此致几为吾国所独有,以后应从多数国家法院编制,检察官宜分配于审判厅,一则免发生办事上之争执,二亦可以省经费”),一项高等厅改革方案,两项大理院改革方案。最终的设计目标是:

初级厅平均最多用法官二千五百人,地方厅用法官八百人,高等厅用法官二百人,大理院用法官十余人,则高级重要法官(大理院及高等厅)全国不过二百余人,负有学识资望者,国内人才当能敷用,则自第一审之重要案件,以至于终审皆得良好法官办理。此高级重要法官欲终审服务,优予俸给,每人拟年俸

---

〔1〕 参见梁启超:《司法改良文》,载《时事汇报》1914 年第 5 期。

〔2〕 罗文干:《法院编制改良刍议》,载《司法公报》1921 年 9 月 15 日。

一万元,总数不过二百余万元,其余地方厅照如上办法,全国此级法官最多不过用八百人,则其中次要之第一审案件承审亦得较良之法官矣!以此八百人优予俸给,每人拟年俸五千元,总数不过四百万元。初级法官二千五百人,每人拟年俸二千元,总数不过五百万元。若检察官照现制同推事待遇,未尽适当,盖检察官乃司法行政官,应受司法当局命令,照现制可不必加俸……若是,则照上项预算更可省六七百万元矣!现在每省司法经费已每年平均三十万元,其外尚有截留诉讼法归各省报销者总计不下六七百万元,而设立审判厅如是之少,推事俸给如是之薄,相去如何耶?不佞著议改革,意之所注,重在审不重在级,能期实行则所关人才、经费两问题有数可稽,岂无办法?[1]

罗文干文字及精神成为1922年全国司法会议上所讨论的主要内容[2],因而员额制改革成为中国司法改革事实上的目标。此后,罗文干《法院编制改良刍议》一文又成为1927年后国民政府司法制度改革的蓝本,如三级三审、审检合署、创设县司法处以及如此等等。司法院成立后,王宠惠司法改良基本方针[3]很大程度上就是罗文干文字的制度化。

由上可见,1920年的司法顶层设计,以中央司法计划及罗文干员额制改革方案为代表,大致上已经能够为司法进程的问题找到适当的出路。但司法进程进入到1920年已经到达了一个积重难返的程度,再加上政治的动荡,罗文干文字发表不久,北京就发生了第一次司法界集体罢工。在司法中枢尚未作出制度上的反应之际,1920年司法罢工就相继多次发生了。司法改革的两种途径相应都归于沉寂,不过中国司法改良的员额制计划却因此保留下来。仅仅从文本字面上来解读,罗文干员额制改革计划与当下司法改革努力方向有不谋而合之处。

---

〔1〕 罗文干:《法院编制改良刍议》,载《司法公报》1921年9月15日。

〔2〕 阮毅成:《所企望于全国司法会议者》,载《东方杂志》第32卷第10号。按阮毅成,“是次会议由上海律师公会筹备,与1922年9月27日在上海开会,到会者计共12个省的41个团体,共59名代表。虽则所通过的议案,都为当时北京政府所摒弃,但是到了现在却都一一实现。如改正法院编制,行三级审制度;废止检察厅;撤销省长监督司法行政;厉行公司注册;上海会审公廨收回自营,并设高等分厅;废止治安警察法;采用女律师制度;修订民商法;减轻诉讼费用;废止刑律补充条例;从速制定劳动法等均是。足见当时司法会议出席人员目光较司法部为远大,其贡献亦颇可观。”

〔3〕 王宠惠:《今后司法改良之方针》,载《法律评论》1929年第21期。

三、司法院:民国需要大司法

我们需要注意清末官制及改革对于民国司法制度所带来的一些深刻影响。第一,清末官制改革,虽有部院权限之争,[1]但最终却奠定部院(法部、大理院)"会同"司法改良与共建司法独立的格局。但需要注意清末以来的司法改良自始就是以司法行政(司法部、司法院)为主导的变法进程。[2] 进入民国后,尽管梁启超早有司法部合并大理院之议,[3]后来因司法部行政之外有负起编纂法典、修订法律之责,[4]司法部日渐呈现扩权之势。第二,需注意清末"京官"与"外官"制度,留下民国司法部与大理院制度与权限纠葛,特别由于司法经费问题而令司法不能集权,中央与地方司法形神皆散。

在这样的认识前提下,我们看到了民国司法史实际是在沿着两种不同的路线展开的:一个就在于司法部以司法自主(主权)为目的所从事的废约运动,即"主权独立(废约) + 机构独立(法官化、法庭化) = 司法自主";另一条线在于大理院以中外一律为目的,所从事的裁判独立运动。[5] 在民国的制度与思想情境中,若只谈裁判,则实际上等于丢开了"司法自主"而言司法独立。其实,在这一点上,我们看一下司法院的构成,就能够大致明白民国司法改良的进程最终

---

〔1〕 李贵连:《沈家本传》,法律出版社 2000 年版,第 238 页;李贵连:《沈家本年谱长编》,山东人民出版社 2010 年版,第 167 页。

〔2〕 上海商务印书馆编译所编纂:《大清新法令》(第 9 卷),商务印书馆 2011 年版,第 100 ~ 120 页。

〔3〕 梁启超:《辞司法总长职呈文,附 呈拟将司法部大理院合并文》,载《饮冰室文集》,中华书局 1936 年版,第 34 ~ 35 页。

〔4〕 按梁启超,"法典编纂会既由国务会议议决改归本部主管,其改弦之理由及办法似应由本部具呈,并呈请任命总裁、副总裁。"参见江靖编注,汤志钧、马德铭校:《梁启超致江庸书札》,天津古籍出版社 2005 年版,第 30 页。事实上,司法兼修法的角色,由来有自。按董康所述,"律例馆掌修订各部属之法律","凡新颁行章程规则,历五年汇辑为一小修,十年重编为一大修,向以满汉司员提调专修,并擢由刑部司官升任卿二者一人,兼领其事。……光绪二十七年钦排大臣修订法律,即借律例馆开始办公。迨宣统改定官制,经大臣沈家本等择定象坊桥西镶红旗官学旧址建筑新馆,并附设法律学堂一所,延聘中外专家,起草六法,规模宏敞,为京师冠,至改革时始废。今该馆匾额,为冈田朝太郎博士携归于日本东京明治大学,即此一事,亦不胜铜驼荆棘之感也"。参见董康:《二十年奉职西曹之回顾》,载《国立华北编译馆馆刊》1943 年第 6 期。

〔5〕 黄源盛:《民初大理院与裁判》,台北,元照出版公司 2011 年版。

所确立的制度模式,即"司法院 = 司法部 + 大理院(最高院) + 其他(包括检察权力 + 法律解释权力 + 官员惩戒权力) = 司法自主 + 裁判独立 + 其他(广泛的司法权力)"。换句话说,民国司法基于历史的情境发展出来的一种司法制度,是一个包含行政权、裁判权、立法权以及其他权力的机构体系。我们可以把发生在民国司法进程中的这一司法权力及机构体系,称之为"大司法院模式"。加之,清末官制改革确立司法独立以来,司法改良在人事制度上便有了一个基本的声调,即司法改良即意味着法律职业化,多建法院,多设法官。也就是说,"法律职业化 = 法院化 + 法官化"。笔者认为,理解民国司法史,简言之,就是理解"大司法院模式"与法律职业化两者在民国政治与社会中的角色与意义。

简言之,大司法院的规模奠定于居正司法时期,它的构成史实如下:[1]

年份	制度事实
1928 年	大理院、司法部并入司法院,而成为最高法院与司法行政部;检察厅并入法院而成为检察署[2]
1932 年 6 月	设立中央公务员惩戒委员会
1933 年 6 月	设立行政法院
1934 ~ 1942 年	司法行政部归属司法院[3]
1935 年	召开全国司法会议
1935 年	创办中华民国法学会
1936 年	接办朝阳学院
1936 年	新编《中华法学杂志》

这种大司法院模式,按居正的解读,本质上就是一种司法兼行政的构成模式,即"设置司法院之特质,在把司法行政脱离行政部之组织,而划入司法方面

[1] 汪楫宝:《民国司法志》,台北,正中书局 1954 年版,第 1 ~ 19、114 ~ 140 页。

[2] 关于司法与行政关系、法院组织及审检分合的问题的论述,可以参见阮毅成:《行政与司法关系问题》《法院组织问题》《法院改隶案释疑》,载阮毅成:《法语》,商务印书馆 1980 年版,第 367 ~ 395、433 ~ 461 页。

[3] 1931 ~ 1934 年以及 1943 年收回法权后,司法行政部归入行政院。

组织之内,使司法独立于'自主'之范畴下,得以达于更'完善'之域,这是十七年改制之特色"。[1] 我们可以用一个等式来表达大司法院的模式,即"废约运动(司法自主)+法院化+法官化(司法行政)+裁判(司法独立)=大司法院"。也就是说,居正司法时期,实际是一个"大司法院时期",正是这一个"大司法院",才可能存在人事与权力的集中,因而才可能会有司法界文化建设运动的产生。在这一意义上,尽管司法改革整体上遇到数量上的困局,民国大司法院的制度事实上创造出司法改革强韧的一种大司法状态。民国三四十年代司法界发起的重建中华法系运动就是民国大司法的一个结果。

四、司法的文化建设讨论:重建中华法系思潮[2]

事实上,自清末改革以来,司法界领袖人物一直就以"有文化"为其人物特色。如被视为"完美英国学者"式的"热衷于报效祖国的中国人"[3]伍廷芳,如可以"畅谈各种文化的深长关系"[4]的司法部长梁启超,如"虽历任要职而书生之气未脱""精通法学,才具高超"[5]的王宠惠,如"体格瘦弱,性情孤高"[6]的江庸,以及"不同凡响,一无官气,二无党气""此是英雄本色"[7]的居正,他们大

---

〔1〕 居正:《司法院在国宪上之地位》,载居蜜、陈三井合编:《居正先生全集》,"中央研究院"近史所 1998 年版,第 274~275 页。

〔2〕 有关这一主题的详细论述,参见江兆信:《中国法律"看不见中国"》,清华大学出版社 2010 年版,第 159~239 页。

〔3〕 Charles Denby, *China and Her People: Being the Observations, Reminiscences, and Conclusions of an American Diplomat*, Salt Lake City, Hard Press, 1906, p. 247.

〔4〕 [美]芮恩施:《芮恩施使华记要》,姚崧龄译,传记文学出版社 1971 年版,第 5 页。原文如下:"1913 年冬天,梁启超任司法总长,在其私宅招宴旅京美国学人,计有美国亚丹斯、古德诺及新近游华之芝加哥大学校长贾德逊(Harry P. Judson)等暨夫人。芮氏夫妇亦在座。……芮氏并谓:'当晚欢聚,在此一友好的中国环境中,畅谈各种文化的深长关系,对于参加的各人,的确留下一种使人念念不忘的经验。'不久之前,当日客人中的一位,追忆当晚的谈话,慨然地说道:'试想在华盛顿司法部长的宴席上,能有机会谈到灵魂不灭的问题吗!'"

〔5〕 参见《军事委员会委员长侍从室人事登记片》关于王宠惠的粘单帖语,该档案藏台北"国史馆",馆藏号 129000098244A。

〔6〕 参见《军事委员会委员长侍从室人事登记片》关于江庸的粘单帖语,该档案藏台北"国史馆",馆藏号 129000011225A。

〔7〕 李翊民等:《居觉生先生全集》(下册),台北 1954 年印行,第 36 页。

致上能够代表司法界精英阶层的知识构成特征。正因为存在这样的司法领袖阶层,因而民国司法进程中一直不乏在智识与文化上的创新。在这一方面,我们需要注意清末修律时代所谓的东西之争,并不在于文化优劣之分,而在于司法界人物对于司法进程的深度理解、思考与再建。如江庸在总结清末司法改革以来的经验时所谓 1910 年为“吾国朝野研究法制最有兴味之时代”,[1]其中的意义正是如此。1930 年以居正为核心的司法辛亥派[2]所发起的重建中华法系论潮,反映出司法界对于司法进程在整体上的知识努力,这又从另一个方面反映出清末以来的司法界其实一直致力于司法制度的创造与再造。在看到存在这样一种认识上的连续性的基础上,我们便容易理解居正辛亥派为什么继而注意于重建中华法系的问题,因而在民国历史上会出现司法界的文化建设运动。

自 1932 年至 1935 年,司法辛亥派人物群体的确立和大司法院模式的初步成形,以及在思想上恰逢全国性的“文化建设讨论”[3]为司法辛亥派提供思想上的话语资源,司法辛亥派因而能够发起一次以重建司法意识形态为主旨的文化运动。因为大司法院模式的存在,司法辛亥派容易有制度上的支持与实践上的权威,1935 年与 1947 年两次全国性司法会议正是以此为基础而在组织上为此次文化运动提供助力。自 1935 年全国司法会议至 1944 年关于重建中华法系一文的发表,居正至少以 10 年的时间在理论上准备重建中华法系的问题。或者可以说,重建中华法系就是辛亥派司法的基本意识形态。这种在观念上的细致准备,与他们致力于司法制度上大司法院模式的建设进程正相呼应,两者成为司法进程在 1930 ~ 1940 年战争状态下最为显著的改革尝试。这种努力又最明确表现在对于文化认同的动员甚至强制上面。例如,1940 年,居正要求全国司法界自中央至地方毫无例外,“司法人员宜取吕刑为必读之书,以资考证,望所属机关于二月后以心得见告、各省法院于半年后以心得见告”,而且反复督

[1] 江庸:《五十年来中国之法制》,载《晚清五十年来之中国(1872 ~ 1921)》,香港龙门书店 1968 年版,第 104 页。

[2] 江照信:《民国没有反沈派:立宪派司法与辛亥派司法》,载《法制史研究》2013 年第24 期。

[3] 马方若:《中国文化建设讨论集》,经纬书局 1935 年版。

促以期切实施行。[1] 1941 年,可能基于上一年的成就,居正再次郑重其事,以《周礼 秋官》为法官"必读之书"[2]。作为中国本位文化讨论所带来的结果,司法辛亥派因而能够发起建立中国本位新法系论潮。

关于这次司法界发起的文化论潮,笔者个人的基本观点就是它促成了民国 1930~1940 年的法律民族化运动,它的内容就是"居正辛亥派司法(人事) + 大司法院模式(制度) + 建立中国本位新法系论潮(思想) = 法律民族化运动(进程与意义)"。对于这次文化运动的认识,笔者的看法是,建设中国本位新法系的论潮,重在"现在的中国"的国家意识,强调法律或者法系的中国认同。在建设中国本位新法系思潮中,法系观念中的大国意识,由"中国固有"至"五大法系"的强调,以及第二次世界大战后由"四强之一"至重建中国法系,不论谈固有法系还是重新建立,这一大国意识一直贯穿中国新法系思潮的始终,也可以认为是此间法律民族化运动最为基础的意识特征。

另一方面,在 1930~1940 年已经存在足够可以供建设新法系借鉴的西方模式,尤以各国法学会组织为例,英国作为民族化最为成功的例子,法学会组织被认为是发现民族固有法律文化的基本单位。而事实上,建设中国本位新法系思潮的中心,由固有文化转向重新建设,实际上是为纠正清末司法改革以来中国法系日德化之失,以攻击日德法系为主要靶子。贬德日法系而扬英美法系,是论中国本位法系背后的思想主线。可以说,居正司法时期的法律民族化运动,在中国司法改革可行模式的可能选择方面,逐渐使以德法日为代表的大陆

---

〔1〕《司法公报》1941 年第 442~447 期合刊,附录:司法院秘书处紧要启事。全文如下:"案查民国二十九年二月二日奉院长手谕,以中央正在策励读书之时,司法人员宜取吕刑为必读之书,以资考证,望所属机关于二月后以心得见告、各省法院于半年后以心得见告等因。经有本处于二十九年二月三日秘字第八十一号函请所属各机关查照,并转饬各省法院一体知照在案。历时已久,遵限呈报者固多,而迄未呈送者为数亦伙,兹复奉谕,限自此次登报之日起,于两月以内务将是项心得送齐为要等因,特此再启。三十年五月十五日。发行者 编辑处 司法院秘书处第二科公报室。"

〔2〕司法院秘书处:《卅一年司法行政部卷宗》(档别:机要,案名"研读周礼秋官并于三个月内提出心得报告通令案"),该档案存于台北"国史馆",目录统一编号 151,案卷编号 103。全文如下:"司法院用笺:迳启者,(居正)院长手谕(11 月 15 日),'周礼秋官职掌,与现代司法所司者,是否相同,其典制有无应行因革损益之点,必须熟读其书,始能得其精髓,兹特通告所属内外职员,以周礼秋官一篇,为必读之书,于三个月内各举心得以告,希勿玩忽'等因,处分函并抄录手谕附送外,相应函请查照。并希转斥各省法院一体知照。此致司法行政部。抄附手谕一通。司法院秘书处启。三十一年十一月二十一日。"

法系开始被以英美为主的普通法系所取代。1948 年的司法院转型,以司法院大法官会议设立为标志,就是建设中国本位新法系之民族化运动最终倾向英美法系的相应结果。[1]

在民国司法改革的进程中,如上文所述司法界内的"礼法之争",在制度设计取舍方面,民国司法界自始就将向文化传统中求司法资源与检讨最初改革设计中以日德法系为模式之错误联系在一起。至 1920 年,以罗文干一文为标志,我们看到民国的司法改革者不仅充分否定了日德模式,而且树立起英美法系作为民国司法改革的好榜样。罗文干提出员额制改革内容所蕴含的司法结构上的金字塔型设计,就完全是制度设计以英美为模式的结果。1920 年司法院成立后,提出法官地位保障、巡回法院、陪审制、限制上诉等措施,正是 1920 年对于司法改革进行制度上的顶层再设计的结果。至 1930 年,重建中华法系论潮更成了司法界的抗日运动,司法的顶层设计因而也更加具有了政治性的特征。不过,以英美法系为模式进行制度设计,这一做法至少保证了民国司法改革以固有文化作为重建中华法系基本资源的自信。

事实上,这种文化自信在司法辛亥派的形成及大司法院模式的确立后,直接带来的制度结果就是全国司法会议的召开及中华民国法学会的成立,两者又成为了辛亥派文化运动的组织基础。辛亥派之所以能够如此,就在于辛亥派发起文化运动的时刻,如居正所言:"有一种精神翕合无间,非可以文字传谕也。"[2]这种精神体现到全国司法会议宣言中,就是"司法虽仅五权之一,而其效果所及,不特足以助法治之推行,易且为民族精神所寄托"。[3] 对于这种精神的进一步解读,可以按覃振"今日唯一办法,即在将固有文化思想发扬而坚强之"。[4] 又如

[1] 江照信:《中国法律"看不见中国"》,清华大学出版社 2010 年版,第 204 ~239 页。

[2] 《全国司法会议汇编》,司法院 1935 年版。原文如下:"全国司法会议闭会以后,繁重工作已成过去,所有余绪则在整理与结束,赖诸位从事之始终努力,秘书长之指导有方,结束如期完竣,整理大致就绪,夫亦可以蒇事矣……顾念此次会议,以形式言,等于他种会议,无甚新奇。若以实质言,取整个司法之改进为有系统之探讨,开诚心,布公道,与会同人均认为有一种精神翕合无间,非可以文字传谕也。然使不立文字,将一切资料投之纸篓,或束之高阁,其如会议之本质何?乃相与辑为全国司法会议汇编,详略得中,疏密合度,述而不作,其在斯乎?中华民国二十四年十月一日 梅川居正序于司法院。"

[3] 《全国司法会议宣言》,载《全国司法会议汇编》,司法院 1935 年版。

[4] 覃振:《中华民国法学会组织要义》,载《中华民国法学杂志》1936 年新编第一号。

张知本所言:“现在各方面都有复兴民族的呼声,这一个口号我们也可以引用到法学上面,本发扬民族文化的精神,以研究固有法学,并发挥而光大之,以造成崭新的中华法系。”[1]司法辛亥派所认可的这种精神经过全国司法会议而成为中华民国法学会宣言的主旨,“本昌明中华民族固有文化之精神,因而研究世界先进法治国家之律令,以期能创造适合国情顺应时代之法制,形成与大陆、英美鼎足而三的中华新法系”。[2]

此外,我们需要注意,大司法院模式在制度上的切实跟进,这大致可以体现在1935年全国司法会议与1947年司法行政检讨会议[3]两次全国性司法会议所确立的改良措施方面,令司法的文化运动更加有依据。1930~1940年司法进程在制度上的表现,我们可以看时任司法行政部部长谢冠生的观点:

> 记得司法会议宣言中,曾列举五项为会后努力之目的:(一)司法经费之独立;(二)法规研究机关之创设;(三)法院组织之健全;(四)法律教育之改进;(五)领事裁判权之撤废。……司法会议所提出的五个目标大致已有所成就。[4]

制度上的成绩之外,当时的司法改革者不仅有对于固有文化的尊重,而且有对于民国司法传统的尊重,这体现在立宪派代表人物江庸以“郭隗请始”[5]助辛

---

[1] 张知本:《中华民国法学会之使命》,载《中华民国法学杂志》1936年新编第一号。

[2] 《中华民国法学会宣言》,载《中华民国法学杂志》1936年新编第一号。

[3] 谢冠生:《序》,载《全国司法行政检讨会议汇编》,司法行政部1947年版。

[4] 谢冠生:《大会主席开幕词》,载《全国司法行政检讨会议汇编》,司法行政部1947年版。

[5] 参见江庸在全国司法会议上非常简短的致辞:“本人这次承司法院聘为司法会议专家委员,觉得是一件冒牌的事情,好像燕王筑黄金台以冒牌的郭隗居之,而后乐毅等国士始纷纷而来。现在会议中不少乐毅等国士,对于司法,当然都有很深切的体验。我想这次会议的使命,一定可以圆满的达到。”参见《会员代表江庸致词》,载《全国司法会议汇编》,司法院1935年版。

亥派司法改革,与许世英以“以皋陶为士”强调司法独立精神[1]之外,国民政府法律顾问宝道讲“中国国情”[2],而司法行政部顾问庞德讲“中国特性的中国法”,[3]明显在司法老传统与新概念两个层面都为司法文化运动提供了正当性与合法性。

而且,辛亥派司法因为大司法院模式的存在,首先在制度上克服了行政与司法分权只有制约而无协作的问题,而又因为司法辛亥派人物的存在,司法至少不会成为受行政随意侵夺的权力。在总体上,如居正主张“司法团结”以“(一)化除中央与各省司法机关之隔阂。(二)化除各省司法机关彼此间之隔阂。(三)化除司法机关与学术界律师界之隔阂”。[4] 在司法与立法关系方面,可以如立法院代表娄桐孙所言:“(立法院狄膺先生作譬喻曰:)‘立法院好比皮鞋铺子,做了双很漂亮的皮鞋,设在玻璃框内,可是乡下百姓却都是穿的布鞋,根本穿不着这漂亮的皮鞋。’这个比方极好。今日我们虽制定了很多法律,但是否适用于中国之社会,值得考虑。故立法必须要行得通,否则等于没有法律。”[5]我们可以认为,在大司法院司法时代,法律民族化运动至少存在一个效果,就是解决了民初法官“为法受过”的问题。当然,这只是说司法不会再代立法承担法律或失或败的责任,并不是说解决了立法本身的失败。

---

〔1〕 参见许世英在全国司法行政检讨会议上的致辞:“我国古时以皋陶为士,即具有司法独立精神,但自秦汉以后,则皆由行政官兼理司法,遂致司法与行政不分。”“民国成立,王亮畴博士任第一任司法总长,本人任大理院院长,嗣王博士辞职,即由本人继任。曾召开司法会议,定有改良司法者五项:第一,因鉴于全国人民之生命财产操于刑募之手,亟应改革,乃任用法律学生以铲除刑募。第二,订立审检制度。第三,规定四级三审。第四,创设律师制度。第五,改良法官制服。凡此五者,皆经次第实行。”参见《蒙藏委员会许委员长世英致词》,载《全国司法行政检讨会议汇编》,司法行政部 1947 年版。

〔2〕 宝道的观点可以参见其在全国司法会议上的致辞:“鄙人于民国三年到中国服务以来,差不多二十多年。……总括起来,中国已有很长久的历史,很优美的法制,本席所要贡献给诸位的,就是将来诸位执行法律的时候,希望继续的以人道主义彻底去做,则将来中国的司法,一定是合乎中国的国情,合乎正义的精神。”参见《国民政府顾问宝道致词》,载《全国司法会议汇编》,司法院 1935 年版。

〔3〕 [美]庞德:《近代司法的问题》,杨兆龙译,载《全国司法行政检讨会议汇编》,司法行政部 1947 年版,文章第四部分“中国裁判过程中上的问题”。

〔4〕 居正:《全国司法会议闭会辞》,载《全国司法会议汇编》,司法院 1935 年版。

〔5〕 《立法院孙院长代表桐楼委员长桐孙致词》,载《全国司法行政检讨会议汇编》,司法行政部 1947 年版。

五、司法改革的法律哲学:文化立国主义[1]

毫无疑问,以居正为代表的辛亥派司法人物之所以发起“重建中华法系”论潮,正是一种对司法进程的深度思考而带来的结果,而它的效果同样是全国“研究法制有兴味的”一个时代。我们可以认为,1930 ~ 1940 年的创建中华法系论潮是一次关于中国司法改革的第一次从整体上进行理论反思与建构的运动。或者可以说,正是因为这一文化运动,中国第一次形成了关于司法改革的法律哲学。[2] 因为有了这样的理论层面上的观念再造,我们看到民国司法界在司法改革这一方面,是在制度设计、制度实践以及制度理念方面是均有所努力与创造的。

居正辛亥派司法在领事裁判权废约之后,尤其在重建中国法系的论潮中,特别注意于新思想资源的发掘。居正关于中华法系的论证是一个方面的例子,更进一步,居正所作的努力是如何为将来确立辛亥派司法在知识上所能留下的遗产。1946 年后的几年里,居正写作法学绪论与在东吴大学及政治大学等高校讲述法律哲学就是其为此目标所作的努力。例如,居正在日记中强调:“余讲法律哲学,全取材于中国书典。”[3]1930 ~ 1940 年,辛亥派以文化认同为主旨推动司法进程,因为辛亥派以“开国者”或者“立国者”的角色与精神推进司法进程,并产生重建中华法系论潮,因而我们很容易理解文化立国主义可以成为这一时期司法进程意识形态的原因。但如果我们止于把辛亥派司法的历史定格在文化推动上,则我们很容易忽视辛亥派所秉持的一种开国或者立国精神。在这一点上,张知本作为辛亥革命后第一位政府司法部部长,在 1949 年复任最后一任

---

〔1〕《居正日记》现在已存在两个公开出版的版本:谢幼田整理:《居正日记书信未刊稿》,广西师范大学出版社 2004 年版;上海图书馆编:《上海图书馆庋藏居正先生文献集录》,广西师范大学出版社 2007 年版。

〔2〕如居正论法律哲学、司法党化问题、为什么要重建中华法系及宪法上的权与能,具体观点请参见居正:《法律哲学导论》,商务印书馆 2012 年版。

〔3〕参见《居正日记》,载上海图书馆编:《上海图书馆庋藏居正先生文献集录》(第 5 册),广西师范大学出版社 2007 年版,第 279 页。

民国司法部部长[1]可算是一个经典的辛亥派司法事例。而辛亥派司法人物对于"立国"更进一步的理解，我们需要注意于居正1948年以"前司法院长"参选总统的事实。[2] 两位辛亥派司法核心人物在辛亥派退出司法的时刻，正是以辛亥派特有的方式表达司法界应有的"立国"精神，而又以这样的政治参与仪式确立了辛亥派司法在"文化立国主义"时期的价值与意义。关于这一点，《居正日记》[3]能够为我们的认识提供非常多的证据。

这首先表现在司法人物与文化学者之间的联系，居正与新儒学代表人物熊十力之间的交流因而便具有了重大的意义。按《居正日记》，在1月至6月，[4]居正与熊十力交往甚密。两人"商谈哲学研究所缘起并章程"，居正经常向熊十力"问道读经"。居正与熊十力的交谊足以证明司法辛亥派对于司法文化建设运动的郑重其事，还有就是法律人物借助于新儒学正有利于辛亥派司法在意识形态上的文化建设。

其次就是居正与庞德的见面与对话。两人的相见正发生在居正校订《为什么要重建中国法系》书稿期间，[5]因而庞德的出现及其对于文化与传统的强调，让居正对于司法界的文化运动更加自信。按居正日记：

1946年9月7日，阅庞德报告，谈法律教育。研究报告中国应本自己历史，自成一法系，并引证英美法有不适宜于中国之处，提供种种实例，均有见地，非揣摩心理说法，而中国人反欲移植英美法于中国，殆数典而忘祖者，应为庞德之

---

〔1〕 汪楫宝：《民国司法志》，商务印书馆2013年版，第140～141页，张知本任司法行政部部长一职由1949年3月始，1950年3月终。

〔2〕 见居正1948年三四月日记，见《上海图书馆庋藏居正先生文献集录》（第6册），广西师范大学出版社2007年版，第81～142页。参见《居正日记》，载上海图书馆编：《上海图书馆庋藏居正先生文献集录》（第5册），广西师范大学出版社2007年版，第279页。

〔3〕 按《居正日记》现在已存在两个公开出版的版本：谢幼田整理：《居正日记书信未刊稿》，广西师范大学出版社2004年版；上海图书馆编：《上海图书馆庋藏居正先生文献集录》，广西师范大学出版社2007年版。

〔4〕 《居正日记》，载上海图书馆编：《上海图书馆庋藏居正先生文献集录》（第4册），广西师范大学出版社2007年版，第6～65页。

〔5〕 《居正日记》，载上海图书馆编：《上海图书馆庋藏居正先生文献集录》（第4册），广西师范大学出版社2007年版，第274～320页；《上海图书馆庋藏居正先生文献集录》（第5册），广西师范大学出版社2007年版，第297页。

所窃笑也。

1947 年 11 月 8 日(倪参事征燠请客)问庞德法律哲学之意义,略答以伦理的云云。倪说他治法律哲学三十年,名闻当世。

1947 年秋季,庞德来华有一个主要的任务就是出席司法行政检讨会议。庞德“治法律哲学三十年,名闻当世”,我们大致可以明白对于辛亥派司法文化运动的意义。这一点,我们从庞德在会议上的讲话内容就可以看出来:“中国已有很优良的新式法典,今后不应该再详细模仿别的国家了。……中国所需要者,乃根据中国的经验,对于中国情形的认识,及中国生活上的问题,就中国法典所培养出来的一套有系统的学理,那就是有中国特性的中国法。”〔1〕

我们还需要注意在 1930 ~ 1940 年司法辛亥派所推动的重建中国法系论潮中为什么不提法律儒家化?〔2〕我们已经看到,民国司法界文化立国主义努力的方向,即所谓“以礼助法”〔3〕“稽古改良”,〔4〕在于从现代国家、文化认同、中央与地方关系等主要方面出发,论证基于古今一致的连续性而追求现代国家的合法性与正当性。相反,按法律儒家化的观点,基于一种“由身份到契约”这一法律发展认识论上的假定,认为中国传统社会与法律的基本特征在于等级与家族,从根本上切断了法律发展进程中的古今一致的可能性与连续性,以今非古,与文化立国主义基于法律进程的现实关怀所秉持的精神截然不同。很明显,法律儒家化观点所论法律与礼制之关系,思考重心又在等级与家族,因而与民国法律及法学的进程似乎发生隔阂。这也就是为何民国法律界不会以等级与家族界定中国法系的基本特征,因为至少在民国尤其进入 1930 年后(重建中华法系论潮时期),无论法律实务界还是法学界都存在一种追求现代国家与文化认

〔1〕 [美]庞德:《近代司法的问题》,杨兆龙译,载《全国司法行政检讨会议汇编》,司法行政部 1947 年版,第四部分“中国裁判过程中上的问题”。

〔2〕 瞿同祖:《中国法律与中国社会》,中华书局 2003 年版。

〔3〕 引文出自洪兰友:《本刊之使命》,载《中华民国法学杂志》1936 年新编第一号。

〔4〕 董康:《调整司法制度议》,载《司法公报》1938 年版。董康此文内容大致重复其 1914 年所著《匡救司法刍议》一文观点,而文化反思的意向更为显明。需要注意,董康引孔子“温故知新可以为士”,强调“司法事业要不外此”,这一“稽古”改良司法的精神却正与辛亥派司法意识形态不谋而合,这另一方面又可以说明不论政局如何,1930 ~ 1940 年民国司法进程的确存在一种文化建设的共识。

同的民族主义共识,大致都不会尝试去自损法律人物自清末改革以来一直所致力与努力的目标与成果。也正是在这一意义上,我们看到民国司法进程中的法律人的努力与社会学界反思中国法律史的视角与观点是非常不同的。

六、结　论

司法改革之所以在民国成了一个法律哲学命题,就是因为司法界的法律民族化运动,令司法改革与文化立国主义、英美法模式借鉴转向、重建中华法系等观念联系在一起,而事实上成为中国法律自主性与创造性的一个重要标志。简言之,民国的司法改革,不仅存在一个制度设计与实践问题,而且司法改革本身成为一种系统的知识生产过程。法院编制改革、大司法院模式、重建中华法系论潮是民国法律民族化运动的三个基本内容,这也大致体现出司法界在制度与思想上的文化立国主义基本设计与实践。在这一基本框架之下,我们才可以理解民国司法进程中所出现的文化思潮与运动。司法界不仅只是在从事司法制度的转型与再造,还是在当时政治与法律变迁的进程中,承担起国家制度设计与实验的角色。因此,理解民国司法改革的整体进程及意义,需要我们不能仅仅看司法的制度转型,而是更多注意于司法在民国法治总体进程中所发挥的政治与文化建构的功能。从这一意义讲,民国司法史为当下司法改革提供了一个意义非常宽广的历史镜鉴。

进入21世纪以来,美国宪法学者汤姆·金斯伯格(Tom Ginsburg)一直在肯定"中国长期的理性主义传统及智者的统治"。[1] 与金斯伯格相呼应,马克·图施耐特(Mark Tushnet)最近以新加坡为例在论述转型正义的替代理论时,认为"有关亚洲价值争论的偃旗息鼓,是因为……他们开始从实用的立场出发捍卫适合他们自己的模式"。[2] 我们知道,中国捍卫自己发展模式的努力至少是从民国开始的。我们可以认为民国司法改革的进程总体上可以视为一种

---

〔1〕 Tom Ginsburg, "Confucian Constitutionalism? The Emergence of Constitutional Review in Korea and Taiwan", *Law & Social Inquiry* 27, 2006, p. 795; Tom Ginsburg, "Constitutionalism: East Asian Antecedents", *Chicago-Kent Law Review* 88, 2012, p. 13.

〔2〕 Mark Tushnet, "Authoritarian Constitutionalism", *Cornell Law Review* 2, 2015, p. 452.

独立的转型正义替代模式的实验,这是一种大国司法改革的模式探索,这典型地表现在重建中华法系的努力与大司法的养成过程,即法律人共同致力所形成的法律民族化运动。

吾与吾周旋久：孙奇逢的法哲学

屠　凯*

内容摘要：孙奇逢的法哲学亦心亦理，心理并重。夏峰之“理”，并没有形式化、固定化，只是抽象假设的“无字”之理、“不定”之理。而夏峰之“心”，实际上是人之连续不断的自我意识。这种等同于全部规范的自我意识，亦即夏峰之“吾”。树立起真诚的自我意识，则正确的规范判断自然可得。但是，存在于经验世界的自我意识，无往而不与环境相互作用。为了保持自我意识的正常状态，孙氏建议采用的方法是最大限度地降低环境的干扰，实质则是不与他人产生直接冲突。夏峰之学仍应归入阳明学的范畴，和后来的“实学”没有直接联系。孙奇逢法哲学的最大价值，可能是将此前日益神秘化的“心体”拉回到可以在经验层面把握的愧怍心理，这对于批判泰州学派的极端偏激之论十分有益。

孙奇逢，字启泰，号钟元，世称夏峰先生，河北徐水县人，生于明神宗万历十二年（1584 年），殁于清康熙十四年（1675 年），得年九十二岁。孙奇逢曾中举，但并不谋求仕进。他唯一参与的重要政治活动，是于明熹宗天启年间奔走募款，营救被魏忠贤逮捕入狱的左光斗、魏大中等人。兵燹之际，夏峰先生设法组织宗族守御容城；鼎革以后，则隐居并讲学于辉县苏门山夏峰村。可以说，于明于清他都采取了不甚激烈的不合作态度，经十一次征辟而不出。[1] 孙奇逢一生精力勤于著述，正所谓“移家夏峰，每怀思往哲，怅微言之未泯，念绝学之当

* 清华大学法学院副教授，法学博士。

〔1〕 梁贵晨：《孙夏峰著述手稿简介》，载《中州学刊》1984 年第 3 期。

传”,[1]终于撰成《理学宗传》等巨制。他自述:“某幼读书,谨守程、朱之训,然于陆、王亦甚喜之。三十年来,辑有《宗传》一编。识大识小莫不有,孔子之道,小德之川流也。”[2]

前人对于夏峰之学的研究主要集中于两个方面。第一个方面是夏峰之学的性质问题。有人认为他属于陆王学派范畴,有人认为他调和折中于程、朱、陆、王之间,也有人认为他已有超越理学的新思想。第二个方面则是作为清初北方最重要的学者,他的地位和影响问题。在众多前人中,将夏峰之学明确归入陆王学派范畴的有吴雁南、李之鉴等。[3] 李之鉴还曾形象地描绘说:“孙奇逢把心学推向极端,直达于雏鸡破壳的程度。”[4]与此相对,史革新则明确指出,孙奇逢“生平论学大致出入于程、朱、陆、王之间”。[5] 姜金顺甚至认为:“与一般的理学史论著不同,孙奇逢在《理学宗传》中加入并且肯定了汉代学术成就等内容。这些内容本来并不应该出现在正统的理学史论著中。”[6]针对前人研究的第二个方面,李之鉴仍认为孙奇逢是“宋明道学阵营里的一个悲剧角色”,“大量沿袭传统哲学的旧观念,在哲学最高范畴的使用上,是较为混乱的”。[7] 但孙显清已经转引梁启超的话称之为“北学重镇”。[8] 王俊才定位孙奇逢是“明清之际理学正统流派的主要代表”。[9] 孙聚友以及卢子震、赵春霞等则更进一步,在夏峰之学和清代“实学”之间建立联系。[10] 其后,王坚、雷戈以及王

---

[1] 孙奇逢:《洛学编序》,载《夏峰先生集》,朱茂汉点校,中华书局 2004 年版,第 147 页。

[2] 孙奇逢:《寄张蓬轩》,载《夏峰先生集》,朱茂汉点校,中华书局 2004 年版,第 61 页。

[3] 吴雁南:《明末清初的反理学潮流》,载《贵州师范大学学报》(社会科学版)1984 年第 5 期;李之鉴:《论孙奇逢的心学宇宙观》,载《黄淮学刊》(社会科学版)1991 年第 1 期。

[4] 李之鉴:《论孙奇逢的心学宇宙观》,载《黄淮学刊》(社会科学版)1991 年第 1 期。

[5] 史革新:《孙奇逢理学思想综论》,载《郑州大学学报》(哲学社会科学版)2007 年第 4 期。

[6] 姜金顺:《试论孙奇逢〈理学宗传〉的政治理念》,载《齐鲁学刊》2014 年第 2 期。姜氏将此归因于“孙奇逢试图修正宋儒的政治理念”,因为“宋儒强调的是一种对抗式的君臣关系,而孙奇逢强调的是一种合作式的君臣关系”。

[7] 李之鉴:《论孙奇逢的哲学逻辑结构和特点》,载《河南师范大学学报》1987 年第 4 期。

[8] 张显清:《杰出教育家孙奇逢述论》,载《清史研究》1993 年第 3 期。

[9] 王俊才:《试论孙奇逢的理学思想》,载《河北学刊》1995 年第 5 期。

[10] 孙聚友:《论孙奇逢的学术思想》,载《齐鲁学刊》2000 年第 1 期;卢子震、赵春霞:《孙奇逢的实学方法论》,载《河北学刊》2004 年第 4 期。

记录等已经将“夏峰北学”的历史波澜充分展现在世人面前。[1]

实际上,孙奇逢的法哲学心、理并重。夏峰所说的“理”,并没有形式化、固定化,只是抽象假设的“无字”之理、“不定”之理。而夏峰所说的“心”,实际上是人之连续不断的自我意识。此自我意识可以联结超验世界,但本身仍存在于经验世界,不同于前人所空谈之超验的神秘存在。人之自我意识生来完整,全部规范已然齐备。这种等同于全部规范的自我意识,即“吾”。真“吾”在自我意识本身的流变中时隐时现。有了真诚的自我意识,则正确的规范判断自然可得。但与一般所谓“真诚恻怛”不同,夏峰之真诚的自我意识颇有内容,即“无愧怍”。在经验世界连续不断的自我意识,与环境处于相互作用之中。为了保持自我意识的正常状态,孙奇逢的方法是最大限度地降低环境对自我意识的干扰和干涉,实质则是不与他人产生直接冲突。孙奇逢基于道统、治统、学统的辨析,深信儒者一生理当肩负重要的政治使命。而改变政治秩序的关键就在于改变在位者的自我意识。总体而言,夏峰之学比较接近他一直推崇的罗洪先,虽然正向明初回归,但仍应归入阳明学的范畴。其所谓真“吾”,虽然在经验世界之中,但并不能通过经验形塑,由此而言,很难说和重视行为修养、经验材料的“实学”有什么联系。孙奇逢法哲学的最大价值,可能是将此前日益神秘化的“心体”拉回到可以在经验层面把握的愧怍心理,这对于批判泰州学派的极端偏激之论十分有益。

一、规范的来源

总体而言,在孙奇逢的时代,阳明学已现末流,而朱子学正在复兴。对于这两个传统,他本人的态度是求同存异。他说:“学人不宜有心立异,亦不必着意求同。若先儒无同异,后儒何处着眼。……闲尝思之,固不敢含糊一家之言,亦不敢调停两是之念。”[2]夏峰认为程、朱、陆、王均属探求真理的正途。所谓“中

---

[1] 王坚、雷戈:《论夏峰北学(续完)》,载《辽宁大学学报》(哲学社会科学版)2009 年第 4 期;王记录:《百余年来孙奇逢及夏峰北学研究的回顾与前瞻》,载《清史论丛》2016 年第 1 期。

[2] 孙奇逢:《寄张蓬轩》,载《夏峰先生集》,朱茂汉点校,中华书局 2004 年版,第 62 页。

州之学,传紫阳者有人,传文成者有人,两路俱足以证圣”。[1] 而他们的一切学术分歧不过是求知路径和人生经验的不同,目标是一致的:

> 大凡儒者立论,以不谬于圣人为极诣,而所入之途,不必尽同。如适邦畿,从山、从水、从陆,途各不同,期归于邦畿而已矣。从山者所见皆山,从水者所见皆水,从陆者乌得而非之?从陆者所见皆陆,从山、从水者又乌得而非之?及抵邦畿,则同一邦畿之见而已矣,蹊径迂曲,俱可相忘也。[2]

相应地,夏峰先生所认识的规范来源是,亦心亦理,心理并重。夏峰重视理,盖缘于理自有其永恒性、普遍性、规定性,恰恰能纠正王学末流无所忌惮的弊病:

> 仆尝谓世界之坏,人心为之也。试观今日之世界,不必问今日之人心;观今日之人心,固应有今日之世界耳。……迩来人心何如哉?素不良于行,不习父兄之教者不必言,所称礼义之家、诗书之子而不亲不逊之极,满腔恣睢,百事乖谬,比比而是。目击心伤,真可痛哭。[3]

而遵从这永恒、普遍、具有规定性的理,方得自由而非放肆。他评论:“东坡讥伊川云:‘何时打破敬字。’故迩来学人,每欲打破‘理’字,总是苦‘敬’字‘理’字为束缚,为单板,不打破,不得洒脱自在。岂知洒脱生于天理之常存,天理之常存生于敬畏之无间,离此则成无忌惮矣。”[4] 夏峰主张:“一衷于理而已矣。理者,乾之元也,天之命也,人之性也。得志,则放之家国天下者而理未尝有所增;不得志,则敛诸身心意知者而理未尝有所损。……舍是,天莫属其心,人莫必其命,而王路道术遂为天下裂矣。”[5]

---

[1] 孙奇逢:《尤西川要语序》,载《夏峰先生集》,朱茂汉点校,中华书局2004年版,第128页。

[2] 孙奇逢:《题白鹿洞聚讲四条后》,载《夏峰先生集》,朱茂汉点校,中华书局2004年版,第316页。

[3] 孙奇逢:《与杜君异》,载《夏峰先生集》,朱茂汉点校,中华书局2004年版,第46页。

[4] 孙奇逢:《语录》,载《夏峰先生集》,朱茂汉点校,中华书局2004年版,第541页。

[5] 孙奇逢:《理学宗传序》,载《夏峰先生集》,朱茂汉点校,中华书局2004年版,第135页。

如前所述,夏峰对儒家学说的统一性有期待、有追求。但是,人心不同正如其面,夏峰期待由“理”来统摄之前之后的全部贤哲。他论断:“尝思之,颜子死而圣学不传,孟氏殁而闻知有待。汉、隋、唐三子衍其端,濂、洛、关、闽五子大其统。嗣是而后,地各有其人,人各鸣其说,遂见有偏全,识有大小,莫不分圣人之一体焉。余因是知理未尝一日不在,天下儒者之学乃所以本诸天也。”[1]他又说:“学者不能有此大见识,切不可专执一偏之见。正宜于古人议论不同处着眼理会,如夷尹惠不同,微箕比不同,朱陆不同,岂可相非?正借有此异以证其同,合知廉勇艺而文之以礼乐,愈见治铸之手。”[2]可这些贤哲的不同又是如此明显。夏峰遂放弃形式化、固定化之理,而退向作为抽象假设的“无字”之理、“不定”之理。他解释:“前贤议论,语语当活看,稍一执着,便成滞碍,所谓:读有字书,要识无字理。”[3]他又说:

学者要识得一定之理,又要识不定之理。一定之理易有执滞,不能免非礼之礼,非义之义。不定之理最善解脱,所谓鸢飞鱼跃,与必有事焉而勿正。恍然无疑者,此非心思之可度也,非训诂之可解也。会得此意,则经书中任拈一句,无不可升堂入室。后则宗庙之美,百官之富,受享无穷,天地间何乐足以喻之。[4]

与此同时,夏峰也重视,甚至更加重视心。然夏峰说心,实际上是人之连续不断的自我意识。此自我意识可以联结超验世界,但本身仍存在于经验世界,似乎不同于前人所空谈之超验的神秘存在。夏峰说:“日在天之上,心在人之中,天与日月不可学,亦学吾之心而已。”[5]夏峰自述他感到前人所说那种神秘心体实在难以把握,所谓“某从事于学有年矣,知其不可不敢强蹈之,知其可不能允蹈之,如澄心定气,亦迫思与真性相见。然静坐时,未免有朋从之扰,所云

〔1〕 孙奇逢:《理学宗传序》,载《夏峰先生集》,朱茂汉点校,中华书局2004年版,第135页。
〔2〕 孙奇逢:《语录》,载《夏峰先生集》,朱茂汉点校,中华书局2004年版,第537页。
〔3〕 孙奇逢:《答赵宽夫》,载《夏峰先生集》,朱茂汉点校,中华书局2004年版,第83页。
〔4〕 孙奇逢:《答赵宽夫》,载《夏峰先生集》,朱茂汉点校,中华书局2004年版,第77页。
〔5〕 孙奇逢:《四书近指序》,载《夏峰先生集》,朱茂汉点校,中华书局2004年版,第130页。

恍有一不发之体,凝然于无声无臭之地,发未发皆见之,殆星渊矣。明知此处他人难以着力,而神情扞格,岂容冒认"?[1]

人之自我意识正如人的身体,生来是完整的,全部的规范已然齐备。夏峰说:

父母生此身,元来无坏,修亦修其本无坏者而已。此心元来不偏,正亦正其本无偏者而已。此意元来无欺,诚亦诚其本无欺者而已。此知元来无蔽,致亦致其本无蔽者而已。元来者斲丧殆尽,认后来添入之情识意想以为元来,皆自失其宝,所谓罔之生也,可哀也。[2]

这种等同于全部规范的自我意识,即"吾"的概念,就此,夏峰有一篇度越前说的绝大文字:

吾与吾周旋久,初不识吾也,乃今恍惚识之,犹未能遽认也。谓人不识人,人易信。谓吾不识吾,吾亦难信。初不识吾,实不识吾也。吾有身,天人参焉者也。仰焉而无愧于天者何在,俯焉耳无怍于人者何在,不能令此身之不愧不怍也,而谓识吾乎?吾有身,志气合焉者也,帅焉而无恶于志者何在,充焉而无馁于气者何在,不能令此身之无恶无馁也,而谓识吾乎?……吾敢言识吾乎哉?静言思之,吾不识吾。人负吾耶,吾负吾耶,仍乞灵于夫子。"从吾所好"此识吾之路也。不识吾,恶能从吾?能从吾,不患不识吾矣。诸子各有吾,吾各有好,亦第各从所好焉耳。[3]

真"吾"在自我意识本身的流变中时隐时现。夏峰说:"克己之己,由己之己,总是一个己,非另有一个己代替此一个己也。人心之心,道心之心,总是此一个心,非又有一个心换去此一个心也。克复而天下归仁,精一而允执厥中,正

---

〔1〕 孙奇逢:《寄张蓬轩》,载《夏峰先生集》,朱茂汉点校,中华书局2004年版,第63页。
〔2〕 孙奇逢:《语录》,载《夏峰先生集》,朱茂汉点校,中华书局2004年版,第544页。
〔3〕 孙奇逢:《识吾说》,载《夏峰先生集》,朱茂汉点校,中华书局2004年版,第301页。

非有二意。"[1]他还把这种变幻比作水在不同温度下的物理变化。所谓"水遇寒凝结成冰,冰遇暖消融成水,水之与冰原非二物,人心者一念之迷,道心者一念之觉,迷如寒之凝为冰,觉如暖之融为水,亦非有二物也。觉时即非迷,更无两候"。[2] 这种等同于全部规范的自我意识是具有时间维度的,只能存于区别于过去和未来的"现在"一刻。夏峰感慨:"人生最系恋者过去,最冀望者未来,最悠忽者见在。夫过去已成逝水,勿容系也;未来茫如捕风,无可冀也。独此见在之顷,或穷或通,时行时止,自有当然之道、应尽之心,乃悠悠忽忽,姑待之异日,诿责于他人,岁月虚掷,壮怀空老,良可浩叹。"[3]此自我意识既然属于经验世界的"现在",也就难以永恒呈现,这就和王龙溪等人所主张的"现成良知"有了根本区别。[4] 像龙溪那样蚌育"玄珠"甚是无谓。如果说有什么能够超越生死,那也是人之一生给他人及其自我意识造成的影响而已。夏峰论断:

学问之事,能堪透死生一关,则富贵功名便无难割舍。或曰:"有生必有死,谁不知之?何难堪透?"愚以为知生之所以生,死之所以死,又知生而未尝生,死而未尝死,恐未可轻与世人言也。生之所以生,能不失天之所以与我者,为世间不可少之人。此辅相天地,裁成万物之人也,其生也荣矣。死之所以死,是于父母全而生之者全而归之,无丝毫亏欠,所谓朝闻夕可,其死也哀矣。生而未尝生,是饮食醉饱,从开辟到今不知有几多呆人,憧憧往来于时行物生之中,所谓罔之生也,幸而免耳。死而未尝死,则生前一点灵明,昭揭日月,天地且借此以撑拄,从来大圣大贤,为君、为相、为师、为忠臣、为孝子,家传户诵,思慕不忘者,其灵爽何尝不至今在也。愚所谓堪透死生者,盖吾儒尽性至命之实地。若如二氏之论则非愚之所知也。[5]

---

[1] 孙奇逢:《语录》,载《夏峰先生集》,朱茂汉点校,中华书局2004年版,第577页。
[2] 孙奇逢:《语录》,载《夏峰先生集》,朱茂汉点校,中华书局2004年版,第569页。
[3] 孙奇逢:《语录》,载《夏峰先生集》,朱茂汉点校,中华书局2004年版,第596页。
[4] 孙奇逢:《语录》,载《夏峰先生集》,朱茂汉点校,中华书局2004年版,第572~573页。
[5] 孙奇逢:《语录》,载《夏峰先生集》,朱茂汉点校,中华书局2004年版,第543~544页。

二、应用规范的判断

关于应用规范的判断,孙奇逢认为要害在于让“真吾”之自我意识发挥作用。而妨碍其发挥作用的仍然是作为外在环境的“气”。与前人相比,夏峰其实比较肯定经验世界的物质基础,所谓“盈天地间,知觉、运动、聚散、流峙,皆气之为也,而知觉有知觉之理,运动有运动之理,聚散、流峙,有聚散、流峙之理,就中正可体认”。[1] 但相对于气,理还是占据优越地位的。所谓“浑沌之初,一气而已。其主宰处为理,其运旋处为气。指为二不可,混为一不可”。[2] 因此,对于人而言,气是不可或缺的,也是需要驾驭的。夏峰说:“窃念元灯一线,生人之根系焉,纵运会剥蚀,此点生气常布沪偏满六合八荒之内,随寓于日用饮食,偶露于鸢飞鱼跃。”[3] 而“激烈不平之气,皆人心之天理,贤者发之,不肖者绝焉,众人偶触而辄散。所贵乎学者,常令此心之天理,既不至绝而散,亦不可过为奋激。过为奋激,便流入于侠人节士。凭理不凭气,任性不任情,此不可不解”。[4]

气会造成各种各样的情绪、欲望,并最终表现为心思。夏峰将这类不佳的气称为习气、胜气、志气。有人问什么是习气,夏峰回答:“有物过眼必看,有声入耳必听,小小如意即喜,小小拂意即怒,小小利害即恐惧,其根源总以声色货利为着落,故抵挡习俗,豪杰之士。”[5] 他又说:

学人不能入道,病在褊见未融也,执念未化也,胜气未降也,名心未破也。褊见未融,则一隙之明,乌能窥其大全?执念未化,则胶固之守,乌能语于变动?胜气未降,则浮动之气,乌足语于静深?名心未破,则的然之好,乌足语于黯淡?好学者深思而自得之。[6]

---

[1] 孙奇逢:《语录》,载《夏峰先生集》,朱茂汉点校,中华书局 2004 年版,第 543 页。
[2] 孙奇逢:《语录》,载《夏峰先生集》,朱茂汉点校,中华书局 2004 年版,第 540 页。
[3] 孙奇逢:《答尹见知》,载《夏峰先生集》,朱茂汉点校,中华书局 2004 年版,第 81 页。
[4] 孙奇逢:《语录》,载《夏峰先生集》,朱茂汉点校,中华书局 2004 年版,第 578 页。
[5] 孙奇逢:《语录》,载《夏峰先生集》,朱茂汉点校,中华书局 2004 年版,第 543 页。
[6] 孙奇逢:《语录》,载《夏峰先生集》,朱茂汉点校,中华书局 2004 年版,第 545 页。

还有所谓"思虑纷乱,此心无主,总因志气龌龊,识趣卑暗,瞻顾远而系恋深。卓识高明之士看破一切龌龊卑暗之习,知水火之必不可蹈,必不肯思量蹈水火,邪思杂虑,不期省而自省矣"。[1]

夏峰承认,各种心思的出现是不可避免的。人的自我意识无时无刻不在变化之中,所谓"人岂能无意?倏忽间念起念灭,不知凡几。纯乎天而人不与,圣人也。天人参焉者,贤知也。庸愚则知故萌生,情识横出,间有善念,不能自认,终归汩没"。[2] 而一般人要获得正确的规范判断,还是要在自我意识本身上下功夫。在这个意义上,夏峰认同阳明之教,所谓"向来看《传习录》者绝少。……欲做真实学者,须从此书默自理会,字字句句对照身心,直到毫无藏躲处,浑身汗流,方是本性出头时候"。[3] 众所周知,"王与朱不同,大段在格物"。[4] 夏峰申论,朱子本人也并不主张向外物寻求真理,同样是内向之说:

> 今就格物而论,朱子谓穷理,阳明谓为善去恶是格物。某常思之。朱子谓:"理有未明,则知有未尽,若偏以穷理属知也。"又曰:"凡物必有当然之则,而自不容[已]。所谓理也,外而至于人,则人之理不异于己;远而至于物,则物之理不异于人。"由此言之,亦是求理于心,非就事物而求其理也,岂如后人向一草一木而求其理乎?阳明谓:"格,正也。物之得其正,而理始极明。如事父不成,向父上寻个事的道理,只尽吾心之孝。"此固是求理于心,然欲为善去恶,舍穷理又何由辨乎?穷理正为善去恶功夫。总之,穷理者,圣学之首事;正物者,圣学之结局。[5]

但是,要害在于,夏峰认同的为善去恶,不是厘定修剪自我意识的具体内容,而是努力保持自我意识的正常状态。这种状态,夏峰常称之为"慊"。他说:"大抵学问一事,只是求慊此心。此心得慊,无限悦,无限荣,然须紧紧防一'愠'

---

〔1〕 孙奇逢:《语录》,载《夏峰先生集》,朱茂汉点校,中华书局 2004 年版,第 567 页。
〔2〕 孙奇逢:《语录》,载《夏峰先生集》,朱茂汉点校,中华书局 2004 年版,第 597 页。
〔3〕 孙奇逢:《示望儿》,载《夏峰先生集》,朱茂汉点校,中华书局 2004 年版,第 42 页。
〔4〕 孙奇逢:《复魏莲陆》,载《夏峰先生集》,朱茂汉点校,中华书局 2004 年版,第 70 页。
〔5〕 孙奇逢:《答常二河》,载《夏峰先生集》,朱茂汉点校,中华书局 2004 年版,第 70 ~ 71 页。

字。枯寂冷淡,熬煞不过,便起怨尤,废半途、败末路者,大率坐此。"[1]所谓慊,即真实、诚实。夏峰说:"今之真实为令者几人?江河日下,脂韦情深,每工欺世之小术,遂讬时中之大道。一开口,一举足,不问己慊不慊,但问人喜不喜,幼学谓何,壮行谓何,枉为造物笑耳。"[2]又说:"学者立身先辨雅俗,存心贵审欺慊。自真儒道丧,欺诈相高,慎独诚意之功,绝无过而问焉者,且不知辨雅俗为何事。认世情纷逐为不可少,厌澹穆萧寂为不足观,间有一二略脱尘网,而诋毁非笑者众矣。所谓抵挡流俗,必豪杰之士。"[3]有了真实诚实的自我意识,则正确的规范判断自然可得,所谓"然无时非当下,穷通得丧无一可以错过,便是无人不自得家法。……总之,此心无愧怍,则得固得,失亦得;此心有愧怍,则败固败,成亦败"。[4]

得此慊心,方能应对外在环境的无穷变化和各种挑战,所谓"无事,则一饮食日用,悠乎无知之民耳,乌能行所无事哉?必有事者集义而心慊,到得心慊时,自能行所无事矣,先自必有事始"。[5] 孙奇逢曾坦承,一生学问的根基正是这个慊字。他说:"忆辛丑予游成均时,司业杨荆岩先生,予庚子座师也。一见辄谓曰:'子少年登贤书,此来岂为入官地耶?京师天下英才所萃,吾为新学宫数楹,子等肄业于斯,作一事有一事之慊心,历一境觉一境之得力,方见友天下、友千古之意。'"[6]而能以此刻坚强的自我意识对抗外在环境的压迫,才可称为真正的自主和自由。夏峰说:"圣人无思,贤人无邪思,中人以下憧憧往来无所不思。能猛然提醒,破除邪思,思虑渐少,便是超凡入圣之路。善念只在当境,过去留滞与未来参详,总之耗我心神耳。慎思、近思与何思,止争安勉。"[7]否则,人即成了环境的奴隶,毕竟"人生所历之境,富贵而外,皆逆也。余谓贫贱何逆之有?当贫而贫,当贱而贱,则贫贱有余荣;不当富而富,不当贵而贵,则富贵

---

〔1〕 孙奇逢:《寄董正谊》,载《夏峰先生集》,朱茂汉点校,中华书局2004年版,第51页。
〔2〕 孙奇逢:《复贾太公衔怙》,载《夏峰先生集》,朱茂汉点校,中华书局2004年版,第6页。
〔3〕 孙奇逢:《语录》,载《夏峰先生集》,朱茂汉点校,中华书局2004年版,第548页。
〔4〕 孙奇逢:《复王天锡》,载《夏峰先生集》,朱茂汉点校,中华书局2004年版,第35页。
〔5〕 孙奇逢:《语录》,载《夏峰先生集》,朱茂汉点校,中华书局2004年版,第548页。
〔6〕 孙奇逢:《王显又入国学序》,载《夏峰先生集》,朱茂汉点校,中华书局2004年版,第112页。
〔7〕 孙奇逢:《示奏儿》,载《夏峰先生集》,朱茂汉点校,中华书局2004年版,第39页。

有余辱”。[1]

可以想象,夏峰先生此说来自一己的苦乐经验。他曾经记述:“霜寒淫雨,颇为减兴。弟村居独喜得一暖榻,两稚子共眠食。忆城中绝薪时,正尔不能得者,今偶得之,便有无限受享,乃知士不长饥长寒不知一饱一暖之乐,则饱暖亦岂有一定分数哉?”[2]又说:“人知病之苦,不知乐之苦。乐者苦之因,乐极则苦生矣。人知病之苦,不知病之乐。苦者乐之因,苦极则乐生矣。”[3]此外,“夫世人之病大约从忧郁生,而忧郁之根正在于贫。然此可以困庸流,而不可以困豪杰”。[4] 夏峰一生在乱世,长饥长寒长病长贫,为了平复身体的痛苦,尤其需要得到独特的心理安慰。他说:“人不分穷达,事不论常变,在家者以此,居官者亦以此。然须认以此是何物,天地生人之根,人得之便有无穷生趣,所谓把柄在手,触处皆灵。不在境遇上讨效验,要在方寸内求自尽,时时如临深履薄,便时时康庄乐土也。”[5]

而与一般所谓“真诚恻怛”不同,夏峰之真实、诚实的自我意识状态颇有内容。夏峰就此常提及的概念是“无愧怍”。他说:“只求当下无欠缺,无愧怍,便是深造自得之学。”[6]无愧就是真实。“如果无愧,何难坦衷当之。此等世界,骨脆胆薄,一日立脚不得。尔等从未涉世,做好男子须经磨炼。生于忧患死于安乐,千古不易之理。”[7]无愧就意味着战胜了环境。所谓“存其人,则贫窭可也,富厚可也,卑贱可也,荣贵可也,总之不忝于先世而无愧于为人”。[8]

三、自我与环境

孙奇逢深刻地认识到,在经验世界连续不断的自我意识,与环境处于相互

---

[1] 孙奇逢:《张郎鸿勋举秀才序》,载《夏峰先生集》,朱茂汉点校,中华书局2004年版,第115页。

[2] 孙奇逢:《柬三无道人》,载《夏峰先生集》,朱茂汉点校,中华书局2004年版,第55页。

[3] 孙奇逢:《与管时可》,载《夏峰先生集》,朱茂汉点校,中华书局2004年版,第43页。

[4] 孙奇逢:《复刘莒石》,载《夏峰先生集》,朱茂汉点校,中华书局2004年版,第75页。

[5] 孙奇逢:《复李松友》,载《夏峰先生集》,朱茂汉点校,中华书局2004年版,第81页。

[6] 孙奇逢:《语录》,载《夏峰先生集》,朱茂汉点校,中华书局2004年版,第542页。

[7] 孙奇逢:《示奏儿》,载《夏峰先生集》,朱茂汉点校,中华书局2004年版,第43页。

[8] 孙奇逢:《赠魏庆堂序》,载《夏峰先生集》,朱茂汉点校,中华书局2004年版,第93~94页。

作用之中。为了保持自我意识的正常状态,孙奇逢的方法是最大限度地降低环境对自我意识的干扰和干涉。第一,是找到干扰的源头,所谓“无念中忽起一念,而此念遂燎原,不可扑灭,皆缘平昔贪妄杂虑多,思路惯熟,遂不能自主。法当究诘其何以发端,何以归结,真是以身试法,自当惊汗无地,杂虑渐少,则此心清明渐复。困勉之功多如此”。〔1〕 第二,已经受到干扰,则不要再增加环境的刺激,所谓“人情难平。恶其不平也,极欲平之,相激相搏,其不平也转甚,何如静以俟之?骇浪排天,因风作势,风恬则浪寂矣”。〔2〕 第三,一旦自我意识进入正常状态,则务必巩固强化之,所谓“吾心偶得一时之沉静,便生一时之虚明,此际全无不善念头,纯是一团天理,但善念初发,几布微眇,游移莫定,急宜培养扩充之,务令固执,莫使感遇摇撼得动”。〔3〕

当然,夏峰此说并不是要隔绝自我意识和环境,他对于静坐就既肯定又不完全赞成:

今岁炎热之甚,念从烽火场中得此数日,思欲静坐数时,调摄例病,不意却又不得不出门之事,欲静反不得静。昨自郡中归,甫入座而家园头绪,郡中光景,一一在念,逐事检点安插,此念稍清,便忽忽入梦。夫绪烦非静也,多睡岂静乎?尔伯父尝谓尔只是闭门静坐,我云静坐良非易事。心气浮杂之人逐日奔忙,魂梦为扰,即质近安闲,非有学力操得把柄在胸中,亦未能神闲而气定也。程子见人静坐,辄叹其好学,谓与未发之中相近。中人而下,既无中和之节,安得有未发之中,此须有养心工夫。得丧炎凉,一丝不挂,朋从扰攘,自然一念不起,则无意求静,无非静境。〔4〕

人的自我意识持续流变,方有规范的展现。夏峰说:

人心寂然不动之初,浑然一《易》也。有感而发使生出许多爻、象来,千变万

〔1〕 孙奇逢:《语录》,载《夏峰先生集》,朱茂汉点校,中华书局 2004 年版,第 568 页。
〔2〕 孙奇逢:《语录》,载《夏峰先生集》,朱茂汉点校,中华书局 2004 年版,第 596 页。
〔3〕 孙奇逢:《语录》,载《夏峰先生集》,朱茂汉点校,中华书局 2004 年版,第 596 页。
〔4〕 孙奇逢:《示立儿》,载《夏峰先生集》,朱茂汉点校,中华书局 2004 年版,第 38 ~ 39 页。

化不可究诘,而总归于至当不易之理,所以《礼》曰:“洁净精微,《易》教也。”如《书》便真个有这政事谋谟,《诗》便真个有这人情风俗,《易》却无这已往底事,只是悬空做出来,千古不出其范围,此所以灵。[1]

如果自我意识全无活动,岂不成了土鸡瓦犬一般。人的生理存在恰恰丰富了这个世界,使之有价值。夏峰说:“人心虽浇漓之极,而醇气犹在。以弟所经之地,所阅之人,有品行之人,有学问之人,有平易近人之人,有孤意绝俗之人,有迁善改过之人,有能诗文善议论之人。种种皆与古昔不殊,而欢然相接,蔼然相亲,临路低徊,每切眷恋。”[2]

所以,关键在于找到防御环境干扰和干涉的方法和姿态。此处,夏峰继承了罗洪先的说法,强调一番“戒慎恐惧”的心理调适。“念庵云:‘知止所以归静也。’非用戒惧功夫,乌能知所止乎?能知止则勿忘勿助。”[3]罗洪先之止,较之夏峰之吾为抽象,但与性理相对应则一致。而夏峰所说戒惧,实质是保持自我意识不与他人产生直接冲突。他解释念庵的戒惧的“大把柄”在于尊重天地、圣贤、王法乃至所有人:

君子三畏:首曰畏天命。天命不已,是无一事一时可不戒惧。大人以身体之,圣贤以言传之。自尧兢舜业以至诸儒之居敬穷理,无非畏惧一念流衍于无穷,此正天命之不已也。小人不知,故不怕天地,不怕王法,不怕先圣垂训励世之戒,顽冥放逸,其所以异于禽兽者几希。君子不独畏大人,而匹夫匹妇不敢忽,不独畏圣言,而刍荛工瞽可采,皆所以畏此天命耳。天命在日用常行之中,成汤顾諟天之明命,亦只在此处顾諟。[4]

孙奇逢这种倾向于使自我意识与环境相脱离(尽管并非隔绝)的主张,和王畿那种以神秘主义心体取代整个宇宙的夸诞当然针锋相对。夏峰认为自己理

[1] 孙奇逢:《语录》,载《夏峰先生集》,朱茂汉点校,中华书局2004年版,第561页。
[2] 孙奇逢:《寄三无道人》,载《夏峰先生集》,朱茂汉点校,中华书局2004年版,第71~72页。
[3] 孙奇逢:《答王五修》,载《夏峰先生集》,朱茂汉点校,中华书局2004年版,第65页。
[4] 孙奇逢:《语录》,载《夏峰先生集》,朱茂汉点校,中华书局2004年版,第545页。

解的念庵,才是阳明学的真谛,因为与环境共舞的绝不是自主且自由的自我意识,只是它并不符合规范的形态。夏峰说:“阳明良知之说,着力在‘致’字,故自谓龙场患难死生之后良知方得出头。龙溪时而放下‘致’字,专言良知。其究也,遂有认食色为性者,言不可不慎也。念庵每提戒慎恐惧,为龙溪忠告,见良友切磋之益。”[1]具体而言:

> 念庵,阳明功臣、龙溪益友也。阳明“良知”之说,本之孟子“不虑而知”。龙溪遂以为:“一念灵明,无内外无寂感,吾人不昧此一念灵明,便是致知,或以良知不足以尽天下之变,必加见闻知识补益而助发之,便是俗学。此以一念之明为极,则一觉之顷为实际也。”念庵曰:“不然。阳明常以‘入井怵惕,孩提爱敬,平旦好恶’三言为证,盖以一端之发见,未能即复其本体。故言怵惕,必以扩充继之;言好恶矣,必以长养继之;言爱敬矣,必以达之天下继之。孟子之意可见,阳明得其意者也,故亦不以良知为足,而以致知为功。”念庵集中多以此立论,故曰阳明功臣、龙溪益友。[2]

因此,夏峰说:“念庵之学近里着己,痛除将就冒认,姚江后,万不可少之人。龙溪太廓大,亦佛亦仙,正借此缜密谨严以抵此流派耳。”[3]

众所周知,念庵自己是避居洞中生活。夏峰与世交接,毕竟“必欲随俗,入同流合污一路;必不随俗,入索隐行怪一路,均非特立独行之士”。[4] 他的态度是对所有人敬而远之。孙奇逢信奉“能生君子之敬者,自能祛小人之侮。非诚悫端重,不苟于言动者不能”。[5] 又说:“待君子宜尽吾敬事之礼,待庸众亦尽吾接引之心,待小人则诚笃谨密,莫示以狎侮之渐,总之要以我包裹人,则可以位置乎人,而转移乎人。”[6]他常常说遇到矛盾多从自己身上找原因。所谓“善居己之长者切不可露人之短,不露人短则人人皆长矣,集众长为一长,则其所长

---

〔1〕 孙奇逢:《语录》,载《夏峰先生集》,朱茂汉点校,中华书局2004年版,第537页。

〔2〕 孙奇逢:《题念庵集后》,载《夏峰先生集》,朱茂汉点校,中华书局2004年版,第315页。

〔3〕 孙奇逢:《报张湛虚》,载《夏峰先生集》,朱茂汉点校,中华书局2004年版,第54页。

〔4〕 孙奇逢:《语录》,载《夏峰先生集》,朱茂汉点校,中华书局2004年版,第571页。

〔5〕 孙奇逢:《语录》,载《夏峰先生集》,朱茂汉点校,中华书局2004年版,第568页。

〔6〕 孙奇逢:《语录》,载《夏峰先生集》,朱茂汉点校,中华书局2004年版,第564页。

也不亦大乎?彼沾沾以长自见,而故以形人,薄道也,非享福之气”。[1] 他把这一点上升到很高的地位,即“人生第一吃紧,只不可见人有不是。一见人之不是,便只是求人。则亲疏远近,以及童仆鸡犬,到处可憎,终日落坑堑中矣。臣弑君,自弑父,亦只是见君父有不是处耳,可畏哉”。[2]

于此不能作乡愿观。夏峰实在是针对自己的性格特点有感而发。他自述:“范景龙昔为予题一联云:‘乐道人之善,恶称人之恶。’今逾三十年矣。默自循省,扬善庶其自勉,而隐恶甚愧未能。盖赋性褊急,是非之心不能混淆,故多不能容。即强为容矣,非其中之所恬也。……君子一于求己,故不暇责人也。”[3] 夏峰可以接受委屈,但并不即成妥协。他说:

日用食息间,每举一念,行一事,接一言,不可有违天理拂人情处,便是学。问于天理似无违而于人情却有拂者,应如何?曰:理求其在我,一念违,难以自惬情,则问之于人,不拂,亦是天理中之人情。若天理外之人情,即拂也庸何伤?一味拂人,以拗成性,一味不拂人,以顺为正,士君子自立之道,政宜辨之于此。[4]

夏峰避世,归根结底是追求无愧无悔的自我意识,即“人人有亢而悔之时,一言之亢即招尤也,一事之亢即招悔也。圣人庸行,终日乾乾,无亢无悔”。[5] 与人争斗,则自我意识时时动摇,已成环境之奴隶。夏峰说:“能处人所不能处之事,能忍人所不能忍之辱,能堪人所不能堪之忧,其中必有大过人者。遇事便束手,被辱即动心,逢忧辄短气,人可得而颠倒之,驱役之,儒生俗士之浅浅者耳。”[6] 只有反其道而行之,才能真正战胜缺陷世界、苦趣人情:“世界多缺陷,人情多苦趣,不知如何方是圆满,方得快乐?曰:若求无缺陷之时,天地有所不能。时有穷通,岁有丰俭,身有老少,随缘顺应,不作非分之想,任世界之缺陷而

---

〔1〕 孙奇逢:《语录》,载《夏峰先生集》,朱茂汉点校,中华书局 2004 年版,第 582 页。
〔2〕 孙奇逢:《语录》,载《夏峰先生集》,朱茂汉点校,中华书局 2004 年版,第 551 页。
〔3〕 孙奇逢:《语录》,载《夏峰先生集》,朱茂汉点校,中华书局 2004 年版,第 574 页。
〔4〕 孙奇逢:《语录》,载《夏峰先生集》,朱茂汉点校,中华书局 2004 年版,第 547 页。
〔5〕 孙奇逢:《语录》,载《夏峰先生集》,朱茂汉点校,中华书局 2004 年版,第 555 页。
〔6〕 孙奇逢:《语录》,载《夏峰先生集》,朱茂汉点校,中华书局 2004 年版,第 560 页。

我不见有缺陷也,人见为苦趣而我不见为苦趣也,如斯而已矣。"[1]能人所不能,在夏峰自己看来,实乃大丈夫也:

凡为男子,皆称丈夫。而孟子之论丈夫有三:曰小丈夫,曰贱丈夫,曰大丈夫。居广居,立正位,行大道,此是大丈夫面目,尧、舜、汤、文、周、孔一流人。小丈夫则悻悻然不能容人,究不能自容,此曲拘之士也。若贱丈夫,则奸术、巧虑、谀辞、佞容,不独射利,足以簸弄操纵人者,识者直等于妾妇。学术不明,大丈夫家业荒废迷失,自隘其室,自撤其坐,自塞其途,而反寄妾妇,无不怫然怒至。究其存心行事,其不为妾妇之所羞者几希。[2]

四、政治秩序

夏峰先生基于道统、治统、学统的辨析,深信儒者一生理当肩负重要的政治使命。他直言:"三代以前治统即道统也,三代以后有治统而无道统,道统于是乎归之儒。"[3]在历史演变中,规范世界和政治秩序由统一走向分离,而儒者成为规范世界的承载者和宣谕者,也应当成为政治秩序的规训者。夏峰说:

文、武以前,道统在上,治统即道统也。孔子以后,道统在下,学统寄治统也。大人之实事,圣人之训述,显晦殊途,本源一致,总不出"圣学本天"一语,不本于天,则异端耳。天一命也,命一性也,性一善也,达而在上与穷而在下,同一命也,性也,则同一善也。君道以此治天下,师道以此觉天下,理一而已。穷理尽性至命,一以贯之。[4]

当然,在具体环境中,政治秩序和规范世界的缠结可以有多样形态,正如儒

[1] 孙奇逢:《语录》,载《夏峰先生集》,朱茂汉点校,中华书局 2004 年版,第 569 页。
[2] 孙奇逢:《丈夫说》,载《夏峰先生集》,朱茂汉点校,中华书局 2004 年版,第 301 页。
[3] 孙奇逢:《圣学录序》,载《夏峰先生集》,朱茂汉点校,中华书局 2004 年版,第 144 页。
[4] 孙奇逢:《答魏石生》,载《夏峰先生集》,朱茂汉点校,中华书局 2004 年版,第 86 页。

者对规范世界的揭示也不尽相同。夏峰说:

道原于天,故圣学本天。本天者愈异而愈同,不本天者愈同而愈异。夫天,大之而元会运世,小之而春夏秋冬,至纷纭矣,然皆天之元气也。诸大圣、诸大贤、诸大儒各钟一时之元气,时至事起,汤武自不能为尧舜之事,孔孟自不能为汤武之事,而谓朱必与陆同,王必与朱同耶?[1]

所谓"道之一,正于至不一处见一,所谓殊途而同归,一致而百虑耳。流水之为物也,万派千溪,总归于海。适邦畿者,由陆、由山,由水,及其成功,一也"。[2]

此外,晚明以罗汝芳为代表的儒者常常以明太祖为神主牌宣扬自己的学术和政治主张。孙奇逢便也有了类似的看法。所谓"明代有大文字三篇,人人知之,而人人忽之。太祖高皇帝《卧碑》一记,成祖文皇帝《性理》一序,世祖肃皇帝《敬一》一箴,咸符心学之秘,直接一中之传"。[3] 他甚至说:"盖缘明二祖列宗心学之密,直接一中之传,真以身行道于天下者也。……学者知诸儒之兴起由作君作师者之钧陶,其所系岂浅鲜哉。"[4]这就把治统学统关系似乎又在理论上颠倒了过来,和前说不无矛盾之处。当然,总体上仍然只有真正伟大的自我意识才能提挈起政治秩序的纲领。夏峰说:

有包举一世之意,然后可以尚论一世之人,有包举千古之意,然后可以尚论千古之人。九德为天子,六得为诸侯,三德为大夫。须九德可位置六德,六德可位置三德,三德可位置一节一艺。如以不忠不孝之人而位置真忠真孝之事,岂能明是非而定功罪乎?[5]

---

[1] 孙奇逢:《道一录序》,载《夏峰先生集》,朱茂汉点校,中华书局 2004 年版,第 137 页。
[2] 孙奇逢:《道一录序》,载《夏峰先生集》,朱茂汉点校,中华书局 2004 年版,第 138 页。
[3] 孙奇逢:《致田华石》,载《夏峰先生集》,朱茂汉点校,中华书局 2004 年版,第 75 页。
[4] 孙奇逢:《圣学录序》,载《夏峰先生集》,朱茂汉点校,中华书局 2004 年版,第 145 页。
[5] 孙奇逢:《语录》,载《夏峰先生集》,朱茂汉点校,中华书局 2004 年版,第 579 页。

所以,不同于刘宗周,夏峰并不那么寄希望于个别的君主。他将君臣视为一对主客。夏峰说:“况功名之际,昔人谓之会。会者,聚也。天下岂有聚而不散之理哉?譬诸宾宴,宾有三爵而去,进以礼,退以义,泾渭不淆,主客两受其福者。”[1]既然是主客相待,那么当各自履行其职责:

盖谓君之于臣,不但存于名与分也,存于义与道焉耳。时有否泰,道无隆污。时乎道存各尽,则后克艰厥后,臣克艰厥臣。时乎道存交儆,则臣都君俞,君吁臣咈。或时君焉蒙难,臣焉匪躬,而靖献不陨于颠隮;或时君务含章,臣曲遇巷,则天泽不倒于屯蹇。其分与义,天地虽剥,而不受剥于天地;人事虽否,而不受否于人事。[2]

如果相待不便,那么无须勉强。所谓“三代而下安得君尧舜相伊周,百执尽寅恭无我者乎?孔子有志东周,究竟只成空愿。今日之事尽的一分职业,便是报的一分朝廷。我有所不能主者,亦须宽以俟之,似不必太悻悻也”。[3]

正因如此,孙奇逢面对甲申天地变色,选择了归隐而非如刘宗周那样殉国。他也说:“仆以燕南老腐儒得亲见古人,窃自幸矣。……不意时未几而鼎沸林枯,世事遂至于此。仆病困衰迟,既不能采薇西山,垂纶东海,又复不能黄冠遁世,渡江远访故人,亦足羞矣。”[4]但根本上,他还是认为“古来纯忠大义不一途,应死而死则死有攸当,应遁而遁则遁有攸当,此微、箕、比干所以同归于仁也”。[5] 实际上,夏峰对崇祯君臣饱有批评。于朱由检个人,孙奇逢说:“甲申大难,人主即锐意有为,而元气销铄殆尽,欲速疗,适以促之速亡耳。……人才关气运之盛衰,士气系人才之隆替,而其原本总造于大君之一心。”[6]这实际上已经说出朱某刚愎好杀的过错。当然,崇祯帝也实在值得同情,所谓“从来盗贼

[1] 孙奇逢:《与张星所》,载《夏峰先生集》,朱茂汉点校,中华书局 2004 年版,第 3 页。
[2] 孙奇逢:《雪隐堂易注序》,载《夏峰先生集》,朱茂汉点校,中华书局 2004 年版,第 141 页。
[3] 孙奇逢:《与鹿太公成宇》,载《夏峰先生集》,朱茂汉点校,中华书局 2004 年版,第 14 页。
[4] 孙奇逢:《寄魏交让》,载《夏峰先生集》,朱茂汉点校,中华书局 2004 年版,第 45 页。
[5] 孙奇逢:《寄王生洲》,载《夏峰先生集》,朱茂汉点校,中华书局 2004 年版,第 53 页。
[6] 孙奇逢:《畿辅人物考序》,载《夏峰先生集》,朱茂汉点校,中华书局 2004 年版,第 124 页。

祸人国时有之矣,然未有帝后、妃嫔、太子、诸王俱罹弑逆窜逐如甲申者也”。[1]因此,更应承担责任的还是诸臣。孙奇逢说:

按先帝忧勤十七载,苦心危虑,志欲有为,而竟蹈败亡祸乱,以为天下惜。由此言之,上有失国之君,下有兴王之臣,其国欲亡不可得也;上有保治之君,下有致乱之臣,其国欲不亡亦不可得也。盖英断之主固自有神圣之谋,而内外臣工复伏心缄口,以俟上意之所存,天下岂复有臣哉?[2]

与此对比,真正令夏峰先生感到苦楚的是罹难的乡亲百姓。他悲叹:“甲申之难,吾郡千古异惨,亦千古异烈。”[3]如果说君臣是主客关系,那么儒者和平民大众之间即是骨肉同胞。“民吾同胞物吾与,谁非自家屋里人?”[4]夏峰督促儒者锻炼才具,以服务乡亲百姓。他甚至把“才”提高到人之为人的标准:

人之所以成人者,亦以其卓然有适于用,然后自命为人。如无一才一德足自见于世,不亦靦为人乎?……智、廉、勇、艺皆器也,文以礼乐,则无智、廉、勇、艺之可名。……迩言学者舍穷理尽性,而骤言至命,皆与未成器而高谈不器者等。……如士而不士,犹觚之不觚也。孔子裁狂简,正欲鍊其器,以大其用耳。[5]

正所谓“学优而仕,仕优而学,犹歧言之,对簿书则学在簿书也,对狱讼则学在狱讼也。所谓德在民上,明新民正所以明德;己在百姓上,修安百姓正所以修己。……庶理学、经济不分二事”。[6]

夏峰先生把一切能够服务乡亲百姓的才能都赞为“经”,特别强调不可忽视

---

〔1〕 孙奇逢:《大难录序》,载《夏峰先生集》,朱茂汉点校,中华书局2004年版,第124页。
〔2〕 孙奇逢:《大难录序》,载《夏峰先生集》,朱茂汉点校,中华书局2004年版,第124页。
〔3〕 孙奇逢:《寄金瑞枝》,载《夏峰先生集》,朱茂汉点校,中华书局2004年版,第60页。
〔4〕 孙奇逢:《复宋小凤》,载《夏峰先生集》,朱茂汉点校,中华书局2004年版,第7页。
〔5〕 孙奇逢:《汝器字说》,载《夏峰先生集》,朱茂汉点校,中华书局2004年版,第305~306页。
〔6〕 孙奇逢:《答姜二宾》,载《夏峰先生集》,朱茂汉点校,中华书局2004年版,第65页。

维持安全的能力。他说:

诸儒有经,而精于谈兵亦称经,可见经常一脉,亘天地古今,同源而贮,文与武特分领而未可分歧,是何殊分形异名而称兄弟,迨遡及同气,又作何观。此谊不讲,文人薄刀战,武人遂薄章句,如所谓舌锋剑锷,畸轻畸重,陷阱百出,至举国家钱谷器甲、城守攻战、死生功罪,徒付一掷,可胜浩叹。[1]

所以,“文以经邦,武以戡乱,觭武不可,觭文亦不可”。[2]

而改变政治秩序的关键在于改变在位者的自我意识。夏峰说:

一方缙绅学士、父老子弟盼盼然冀得一贤者抚循之,整顿之。既多方仰望于我,而又恐万一不副其望,以疑二顾虑揣摩尝试于我,则我之精神、肺腑、话言、起居已无不一一为人所伺而察之矣。非彼好为伺察也,盖我原于彼为最吃紧,能为造福,亦能为开祸,又何怪乎?疑二顾虑揣摩尝试,恐恐然虑不副其望耶。相机观变,随地设法,大英雄自有妙用。简僻有简僻之政,冲疲有冲疲之政。砥得一分冲,起得一分疲,民犹易为见德也。只在主者打起精神,认作自己性分事做,何事不可成。[3]

对于取代明廷的异族政权,孙奇逢比较认同乡贤刘因的做法,毕竟道无内外,世无内外。[4] 夏峰说:“覃怀、天雄之地久隶金、元,姚、许世世为金、元践土食毛之臣子,其为尊官也,方可以行道救民,奈何以此而苛求之?吾乡刘静修,人亦以此督过。噫,冤矣。世有今古中外,道无今古中外。旨哉斯言。”[5]但孙奇逢毕竟成长于明廷的统治之下,还不同于刘因。所以,夏峰最后采取了既无

[1] 孙奇逢:《赠孔氏兄弟序》,载《夏峰先生集》,朱茂汉点校,中华书局 2004 年版,第 109 ~ 110 页。

[2] 孙奇逢:《中州人物考序》,载《夏峰先生集》,朱茂汉点校,中华书局 2004 年版,第 122 页。

[3] 孙奇逢:《与崔西星》,载《夏峰先生集》,朱茂汉点校,中华书局 2004 年版,第 25 页。

[4] 桂涛:《从〈诸儒语录〉到〈理学宗传〉——试论孙奇逢〈理学宗传〉之成书过程》,载《理论界》2013 年第 3 期。

[5] 孙奇逢:《报白仲调》,载《夏峰先生集》,朱茂汉点校,中华书局 2004 年版,第 73 页。

矜心也无热心的冷淡态度,一如他对明廷、他人,乃至整个外在环境。他告诉世人:“士志于道,非任不成,非气不至。无成而不至者,矜心与热心为之也。矜心似任而自是,喜盈而损;热心似气而未沉,暴而易折,两病未除,终非深造自得之学。”[1]而“不得意于世人之所趋,故不灰心于世人之所避耳。总之于天地间,另开眼界,自具肝肠,钟东海、西山之灵秀于江村一片地”。[2]

夏峰先生实在看穿世人一切趋避丑态:

重品格者,必观其所不取,急干济者,须视其所为。两者不可偏废,而兼擅者,实难其人。世岂无皎焉自好者,然默体其行径,细按其肺肝,非前有所慕而进,则后有所惧于罪,幸而恒处于有可慕有可惧之地,则可以终其身而不至于坏。倘可慕者既已得之,则无复有可惧于罪;或可慕者既已绝望,又将甘心冒罪而不辞。人见其然,则曰:“若人也,而今乃若是。”不知始终固此一人也。

而他自己则“一无所慕,一无所惧,明自廉生,为从守见”,始终如一。[3]

五、结　　语

夏峰先生晚岁曾经有一书寄与故园的子弟们。他说:

今岁淫雨过甚,茅屋风雨不避,而佣人与头畜无处安置。当此时,仁民爱物之心,勃然而动,即欲推于“皆备”之外不可得。予平日因心血太少,遂尔思虑偏多。当病时,火益盛,思益炽,梦固梦,醒亦若梦。童稚时父母膝前,兄若弟啼笑光景,依然在目。平昔交善之人时握手追随,不知此身为七十老人也,不知此身在千里外也。因悟黄粱梦,片刻尽生平百年,旦暮千里同堂,原非谬语耳。眼前

[1] 孙奇逢:《语录》,载《夏峰先生集》,朱茂汉点校,中华书局2004年版,第541页。
[2] 孙奇逢:《鹿太公举元孙序》,载《夏峰先生集》,朱茂汉点校,中华书局2004年版,第102页。
[3] 孙奇逢:《送徐恒山转山海理饷序》,载《夏峰先生集》,朱茂汉点校,中华书局2004年版,第91页。

病势似平,只心跳不止,思多出位,乃知古人慎思近思为切己着里工夫。尼父忘寝食以思,姬公继日夜以思,皆非无畔岸而少溢于位之外也。何思何虑,总自近与慎始,然而未易言也。[1]

此一连绵九十余年,饱经沧桑变幻的伟大意识,始终紧张而慎重地应对着近于冷酷而间或温暖的强大环境,总是保持其自主和自由。人生有尽,世界无穷,此种伟大意识又将和此后涌现的伟大意识连缀起来,构成夏峰先生念兹在兹的统绪,维持规范世界的不灭和政治秩序运转。他不是告诉我们吗:

当思世界如急流石火,全凭几个至诚圣人运转其中,一起一伏。通羲皇以来是一个人,是一个心,中间虽有屯厄,元气环流,上生百世,下生百世,其在一身如呼吸有息,生死有息,四时有消息,日夜有消息,而惟此至诚一念,有无夹杂,故无止息也。天之清,地之宁,日之升,月之恒,山之峙,水之流,皆一诚焉耳,不诚则乾坤熄矣。诚以事父则为孝子,不孝便是无父;诚以事君则为忠臣,不忠便是无君。聋者不闻钟鼓,盲者不见天地日月,渠自无相干涉耳。故曰不诚无物,则诚身诚意,合千古圣贤发挥此诚字不尽,愿与吾党士共勉之。[2]

夏峰先生曾有一篇《留存古槐记》,最像他自己在历史上留存的形象。老人曰:

兵燹以来,庐舍已非,云树改色,数百里相望,乔木之存焉者,寡矣。……有古槐一株,历年不知几百。相传其初,庙僧自袖中携来,手植祠前。日蕃月盛,渐至十余围,高可数丈,荫可数十丈,俨然称邑中盛概焉。一日携壶榼邀余偕友坐饮其下,夷犹磅礴,既不苦日气之侵,有偏觉清风之动,倏然飞云过雨,令人忘暑且令人忘倦,乃知古来达人旷士,风景可乐,置酒言咏,终日流连而不忍去,其

---

〔1〕 孙奇逢:《寄故园子弟亲知》,载《夏峰先生集》,朱茂汉点校,中华书局 2004 年版,第 59 页。

〔2〕 孙奇逢:《答赵宽夫、钱升阶》,载《夏峰先生集》,朱茂汉点校,中华书局 2004 年版,第 89 ~ 90 页。

中之所得必有深焉者矣。[1]

夏峰先生问："数百年海田之变换，人心风俗之迁流，其能一一问诸古槐否？"[2]数百年后，黄粱梦醒，我亦欲问之夏峰先生。

〔1〕 孙奇逢：《留存古槐记》，载《夏峰先生集》，朱茂汉点校，中华书局2004年版，第278页。
〔2〕 孙奇逢：《留存古槐记》，载《夏峰先生集》，朱茂汉点校，中华书局2004年版，第278页。

法兰西第三共和国时期的法院、司法官及其晋升：1871～1914年*

本杰明·F. 马丁**
余韵洁 译***

内容摘要：法兰西第三共和国之前的司法官职业，并没有为这个国家法律和权利的保护提供足够的保障，其中最优秀的司法官迷失在了对无穷无尽的司法官衔的追逐之中，而被寄予厚望的法兰西第三共和国仍然没能终结这一现状，司法官们一味追求晋升，使得政府实现了对司法的控制，司法俨然成为政治报复和政治奖励的机器，司法理想所委以重任的法官和检察官的廉洁性和公正性逐渐丧失，司法行政化、官僚化得以形成和加强。法兰西第三共和国期间的司法官晋升实践的历史，有助于阐明司法管理体制对司法权异化的因果关系：为什么曾经承诺要实现理想的共和国司法，堕落为逆淘汰的、毫无生气的官僚机构？司法管理和法官晋升的垂直模式，对司法权运行规则之破坏和对司法权之异化为类行政权，潜移默化地产生了何种决定性作用？吸取这一沉痛的历史教训，有助于司法改革在法官晋升模式和司法体制管理方面，避免在去地方化的同时陷入另一个更可怕的司法行政化深渊。

关键词：法官晋升　司法管理　司法官僚化　司法行政化

---

* Benjamin Martin, "The Courts, the Magistrature, and Promotions in Third Republic France, 1871 - 1914", *The American Historical Review* 87, 1982.

** 美国路易斯安那州立大学历史学教授，法学博士。

*** 重庆大学法学院博士研究生。

奥迪隆·巴罗(Odilon Barrot),七月王朝时期的自由主义改革者,同时也是1848年革命导火索即"宴会运动"(Banquet Campaign)的领导者。1871年,他在谴责法国的司法系统时说道:"(当下)这样构建的司法官职业,并没有为我们国家法律和权利的保护提供足够的保障;其中最优秀的司法官迷失在了无穷无尽的司法官衔之中,他们因一种堕落的体制以及一种更加堕落的晋升程序模式而变得麻痹。"[1]这一犀利的批评剑指司法官晋升的方式,其有效地将司法官僚以及偶尔的正义本身融入谄媚主义和政治之中。新的第三共和国的出现,可能会终结那些在19世纪的第一个70年由各种王室的、帝国的以及共和主义的政体所实施的暴行,这正是巴罗的希望,同时也是其他很多人的希望。要知道,司法系统的批判者并不是少数。然而,在接下来的44年,直至第一次世界大战期间,几乎没有任何迹象表明,在法兰西第三共和国的政权下,这种希望能够得到实现。事实上,这个新政权试图清洗那些被怀疑不忠诚于共和政体的法官和检察官,此举也加剧了巴罗所谴责的弊病。

一、法兰西第三共和国时期法院的结构、司法官的职位

法国的法院结构极其复杂,这给仅熟悉盎格鲁－撒克逊司法传统的美国人带来了困扰。[2] 26个上诉法院服务于国家的87个地区,同时对民事和刑事司

〔1〕 Barrot, *De l'organisation judiciaire en France*, Paris, 1871, 12. 关于共和国可能带来的改革的其他看法,参见 Lucien-Anatole prévost-Paradol, *La France nouvelle*, Paris, 1868; Jules Favre, *De la réforme judiciaire*, Paris, 1877; George Picot, *La Réforme judiciaire en France*, Paris, 1881; M. Ricard, *Des devoirs des magistrats*, Rouen, 1881; Paul Philouze, *Études sur l'organisation de nos institutions judiciaires*, Paris, 1882; Eugène Pompei, *Du rôle de la magistrature dans une république*, Montpellier, 1885; and Ernest Roullet, *Des devoirs des magistrats*, Lyon, 1886。

〔2〕 对于法国司法系统整体的介绍,特别参考了 Raoul de La Grasserie, *De la justice en France et à l'étranger au XXe siècle*, 3 vols., Paris, 1914; René David and Henry P. de Vries, *The French Legal System: An Introduction to Civil Law Systems*, New York, Oceana Publications, 1958; R. C. K. Ensor, *Courts and Judges in France, Germany, and England*, Oxford, Oxford University Press, 1933; Thomas John Schick, "The Parisian Court of Appeals and Its Magistrature, 1848－1914", Ph. D. dissertation, Columbia University, 1977。以下这些也是有价值的背景资料:Pierre Bouchardon, *Le Magistrat*, Paris, 1929; André Cambréal, *Le Jury criminal: Comment se forme, délibère, et statue le jury de cour d'assises*, Paris, 1937; Louis Casamayor, La Justice, l'homme, et la liberté, Grenoble, 1964; Le Bras séculier: Justice et police, Paris, 1960; Henri chardon,

法中最重要的部分负责。巴黎上诉法院是其中最重要的上诉法院,不仅因为它坐落于首都,还因为有 7 个地区(比其他上诉法院多了两个地区)都在其司法管辖内(管辖权)。每一个上诉法院都被分划成若干永久固定的内庭来对各种类型的案件作出裁判。一个或多个的民事庭审理来自下级法院的民商事上诉;一个刑事庭审理来自负责轻罪案件法院的上诉;控告庭在它的司法管辖权内起着一个大陪审团的作用——提起控告;另外还有一个休庭期庭只在每年 8 月 15 日至 10 月 15 日的法庭休会期间才设立。每个庭都有自己的法官合议庭,由一位主审法官和不同数量的法官组成,会指定一位法官作为法官合议庭的副庭长。每个上诉法院的首席法官可以出席任何一个受他管辖的分庭,并且只要他出席,就由他主持法庭审理。

刑事司法方面,由上诉法院的法官组成重罪法院/巡回法院,审理所有发生在法院设立地的重罪案件,同时,每当此巡回审判组织到达其管辖范围内的另一个城镇,还要为下级法院的法官合议庭提供主审法官。3 名法官组成合议庭在巡回法院审理案子;其中主审法官由巴黎的司法部长任命,另外两名法官由每个管辖区的上诉法院的首席法官选拔。在巡回审判法庭上,法官们从不自己裁决案件,而是由陪审团作出判决,法官们只是宣布判决结果。但是,对于案子交由陪审团审议之前的程序,巡回法院的主审法官仍享有极大的权力。

每个司法管辖范围内的上诉法院中,法官职位都有与其相对应的检察官职位。总检察长负责审查监督所有的起诉。位列其后的是总检察长助理和副总检察长,前者参与个案调查,后者负责将案件递交给法院。法国独有的预审法官制度使检察官的职能得到了进一步增强,这使得传统英语对其作出的"调查法官"的翻译已经不足以表示其含义。预审法官处于刑事审判职位和检察职位之间的位置:他虽位处下级法院——初审法院,但又同上诉法院的检察官一起

L'Administration de la France: Les Fonctionnaires du gouvernement-Le Ministère de la justice, Paris, 1908; Robert Charvin, *Justice et politique: Évolution de leurs rapports*, Paris, 1968; Jean-Louis Costa, *Liberté, ordre publique, et justice en France*, 3 vols., *Paris*, 1967; *Maurice Garçon*, *Histoire de la justice sous la Troisième République*, 3 vols., *Paris*, 1957; *Georges Guilhermet*, *Souvenirs d'un avocat de la Belle Époque*, Paris, 1952; Otto Kirchheimer, *Political Justice: The Use of Legal Procedure for Political Ends*, Princeton, 1961; Marcel Rousselet, *Histoire de la magistrature française des origins à nos jours*, 2 vols., Paris, 1957。The Almanach National, SS. 1871 – 1914 是一部关于司法体制和司法组织的珍贵资料。

参与案件的调查;同时他还指挥重罪案件的侦查。(对于巴黎的上诉法院和其他法院的情况,请参见表1。)[1]

法国学士学位考试的诸多广为人知的故事中,有这样一个问题:“谁是法国最有权力的人?”应试者们无一例外地回答:“共和国的总统。”然而,正确答案却是预审法官。1897年12月8日颁布的法律将预审法官的权力进行了最低限度的限制,在此之前,其权力甚至超过检察官,在他的权力范围内能命令搜查、没收和拘留并且不用担心命令被撤销。他就如一人运作的大陪审团,对于还未进入控告庭的案子具有决定权,既能发起形式上的起诉,也能完全撤销控诉;在进行案件调查期间,他能随意决定将所有的调查细节向被控方进行保密,并且长时间拘留被指控人使其无法获得律师帮助。1897年以后,预审法官必须对那些在24小时之内采取逮捕措施的人进行起诉(法国的人身保护法),必须告知那些被逮捕的人拥有获得法律帮助的权利并为其辩护提供简要的调查情况;另外,除了嫌疑人的律师会见以外,只能单独监禁犯罪嫌疑人10天(可延长一次)。一个司法官在其职业生涯相对早期、晋升等级比较低的时期就拥有了上述这些特权。恩索(R. C. K. Ensor)曾经中肯地对上述状况潜在的坏处说道:“预审法官是那些一心想要给司法施加不合理影响的人最有可能也极其希望得到的职位,因为此职位级别并不算特别高,同时得到这个职位的人通常还都处于晋升对其来说特别重要的年龄。”[2]

上诉法院之下有359个初审法院。与上诉法院相同,最重要的初审法院是塞纳省法院,它位于巴黎,城市的所有市区和郊区都在其司法管辖范围内。这些初审法院中,一部分法官审理民事案件,民事庭的法官数量根据法院本身及其所处的位置各不相同;其他庭由3人法官合议庭构成,代表轻罪法院审理涉及轻罪的案件(那些未巡回到上诉法院所在地的重罪法院里的法官也来自于初审法院的这些庭)。每个庭的主审法官担任法院的副审判长,同时,又跟上诉法院相同,初审法院的首席法官也能随自己意愿出席任何一个庭并主持审判案

---

〔1〕 原文所涉图表数量众多、篇幅庞大,其所要展示的内容均在正文中以文字表达出来,故省略。下文亦作相同处理。——译者注

〔2〕 R. C. K. Ensor, *Courts and Judges in France, Germany, and England*, Oxford, Oxford University Press, 1933, p. 35.

件。庭内的其余成员被简单地称作法官。初审法院的检察官职位由一名地区检察官和他的助理组成。初审法院没有陪审团,对于分庭所作判决的上诉只能向上诉法院提起。

上诉法院之上是最高法院,即终审法院。虽然最高法院审理案件法律方面的问题,但是却不能被视为法国的“最高法院”,因为其没有撤销下级法院判决的权力。相反,它只有中断一个先前的判决,同时要求在原管辖区内进行重审的权力。最高法院由 3 个庭组成,分别负责民事案件、刑事案件的审理以及决定哪些案件需要接受重审。每个庭由 1 名主审法官和 15 名法官组成;法院的首席法官能够列席任何一个庭,并且只要出席就由其主持法庭审理。最高法院的检察官职位由总检察长和 6 名副总检察长组成,负责在法官面前做陈述。辩方、控方以及司法部长都有权将案件提交到最高法院,其中司法部长是以“法律利益”的名义要求澄清或解释,即使手头的案件还没有决议。最后,最高法院还起着纪律审裁委员会的作用,负责处理任何被指控渎职或失职的司法官。

二、法兰西第三共和国时期司法官的准入、等级以及司法部概况

法兰西第三共和国时期,进入司法官职业是相对容易的。1908 年以前,司法官职位要求都还是沿袭 19 世纪第三共和国之前的政权所作的要求。求职者必须具有法律学士学位、拥有 12 个月的书记员经验、通过一个毫无挑战性的能力测试、达到 25 周岁以及争取获得首席法官或法官向司法部的推荐,这种推荐通常还需要至少有一定的政治影响力。1908 年以后,所有求职者还需要通过另一个考试,不过其作为一个选拔考试,实际上也没有任何意义,因为几乎所有人都能通过。虽然法学院里一些有奖学金资助的学生也会去从事司法官职业,但大多数有干劲的年轻法官和检察官都来自中产阶级家庭,这样的家庭有能力负担他们接受良好的专业教育,也相应地在思想观念方面带给了他们偏见、保守和富家子弟思想这些令人沮丧的偏差。要想从事司法官职业,有额外的收入来源是必须的,因为最低等级的司法官起薪每年仅仅只有 2400 法郎,与此同时,人们也总是希望司法官们保持一种“正当清廉”的形象。朱尔斯 · 法夫累(Jules

Favre)曾在 1877 年写道:“只有富人才有资格做司法官”,他并没有夸大。[1]

法院的结构和司法官的等级都是由旺多姆广场的司法部长一手操控的。[2] 虽然司法部与旧制度下的大法官办公室一脉相承,但是更确切地说,是始于 1791 年的一系列法令确立了它的现代职能:记录法律(保持其确定性)、在管辖区公布和分发这些法律文件、与法院系统保持联系的同时引导法院系统的发展。大革命和拿破仑时期发生了大量的机构重组,因为雅各宾派和波拿巴主义者都意识到控制司法管理工作的重要性。拿破仑甚至还任命司法部长为大法官,只要国家需要,他就能够如最高法院或者任何上诉法院的首席法官一样行使权力。然而,这些变动都并没有从根本上改变 1791 年所确定的结构。相反,司法部不但巩固了自身的这些职能,而且还逐渐形成了一套官僚制度来满足这些职能。这场演变带来的最重要的变化是司法部两大分支的创建,一个是民事事务处,另一个是刑事事务处,每个部门都由司法部长精心挑选的主任来掌管,这些人在等级制度中也直接受部长的管辖。高度细分司法行政管理工作的决定对司法部的官僚结构产生了重大的影响,它意味着,同时审理民事案件和刑事案件的法官们均受到来自司法部完全不同的压力,这取决于给定案件的管辖权。此外,部内民事处和刑事处的领导者也逐渐将巨大的权力集中到自己手中。

尽管司法部在 1914 年以前经历了各种组织结构上的改变,但在 19 世纪的开端也还是呈现出了清晰的结构。起初,司法部长的办公室主任担任着部长、民刑事务处与会计、人事处之间的中介。1816 年至 1884 年,办公室主任凭借这个中介位置慢慢将权力集中在所谓的总秘书处,如此一来,足以削弱民刑事务处领导的权力。1884 年 12 月 30 日和 1885 年 2 月 1 日颁布的部级法令,首先

[1] Favre, De la réforme judiciaire, 48. 关于司法官的招聘以及供职,参见 Martial Bergeron, *La Réforme de la magistrature*, Paris, 1908; Jacques du Boishamon, *Du recrutement de la magistrature*, Paris, 1902; Maurice Dehesdin, *Étude sur le recrutement et l'avancement des magistrats*, Paris, 1908; G. Demartial, *La Nomination des magistrats*, Paris, 1907; Paul Lallemand, *Le Recrutement des juges*, Paris, 1936; F. L. Malepeyre, *La Magistrature en France et projets de réforme*, Paris, 1900; Georges Marchand, *Le Recrutement de la magistrature en France*, Paris, 1910; Jean Mendiondou, *Étude des projets de réforme de la magistrature sous la Troisième République*, Paris, 1912。

[2] 关于司法部的资料,参见 Pascal Durand-Barthez, *Histoire des structures du ministère de la justice*, 1789－1945, Paris, 1973; Louis Rouvier, *La Chancellerie et les sceaux de France*, 2d edn., Marseille, 1950。

遏制了总秘书处的权力,然后用主任办公室取代了其位置,在主任办公室中,各个处的领导与办公室主任具有相同的地位。1914 年以前,最后一个重要的变化要属 1909 年 6 月 9 日的时候,人事处和会计处合并成了人事管理处,另外主任办公室也改为主任处,后者仅仅是名称的改变。虽然人事处新增了管理账目的职责,但是人事处的领导与他的民事和刑事事务处的同事比起来,仍然是一个小人物。事实上,人事处一直被视为一个训练平台,旨在为那些要求更苛刻、独立性强以及政治敏感的部门培养接班人。

1914 年以前,位于旺多姆广场的司法官僚机构里,官员人数最多也就 100 人出头,他们每天只从早上 11 点工作到下午 5 点。按照升序排列,职位依次是书记员、办事员、主管、副主任以及作为部门领导人的主任。那些诸如主任和副主任的重要职位通常会选择司法官来任职,这是经过政治权衡后得出的最重要的选任方式,尽管每个司法官事实上也都具备相应的学历资格。1909 年 6 月 5 日之前,任职其他非领导职位并不需要通过竞争考试,而是必须满足一些教育的先决条件:书记员和办事员必须具有学士学位,同时还需要在法律办公室实习 12 个月;主管必须具有法律学士学位,且拥有办事员正式工作经验,这与司法官的职位要求相同。1909 年以后,为主管这一职位建立了面向所有人的竞争性考试制度,而若想成为主管,候选者必须在部里基层的职位任职两年或是成为一个司法官。因此,司法部在保护中层和高层人员免遭外部渗入的同时,也要屈从于竞争职位的要求。

法国的司法系统造成了律师职业和司法官职业之间巨大的差别。法学院的学生通常会在 25 岁决定他们职业生涯的方向,同时涉足律师职业和司法官职业的人是非常罕见的。在拥有大约 4500 个司法官的队伍中,团队精神和官僚统一保持着强大的生命力,这个状态在 1871 年至 1914 年没有发生很大变化。法官和检察官的职位都是属于司法官但又是受到保障的。同时,由于司法官职业显然属于国家官僚机构的一部分,司法官们自己和外界通常并不认为他们是独立的。法官们审理案子依靠法典的文本而不是创造一个判例。合议庭至少拥有 3 名法官来审理案子,然后作出没有公开反对意见的裁决。法官总是屈从于首席法官的意愿,因为只有首席法官拥有推荐法官晋升的资格。检察官独立的空间甚至更少,上诉法院的 26 个总检察长直接向司法部长负责。在每个司法管辖区内,检察官们向总检察长作报告,同时依靠总检察长的举荐进行晋升。检察官均不享有不被免职的权利,法官也是如此。如果一个检察官招致他的上级不满,可能还会被逐出司法官职业,不过更常见的情况是将其分配到最低级别的职位上,那时候其职业生涯也算是彻底完了。

许多司法官的内心都充斥着两种心理,即渴望晋升和害怕被免职。一般而言,司法官最初的职位是地方法院的检察官或法官,微薄的收入和穷乡僻壤的环境与司法官最初成长以及受教育的世界形成了鲜明的对比,他向往辉煌的职业生涯,把到巴黎上诉法院甚至最高法院任职作为职业生涯的顶点,但是这需要快速的晋升。他知道属于检察官职位的司法官晋升最快,随后在法官职位的升降调整也并不难,唯一需要注意的是,检察官的工作有被免职的风险,而法官却可以极大地避免这种风险。为了便于晋升,一个年轻的司法官必须同自己所在司法管辖区的首席法官和总检察长,至少要维持“恰如其分”的关系,因为出自这些上级领导之手的推荐信如果平庸或是无足轻重,将会难以实现晋升目的。久而久之,司法官变得对上级极度谄媚、对所谓“错误”观点极度厌恶,这也是整个法国司法界野心勃勃的特色。他只需要记得1883年8月30日颁布的法律规定:对于“法官不被免职”的规定,将暂停执行3个月。上述事实意味着,1810年和1852年的法律建立的“法官一旦固定,永不改变”的原则在任何时候都可能会被废止。1810年和1852年的法律建立了法官们终身任职的制度,除非出现精神失常的情况或是患上不能胜任职位的病,同时还规定了法官的法定退休年龄为70岁(最高法院的法官是75岁)。然而,1883年的法规却授权最高法院,对于任何一个对共和政府的组织和原则表现出敌意的司法官,其都有权将其驱逐出司法官行列,因此有614名法官立刻被免职了。[1]

---

〔1〕 这些观点参见 Albert Desjardins, *L'Inamovibilité de la magistrature dans l'ancienne France*, Paris, 1890; La Magistrature élue, Beauvais, 1882; Henri Fourchy, *Observations sur la suspension de l'inamovibilité de la magistrature*, Paris, 1882; Victor Jeanvrot, *La Magistrature*, *l'inamovibilité*, Paris, 1882; Eugène Ninard, *De l'inamovibilité de la magistrature et de l'indépendance du magistrate*, Bordeaux, 1884; B. Schadet, *Nos magistrats*, *ce qu'ils seront par le suffrage universel*, Paris, 1882; Encore nos magistrats, *ce qu'ils seront par le suffrage universel*, Paris, 1882; G. Vidal, *De l'inamovibilité de la magistrature française et de son institution en* 1849, Paris, 1850; Auguste Vidalin, *Des inconvénients et des avantages de l'inamovibilité dans la magistrature*, Colmar, 1848。

1883 年的法律为揭示政治忠诚度是促进或毁灭司法职业生涯的利器提供了最鲜明的证据。包括机会主义者和激进派在内的共和党人,自 1879 年以来就控制了国民议会、参议院和总统职位,这个时候都意图行动起来反对拒绝实施新的反圣职者法律的法官,尤其是那些拒绝实施 1880 年 3 月 29 日颁布的针对宗教集会的法律的法官。1880 年 4 月至 1883 年 8 月,检察官职位中的 226 名司法官宁愿辞职也不愿对耶稣会士和其他男性修会进行起诉,还有差不多同等数量的司法官在起诉上制造了各种延迟和障碍。同样,大约有 400 名法官也拒绝适用法律。上述这些拒不服从的行为,一些是因为司法官确实虔诚地信仰宗教,另一些则是因为司法官反对共和党的情绪,这些司法官包括那些在路易 · 拿破仑皇帝政权时期被任命的人以及希望回到波拿巴王朝或复辟保皇派的人。因此,共和党决定从司法官中清洗他们的敌人,这也是可以让人理解的。从 1879 年 2 月菲力浦 · 勒罗伊(Philippe Le Royer)作为司法部长开始,一直到 1882 年 12 月经过了西奥多 · 卡伯特(Thetodore Cazot)和古斯塔夫 · 亨伯特(Gustave Humbert)掌控的司法部,检察官被彻底地清洗——82%(2149 个检察官中的 1763 个)的检察官被解雇或替换。[1]

剩下法官职位的司法官需要清洗。共和党议员们总是将司法官清洗同法兰西第二帝国时期的镇压联系在一起,因此司法官同神职人员一样,也成了首当其冲的目标。作为一个中立的共和党参议员,朱尔 · 西蒙(Jules Simon)提及了这两者之间的一个不同点:对神职人员的仇恨是普遍的,而对司法官的仇恨却是个人的。[2] 每个代表和参议员都有他们自己选择的受害者。随着 1883 年法律相关规定的通过,有多达 614 名“不能被免职”的司法官任命可能会被撤销,这对于当时的司法部长菲力克斯 · 马丁 · 弗耶(Félix Martin-Feuillé)来说是一个很难的抉择期。来自立法者、行政者甚至激进主义媒体的谴责声,充斥了司法部,权宜之计就是将那些处于最显眼职位的人免职。因此,上诉法院的 26 名首席法官中有 10 名被免职,初审法院的 359 名首席法官有 117 名被免职。在昂热,所有法官都选择支持首席法官,带来的结果就是法院的 23 名司法官中的

〔1〕 Georges Picot, *La Magistrature et la démocratie, une épuration radicale*, Paris, 1884, esp. 6 – 52; Georges Legée, *La Loi du* 30 *août* 1883 *sur la magistrature*, Paris, 1904, esp. 83 – 102.

〔2〕 Fourchy, Observations sur la suspension, 7. 援引自 Simon。

21名遭到了更换。立法机构的君主主义者指责道,许多司法官被免职仅仅是践行了天主教徒的行为,却因此被怀疑是“神职人员”。1883年12月,马丁·弗耶在参议院受到质疑时,并没有否认这些指控。[1]

对于那些将晋升看得比信仰更重要的司法官来说,即使经过第三共和国的意识形态清洗斗争,也难以确保他们的忠诚度。机会主义共和党的部长可能会提拔机会主义共和党的司法官,而不太可能提拔激进主义分子,更不可能提拔君主主义者。因为第三共和国见证了太多发生在这些相互竞争的政治团体之间的权力变更,深深感觉忠诚的利益非常高。他们向检察官大量施压,使其不得不对敏感案子进行起诉,法官们也同样面临着良心危机。地位特别重要的政客大多数都是律师,很善于同法官打交道。同时,法官的晋升最终要依靠司法部长;而司法部长要想获得立法机构的支持,就要依靠上述那些有权势的政客。因此,这个关系中总是暗含了某种威胁,那就是一个司法官对一个有权势的政客律师的客户作出了不利的判决,可能会永久性地毁灭自己的晋升前途。

即使在最好的情况下,19世纪的司法官晋升也主要受恩惠和徇私主导,相比于官僚职位总是被认为具有专有性和继承性的旧制度,其本身已经是一种进步。但是这一进步并不大,因为直到1908年,几乎都没有任何法规规定法官晋升的程序。1871年,奥迪隆·巴罗直言不讳地说道:“那些能到最高法院任命的司法官,只能归功于政治影响力。”[2]31年之后的1902年,一个叫作雅克·伯沙蒙(Jacques du Boishamon)的年轻法学家陈述了一个在司法界普遍赞成的观点,他在自己的博士论文中写道:“司法部长们为了有权势的人所推荐的毫无能力的人或是有意奉承现任政府,从而牺牲了公众选拔出来的优秀人才,我们目睹了太多这样肆无忌惮的胡作非为。”[3]所有的抱怨中,首当其冲的就是指控司法部长在缺乏监管和责任的情况下提拔他选择的司法官,而这都是由于司法部长听从他主要助手的提议以及迫于代表和参议员们软磨硬泡的压力。

1871年至1914年,任职过司法部长的40个人中,有68%的人是政客律师,

---

〔1〕 Sénat,“Débats Parlementaires”, *Journal official*, December 26, 1883,欧内斯特·迪诺曼底(Ernest Denormandie)提到的问题。

〔2〕 Barrot, De l'organisation judiciaire en France, 105.

〔3〕 Boishamon, Du recrutement de la magistrature, 146.

而仅仅只有23%的人来自司法官。通常会认为,对于司法部的高层官员,稳定性和连续性更为重要,但是这并不完全符合事实。同一个时期内,有过13个不同的民事事务主任、26个不同的刑事事务主任和39个不同的人事主任。虽然这些高层官员对于人事档案的熟悉程度几乎总是远远胜于司法部长,但是资料却显示,对于所有重要职位的晋升决定都掌握在部长手中。备忘录文件还显示,尽管在提拔特定的人上,高层官员同司法部长并不总是能达成一致的决定,但是他们都会不顾所有的价值要求而去特殊照顾朋友和政治盟友的晋升。

1908年2月13日的部级法令发动了一系列改革,然而大部分只具有表面性,实际目的在于转移连续不断高涨的对于晋升程序的批判声。1908年以后,司法官的职业生涯发展慢了很多,但是任意的晋升空间几乎没有减少。仅仅是在最新的晋升计划表上被编入名单,也并不意味着一定会得到晋升。旺多姆广场上的司法部里,秘密上演的政治游戏继续保持不变。适当的恩惠就足以确保一个司法官拥有辉煌的职业生涯,这位幸运儿的每一次晋升都是大步向前越过好几个等级,然后进入到巴黎的政治中心法院。而如果没有恩惠,即使是最有才华的法官或检察官,也注定了充其量只能在司法等级中缓慢爬升,长期驻留在地方法院。

三、法兰西第三共和国时期司法官晋升的关键——以司法官人事档案材料为背景

"晋升游戏的玩耍方式"能够从司法官人事档案材料的细节中推断出来,这些档案现在保存在国家档案馆BB 6 Ⅱ系列。该档案是在1848年创建的,记录了司法官个人的发展情况,并保存了评估书、推荐信以及有关其是否适合提拔的备忘录。BB 6 Ⅱ系列分为三部分:1~434箱存有1842年至1883年退休法官的档案;435~611箱存有1883年至1900年退休法官的档案;612~1294箱存有1900年至1942年退休法官的档案。根据1979年的一项修订了关于使用档案材料的法律规定,前两个部分的档案都可以自由获取,第三部分中只有任意一个至少出生于查询请求之前125年的司法官的档案才可以自由获取。而要想使用第三部分中剩余的档案材料,则需要经过特别申请。

尽管许多共和党人都深信他们能够建立一种依靠相应的能力而不是恩惠或是徇私来获得晋升的司法官职位,就如奥迪隆·巴罗曾在 1871 年竭力主张过的那样,然而,人事档案材料却充分显示了他们并没有实现这个目标。从法兰西第三共和国诞生开始,尤其是 1879 年彻底掌控了国家重要机关以后,共和党人就不得不致力于保护自己的政权不受君主主义者和神权主义者的破坏。要知道,19 世纪七八十年代的时候,奥尔良派成员阿尔贝·德·布罗伊(Orleanist Albert de Broglie)的"五月十六日部"(Seize Mai Ministry)、保皇派、诸如纳斯·德·沙雷特男爵(Baron Athanase de Charette)之类的主张教权主义的极端主义者以及布朗热沙文主义者都不像过去那样极度缺乏政治可行性。理想不得不让位于严酷的现实。1879 年 2 月,亨利·艾伯特·多芬(Henri Albert Dauphin)被提拔到巴黎上诉法院成为首席检察官,在那领导了第一次反共和党清洗运动,他回忆道:"我之所以进入司法官职业是因为我是一个政客,那个时候,共和国政府的最高检察官职位也需要政客。"[1] 接下来的 10 年,共和党不断捍卫自己的政权,同时建立了一套"司法共和制度",教权主义者、君主主义者,甚至那些由于政治立场过于模糊以至于不能精确判断的人,都被彻底替换了。[2] 那些在"五月十六日危机"(Seize Mai Crisis)中被清洗的共和党人司法官,又重新恢复了职位。[3] 政治可靠性比具备相应的能力更为重要,谚语"为共和党制度做贡献"就是试金石,甚至可以包容酗酒的罪恶、邪淫的行为和道德的沦丧,而这些行为通常本应该受到严厉的纪律处分。[4] 虽然这些方式

---

〔1〕 Dauphin to Eugène Guerin, minister of justice, April 22, 1893, in Archives Nationales [hereafter, AN], BB 6 Ⅱ, 480, dossier of [hereafter, dos.] Henri Albert Dauphin.

〔2〕 例如,对"神职人员们"的处理,参见 AN, BB 6 Ⅱ, 447, dos. Xavier Marie Thomas de Cantorbury Béquet; AN, BB 6 Ⅱ, 452, dos. Marcel Victor Marie Bilard; AN, BB 6 Ⅱ, 531, dos. Pierre François Gustave de La Gorce。对君主主义者们的处理,参见 AN, BB 6 Ⅱ, 550, dos. Jean Léopold de Masfrand; AN, BB 6 Ⅱ, 600, dos. Placide Léopold Thoreau La Salle; AN, BB 6 Ⅱ, 447, dos. Jean Marie Louis Vincent Hubert Bécanne。对政治态度模棱两可的司法官的处理,参见 AN, BB 6 Ⅱ, 467, dos. Pierre Chaize; AN, BB 6 Ⅱ, 559, dos. François Émile Moreau; AN, BB 6 Ⅱ, 577, dos. Henri Auguste Xavier Prinet。

〔3〕 这种复职的例子,参见 AN, BB 6 Ⅱ, 500, dos. Jean Marie Léon Faynot; AN, BB 6 Ⅱ, dos. Joseph Paulin Guisol; AN, BB 6 Ⅱ, 549, dos, Georges Martin-Sarzeaud。

〔4〕 对于处理那些被指控醉酒、性骚扰以及破产的人的例子,参见 AN, BB 6 Ⅱ, 484, dos. Charles Alfred Delacour; AN, BB 6 Ⅱ, 449, dos. Jean Charles Paul Béra; AN, BB 6 Ⅱ, 549, dos. Jean Antoine Gustave Martin。

对于 1890 年前共和党政权的稳固是确有必要的,但是也成为司法官职业中越发根深蒂固的腐烂源头。不断的徇私枉法、政治恩庇、裙带利益以及放任道德败坏所带来的结果就是衰弱,这个结论能够从一份审查中得出,审查的内容是 11 位司法官的整个职业生涯,而这些司法官都出生于 1846 年至 1864 年,刚好是法兰西第三共和国的成形期。

1877 年,菲力克斯 · 皮埃尔 · 约瑟夫 · 莱顿(Félix Pierre Joseph Leydet)开始职业生涯的第一个职位是司法部的主管。1885 年,时隔 8 年后,他申请到法院工作,于是做了南斯地方法院的一名预审法官。[1] 此举开启了一连串晋升的序幕,13 年后他又重返巴黎:1887 年,成为德勒地方检察官;1893 年,成为蓬图瓦兹地方检察官;1898 年,成为塞纳省法院助理检察官。两年后,他在巴黎被任命为预审法官,这个职位优于那些地方上诉法院中专业性更强的职位。莱顿的晋升历程还不算惊人,毕竟到这个程度的时候他已经 45 岁了,但是他成就了一份成功的事业。他的上级对他的评价中,提到的不是任何出众的能力,能力从来都不是重点,而是他的政治忠诚度("忠诚的共和党员")和人脉关系(他的岳父是厄尔—卢瓦尔省的副省长)。[2]

作为巴黎的预审法官,莱顿的职责是调查那些提交到塞纳省重罪法院的案件。接下来的 7 年里,通过办理带有政治色彩的案件,他显示出了相当的灵活性。他能在准备起诉工作的同时就处理掉各种丑闻,海军部的加斯顿 · 汤姆森(Gaston Thomson)和于 1906 年至 1908 年担任司法部长的让 · 居约(Jean Guyot Dessaigne),作为重要的激进共和党政客,都对他的能力称赞道:"(他)避免了一些违法行为被泄露。"1907 年,巴黎上诉法院的首席检察官维克多 · 法布尔(Victor Fabre),荐举将莱顿提拔成为塞纳省法院的 17 位副审判长之一,这个职位通常被视为一个预备平台,通过这个平台就能晋升成为与法布尔平起平坐的法官。[3] 同一年,莱顿顺利得到了这个职位。然而 1908 年的时候,他因为想要保护情人而毁掉了自己的事业,这个情人就是臭名昭著的梅格 · 施泰因海尔

---

〔1〕 AN, BB 6 Ⅱ, 1025, dos. Félix Pierre Joseph Leydet.

〔2〕 AN, BB 6 Ⅱ, annual evaluation of 1887, 1892, 1896.

〔3〕 AN, BB 6 Ⅱ, Thomson notation, December 18, 1907; Guyot-Dessaigne notation, February 10, 1907; Fabre recommendation, August 12, 1907.

(Meg Steinheil),当时被指控谋杀她的丈夫和母亲的双重罪名。莱顿设法让自己办理这个案件,同时在那些公认的谜团上面设法忽略不利于施泰因海尔夫人的证据。但不幸的是,莱顿的徇私引起了报纸媒体的注意,他不能再参与调查。虽然媒体界一致呼吁开除莱顿,不过他的司法官朋友们,以法布尔为代表,说服了当时的司法部长阿里斯蒂德·布莱恩德(Aristide Briand),只是将莱顿降级为塞纳省法院的一名普通法官。[1]

虽然施泰因海尔夫人的谋杀罪不成立,但是"莱顿与梅格"的丑闻是不会消失的。1907年,莱顿几乎站上了职业顶峰,却在1909年跌到了谷底。他的身体状况变得很糟,两年后,他不得不给新的司法部长阿尔弗雷德·吉罗(Alfred Giraud)写了一封可怜的信,乞求获得任何晋升的机会。塞纳省法院的首席法官亨利·迪特(Henri Ditte)为他的请求写了一封推荐信,信中写道,莱顿"已经为自己的错误付出了严厉的代价"。然而,在司法部看来,莱顿是"一个能力平庸、几乎没有威望的司法官"。[2] 一年后,布赖恩德再次当选司法部部长,莱顿写信给他,重新提起自己的痛苦请求:"我想告诉您,对您的善意我寄予了多少希望,我将多么感恩于一次晋升机会带给我的幸福。"早在1909年的时候,为了保全他的面子,布赖恩德就准许了他的降级,而这一次出于同情,布赖恩德又将其提拔到塞纳省法院部门领导人的位置,不过这只是一次最小程度的晋升,甚至都算不上一个正式的晋升。第一次世界大战开启了司法官等级制度的许多新篇章,得到晋升的人很多,晋升的速度通常也很快,即使如此,莱顿也再没能晋升。[3] 他死于1919年,见证了司法系统是怎样快速提拔那些受到特殊照顾的人,同时又是怎样快速抛弃那些极度不慎重的人的整个过程。

莱顿的支持者维克多·阿尔宾·法布尔(Victor Fabre),其职业生涯也印证

---

〔1〕 AN,BB 6 Ⅱ,notations,October 15 and December17,1908; Fabre's comment on the issue,March 24,1909. 其他信息参见 AN,BB 18,2369,Affaire Steinheil. Leydet 和其他司法官在 Marguerite Steinheil,Thérèse Humbert 以及 Henriette Caillaux 这些案件中所起的作用,是我书一般长的手稿"Politics and the Courts in Belle Époque France"中的研究主题,其目前还在准备中。

〔2〕 AN,BB 6 Ⅱ,1025,dos. Leydet: clipping from L'Action française,September 29,1909; Leydet to Giraud,January 31,1911; Ditte to Giraud,February 15,1911; and annual evaluation of 1912.

〔3〕 AN,BB 6 Ⅱ,Leydet to Briand,October 7,1912; and notation of 1918.

了上述那个过程。[1] 尽管法布尔的性格以及判断力存在严重问题并越发明显,但在艾克斯的总检察长查尔斯 · 贝萨特(Charles Bessat)发表言论宣称他为"我们共和党青年中优秀的榜样之一"之后,1879 年,法布尔还是被任命为迪尼法院的助理检察官。在那之后,法布尔极速晋升:1880 年,成为艾克斯上诉法院的助理检察官;同一年晚些时候,成为德拉吉尼昂地区检察官;1882 年,成为艾克斯地区总检察长。被共和党牢牢操控的司法部还特别记录道:"法布尔来自一个绝对忠诚于政府的家庭。"这样的家庭背景比那些评价他"暴力、易怒、没有受过教育、充满野心、说话鲁莽、缺乏判断力、过度干涉案件"的报告重要得多。[2]

1892 年发生的一些事,让那些对法布尔的批判似乎变得有理有据。他的妻子起诉要求离婚,指责他引诱自己 22 岁的妹妹珍妮(Jeanne)。这位旧名叫玛丽亚 · 卡拉芒(Marie Callamand)的前法布尔夫人,到处控诉前夫的行为,以致 1893 年年初的时候,法布尔在艾克斯的威望就已经大大削弱了。随着夫妻两人对女儿监护权的激烈争夺,情况变得更为复杂。当时种种迹象表明,在这场争夺战中,法布尔的司法官同事会确保他胜诉,于是玛丽亚 · 卡拉芒扬言要杀了他的前夫。除此之外,珍妮当时待嫁的人是贝尔瓦尔(Belval)家族的某一成员,他的君主主义亲属们必定会利用法布尔这个共和党人勾引珍妮这件道德沦丧的事情大做文章。因此,当务之急是把法布尔调离原职位。然而,他本人却坚决表示,在任何一个"针对他的丑行"中,自己都是完全清白的,所以拒绝调职,当然除非这是一次晋升。1893 年 6 月,法布尔最终被任命为塞纳省法院的法官。[3]

法布尔的政治盟友们都相信,丑闻这种微不足道的事不会长时间阻碍他的晋升。果然,1898 年,法布尔就被提拔成为法院的主审法官,随后 1901 年,被任命为巴黎上诉法院的副总检察长。当时法布尔写信给司法部长厄内斯特 · 莫

---

〔1〕 AN, BB 6 Ⅱ, 850, dos. Victor Albin Fabre.

〔2〕 AN, BB 6 Ⅱ, 850, dos. Victor Albin Fabre, Bessat notation, March 17, 1879; annual evaluation of 1892; and notation, August 17, 1886.

〔3〕 AN, BB 6 Ⅱ, 850, dos. Victor Albin Fabre, notations, letters, and reports on Fabre's marital problems, August 1892 to April 1893. 法布尔在初级法院初审后输掉了监护权。

尼(Ernest Monis),信中说道:"多亏了您,我终于能够全身心投入到保护共和制度的斗争中去。我一直认为,一个司法官在谨记自己主持正义的职责之外,是能够做到这些的。"[1]因为上述表态,在司法部最高级别的职位中,法布尔成功获得一席之位,即1904年成为民事事务处主任。同年,他又到了塞纳省法院,坐上了具有强权的地区检察官的位置。两年后,他成为巴黎上诉法院的总检察长,至此威望到达了顶峰。

因为罗谢特(Rochette)事件,法布尔辉煌的职业生涯遭到了毁灭。因为法布尔的晋升要归功于总理厄内斯特·莫尼,1911年,在针对金融家亨利·罗谢特(Henri Rochette)的上诉听证会中,因为某些不正当的复杂原因,这位总理和财政部长约瑟夫·卡约(Joseph Caillaux)要求法布尔破例安排一个延期。法布尔屈从于他们的压力,但也对这种特殊保护"共和主义制度"的做法感到沮丧。他准备了一封信,发表了自己对这件事情的看法,然后把信笺交到了司法部长布赖恩德的手中,其是卡约的敌对者。不过布赖恩德并没有将信笺备案,而是把它交给了自己的继任者路易·巴尔杜(Louis Barthou),后者对财政部长也没好感。1914年,《费加罗报》制造了针对卡约的恶意宣传活动,法布尔的信笺被多次提及。在卡约的妻子亨利埃塔·卡约(Henriette Caillaux)枪杀了《费加罗报》的主编之后,表面上是为了阻止真相被揭露,巴尔杜在下议院当众朗读了这份文件。随之而来的丑闻,致使法布尔被迫辞职并降级到艾克斯上诉法院任首席法官。时任司法部长的让·巴蒂斯·比安弗尼马丁(Jean Baptiste Bienvenu-Martin),愤怒地谴责法布尔丢尽了司法官的脸,但是对于法布尔本人在罗谢特事件中的过错,究竟是迫于政治压力还是他自己坦言的处理方式,并没有明确的态度。[2] 玛丽·杰拉丁(Marie Cjérardin)夫人是一位杰出法学家的遗孀,她写给比安弗尼马丁的信没有遭遇模棱两可、含糊其词的待遇:

大多数时候,法国所遭受的不幸,都要追根溯源于司法的失败。法布尔在自己的职位上并没有发挥出必要的坚定性,而那是任何一个像他一样身居高位

[1] AN,BB 6 Ⅱ,850,dos. Victor Albin Fabre,Fabre to Monis,March 16,1901.

[2] AN,BB 6 Ⅱ,notations of March and April 1914.

的司法官都必须拥有的品质。他没有理解自己所担当的角色以及履行的职责,屈服于本该没有任何联系的政治影响力。因此,他严重失职是不容置疑的,被迫辞职几乎也是肯定的。[1]

法布尔本人并没有清楚地意识到自己的过错,为了将来还能晋升到最高法院,他甚至去聘请了一位律师向司法部求情。然而,当得知比安弗尼马丁不会考虑他的请求时,他陷入了彻底的绝望。[2] 他没能再次提出申请,因为他的健康状况在1915年突然恶化,第二年就去世了。

1914年,卡约事件也毁灭了另一位司法官让·马里·路易斯·阿尔巴内尔(Jean Marie Louis Albanel)的职业生涯。[3] 1880年,阿尔巴内尔最初在桑斯地方法院做一名助理检察官,此后接连被任命为库伦的检察官职位(1882年)、巴黎的检察官职位(1886年)以及波城的检察官职位(1888年)。1896年,随着他做了塞纳省法院的法官,于是长期留在了巴黎。同一年,阿尔巴内尔被提拔为预审法官,在此职位连续任命到1910年。通常,他被指派调查的案件都不属于最敏感的案件,但是在这些案件中,都有司法部想要掩藏的小丑闻。实际上,他就是一个政治仆从。阿尔巴内尔的领导们并不是不重视他,只是受到告诫,不要将更棘手的案件交付于他,因为他的工作被评价为"缺乏能力"以及"草率"。[4] 除此之外,1907年,在关于儿媳嫁妆的诉讼中,他陷入了法律困境,但从阿尔巴内尔的档案材料可以充分看出,在这件事上他几乎没有任何顾忌,尽了一切可能去拖延诉讼的听审。[5]

尽管档案有上述记载,阿尔巴内尔还是在1910年得到了晋升,成为巴黎上诉法院的法官,而这很大程度上得益于两个有权势的朋友让·克伦普(Jean Cruppi)和约瑟夫·卡约的政治影响力。对他工作的评价语气立即发生了诡异

---

[1] AN, BB 6 Ⅱ, Cjérardin to Bienvenu-Martin, March 27, 1914. 杰拉丁夫人的信是一份看起来怪异的文件,包含在法布尔的档案中。

[2] AN, BB 6 Ⅱ, notation of December 27, 1914. 在试图进入最高法院失败后,法布尔聘请了保林·西沃(Paulin Silvau)。

[3] AN, BB 6 Ⅱ, 616, dos. Jean Marie Louis Albanel.

[4] AN, BB 6 Ⅱ, 616, notation of 1903.

[5] AN, BB 6 Ⅱ, 616, documents dated 1899 to 1909.

的变化。在他的职业生涯中,第一次得到了过度的称赞,尽管他都还没任职几天法官。1914年,司法部决定让他主审亨利埃塔·卡约谋杀《费加罗报》主编卡斯顿·卡尔梅特(Gaston Calmette)一案。此决定明显具有偏袒性:首先,主审法官阿尔巴内尔的晋升要归功于卡约;其次,作出决定的比安弗尼马丁同卡约任职于同一个内阁。庭审中,卡约夫人的辩护即将站不住脚的时刻,阿尔巴内尔宣布了休庭,这并不合乎程序。法官之一的路易斯·达盖尔(Louis Dagoury),愤怒地朝阿尔巴内尔说:“你让我们丢尽了脸,你这个混蛋!”《费加罗报》报道了上述言论,阿尔巴内尔要求达盖尔正式撤回这篇报道,但后者拒绝了。一场争斗难以避免,到处都充斥了对法官行为的批判声,并变得愈加尖锐。[1]

阿尔巴内尔再也没能晋升。1921年退休的时候,他请求任命荣誉法官。但那并不是一个合适的时机,卡约因为在第一次世界大战期间与德国间谍有不正当的关系而被判罪,而且保守的民族集团正掌握国家大权。因此,司法部的反应很消极:

> 如果回首,我们就会发现,阿尔巴内尔先生的名字是与卡约夫人的审判联系在一起的,1914年7月,他在塞纳省重罪法院审理了此案。这个审判让人回想起由它引发的一些事件。曾有人认为,阿尔巴内尔先生在那件事中没能胜任职责,要知道,这已经是对他最好的评价了。很可悲的是,他是通过这样一个失职行为引起了大家的注意。此外,他是一个能力平庸的司法官,司法界几乎不予关注。[2]

虽然评价如此,1925年,当卡约的朋友们在法国的左翼联盟再度执政时,阿尔巴内尔还是成为荣誉法官。

1914年3月,杰拉丁夫人写给司法部长比安弗尼马丁的信中,批判了司法官从检察官职位到法官职位的流动:在检察官职位养成的行为习惯以及遇到的

---

〔1〕 AN, BB 6 Ⅱ, annual evaluation of 1912; and documents dated July 25－31, 1914.

〔2〕 AN, BB 6 Ⅱ, memorandum of April 12, 1921.

压力,难以支撑法官职位所必需的冷静思考和客观性。她说的是阿尔巴内尔,但是举的具体例子却是费迪南德 · 莫尼耶(Ferdinand Monier)。1898 年,莫尼耶成为司法部的办公室主任,在这之前,他先后在地方法院和上诉法院的检察官职位呆了 15 年。[1] 他的妻子十分富有,同时他还拥有一份推荐信,里面这样说道:"莫尼耶先生的政治忠诚度是不容置疑的,他由衷地热爱着共和制度",这些都是对他极为有利的,而他"精神上不太成熟"的记录却被忽略了。1898 年,莫尼耶从司法部调到塞纳省法院任主审法官;1903 年,到巴黎上诉法院任法官。1906 年,让 · 萨里安(Jean Sarrien)让他去领导司法部的民事事务处,接下来的一年里,因为工作完成得出色,莫尼耶做了塞纳省法院的地区检察官。[2] 杰拉丁夫人批判的正是 1911 年莫尼耶晋升成为塞纳省法院的首席法官的经历。

1911 年后,最高法院之下莫尼耶所能获得晋升的职位很少,但他还是在 1916 年争取到了一个,即巴黎上诉法院的首席法官。实际上,这个职位比最高法院里许多等级的职位都拥有更高的威望,至此,莫尼耶的职业生涯达到了大部分人难以企及的高度。1901 年,他被任命为荣誉军团的骑士,随后分别在 1907 年被提拔为军官、1913 年被提拔为司令官。因此,1917 年 11 月,当最高法院作为最高司法委员会下令对莫尼耶免职,无疑是对司法荣誉的沉重一击:莫尼耶被揭露在 1916 年 1 月通过非法手段变更了查尔斯 · 亨伯特(Charles Humbert)与保罗 · 伯洛帕夏(Paul Bolo-Pasha)之间的合同,而这两人都是公开的德国支持者,其中伯洛帕夏作为叛徒被枪毙了。[3]

对于莱顿、法布尔、阿尔巴内尔和莫尼耶,整个司法部和司法界都表现得如一个自命正直的伪君子。一个司法官即使有再多缺点和失检的行为,只要隐藏得好,不被绝大多数人发现,那么就有可能晋升和成功,尤其是这个司法官还拥有正确的政治信念和可靠的朋友的话,更不成问题。事实上,在敏感事件中,一种合理的非道德性的倾向是对政府有益的,当然非道德性并不是道德败坏。但是,如果一个司法官玷污了"司法"的荣誉,他基本也不用指望司法部或者同事

---

[1] AN, BB 6 Ⅱ, 1083, dos. Ferdinand Monier.

[2] AN, BB 6 Ⅱ, notations of 1884, 1887, 1896.

[3] AN, BB 6 Ⅱ, documents from the Conseil supérieure à la magistrature, November 6 – 9, 1917.

们给予注重了。但是难堪和耻辱之间的界限并不是特别清晰,不同司法官的相同行为也并不会每次都以相同的方式评判。弗朗索瓦·卡斯顿·博内(François Gaston Bonnet)和保罗·阿道夫·特沃德列略(Paul Adolphe Trouard-Riolle)的职业生涯提供了一些有关的证据。

博内生于一个富有的共和党商业家庭,1880 年,他成为南锡上诉法院的总检察长助理,职业生涯的第一个职位就是极为引人注目的。[1] 不到半年,他就升任雷恩的副总检察长。虽然如此快速的晋升是极为少见的,但是鉴于博内的密友勒奈·瓦尔德克卢梭(René Waldeck-Rousseau)是莱昂·甘比塔(Léon Gambetta)的门生,也就不足为奇了。即便如此,博内仍然为没能得到更高级别的职位而感到恼火。4 年后,他在雷恩公然抨击上诉法院的领导“阻碍”了自己的职业生涯,因此轰动了司法部。雷恩的总检察长只能回应说自己一直不断地在为博内游说,并把他当作朋友。这样的施压是有效的,博内在 1885 年升任里永上诉法院的内庭主审法官。然而里永毕竟不是巴黎,两年后,博内再一次公开抗议自己受到的待遇。同事们都对他的这些阴谋诡计和无事生非表示不满,抱怨他缺乏“必要的基层经验”。[2] 1892 年 4 月,博内的霸道行为引发了一个严重的事故,他没有听审所有的论辩就当庭宣布了案子的判决。里永的律师界纷纷呼吁对博内进行免职,不幸的是,当地媒体的受众人数并不乐观。[3] 尽管有这些污点,博内仍然幸免于难,很大程度得益于他的各种政治关系,他最终在 1894 年的时候到了巴黎,被任命为巴黎上诉法院的法官。1903 年,博内升任内庭主审法官;1913 年,他被任命为最高法院的法官。

特沃德列略的职业生涯中,同样也出现了品德问题、权势之人的庇护这样一些事情。1882 年,他在朗布依埃做一名助理检察官,这样的职业开端再正常不过了,紧接着分别在埃夫勒和勒阿弗尔任相同的职位。[4] 1886 年,他成为塞纳省法院的一名助理检察官。这个时候,他娶了玛丽亚·勒贝(Marie Lebey)为妻,岳父是哈瓦斯通讯社的主任,他可以依靠妻子每年 40,000 法郎的嫁妆收入

---

〔1〕 AN, BB 6 Ⅱ, 690, dos. François Gaston Bonnet.

〔2〕 AN, BB 6 Ⅱ, notation of April 15, 1892; and reports of June 1884 and 1887.

〔3〕 AN, BB 6 Ⅱ, reports of April-December 1892.

〔4〕 AN, BB 6 Ⅱ, 1256, dos. Paul Adolphe Trouard-Riolle.

维持生计。而所有的政治朋友中,他主要依靠丹尼尔 · 威尔逊(Daniel Wilson),此人是共和国总统朱尔斯 · 格雷维(Jules Grévy)的女婿。[1] 然而,1890 年 8 月,在不为人知的情况下,特沃德列略去瑞士参加了一个决斗,这几乎摧毁了他辉煌的职业前景。巴黎的新闻媒体报道了这件事之后,特沃德列略辞去了自己的职务,不过这只是为了形式需要。因为他已经同巴黎上诉法院的总检察长商定好,3 个月之后的 11 月,重新在塞纳省法院任命自己的职位。[2]

特沃德列略在塞纳省法院工作了 5 年多后才晋升到巴黎上诉法院成为总检察长助理。直到那时,他都受益于共和国总统菲力克斯菲利 · 福尔(Félix Faure)的庇护,有些谣传说是因为福尔觊觎他的妻子。之前的那场决斗也被解释为发生了"一些毫无关联的原因"。[3] 1901 年,在另一次晋升中,特沃德列略成为了副总检察长,1909 年,他就是在这个职位起诉了施泰因海尔夫人。与梅格 · 施泰因海尔从被告角度的完美表现相比,任何一个检察官的辩论都会显得苍白无力,不过特沃德列略的辩论表现却显得尤其弱。即使是总热衷于保护自己检察官下属的维克多 · 法布尔,也只能提供这样虚伪的评价:"这场审判的辩论总结历时 6 小时,不管人们如何评论它,也无论其中确实存在一些细节上的不足,它还是优秀并且具有说服力的。毕竟这个案子属于最困难的案子之一,也没有得到充分的准备(引用自莱顿的工作)。"[4] 1917 年,特沃德列略的最后一次晋升是成为了最高法院的副检察长。他富裕的妻子在 5 年前就去世了,于是他通过第二次婚姻来庆祝自己的晋升。尽管他被任命于最高法院的职位,但是他的司法官同事们从未认可他是一个有良心的司法官。

在司法界,想要晋升到高职位,最不费力、最快速的方式就是通过裙带关系。马努尔 · 阿基里斯 · 鲍德温(Manuel Achille Baudouin)曾经就受益于他的父亲路易斯 · 鲍德温(Louis Baudouin)和岳父特伦顿 · 德 · 特弗瑞(Tiengon de Treferion),前者晋升到了最高法院的总检察长一职,而后者是雷恩上诉法院的法官。鲍德温的双方家庭都坐拥巨大的资源。1869 年,年轻的鲍德温在沙托兰

[1] AN, BB 6 Ⅱ, notations of 1884, 1885.

[2] AN, BB 6 Ⅱ, documents of August-November 1890.

[3] AN, BB 6 Ⅱ, notations of November 14, 1895 and 1896.

[4] AN, BB 6 Ⅱ, memorandum of December 1909.

成为一名助理检察官开始了自己的职业生涯,在那儿度过了一年,1871 年到了坎佩尔后,他开始快速晋升。1872 年,他成为雷恩的一名总检察长助理;1880 年,成为里昂上诉法院的一名副总检察长;1885 年,成为利摩日的一名总检察长;1890 年,成为最高法院的副总检察长,这一年他 46 岁。3 年后,他做了塞纳省法院的首席法官。1901 年,他追随父亲的步伐成为最高法院的总检察长。1911 年,最终被任命为最高法院的首席法官。[1] 坐拥这样的职业生涯,他毫不费力就成为了第三共和国前半阶段最成功的司法官员。

第三共和国后半阶段,一个名叫西奥多·保罗·勒斯克尔(Theodore Paul Lescouvé)的人拥有与鲍德温极其相似的的经历,他的父亲阿尔弗雷德·勒斯克尔(Alfred Lescouvé)是最高法院的一名法官,并且他自己还投靠于路易·巴尔杜(Louis Barthou)。于 1894 年在图尔市和里昂地区被任命为助理检察官后,勒斯克尔已经被人们誉为"未来的司法官",那会他刚刚参加工作 4 年。1896 年,他通过与富商布兰奇·莫朗(Blanche Morand)的利益婚姻以及明确效忠于共和党政治事业的忠心巩固了晋升机遇。1896 年,司法部将勒斯克尔永久调任至巴黎,担任副部长。从这个时候开始直到 1909 年,勒斯克尔先后在塞纳省法院以及巴黎上诉法院的检察官职位任职,1909 年再次回到司法部后,他首先直接进了人事部,一年之后去了刑事事务部。他获得的回报是:1911 年,在塞纳省法院被任命为地区检察官;1917 年,在巴黎上诉法院被任命为总检察长;1920 年,在最高法院被任命为总检察长;1928 年,最终成为最高法院的首席法官,到达了职业生涯的顶峰。[2]

依靠裙带利益晋升但不是那么成功的例子可以参考伯纳德·西欧多尔·梅代里克·德·瓦列斯(Bernard Théodore Médéric de Valles)的职业生涯。他本来只是一个平庸的司法官,娶了伊冯·德·梅塞(Yvonne de Marcère)之后职业生涯变得大相径庭,因为岳父埃米尔·德·梅塞(Émile de Marcère)是一个参议员并且同甘比塔以及共和国的其他创建人都保持着紧密的关系。[3] 此后 1890 年,他迅速从地区法院的检察官职位调至默伦被任命为地区检察官。1894

---

[1] AN, BB 6 Ⅱ, 650, dos. Manuel Achille Baudouin.

[2] AN, BB 6 Ⅱ, 1020, dos. Théodore Paul Lescouvé.

[3] AN, BB 6 Ⅱ, 1267, dos. Bernard Théodore Médéric de Valles.

年,他到了巴黎成为一名助理检察官,1897 年,晋升成为塞纳省法院的预审法官。1894 年,他与妻子分居,随后在 1898 年离婚。[1] 然而,瓦列斯的晋升并没有因此耽搁太久,因为他娶了第二任妻子珍妮·艾丽西亚(Jeanne Alinhac),其父是司法部的部门主任。1903 年,结婚一年之后,瓦列斯升任巴黎上诉法院的法官。1909 年,就是在此职位,他参与了施泰因海尔夫人的审判,并且他还是参与此案之后仍能保持完整威望的为数不多的司法官之一。[2] 1916 年,他被任命为上诉法院的主审法官。

拥有政治可靠度和各种政治或社会关系都不是晋升的唯一手段。一些相当有才能的司法官仅仅靠自己的个人价值也能够晋升。这些人中最卓越的应该是路易·马里·约瑟夫·勃朗德尔(Louis Marie Joseph Blondel)。[3] 他的父亲只是布洛瓦的一个诉讼代理人,岳父也不过是一个拥有中等财富的房东。但是勃朗德尔天生拥有一副悦耳的嗓音以及坚持到底的决心,前者使得他的口头演讲令人难以忘怀,而后者进一步令他的上级留下了深深的印象。[4] 1875 年至 1882 年,他先后任职 4 个地方省法院的检察官,实现晋升。1882 年,他因为任职杜埃的总检察长助理从而到达了上诉法院的高度。5 年后,他被任命为杜埃的副总检察长。在杜埃经过 14 年的磨练(直到 1896 年),勃朗德尔调任至巴黎,并且一到巴黎就得到了快速晋升。1901 年,他晋升成为上诉法院的副总检察长,1907 年,成为最高法院的副总检察长。他职业生涯最终的职位停留在了最高法院的主审法官。

另一个通过才能成就自己事业的人要属路易埃米尔·亨利·布卡尔(Louis Emile Henri Boucard)。[5] 勃朗德尔的才能体现于他在法庭上对案件发表陈述,与他不同,布卡尔擅长于在检察机关对指控进行调查。因为拥有这样的能力,1894 年,布卡尔早早地就获得了巴黎预审法官的任命。接下来的 23 年中,他被普遍誉为队伍中最聪慧的司法官。1906 年和 1912 年,他的上级都着重

〔1〕 AN,BB 6 Ⅱ,notations of 1884,1887,1896.

〔2〕 AN,BB 6 Ⅱ,notations of 1903,1912.

〔3〕 AN,BB 6 Ⅱ,679,dos. Louis Marie Joseph Blondel.

〔4〕 AN,BB 6 Ⅱ,notations of 1881,1887,1892.

〔5〕 AN,BB 6 Ⅰ,695,dos. Louis Émile Henri Boucard.

提到了一点:与巴黎其他任何预审法官相比,布卡尔的调查都要严谨周密得多。1910年6月,塞纳省法院的首席法官写了一份长长的备忘录称赞布卡尔是这样一个司法官:“可以将最重要和最棘手的任务委任给他,确信他能够不损尊严地完成这些任务,同时还能确保对陷入危机中的特殊利益给予保障。”[1]1914年,在社会舆论最白热化的时候,布卡尔借此机会证明了自己的能力。他被指定负责亨利埃塔·卡约谋杀卡斯顿·卡尔梅特一案的调查。所有的人甚至是卡尔梅特所在的《费加罗报》的职员都一致同意,即使在这个背负着最沉重的政治意义的案件中,布卡尔也表现出了绝对的公正和细心缜密。[2] 1917年,他得到的相应回报是晋升成为巴黎上诉法院的法官。1925年,他成为法院的主审法官,1929年,他退休前的一年,又调任到了最高法院任命法官。

四、法兰西第三共和国时期司法官职业整体的晋升模式

上述这些人事档案所体现的材料例证多大程度反映出了司法官职业整体的晋升模式呢? 这段时期里,法院的登记簿内容包含上诉法院和最高法院的法官以及检察官任命的记录,列出了每个晋升司法官的名字、之前的职位、现在的新职位、晋升任命以及宣誓就职的日期、离开法院的原因和接任者的名字。[3]从包含在这些登记簿中关于最高法院和巴黎上诉法院晋升的信息图表里,一副更加清晰的司法官职业晋升模式图呈现了出来(见表2A和表2B)[4]。

1871年至1914年,有519个司法官一次或多次更换了他们的职位,因此发生了1255次某种形式的变动。由于410个司法官相继退休、在任期内去世或被免职,这些职位变动中有845次代表了向两个法国最重要法院的晋升或者迈向晋升的一步。表2A以表格的形式展现了司法官都是从哪些职位被提拔的信

---

〔1〕 AN,BB 6 Ⅱ,notations of 1896,1906,1912. 这份报告特别提到了布卡巧妙地处理关于民族独立主义代表人 Gabriel Syveton 6年前死亡的争议,参见 memorandum from Ditte,June 1910。

〔2〕 AN,BB 6 Ⅱ,reports of April 1914. Also see Le Figaro,March-May 1914.

〔3〕 Personnel de la magistrature,1864 – 1899,Cour de cassation et cours d'appel,AN,BB 6 524^4 ,以及 Personnel de la magistrature,1899 – 1914,Cour de cassation et cours d'appel,AN,BB 6 524^5 。

〔4〕 本部分所涉表格统一附在本文最后。

息。例如,一个被提拔到巴黎上诉法院总检察长助理的司法官,几乎毫无例外会有进一步的晋升:在 121 个总检察长助理等级的司法官中,有 108 个司法官都被提拔到了更高级别的职位。而有一些职位明显是进一步晋升的跳板:塞纳省法院至少有 83 名助理检察官后来晋升到了两个最高级别的法院;更确切地说,这 83 名司法官下一步晋升的职位都是巴黎上诉法院的总检察长助理。表 2B 展现了同样的信息,高等法院的职位都是由哪些司法官来担任的。例如,4 个被提拔到巴黎上诉法院首席法官职位的司法官中,有两个刚刚成为最高法院的法官,剩下的两个,一个刚刚成为巴黎上诉法院的总检察长,另一个也刚刚成为巴黎上诉法院的法官。

表 2A〔1〕显示的信息还证明了一个观点,那就是:尽管司法官职业的大部分晋升活动似乎一直与以往的经验和成就同步,但是这种可靠的晋升模式还是阻碍了那些因为处于特别敏感职位上有权享受特殊照顾的人。巴黎上诉法院中任职的司法官的晋升模式,提供了支持这个观点前半部分强有力的证据。在总检察长助理的晋升中,有 41%(105 名中有 43 名)的人被调动到了副总检察长这个职位,单纯扩大了他们的职责。同样地,有 58%(73 名中有 42 名)的法官被提拔到了主审法官。巴黎上诉法院的副总检察长中有 30%(47 名中有 14 名)的人晋升到最高法院继续行使其职能。巴黎上诉法院得到晋升的主审法官中,86%(28 名中有 24 名)的人被提拔到了最高法院的法官职位。这些例子的重要性在于,无论是在法官职位还是检察官职位,司法官们都能得到适当的晋升并且保持这种晋升,在这些职位上他们也收获了相应的资历和成绩。

与此同时,表 2A 中的例子证明了前述观点的后半部分。在司法部内任高职的司法官,不论任期多么短暂,总是能在走出旺多姆广场时获得崇高的威望。1871 年至 1914 年,39 个人事处主任中的 9 个(占 23%)被直接提拔到巴黎上诉法院担任法官;39 个民事和刑事事务处主任中的 18 个(占 46%)被直接提拔到更高的职位——最高法院的法官。几乎所有进入到司法部的人都比别人晋升得更快。更重要的是,那些在关键的检察官职位上表现尚可的司法官,通常得

---

〔1〕 Personnel de la magistrature, 1864 – 1899, Cour de cassation et cours d'appel, AN, BB 6 524^4, 以及 Personnel de la magistrature, 1899 – 1914, Cour de cassation et cours d'appel, AN, BB 6 524^5。

到的回报就是晋升到重要的法官职位上,在这些职位上他们的客观性通常面临质疑。在巴黎上诉法院中,有44%的总检察长助理(105名中有46名)晋升成为法官;23%的副总检察长(47名中有11名)晋升成为主审法官。总检察长得到的回报更加丰厚:有13%(8名中有1名)的人晋升成为法院的首席法官,63%(8名中有5名)的人晋升到了最高法院(4名成为主审法官,1名成为法官)。有一个不太具有说服力但是比较引人注目的事实是,有38名塞纳省法院的预审法官被直接提拔到了巴黎上诉法院的法官职位。

表2B中的数据证实了基于表2A作出的推测。之前的身份和新的职位之间一种清晰明确的关系被时不时地呈现。巴黎检察官职位的总检察长助理中,70%的人(118名中有83名)曾在塞纳省法院任相同的职位。同样,成为巴黎上诉法院副总检察长的司法官中,77%(56名中有43名)的人有过作为总检察长助理的经历。而对于法官职位,一些具体的例子也证明了上述规律是适用的:巴黎上诉法院和最高法院的主审法官中,分别有74%(57名主审法官中有42名)和60%(25名主审法官中有15名)的人在此前做过法官。此外,表2B还提供了那些进入司法部的司法官任命部门领导职位并在之后得到重要提拔的数据。大多数的人事处主任在司法部工作一段时间后便能由巴黎上诉法院的总检察长助理调任法官。对于司法部里更加重要的民刑事务部的主任职位,晋升幅度就更加大了——能够从巴黎上诉法院的法官晋升成为最高法院的法官。整个时期里,只有一位司法官没有经过中间过渡就完成了这样的晋升(占总司法官人数0.3%的人曾经做过巴黎上诉法院的法官,这些人中又有0.6%的人后来成为了最高法院的法官)。但是大部分的人还是在司法部经过短暂的任期,接触了敏感的案件和文件以及经受住了强大的政治影响力的考验,最终完成例行的晋升。

表3中,1871年至1914年被分为5个时期,基本对应了与第三共和国前半时期的政治色彩,而这个划分能够从表2B中根据政治"意识形态"直接晋升到两个最高法院——巴黎上诉法院和最高法院的人的数据资料中看出。1871年至1878年,"道德秩序"(Moral Order)的势力控制了政府,君主主义情绪占据上风(当然,"五月十六日部"在1877年失败以后就弱了很多);1879年至1894年,由比较温和但显然是共和党自由派的机会主义共和党掌权;1895年至1898

年,由逐渐放松了敌意并倾向于温和的天主教君主主义者和保守的共和党人共同执政;1899 年至 1911 年,共和党激进派当道;1912 年至 1914 年,雷蒙 · 普恩加莱(Poincarisme)和回归温和派的共和党人共同掌控了第一次世界大战前的最后 3 年。表 3 的数据以列表的形式揭示了,每年各个时期晋升到巴黎上诉法院和最高法院的平均人数(最低的时候是 16 人,最高的时候是 19 人,平均值为 17.7 人),这些数据还可以分解出来验证,是否不同的晋升政策都带有这 5 个时期的特征。

表 4 依据表 3 的政治时期整合了到巴黎上诉法院和最高法院的可疑晋升的相关信息,其中包括从检察官职位到法官职位的调动(类型 1)、预审法官不寻常的晋升(类型 2),以及司法部的部门领导不寻常的晋升(类型 3)。因为上述 5 个时期从 3 年至 16 年长短不一,要想从这些统计数据中得出任何绝对正确的结论都是不可能的事。尽管如此,有一个极其显而易见的事实就是,虽然机会主义者(1879 ~ 1894 年)和激进分子(1899 ~ 1911 年)统治的年份里产生了数量最多的司法官晋升,但是到两个最高法院的可疑晋升的年平均数值同晋升到这两个法院总数的平均值,在 5 个时期却都是极其相似的。机会主义共和党过去指责道,司法系统在由他们掌控之前就已经被"道德秩序"政府利用到了极致。然而,1871 年至 1878 年、1879 年至 1894 年两个时期的平均值几乎是相同的。同样,保守的共和党人谴责激进分子"分肥拨款"般的晋升,但是 1895 年至 1898 年晋升的平均值是要比 1899 年至 1911 年的平均值更高的。事实上,谴责应该平均分配,5 个时期中没有任何一个可以免除如下这些数据的谴责:第三共和国的前半阶段,共有 221 次值得怀疑的只是晋升到巴黎上诉法院和最高法院的行为(不考虑政治时期的话,一年大约 5 次这样的晋升)。对其他上诉法院和最重要的法院特别是塞纳省法院的分析,肯定会揭露更多的信息。

五、法兰西第三共和国时期司法官晋升所带来的经验和教训

这些统计数据和个人历史所揭示的晋升方式意味着,第三共和国的司法官们不是也不能声称自己是清白的权利守护人。只要法官和检察官的职业一直

是政治报复和政治奖励的机器,那么司法理想所委以重任的法官和检察官的廉洁性和公正性是不能得到保证的。不过,因此就得出法国司法就是腐败的瘴气之地的结论同样也是错误的。尽管发生了各种戏剧性的错失,但是在那之前的大多数情况下,尤其是在那些政治不能发挥作用的情况下,司法官职业是能运行得相当好的。[1] 莱顿、法布尔、阿尔巴内尔以及莫尼耶的例子表明了,司法官们都会相信自己拥有多么重要的价值和豁免权,即使越过了界限也认为自己能够侥幸逃脱惩罚。只是这些例子还表明了,那些越界的行为还会让他们在本应该是职业巅峰的时候声名狼藉。此外,无论执政党的派系色调是什么,几乎所有的法国领导人都意识到了,与其说 1883 年的清洗运动是一个长期存在的威胁,还不如说它是一个警世故事。司法系统在经历那么多的冲击后,必然导致公众尊重和信任的丧失。

事实上,整个司法官僚制度的行为和程序都带有法兰西第三共和国无处不在的虚伪的典型特征,形式往往取代了实质,花言巧语代替了贤明,美好年代里私人道德中含义不明的东西也蔓延到了公众生活。虽然司法官"不能被免职"意味着独立,但是他们一味追求晋升又确保了政府的控制;司法官不偏袒、不受政治影响的理想只能在破碎的现实中得到缅怀。为了介绍法国司法系统的三卷本分析报告,1914 年,一位著名的法学家拉乌尔·德·拉格瓦瑟(Raoul de la Grasserie)写下了这样一段他本可以写在 19 世纪任何一个时候的话:"法官必须是独立的……如果不是,那就需要让公平正义的人来裁判。"[2] 只是,公平正义的品质从来都是有限的人才具有的。第三共和国期间司法官晋升实践的历史,有助于阐明这一时期的根本问题:为什么曾经承诺要实现理想的共和国腐朽成了一个动荡的、毫无生气的国家?

---

〔1〕 参见 La Correspondance de procureurs généraux avec la garde des sceaux, division criminelle, 1871－1913, AN, BB 18, 1796－2529。如果可以对如此大规模的文件进行概括总结,就会发现在非政治性案件中就会保持尽量客观公正,另外在政治敏感型案件的处理中,却有明确的证据显示具有徇私、甚至贪污腐败的行为。

〔2〕 La Grasserie, De la justice en France, 1:7.

表 1 法兰西第三共和国时期在巴黎的法院

法院	法官职位	检察官职位
最高法院	1 名首席法官(Chief Justice); 3 名主审法官(Presiding Justices),每庭 1 名; 45 名法官(Associate Justices),每庭 15 名	1 名总检察长(Attorney General); 6 名副总检察长(Solicitors General)
巴黎上诉法院	1 名首席法官; 12 名主审法官,每庭 1 名; 77 名法官,每庭 6 名[1]	1 名总检察长; 10 名副总检察长; 16 名总检察长助理(Assistant Attorneys General)
塞纳省法院	1 名首席法官; 17 名主审法官,每庭 1 名; 17 名法官(Associate Judges),位列主审法官之后; 105 名法官(Associates Judges),每庭 6 名;[2] 40 名预审法官("Examining Magistrates")	1 名地区检察官(District Attorney); 47 名助理检察官(Assistant Prosecutors)

1 包括 5 名接替者。

2 包括 3 名接替者。

表 2A 法兰西第三共和国早期晋升到高级司法官职位的相应职位

晋升后职位 / 晋升前职位	最高法院首席法官	最高法院总检察长	最高法院主审法官	最高法院法官	最高法院副总检察长	巴黎上诉法院首席法官	巴黎上诉法院总检察长	巴黎上诉法院主审法官	巴黎上诉法院法官	巴黎上诉法院副总检察长	巴黎上诉法院总检察长助理
最高法院首席法官	—										
最高法院总检察长	2	—									

续表

晋升后职位 / 晋升前职位	最高法院首席法官	最高法院总检察长	最高法院主审法官	最高法院法官	最高法院副总检察长	巴黎上诉法院首席法官	巴黎上诉法院总检察长	巴黎上诉法院主审法官	巴黎上诉法院法官	巴黎上诉法院副总检察长	巴黎上诉法院总检察长助理
最高法院主审法官	2	5	—								
最高法院法官	1		15	—		2	4				
最高法院副总检察长	……		4	23	—		2				
巴黎上诉法院首席法官	……		1	1		—					
巴黎上诉法院总检察长	……		4	1		1	—				
巴黎上诉法院主审法官	……			24				—			
巴黎上诉法院法官	……		1	1		1		42	—	1	
巴黎上诉法院副总检察长	……				14		1	11	7	—	
巴黎上诉法院总检察长助理	……								46	43	—

续表

晋升后职位 / 晋升前职位	最高法院首席法官	最高法院总检察长	最高法院主审法官	最高法院法官	最高法院副总检察长	巴黎上诉法院首席法官	巴黎上诉法院总检察长	巴黎上诉法院主审法官	巴黎上诉法院法官	巴黎上诉法院副总检察长	巴黎上诉法院总检察长助理
塞纳省法院首席法官	……	1		1							
塞纳省法院检察官	……			7	2		4				
塞纳省法院主审法官									96	1	
塞纳省法院预审法官									38		3
塞纳省法院法官									2		
塞纳省法院助理检察官											83
地方省法院首席法官				38					19	1	
地方省法院总检察长				15	14		1		20	1	4
地方省法院主审法官				6				1	23	1	1

续表

晋升后职位 / 晋升前职位	最高法院首席法官	最高法院总检察长	最高法院主审法官	最高法院法官	最高法院副总检察长	巴黎上诉法院首席法官	巴黎上诉法院总检察长	巴黎上诉法院主审法官	巴黎上诉法院法官	巴黎上诉法院副总检察长	巴黎上诉法院总检察长助理
地方省法院法官					1				8		
地方省法院副总检察长				1					3	2	11
地方省法院检察官								1	4		8
地方省法院总检察长助理											1
民事事务处主任				5							
刑事事务处主任				13	3			1			
人事处主任					1			1	9	3	1
法学教授		1		3					2		
政治家	1			3	1		1				
律师	1	1		3					6		2
其他		1		9	3				13	3	4

表 2A——接上图

晋升后职位 / 晋升前职位	塞纳省法院首席法官	塞纳省法院检察官	地方省法院首席法官	地方省法院总检察长	民事事务处主任	刑事事务处主任	人事处主任	死亡的人	退休的人	被替换的人	总计
最高法院首席法官								1	4	2	7
最高法院总检察长								4	2		8
最高法院主审法官								8	8		23
最高法院法官								56	70	6	154
最高法院副总检察长	1							4	4	3	41
巴黎上诉法院首席法官									2		4
巴黎上诉法院总检察长			2						1	1	10
巴黎上诉法院主审法官	1	1	1			1		11	15	1	55
巴黎上诉法院法官		2	9	8	3	3	2	66	112	12	263
巴黎上诉法院副总检察长		5	1	3	3	1	1	2	1	1	51

续表

晋升后职位 / 晋升前职位	塞纳省法院首席法官	塞纳省法院检察官	地方省法院首席法官	地方省法院总检察长	民事事务处主任	刑事事务处主任	人事处主任	死亡的人	退休的人	被替换的人	总计
巴黎上诉法院总检察长助理				11	1	2	5	4	1	8	121
塞纳省法院首席法官	—										2
塞纳省法院检察官		—									13
塞纳省法院主审法官											97
塞纳省法院预审法官											41
塞纳省法院法官											2
塞纳省法院助理检察官											83
地方省法院首席法官			—								58
地方省法院总检察长				—							55

续表

晋升后职位 / 晋升前职位	塞纳省法院首席法官	塞纳省法院检察官	地方省法院首席法官	地方省法院总检察长	民事事务处主任	刑事事务处主任	人事处主任	死亡的人	退休的人	被替换的人	总计
地方省法院主审法官											32
地方省法院法官											9
地方省法院副总检察长											17
地方省法院检察官											13
地方省法院总检察长助理											1
民事事务处主任					—						5
刑事事务处主任						—					17
人事处主任							—				15
法学教授											6
政治家											6
律师											13
其他											33

资料来源:国家档案馆,BB 6 524^4 –524^5。

注:此表涵盖 1255 次涉及 519 位司法官的职位变化。

表2B 法兰西第三共和国早期司法官的晋升

晋升前职位 / 晋升后职位	最高法院首席法官	最高法院总检察长	最高法院主审法官	最高法院法官	最高法院副总检察长	巴黎上诉法院首席法官	巴黎上诉法院总检察长	巴黎上诉法院主审法官	巴黎上诉法院法官	巴黎上诉法院副总检察长	巴黎上诉法院总检察长助理	塞纳省法院首席法官	塞纳省法院检察官	塞纳省法院主审法官
最高法院首席法官	—	2	2	1										
最高法院总检察长		—	5									1		
最高法院主审法官			—	15	4	1	4		1					
最高法院法官				—	23	1	1	24	1			1	7	
最高法院副总检察长					—					14			2	
巴黎上诉法院首席法官				2		—	1		1					
巴黎上诉法院总检察长				4	2		—			1			4	
巴黎上诉法院主审法官								—	42	11				

续表

晋升前职位 / 晋升后职位	最高法院首席法官	最高法院总检察长	最高法院主审法官	最高法院法官	最高法院副总检察长	巴黎上诉法院首席法官	巴黎上诉法院总检察长	巴黎上诉法院主审法官	巴黎上诉法院法官	巴黎上诉法院副总检察长	巴黎上诉法院总检察长助理	塞纳省法院首席法官	塞纳省法院检察官	塞纳省法院主审法官
巴黎上诉法院法官									—	7	46			96
巴黎上诉法院副总检察长									1	—	43			1
巴黎上诉法院总检察长助理											—			
塞纳省法院首席法官					1			1				—		
塞纳省法院检察官								1	2	5			—	
地方省法院首席法官							2	1	9	1				
地方省法院总检察长									8	3	11			
民事事务处主任									3	3	1			

续表

晋升前职位 / 晋升后职位	最高法院首席法官	最高法院总检察长	最高法院主审法官	最高法院法官	最高法院副总检察长	巴黎上诉法院首席法官	巴黎上诉法院总检察长	巴黎上诉法院主审法官	巴黎上诉法院法官	巴黎上诉法院副总检察长	巴黎上诉法院总检察长助理	塞纳省法院首席法官	塞纳省法院检察官	塞纳省法院主审法官
刑事事务处主任								1	3	1	2			
人事处主任									2	1	5			
死亡的人	1	4	8	56	4			11	66	2	4			
退休的人	4	2	8	70	4	2	1	15	112	1	1			
被替换的人	2			6	3		1	1	12	1	8			

资料来源:国家档案馆,BB 6 524^4 －524^5。

表 2B——接上图

塞纳省法院预审法官	塞纳省法院法官	塞纳省法院助理检察官	地方省法院首席法官	地方省法院总检察长	地方省法院主审法官	地方省法院法官	地方省法院副总检察长	地方省法院检察官	地方省法院总检察长助理	民事事务处主任	刑事事务处主任	人事处主任	法学教授	政治家	律师	其他	总计
														1	1		7
													1		1	1	9
																	25

续表

塞纳省法院预审法官	塞纳省法院法官	塞纳法院助理检察官	地方省法院首席法官	地方省法院总检察长	地方省法院主审法官	地方省法院法官	地方省法院副总检察长	地方省法院检察官	地方省法院总检察长助理	民事事务处主任	刑事事务处主任	人事处主任	法学教授	政治家	律师	其他	总计
			38	15	6		1			5	13		3	3	3	9	154
				14		1					3	1		1		3	39
																	4
				1										1			13
					1			1			1	1					57
38	2		19	20	23	8	3	4				9	2		6	13	296
			1	1	1		2					3				3	56
3		83		4	1		11	8	1			1			2	4	118
																	2
																	8
			—														13
				—													22
										—							7
											—						7
												—					8
																	156
																	220
																	34

注:此表涵盖 1255 次涉及 519 位司法官的职位变化。

表3　各个政治时期司法官的晋升

晋升后职位	晋升前职位	1871~1878年	1879~1894年	1895~1898年	1899~1911年	1912~1914年	1871~1914年
最高法院首席法官	最高法院总检察长;		1		1		2
	最高法院主审法官;	1			1		2
	最高法院法官;	1					1
	政治家;			1			1
	律师;			1			1
	合计	2	1	2	2	0	7
最高法院总检察长	最高法院主审法官;	1	4				5
	塞纳省法院首席法官;				1		1
	法学教授;		1				1
	律师;				1		1
	其他;	1					1
	合计	2	5	0	2	0	9
最高法院主审法官	最高法院法官;	4	6		4	1	15
	最高法院副总检察长;	2	1		1		4
	巴黎法院首席法官;		1				1
	巴黎法院总检察长;		3		1		4
	巴黎法院法官;					1	1
	合计	6	11	0	6	2	25

续表

晋升后职位	晋升前职位	1871～1878年	1879～1894年	1895～1898年	1899～1911年	1912～1914年	1871～1914年
最高法院法官	最高法院副总检察长；	5	8	2	5	3	23
	巴黎法院首席法官；	1					1
	巴黎法院总检察长；				1		1
	巴黎法院主审法官；	6	8	3	5	2	24
	巴黎法院法官；		1				1
	塞纳省法院首席法官；				1		1
	塞纳省法院检察官；	1	4	1	1		7
	地方省法院首席法官；	9	9	7	9	4	38
	地方省法院总检察长；	3	7	1	4		15
	地方省法院法官；	4	1	1			6
	地方省法院副总检察长；					1	1
	民事事务处主任；		3		2		5
	刑事事务处主任；	2	5	1	4	1	13
	法学教授；	1	2				3
	政治家；		3				3
	律师；		2		1		3
	其他；	3	6				9
	合计	35	59	16	33	11	154

续表

晋升后职位	晋升前职位	1871 ~ 1878 年	1879 ~ 1894 年	1895 ~ 1898 年	1899 ~ 1911 年	1912 ~ 1914 年	1871 ~ 1914 年
最高法院副总检察长	巴黎法院副总检察长;	1	7	2	3	1	14
	塞纳省法院检察官;			1	1		2
	地方省法院总检察长;	5	4	1	3	1	14
	地方省法院法官;		1				1
	刑事事务处主任;	3					3
	人事处主任;		1				1
	政治家;		1				1
	其他;	2			1		3
	合计	11	14	4	8	2	39
巴黎法院首席法官	最高法院法官;	1		1			2
	巴黎法院总检察长;		1				1
	巴黎法院法官;				1		1
	合计	1	1	1	1	0	4
巴黎法院总检察长	最高法院法官;		2		1	1	4
	最高法院副总检察长;		1		1		2
	巴黎法院副总检察长;		1				1
	塞纳省法院检察官;		2		2		4
	地方省法院总检察长;	1					1
	政治家;		1				1
	合计	1	7	0	4	1	13

续表

晋升后职位	晋升前职位	1871～1878 年	1879～1894 年	1895～1898 年	1899～1911 年	1912～1914 年	1871～1914 年
巴黎法院主审法官	巴黎法院法官;	8	11	5	14	4	42
	巴黎法院副总检察长;	2	6	1	1	1	11
	地方省法院检察官;				1		1
	地方省法院主审法官;		1				1
	刑事事务处主任;				1		1
	人事处主任;		1				1
	合计	10	19	6	17	5	57
巴黎法院法官	巴黎法院副总检察长;	1	1	1	4		7
	巴黎法院总检察长助理;	10	14	6	13	3	46
	塞纳省法院主审法官;	21	33	9	29	4	96
	塞纳省法院预审法官;	7	13	3	11	4	38
	塞纳省法院法官;				1	1	2
	地方省法院首席法官;	3	5	2	8	1	19
	地方省法院总检察长;	3	9	3	4	1	20
	地方省法院主审法官;	4	9	2	8		23
	地方省法院法官;		8				8
	地方省法院副总检察长;		3				3
	地方省法院检察官;			1	1	2	4
	人事处主任;	1	2	3	3		9
	法学教授;		1		1		2
	律师;		3		3		6
	其他;	4	4	1	3	1	13
	合计	54	105	31	89	17	296

续表

晋升后职位	晋升前职位	1871～1878年	1879～1894年	1895～1898年	1899～1911年	1912～1914年	1871～1914年
巴黎法院副总检察长	巴黎法院法官;				1		1
	巴黎法院总检察长助理;	6	22	3	9	3	43
	塞纳省法院主审法官;				1		1
	地方省法院首席法官;		1				1
	地方省法院总检察长;		1				1
	地方省法院主审法官;		1				1
	地方省法院副总检察长;	1	1				2
	人事处主任;			1	1	1	3
	其他;	2			1		3
	合计	9	26	4	13	4	56
巴黎法院总检察长助理	塞纳省法院预审法官;		2		1		3
	塞纳省法院助理检察官;	15	33	8	21	6	83
	地方省法院总检察长;		1	1	2		4
	地方省法院主审法官;		1				1
	地方省法院检察官;	1	2	1	4		8
	地方省法院副总检察长;		7	1	2	1	11
	地方省法院助理检察官;		1				1
	人事处主任;		1				1
	律师;		2				2
	其他;		1	1	2		4
	合计	16	51	12	32	7	118
总计		147	299	76	207	49	778

表 4　不寻常的晋升和从检察官职位到法官职位的晋升

变化类型	1871 ~ 1878 年		1879 ~ 1894 年		1895 ~ 1898 年		1899 ~ 1911 年		1912 ~ 1914 年		1871 ~ 1914 年	
	总数	每年	总数	每年	总数	每年	总数	每年	总数	每年	总数	每年
类型 1	28	3.5	58	3.6	16	4.0	37	2.8	11	3.7	150	3.4
类型 2	7	0.9	13	0.8	3	0.8	11	0.8	4	1.3	38	0.9
类型 3	6	0.8	12	0.8	4	1.0	10	0.8	1	0.3	33	0.8
合计	41	5.2	83	5.2	23	5.8	58	4.4	16	5.3	221	5.1

类型 1:从检察官职位到法官职位的晋升;

类型 2:不合常规地晋升为调查法官;

类型 3:不合常规地晋升为部门领导人。

注意:晋升的总数为 778,而上述表格的数字也是基于 778 而得出的。因此,不以早前的经验和研究结果为依据的话,有 28.41% 的晋升属于“不寻常”的晋升。

5 评论

论《法律帝国》中的理性与意志

沈宏彬*

1986年出版的《法律帝国》中，德沃金全面提出了一种与法律实证主义相竞争的法理论。这种理论“采取内在参与者的观点；它试图通过参与法律实践，并努力分析参与者面临的有关合理性和真的问题，以把握我们法律实践的论辩性”。[1] 在这句简单的交代中可以看到，这种雄心勃勃的理论与哈特以来的法律实证主义理论一样，采取了内在参与者的观点，但将目光集中在法律实践的论辩性上，尝试说明这种现象中的合理性与真的问题。在这篇文章中，我将系统性地检讨，德沃金对法律规范性的客观合理性基础的论述。我将指出，由于德沃金采取了一种我称之为道德模式的理论方案理解法律意志性的特征，因此未能有效处理诸种价值之间广泛存在的不可通约性，及其可能对政治生活的破坏，因此他的理论是失败的。法律并不是作为实现某种道德原则或蓝图的一个环节，而是在实践推理无法精确给出答案的前提条件下，确保共同生活得以可能的必要条件。

一、德沃金的论证

（一）法律的规范性议题

尽管在《法律帝国》中，德沃金展示了一个相当宏大和复杂的法理论。从最抽象的概念问题，到具体的普通法、制定法、宪法问题，都给出了相当有竞争力

---

* 华东政法大学讲师，法学博士。

〔1〕 [美]德沃金：《法律帝国》，许杨勇译，上海三联书店2016年版，第11页。

的答案。但这种理论的基本论证并不难理解,以下我简要重构德沃金的基本论证。首先,德沃金的论证起点和哈特并无太大的区别,都强调了法律的规范性。这意味着,法律的概念并不是用来描述这个世界究竟是什么样的,而是用来指涉特定的规范性要求。如哈特所言,法律的存在意味着,在某些议题上人们的行动不再是任意的,而是义务性的。

"规范性"这个概念有多重含义,这里的规范性究竟是什么意思?这里我们可以引入帕菲特对规范性概念的划分。与理解法律规范性相关的概念可能有两种:一种是"规则蕴含"意义上的规范性,另一种是"理由蕴含"意义上的规范性。前者是指,当我们主张某个行动是义务性的或受到约束的,这意味着存在某个规则规定了相应的义务或约束;后者则是指,这种义务或约束并非来自规则,而是来自某些行动理由。[1] 如果将法律的规范性理解为前者,那么对法律的规范性的说明势必会变成一个经验问题,即人们在事实上将哪些规则贴上"法律"的标签。由于在不同时空环境、文化背景中,人们究竟将哪些规则视为法律存在很大的差异,在一般层面上并没有太多的共性可言,因此这个话题对一般性法理学而言,并无太多价值。[2]

重要的是"理由蕴含"意义上的规范性。在这种规范性概念下,法律的规范性意味着,法律能够向人们提供客观上合理的理由,约束和指引人们的行动。为何这对法哲学而言是重要的?这是因为这里存在一个一般性的合理性问题有待回答。无论在具体的时空环境中,人们将哪些既定的规则视为"法律",在一般层面上都必须解释,这些过去既定的规则,为什么能够对现在的人们给出一个义务性的行动理由约束人们的行动。乍看上去,这是一个非常无聊的问题,因为多数人可能会主张,从定义上说,所谓"法律"就是过去作出的某些决定或制定的规则,被视为对我们现在的行动具有最终定论的规范性地位,从而约束我们的行动。但德沃金主张,这个回答是肤浅的。如果我们认真考察法律实

---

〔1〕 Derek Parfit, *On What Matters*, vol. II, Oxford, Oxford University Press, 2013, pp. 267 – 268.

〔2〕 德沃金把法律的规范性理解为规则蕴含意义上的规范性,与这种理解相对应的法律的概念,称之为"法律的社会学概念"。参见[美]德沃金:《身披法袍的正义》,周林刚、翟志勇译,北京大学出版社2014年版,第3页。

践中所发生的论辩,就会推翻上述主张。[1]

在说明德沃金对法律论辩的分类之前,需要先介绍他用以分类的基本概念。他将法律要求、允许、禁止了什么的主张,称为法律命题,如"法律要求张三偿付对李四的债务"或"法律规定,年满18周岁的公民具有完全民事行为能力"等为真的法律命题,表达了人们有客观理由去做的规范性要求。使得某个法律命题为真的条件,则被称为法律基础。[2] 法律实践中发生的论辩,主要是围绕对法律基础的争议而展开。其中一类争议是"经验争议"。按照某种观念,既定的法律规则或决定,总是决定了一个法律命题为真的全部条件,进而总是给出了人们在法律上有义务去做的全部事情,那么人们对既有的法律文本究竟规定了什么所发生的争议,就是"经验争议"。这里所说的"经验"有两重含义:首先,争议的对象是,在经验中某些规定是否被视为法律;其次,争议的解决方法也是经验性的,即查看经验上被人们视为法律来源的事实,是否包含相应的主张,如查阅相关的法典。[3]

然而,这并没有穷尽法律论辩的类型。在埃尔默案中,埃尔默的祖父订立了遗嘱,将埃尔默确定为继承人。但随后埃尔默发现其祖父有修改遗嘱的打算,遂将其杀死以获得遗产。审理此案的法官对埃尔默是否有权获得遗嘱发生了争论。注意,这份遗嘱在形式上符合遗嘱法的规定,因此是合法有效的,这一点所有的法官都予以承认,但他们依然发生了争论。德沃金主张,这显示出在"经验争议"之外,还存在另一类的法律争议,即法律人在清楚既定的实在法规则是什么的情况下,依然会对法律是什么产生不同的看法。德沃金将这种争议称为"理论争议"。[4] 毫无疑问,这种争议广泛存在于法律实践之中。这种争议能否被还原为经验争议呢?德沃金认为不可能,因为还原只能采取以下两种策略,而这两种策略都很难说是合理的:首先,可以主张理论争议的各方实际上对法律给出了何种规范性要求并无分歧,只是有一方打着主张"法律是什么"的

---

〔1〕 德沃金将这种看法称为"显明事实观点"。参见[美]德沃金:《法律帝国》,许杨勇译,上海三联书店2016年版,第5~9页。

〔2〕 [美]德沃金:《法律帝国》,许杨勇译,上海三联书店2016年版,第4页。

〔3〕 [美]德沃金:《法律帝国》,许杨勇译,上海三联书店2016年版,第4页。

〔4〕 [美]德沃金:《法律帝国》,许杨勇译,上海三联书店2016年版,第4页。

旗号,偷偷作出了“法律应该是什么”的主张。但鉴于理论争议的广泛存在,很难说这种瞒天过海的行为怎么可能系统性地长期存在。其次,可以主张双方的确对法律提出了何种规范性要求存在争论,但这种争论是由于法律语言的模糊性所导致的,双方对既定的规则总是能终局性地给出规范性的行动理由这一点,并不存在分歧。但这个主张明显不能解释埃尔默案的情形,因为双方并没有对遗嘱法的规定和遗嘱的内容发生任何分歧。〔1〕

如果理论争议是一种独立类型的争议,那么那些被视为“法律”的既定规则,为什么能够对人们提供一项规范性的理由,这就是法律的参与者必然真诚关注的问题——对埃尔默而言,对该问题的回答直接决定了他是否能获得大笔的遗产,并且这一问题并没有现成的答案,无法诉诸任何法律概念的定义或既定的普遍观点来回答。因此,总体来说,如果我们承认,一般性法理学的核心是回答法律的概念问题。进而,对法律这种规范性概念在法理学上有意义的唯一理解,是将其理解为一种能够从过去既定的实在法规则中,向人们提供规范性的行动理由的实践,那么法律的规范性如何成为可能,就成了一个棘手的难题。

然而,说明法律如何向人们提供行动理由,并非是一件简单的事情。用德沃金的话来说,法律对法律社群中的每个成员都具有高度的伦理重要性:一方面,它的约束力延及“每个成员”;另一方面,它对每个人好生活的方方面面都具有根本的影响力。只有当法律能够向人们施加义务性理由时,上述伦理重要性才可能得到说明,而从理由的性质上说,义务性理由是一种决定性或终局性的理由。这样,对法律如何给出理由的追问,就被具体化为在何种条件下,法律能向人们给出决定性的行动理由。〔2〕

(二)价值排序与整全性

首先,我们有决定性的理由,通过法律构建社会合作,从而生活在一起。概言之,霍布斯在《利维坦》中形象地描述了,当不存在有效的法律权威以提供公共的行动标准,确保社会合作时,人们悲惨的生活情境。如他所指出的,在这种

〔1〕 [美]德沃金:《法律帝国》,许杨勇译,上海三联书店2016年版,第29~34页。

〔2〕 尽管德沃金没有字面上使用“决定性理由”这个概念,但他在讨论法律给出理由时,是将这个议题和遵守法律的道德义务相关联的,而从概念上说道德义务就是一种决定性的理由。参见[美]德沃金:《法律帝国》,许杨勇译,上海三联书店2016年版,第89~92页。

自然状态中,绝大多数重要的人类文明成果都将不复存在,“最糟糕的是人们不断处于暴力死亡的恐惧和危险中,人的生活孤独、贫困、卑污、残忍而短寿”。[1]这种生活状态显然是每个人都有决定性的理由予以避免的。而一旦我们生活在一起,就会有大量政策性的公共事务需要决定。这些政策性事务的重要特征是,并没有任何人能够依据某些一般性的正义原则,直接有权要求政府作出某种行动。比方说,一般性的正义原则可能只要求人们制定“合乎情理”(reasonable)的税收制度,但存在多种备选的具体制度设计方案,原则并没有直接要求其中的一种,但确定一种制度又是共同生活所必须的。在这种情况下,这就是一个政策选择问题。此时人们就必须透过公平的制度表达自己的意志,最终通过实在法确定下来一种特定的制度。[2]

然而,德沃金注意到,单纯的公平并不充分。通过公平程序制定的、符合形式性标准的实在法规则,并不能确保在每个个案中都能提供终局性的行动理由。前文提到的理论争议就直观地显示了这一点。这并不难说明。法律权威向人们作出指示,实际上是通过分配权利的方式进行的,而在分配领域,最根本的理想或者价值就是正义。需要提醒读者注意的是,这里所说的“分配权利”,并不是分配具体事务上的权利,如具体规定公司法上股东、董事会等有什么权利;这里的分配是指分配要求政府强制力予以支持的权利。当法院裁定 A 胜诉时,意味着 A 有权获得政府强制力的背书和支持,而不是败诉的 B;当立法机关决定采纳 X 团体的立法草案,而非 Y 团体的草案时,也意味着 X 团体获得了得到强制力支持的权利。在这个意义上,法律权威作出指示,就是以分配权利的

---

〔1〕 [英]霍布斯:《利维坦》,黎思复、黎廷弼译,商务印书馆 1985 年版,第 95 页。

〔2〕 德沃金在《法律帝国》第 175 页的脚注说明,关于“原则”和“政策”的划分,他在《认真对待权利》一书中已经完成,并在《原则问题》中大量使用了这组概念。在《认真对待权利》中,德沃金指出,“原则论据试着说明某人或某团体有获得某项利益的权利,以证立使那个人或那个团体获利的政治决定。政策论据试着说明,尽管获利者没有获得这项利益的权利,但提供这些利益将有助于政治社群的集体目标,以此证立某项决定”。德沃金在《法律帝国》中延续了上述说法,他指出,“当然每个有关财产的立法决定都必须尊重某些个人政治权利。但在此之外,立法机构可以通过多种不同的措施与方法追求共同的普遍利益。每个这样的措施或方法,都会在每个个人之间产生某种程度的不同分配。任何公民都不仅仅因为这些方案中的这个而不是那个方案将使其获益更多而有权要求做此选择。这个选择是政策问题而非原则问题”。参见[美]德沃金:《认真对待权利》,孙健智译,台北,五南图书出版股份有限公司 2013 年版,第 419 页,译文有所改动;[美]德沃金:《法律帝国》,许杨勇译,上海三联书店 2016 年版,第 246 页。

方式进行的,而正义则是它必须遵循的基本原则。[1] 正义作为一个实质性的道德理想,它的要求总是敏感于环境的。正义的要求不可能被还原为任何形式性的程序设计和制度安排。这就意味着,即便透过公平程序所制定的实在法,可能会在某些个案上给出不正义的答案。当事人可能会基于正义的理由,直接要求法律作出某个违背实在法的决定。

正是这一点使得理论争议成为可能。在埃尔默案中,一些法官主张《纽约遗嘱法》在本案中给出的结论并没有严重违背正义的要求,因此我们应当以公平的名义,尊重既定的实在法。另一些法官则主张,既定的实在法的要求违背了正义的要求,如果主张法律的要求就是实在规则的要求,那么法律将不可能被合理视为能给出理由的规范性实践。相反,要想维持法律作为有价值的规范性实践的基本理解,那么就应当宣布,法律要求将本案视为实在规则的一个例外,进而偏离实在规则去实现正义。无论最终的结果如何,从性质上说这是一个实质性的政治道德判断。如果不存在作出这个判断的标准,全凭官员个人所持有的道德观念,那么法律将会蜕变成一种官员个人的价值专制,不可能向人们给出任何行动理由了。[2]

解决这一困难的方案,就是确定一组关于公平和正义的重要性排序原则。该原则构成了是否应当偏离既定的实在规则而去实现正义的客观标准。官员的意志必须符合相关的原则,才可能被视为法律的决定。当然,该原则必须符合以下条件:(1)该原则必须是人们可公共识别的;(2)该原则对公平和正义所确定的排序,必须是最佳的唯一正解。这样,人们才会有决定性的理由采纳这种排序原则而不是其他相竞争的排序原则。一旦重要性排序原则确定,那么就可判断在特定的案件中,究竟应该尊重透过公平程序所表达的多数人的意志,还是应当偏离多数人意志的所制定的实在法,去实现正义的要求。这项原则被德沃金称为整全性。[3]

---

[1] 这里的看法受到了菲尼斯和加德纳相关论述的影响。参见 John Finnis, *Natural Law and Natural Rights*, Oxford, Oxford University Press, 2011, p. 179. John Gardner, "Finnis on Justice", in *Reason, Morality, and Law: The Philosophy of John Finnis*, John Keown and Robert P. George, ed., Oxford, Oxford University Press, 2013, pp. 165 - 166。

[2] [美]德沃金:《法律帝国》,许杨勇译,上海三联书店 2016 年版,第 89 ~ 92 页。

[3] [美]德沃金:《法律帝国》,许杨勇译,上海三联书店 2016 年版,第 132 页。

可见,整全性原则在确保法律能够给出决定性理由上,发挥着基础性的功能。那么,这项原则真的存在吗?真的能发挥相应的功能么?德沃金认为,对整全性原则的怀疑论,主要存在两种不同的版本,即外在怀疑论和内在怀疑论。所谓外在怀疑论,是指这种怀疑论的基础是外在于整全性原则所在的规范性领域的,它依赖于某种形而上学的观点,并尝试从这一观点出发,从规范性领域之外,整体性地否定规范性领域存在任何客观为真的原则。如果这种怀疑论为真,那么整全性作为规范性领域中的一项原则,势必也会被否定。德沃金认为,这种怀疑论建立在对规范性领域客观真理的误解之上,因此是失败的。概言之,这种怀疑论在不借助任何规范性论据的前提下,尝试用纯粹的形而上学的主张否定规范性领域内部的真,其成功的前提条件是,规范性领域内部的真必然预设了某种形而上学的观点。这样才可能通过否定这一形而上学观点,来否定规范性领域的真。但德沃金主张,任何版本的外在怀疑论都无法证明,规范性领域内部的真预设了某种形而上学的立场,而做不到这一点,整个怀疑论就是无的放矢。[1]

更值得考虑的是内在怀疑论。与外在怀疑论相对,所谓内在怀疑论是指,其本身借助规范性领域内部的论据,来否定规范性领域中的客观真理。一种流行的内在怀疑论是,因为人们在规范性领域中存在大量合理分歧,不同的主张依赖不同的合理性原则,这些原则之间是不可比较的,因此规范性领域中不存在客观真理。其中,对合理分歧的承认,以及指出各种合理性原则之间的不可比较,这些都是规范性领域内部的主张。通过这些条件,内在怀疑论主张规范性领域不存在客观真理。这种怀疑论在法律实践上特别有直觉吸引力。这是因为,一个持续存在多年的法体系,是由不同时代的法官共同塑造的,这必然使得法律受到不同时代观念的影响。在内在怀疑论看来,这些不同时代的合理性观念和主张,它们之间是不可比较的,这使得法律中不可能存在正义和公平的融贯排序。从直观的例子说,暂且不论英国自《大宪章》以来的法治实践,只看美国仅有两百多年的历史,它的法律中包含各种巨大的断裂。例如,在民权运

---

〔1〕[美]德沃金:《客观性与真:你最好相信它》,沈宏彬、夏阳译,载《法哲学与法社会学论丛》2012年第00期。

动之前,“平等且隔离”是对平等条款的合理解读,而在运动之后,“平等且隔离”就成了一个臭名昭著的主张。这种根本性的反转,在美国法律史上并不在少数,而要主张在这充满张力和冲突的法律实践中,依然存在关于公平和正义的融贯排序,这似乎很难说的过去。

德沃金对内在怀疑论的批评大致分为两个部分。首先,不同于外在怀疑论,内在怀疑论的论据本身就是规范性领域内的事实,因此这种怀疑论不仅不可能对规范性领域的客观真理怀疑到底,相反内在怀疑论要想成功,反而必须证明自己的立场是客观上正确的,即“规范性领域不存在客观真理,这本身是一个规范性领域的客观真理”。其次,撇开内在怀疑论“自我击败”(self-defeated)的结构,退一步说单纯指出各种观念在表面上的分歧和断裂,不足以使得“不存在任何客观正解”的怀疑论立场成为一个“默认”(default)立场。德沃金主张,要证明“客观上不存在关于公平和正义的客观排序原则”,是要去证明这一点是客观的正确答案。其所要求的论证结构和强度,和证明存在某个融贯排序原则是完全一样的。而遗憾的是,内在怀疑论并没有给出符合要求的论证。[1] 相反,德沃金认为,恰恰是因为法律实践的历史存在模棱两可之处,才使得我们并没有决定性的理由相信,内在怀疑论的主张是对的。“正因为社群的历史是一段巨大变迁与冲突的历史。在道德上复杂且甚至模棱两可的地域上,仍旧能够建构出有想象力的诠释”。[2]

综上,无论是借助规范性领域之外的论据,还是规范性领域之内的论据,怀疑规范性领域不存在任何客观为真的原则,进而怀疑不存在整全性原则的主张,都是不充分的。德沃金在《法律帝国》中用了大量的篇幅,系统性地构建了美国法律实践中的他认为合理的整全性原则,显示出这项原则是真正存在在美国法体系中,且每个人都能通过自己的实践推理予以公共识别的最佳原则。这样,借助这一原则,美国的法官就能确保自己的决定对美国民众给出决定性的行动理由。诚然,美国法体系中的原则并不能照搬到其他法体系中,但如德沃金所说,这本身是一场操演,已经将要点展示到了。生活在不同法律社群中的

---

[1] [美]德沃金:《客观性与真:你最好相信它》,沈宏彬、夏阳译,载《法哲学与法社会学论丛》2012 年第 00 期。

[2] [美]德沃金:《法律帝国》,许杨勇译,上海三联书店 2016 年版,第 180 页。

人们,可以按照其中的要点,构建属于自身社群的整全性原则。

二、不可通约的难题

(一)不存在唯一正解

应当承认,外在怀疑论和内在怀疑论的确对整全性原则的存在提出了强有力的挑战,而德沃金对这两者的挑战也给出了足够的说明。但问题是,这并没有穷尽整全性原则可能面对的所有挑战。还存在一种挑战整全性的可能方案,而恰恰是这种方案,对整全性提出了最致命的打击。菲尼斯在一篇文章中指出,德沃金要求法律人确定特定法律实践中关于公平和正义的最佳排序,这就类似于让人们判断哪一本小说是"最简短"的和"最精彩"的。由于这两个标准之间存在严重的不可通约性,即不存在能将这两个标准通约到一起的判断标准,因此在逻辑上不可能存在同时最佳地满足上述两个条件的小说,而只可能存在若干本大致都符合上述要求的小说,而在这些小说中,我们无法进一步确定谁是更好的。上述推论同样适用于德沃金的整全性原则,单纯借助法律人的实践推理能力,不可能找到关于公平和正义排序原则的唯一正解。[1]

这在实践上就意味着,面对某个特定的个案,人们会对这个案件究竟是一个政策性问题还是原则性问题发生争论。如果是政策性问题,那么法官就应该尊重透过公平程序所制定的实在法的决定,因为在这个问题上,包括法官在内,没有任何人的个人观念和偏好有权直接获得公共性的支配地位;如果是一个原则问题,则法官就应当考察正义原则本身的要求,此时表达多数人意志的实在法就不再具有决定性的地位。但问题是,这个案件究竟应该如何分类,这本身还是一个争论。德沃金的看法是,对此我们可以达成合理共识,但菲尼斯的批评证明这是不可能的。如果是这样,法律提供公共行动准则的基本功能都将无从实现。

有读者会认为,上述批评实际上是德沃金所反对的内在怀疑论的观点,而

〔1〕[英]约翰·菲尼斯:《法律帝国中的理性与权威》,邱昭继译,载《法哲学与法社会学论丛》2007年第2卷。

德沃金已经反驳了这种主张。这种看法并不正确。内在怀疑论主张,不同的合理性原则之间是不可比较的,因此规范性领域不存在客观正解。德沃金对内在怀疑论的反驳,要点是指出不同合理性原则之间并不是不可比较的,或者说主张"不同合理性原则之间是不可比较的",这本身依然是一个内在于规范性领域内的、进行权衡推理之后的结果。但菲尼斯的批评,并不反对不同的价值或合理性原则之间可以比较这一点,而是主张这种权衡比较是不精确的,不可能存在"唯一正解",而可能存在多个正解。某个案件被视为政策问题可能是对的,视为原则问题可能也是对的。

德沃金似乎误解了这种不精确的来源。在德沃金看来,不精确性并不能构成对其存在唯一正解之主张的反对意见。举一个物理学上的例子作为类比。物理学上存在绝对零度,它是客观存在的一个温度值,我们只能无限趋近于这个值,而不可能达到。这一事实并不会影响绝对零度这一值本身的存在。与上述论证相似,现实世界中的人无法达到价值排序的唯一正解,并不等于这个唯一正解是不存在的。只要我们承认,诸种价值之间是可比较的,那么这一点中就分析性地包含了,存在比较的客观标准,而存在标准这一点,则意味着必然存在唯一正解。

然而,价值排序之间的不精确性,并不仅仅来自现实世界中人们有限的实践推理能力,而可能来自价值本身的性质。以赛亚 · 伯林在不同的场合提出了一种价值多元论。这种观点主张,诸种价值之间持续存在紧张和冲突。因此,裁判结果 A 可能更倾向于实现公平和损害了正义,而结果 B 可能更多地照顾正义而损失了部分的公平。这两者之间很难说谁更好一些。此时无论法官作出了什么选择,都很难说他的主张是唯一正解。德沃金认为,伯林的多元论观点包含一个独断的前提,即诸种价值在概念上就存在持续的紧张和冲突。这一前提是存在问题的。德沃金主张,价值并不是独立于人们生活之外的某种自然事实,我们不能通过像观测火星那样,观测它们的性质,从而指出它们之间存在持续的冲突。诸种价值表达了人们好生活的各种组成部分,而要说明其中的某个价值,只能诉诸另一些价值。例如,"友谊"之所以有价值,是因为它表达和促进了某种"相互尊重"和"关爱"的人际关系等。这显示出,诸种价值存在于一个相互联系、相互支持的价值之网中,而这个网络整体上构成了人们的好生活。这样,要想搞清楚一个价值究竟意味什么,以及它与其他价值是否处在冲突之中，就必须考虑在一种好生活的观念下，它处在价值之网的什么位置，以及和其他的价值关系如何。我们无法直接断言，价值之间必然存在冲突和紧张。这里的要点是，价值并不是独立存在的形而上学事实，而是个人好生活的构成性部分。这意味着，好生活的观念将构成权衡各种价值的终极标准。既然存在这一标准，那么从逻辑上必然存在唯一正解。究竟是折损正义实现公平，还是损害公平实现正义，最终的标准是看何种方案能与一种反思性的好生活观念相兼容。[1]

问题是，作为根本标准的"反思性的好生活"观念本身并不是唯一的。不同的人在不同的文化环境条件下，会形成与之相应的合理的好生活观念，而在这些观念之间，并不存在进一步通约和比较的标准。帕菲特在这里借助物理学理论，给出了一个有用的类比。在牛顿物理学时代，我们认为时间是一种绝对的普遍的标准，这使得我们能以某种线性的、量化的方式描述事情前后相继的关系，但爱因斯坦颠覆了这一切，指出时间是相对于空间而言的，并不存在超越空间的绝对时间。与之相似，价值权衡和比较的客观正解，总是相对于某种好生活的观念，而合理的好生活观念又总是受到特定的文化条件的塑造，并不存在某种超越一切条件的好生活的观念。举一个直观的例子，一份工作收入较低，且离家较远。此时，如果老板此时决定加薪 10%，是否意味着这份工作的吸引力必然总体上升了 10%？答案是否定的。对那些特别关注薪资的人来说，这份工作的吸引力可能上升了不止 10%，而对那些关心通勤距离的人来说，这个决定并不会增加该工作的吸引力。通勤距离依然是一个有待解决的问题。这显示出，每个人在生活中的状态，决定了他们究竟更关心薪水还是距离。并不存在超越个体境况的绝对标准，对这两者加以精确地量化排序。[2]

需要说明的是，德沃金在《刺猬正义》中尝试正面说明，即使在相当一般的层面上，依然可以指出好生活的某些实质内容。这些超越具体时空条件的内容，构成了价值在人际之间进行比较的标准。但应该指出，即使我们承认德沃金作出的说明，也必须看到，这些原则都太过抽象，一旦将这些原则具体化，又

---

〔1〕 德沃金的上述元伦理学主张，主要出现在《刺猬正义》这部著作中。参见 Ronald Dworkin, *Justice for Hedgehogs*, Cambridge, Harvard University Press, 2011, Part I。

〔2〕 Derek Parfit, *On What Matters*, vol. II, Oxford, Oxford University Press, 2013, pp. 557 – 558.

将会看到无数不可通约的面向。例如,如果一个人主张,在缴纳个人所得税的问题上,分配正义比公平重要 2.347 倍,这使得我们应该将个人所得税的起征点定在 800.321 元,而不是 799.457 元。显然,我们会怀疑这个主张的正确性。并不是因为我们知道比这个更精确的数值,而是说我们知道在个人所得税这个非常具体的话题上,分配正义和公平之间不可能存在如此精确的量化关系。有人作出这样的主张,反而证明这个主张很可能是错误的。

如果上述主张大致是正确的,那么就将对德沃金的理论构成很强的挑战。如德沃金所言,法律对每个人的生活都具有高度的伦理重要性,它会在生活方方面面的具体事务上施加自己的影响,但正因为法律是要对如个税起征点这种具体事务作出安排,而恰恰在具体事务上,不可能存在关于公平和正义排序的唯一正解。那么面对多个同样合理的解,官员就可能在其中专断地作出选择,其选择的结果可能是民众无法运用自己的理性能力予以公共识别和遵循的,此时法律就将无法给出决定性的行动理由。德沃金的理论就失败了。

(二)道德模式

事实上,从既有的讨论看,已经有很多理论家注意到德沃金理论的缺陷,并提出了很多代替性的方案,但令人遗憾的是,这些仓促提出的代替性方案很快就会遭到批评。这些批评的灵感往往来自德沃金的理论。最终,理论的逻辑又会将人们拉回到德沃金的理论结构中。因此,不妨更进一步地考虑德沃金对法律意志性的理解。只有确定了德沃金对法律意志性的理解,我们才可能在一个全新基础上安置意志性,而非经过一番曲折之后,又以某种理论形态重复了德沃金的看法。

我们不妨从如下基本事实开始考虑。在德沃金之前的很多理论家,都注意到法律需要在分歧环境下提供公共行动标准,因此他们格外强调法律的意志性在确定公共行动标准时的重要地位。德沃金为什么会对此视而不见?在我看来,这涉及之前的理论在说明法律意志性的重要性时使用的论据。以凯尔森的理论为例。当他在论证法律作为一种由官员意志决定内容的动态规范体系时,依赖了一种相对主义的实质规范性立场。这就是说,官员的意志之所以在确定公共行动标准时具有重要性,是因为规范性领域并不存在客观真理。如果没有人作出最终的决定,人为地确定一些公共的标准,那么就不存在任何能够为各方普遍接受的客观道德原则。既然如此,官员的意志自然对实现社会合作具有根本的重要性。

然而,德沃金正确地否定了这种事实上会导向虚无主义的规范性立场,而主张规范性领域存在客观正确的原则。人们作为理性的行动者,总是通过回应规范性领域正确的原则行动。于是,法律的意志就不总是对人们的行动和社会合作具有根本的重要性,相反法律的意志要想对人们给出客观的理由,就必须获得原则的支持。在现代国家的民主制度前提下,德沃金将法律的意志性进一步转化为多数人的意志。此时的问题是,在什么情况下,多数人的意志能够对人们的行动给出理由呢?在德沃金看来,多数人意志能够决定的是政策问题。制定政策的目标,是为了促进或实现某种"政治社群的某种集体目标"。在政策问题上,没有人的个人观念具有优先性,人们必须遵循公平的方式作出最终的集体决定。用更形象一点的话来说,即当原则的论据穷尽,却不能直接获得唯一的行动方案时,此时就出现了政策问题,需要诉诸意志来决定。

在我看来,这里的要点是,德沃金是在一个合理的道德生活的框架之内理解法律的意志性。我将这种理论路径称为"道德模式"。之所以称为"道德模式",是因为道德哲学家往往是通过对一些一般性原则的推理和诠释,直接构造出道德共同体所应遵循的各种更具体的规范。在这种模式下,政治生活只是道德生活的一个分支;法律的意志性只是某种整体的道德生活蓝图的一部分;对法律意志性加以说明的政治—法律理论,只是某种道德理论的应用。在这种模式下,德沃金并非如菲尼斯所指责的那样,只考虑如何最佳的证立法律的意志性,而从来不考虑我们为什么要在生活中引入这种意志性。德沃金不仅认真考虑了这个问题,并且在自己的道德生活的蓝图中,为法律的意志性找到了一个非常合理的位置。事实上,从《法律帝国》之后的讨论看,很多理论家对德沃金的批评,事实上是关于何种道德生活是客观合理的道德生活的争论,而在不同的道德生活蓝图下,不同的理论家在不同的位置安置了法律的意志性。但无论如何,这种模式本身始终是默认的前提。[1]

[1] 正因如此,德沃金在《刺猬正义》中花了大量的篇幅论证他所认为的合理生活,而非继续争论法律问题。在这本整体性的著作中,法律议题已经清晰地被视为道德生活的一个分支而已。参见 Ronald Dworkin, *Justice for Hedgehogs*, Cambridge, Harvard University Press, 2011, p. 405。

三、道德模式与政治生活

建立在上述分析的基础上,笔者认为德沃金理论的深层缺陷就在于这种道德模式。即便我们承认德沃金的论证是强而有力的,他们必须在原则层面接受德沃金的全部主张,但他们对这些原则的理解和诠释,也将是敏感于自己生活的环境和条件。这就使得人际间的价值重要性排序就算是可能的,也必然是不精确的,即我们或许会承认德沃金主张的A原则比B原则更重要,但究竟重要多少,这并不能非常精确地确定。这在前面提到的价值的不可通约性批评中已经指出了这一点。

在我看来,这种普遍存在的价值间比较的不精确性,不仅仅是某个局部的问题,而恰恰是政治生活需要处理的核心难题。正如前文所指出的,这种不精确性导致的结果是,客观上方案A和B都可能是合理的。进而,我们总会倾向于认为自己的主张是正确的,他人的主张是错误的,而非同样正确的。这就导致公民之间的猜忌和怀疑,怀疑对方很可能会将他认为是对的、而自己看来是错误的做法,强加在自己头上。而从公民个人的角度看,此时采取先发制人的做法就是合理的。这将会导致不仅特定的社会合作很快瓦解,更重要的是将会瓦解公民之间的信任和依靠,而这将使得构建任何社会合作变得非常困难。这一点在霍布斯的《利维坦》中有很充分的论述。霍布斯笔下的人同样可以理解和追求各种有价值的目标,如荣誉、名声,但由于每个人都倾向于将自己的推理视为客观正确的推理,并将其用于公共事务,这导致他们之间严重缺乏互相信任。相应的,法律在霍布斯笔下就是一个断然性的意志,而它的核心功能就是断然性地建立起公共的标准,阻断任何人尝试将自己的观念强加于他人的做法。

因此,法律的意志并不只是在某种合理的道德生活的框架内才能合理化。它是贯穿于合理生活的始终,确保在社会生活的方方面面上,当实践推理无法给出精确的回答时,总需要通过法律的意志,直接给出一个确定的回答。在这一点上,拉兹对法律权威的说明无疑是更合理的。拉兹主张,在公共议题上,可能存在各种不同但同样客观正确的道德主张。此时,权威的决断提供的是一种排他性的行动理由,即在同样正确的不同解决方案中,"确定"一种特定的方案,进而排除人们与之相反的各种行动理由,以确保公共行动成为可能。[1] 进而,法律在公共生活中所扮演的上述角色,使得法律在实践上显示出全面的和至上的权威性:所谓"全面的",是指法律权威在社会生活的方方面面都享有权威,即便我们主张某些领域法律不应干涉,但对哪些领域是不应被干涉的领域,仍由法律决定;所谓"至上的",是指法律作出的决定将是排他性的,人们应该将法律的决定直接视为自己的行动理由。对比德沃金的看法,拉兹对法律意志和决定所发挥的作用有了更广的理解,而在这背后就是注意到了实践推理的不精确性,以及由此带来的败坏公民之间信赖关系的可怕后果。[2]

更深层次来说,我的上述主张背后包含了对政治生活独特性的某种理解。政治生活并不是某种理想的道德生活的延续,也非某些道德原则的简单应用。政治生活独特之处在于,它要处理的问题恰恰是,持有不同但同样合理的生活观念的人们,如何共同生活在一起。这里的关键词是"共同生活"。这件事之所以困难,就在于我们的实践推理能力是有限的,在任何情况下都无法从原则中直接获得具体的行动方案或制度安排。而正是这一点,则会在根本上瓦解"共同生活"的基石,即人们之间的相互信任和安全承诺。这就是说,单凭我们自己的理性能力,共同生活是不可能的。而这更进一步意味着,无论一个人的合理生活观念是什么,由于不存在任何稳定的公共生活,人们最终的结局都将如霍布斯所言,是孤独、贫困、卑污、残忍而短寿的。李猛在《自然社会》中认为,"政治就是使不可能成为可能的技艺,这一技艺能从缺乏存在理由的道德空间中制作出存在的事实。政治给人以希望"。在这个意义上,这个主张无疑是深刻的。

如果上述对政治生活的理解大致不错,也就构成了我们抛弃道德模式的理由。我们需要法律的意志,并不是为了让它在既定的某种道德生活蓝图中完成某些既定的任务。而是说任何合理的生活蓝图想要从抽象的层面降落到"粗糙的地面"上,法律的意志都将是不可或缺的因素。对法律意志的理解并不依赖任何特定的生活蓝图,它的合理性蕴含在政治生活本身之中,为我们提供共同

---

〔1〕 拉兹主要使用"优先性命题"来刻画这一点。参见拉兹:《权威、法律与道德》,刘叶深译,载《法哲学与法社会学论丛》2007 年第 2 卷。

〔2〕 Joseph Raz, *Practical Reason and Norms*, Oxford, Oxford University Press, 1999, pp. 150 - 152.

生活所必需的确定的行动方案或制度安排。也正是因为我们的实践理性是不精确的,法律的意志总是在不同但具体的方面塑造着我们的共同生活,我们才能理解一些基本的政治现象。例如,在公共生活中,我们格外关心某些重要法律职位上的官员个人的道德信念和风格。这是因为这些个人信念和风格将会在原则允许的范围内,润物无声地塑造我们的生活。正是在这里,政治生活中偶然和运气的因素就会加入进来。一个法律社群能够得到一个睿智的立法者,无疑会使得整个社群的生活得到极大的提升,而一个平庸甚至无能的统治者,则会逐渐将公共生活扭曲。这是我们所理解的"粗糙的地面"上真实的政治生活,而德沃金的理论完全错失了上述政治生活的要点。

四、余　论

布莱恩·比克斯在一篇文章中曾经指出,从既有的对法律概念的讨论看,"理性"和"意志"这组要素总是处在争论的中心。这是因为,法律的规范性总是呈现出这两方面的特征。一方面,法律是一种给出客观行动理由的规范性实践,而有别于纯粹的命令,这显示出它理性的一面;另一方面,法律总意味着某些人的意志,决定了我们拥有的行动理由,这显示出它意志性的一面。合理的法律概念理论,必须同时成功安置这组要素。传统的自然法主要强调法律理性的一面,而尝试将法律意志性的一面置于理性一面的约束之下,这类理论往往主张存在某些"高级法",立法者的意志一旦与其冲突就将自动无效;传统的法律实证主义则强调法律意志性的一面,尝试从纯粹的意志和决定中给出某种类型的理由,"以威胁为后盾的命令"便成了早期实证主义说明法律的核心概念,这种命令来自纯粹的意志,但同时却能使人们产生一个审慎的理由去遵循。当然,德沃金之前的法理学已经证明,这两种要素是相互独立的,不能相互转化。

德沃金尝试在承认这两者的独立性的前提下,回答法律规范性如何成为可能的问题。他的策略是将"意志"转化为某种独立的价值(无论是公平还是效率),并进而将理性和意志的相对独立性,转化为两种客观价值之间的比较和排序。这两者之间的最佳排序,就是使得法律规范性成为可能的条件。但将法律的意志性转化为提供某种独立真实的价值,这种策略本身就是将意志转化为合理性的某种要求。德沃金之所以认为这种方案并不会重蹈覆辙,或许是因为之前强调意志独立性的法律实证主义,都预设了某种虚无主义的元伦理学立场,即意志之所以是独立的,是因为这个世界上本来就无客观的价值可言,因此将意志还原为合理性要求,则意味着把法律消解掉了。而德沃金坚持了一种实在论的元伦理学立场,因此将意志转化为某些独特和客观的价值,就不会导致将法律消解掉的问题。

然而,由于德沃金采取了道德模式理解法律的意志性,这使得他错失了意志性在实践中的要点。法律的意志性在实践上的重要性,并非是来自对客观价值的怀疑。即使承认价值的客观性,价值之间的关系同样是复杂的。各种不同的价值表达了合理生活的不同方面,而这些方面并不处在同一水平面上,并不能被通约到同一个标准之下进行量化的比较。正因如此,我们需要法律的意志在穷尽所有理由而无法获得唯一正解时,确定特定的公共合作框架。而如果将法律的意志性转化为某种特定的合理性要求,并主张只有当法律的意志在整全性原则所限定的范围内才能发挥作用,那么就等于宣布法律的规范性是不可能的,因为整全性的存在预设了公平和正义之间存在唯一确定的重要性排序,而这和价值的基本属性相互冲突。

从某种意义上,德沃金的理论忽视价值比较和排序的不精确性对政治和法律实践的意义,是因为在深层次上,德沃金对理性生活具有某种强烈的乐观主义风格。在《刺猬正义》这部为其政治—法律理论奠基的著作中。他甚至尝试主张,诸种价值实际上是相互和谐统一的,因此如海格力斯这样真正有能力完全遵循理性要求的人,是不会受到运气等偶然因素的伤害的。他的人生注定是有价值的。但在我看来,生活在粗糙地面上的真实的人,很难全盘接受这种乐观主义风格,值得接受的是一种更具现实主义色彩的看法。我们的确拥有理性的能力,这使得我们能在部分意义上塑造我们自己的生活,进而塑造公共生活。但这种能力并不能完全排除生活中运气等偶然因素,我们的确会被这些因素所伤害。因此,的确如哈特所言,德沃金的理论是一场高贵的梦。一种更具现实感的生活——无论是个人生活,还是公共生活,应该兼具理想性和现实性。我们总是在这两者之间作出权衡和选择。从这个意义上说,构建一个富有现实感的法律理论,依然是一项有待完成的理论工作。

形式与内容的完美结合

——评克莱默《法律方法论》

梁神宝*

内容摘要：法律书籍，承载着知识传递的功能。评判其好坏，不仅看内容的丰富程度，还要看读者阅读体验。结构合理、脉络清晰的书籍，更有利于读者理解和吸收书中的知识。抽象的理论知识，一般较难理解，须借助具体的例证，才能使读者更好理解其思想。克莱默《法律方法论》一书，内容与形式完美结合，堪称典范。在形式点评之外，本文简要介绍书籍核心内容，即各种法律解释方法，作为导读。

关键词：阅读体验　行文结构　法律解释方法

克莱默《法律方法论》一书，以瑞士民法适用为知识背景，兼顾德国、奥地利地区民法理论与实务，介绍法律解释的方法。初读之，留下最深印象的是其行文语言和结构。当然，该书内容也丰富充实。本文首先介绍其行文结构等形式上的特色，其次介绍法律方法论功能，最后就书中核心内容，即各种解释方法做导读性介绍。

一、形式特色

（一）教科书与巨著的合体

克莱默的《法律方法论》一书，定位自始就是双重的。

---

* 上海财经大学法学院讲师，法学博士。

一方面,让法律方法论的初学者能够读得懂。[1] 该书正文部分和其他瑞士部门法教科书语言风格相似,简明易懂,层次清晰。即便翻译成中文,中译本读者也可感受到这种简明的行文风格。例如,在介绍"文义解释"方法时,第一部分引言简要介绍文义的功能和法律文本构成。文义解释只是确定规范意旨的一种论证,还需要加入其他方法。法律文本一般由构成要件和法律后果构成,它们的文本因素区分为"描述性"和"规范性"两种。紧接着第二部分阐述"描述性"构成要件因素,第三部分阐述"规范性"构成要件因素。在第二部分和第三部分,大部分篇幅是通过举例让读者容易理解作者所要阐述的理论内容,正文中对理论的介绍都是作者精心筛选后的理论。例如,第二部分"描述性"构成要件,作者举了"森林""微生物""傍晚""死亡"等例子,让读者有直观认识,之后介绍了两组分类。一组是按照菲利普·黑克观点,划分为"概念核心"和"概念边缘",另一组按照语言分析理论的专业术语,区分为"肯定的候选""否定的候选""中性的候选",并举例说明,通过例子,初学者即可很容易理解理论。这样的风格贯穿了整本书,因而使得该书简明易懂。

另一方面,该书作者希望高级阶段的研究者和专家可以借助该书发现兴趣点,继续阅读其他文献,继续思考。[2] 出于后一个目的,作者脚注部分旁征博引,为读者继续研究提供了文献线索。与上一段对照,仍以书中文义解释部分举例。引言部分提到"文义一般来说是'规范意旨'的最重要的'证据'"时,脚注第 81 阐述了文义与规范意旨的区别,以及此方面的文献。在将法律文本分为"构成要件"和"法律效果"时,作者在脚注第 82 说明,不深入探讨规范结构的法理学问题,但是给出了进一步的文献。作者正文中虽然采纳"描述性"和"规范性"构成要件要素这样的区分,但在脚注第 84 给出了进一步的文献以及其他区分方法。正文只提及一种区分方法,是为了行文简明,筛选跟本书相关的分类;脚注旁征博引、材料丰富,又为深入研究提供指引。这些形成了本书独特的行文风格。

(二)脉络清晰

如果是成熟学科,比如各部门法,经过很长时间发展,框架较为固定,写作

---

〔1〕 [奥]恩斯特·A. 克莱默:《法律方法论》,周万里译,法律出版社 2019 年版,作者序部分。

〔2〕 [奥]恩斯特·A. 克莱默:《法律方法论》,周万里译,法律出版社 2019 年版,作者序部分。

教科书时,也会沿着固定的框架,全书脉络较为清晰。法律方法论,相较部门法而言,尚不足称成熟,各作者在写作时,会有自己的框架结构。虽然大体上可分为原本的法律解释—受约束的法官法—超越法律的法官法三个层次,但各个层次相互之间的边界在哪,各种解释方法如何以妥当的结构展示给读者,不同作者会有不同的安排,脉络清晰程度也会各不相同。

克莱默《法律方法论》一书,核心部分按照原本的法律解释—受约束的法官法—超越法律的法官法这样的结构安排,分为三章。核心部分之前一章也是全书第一章,阐述什么是法律方法论以及为什么要学习法律方法论。核心部分之后一章是国际法对国内法解释的影响。再往后一章也是全书最后一章,介绍对法律方法论持怀疑否定态度的观点,并予以回应。最后一章实际是与第一章互相呼应,回应全盘否定法律方法论的观点,也是从另一个角度回答什么是法律方法论以及为何要学习法律方法论。这样的六章安排,在章这一层脉络十分清晰。

除了章一层脉络清晰,克莱默的书各章内部、各节内部也遵循着清晰的写作脉络。例如,第一章涉及两个问题:法律方法论是什么;为何要学习法律方法论。整章紧紧围绕这两个问题展开。本章第一节概况性的介绍法律方法论是解释者查明规范意旨时,必须遵守的规则的学说,并通过具体例子使得内容容易理解。要弄清楚一个概念是什么,往往也要指明它不是什么,第二节则提到法律方法论不涉及事实查明和评价事实的领域。在弄清楚是什么和不是什么之后,往往进入概念内涵,即它涉及哪些问题,即第三节。第三节阐明法律适用方法涉及哪些问题,这一节也展现了全书核心部分的脉络。第四节进一步从其他角度展现法律方法论是什么以及它与部门法的区分。通过举例以及比喻清晰的表达了作者的思想。法律方法论"涉及(达到目标的)道理,而不直接涉及目标"。〔1〕 例如,法律方法论不直接说明"什么是物",仅说明在解释"物"时应当遵循的方法。〔2〕 在解决了上述问题之后,则面临另一个问题:方法论依据何在?仅仅是理论学说还是有制定法规定,抑或二者结合?这就是第五节。在法

〔1〕 [奥]恩斯特·A.克莱默:《法律方法论》,周万里译,法律出版社 2019 年版,边码 5。
〔2〕 [奥]恩斯特·A.克莱默:《法律方法论》,周万里译,法律出版社 2019 年版,边码 5。

律方法论这一问题上,除了有学者积极探索它的体系之外,也有学者对它提出了全盘否定,作者在第六节回应了全盘否定的观点,使读者清晰地了解方法论能做什么与不能做什么,这也是在回答为什么要学习法律方法论。第七节将法律方法论最广义的内涵展现给大家,并界定本书的写作范围只涉及其中一部分。全章按照这样的脉络清晰的将有关法律方法论是什么以及其功能的知识展现给了读者。

第二章“原本的法律解释”,脉络也十分清晰。第一节是原本的法律解释概念界定,第二节则是各个解释具体展开,第二节最后一目则解决各个解释方法间位阶的问题,以防解释者任意选择解释方法。

书或文章脉络是否清晰,直接关系到读者的阅读体验和理解程度。同样的知识和素材,以更好的脉络呈现在读者面前,相较于不那么好的脉络,读者更容易理解,也会从中吸收更多的知识。克莱默《法律方法论》一书,以十分清晰的脉络,给读者愉悦的阅读体验,并且容易理解,与一些法律方法论书籍的晦涩难懂形成对比。

(三)大量引用瑞士民法法条和联邦法院判决

法律方法论是关于得到结果的方法,而不是直接关于结果本身,因而法律方法论注定是十分抽象的理论。如果仅仅讲述理论,初学者难以理解。此时有必要向读者展现运用方法论产生的有形的具体的结果,通过具体的结果,读者更能想象方法论是如何运作的。克莱默《法律方法论》一书自始至终都贯彻这一写作原则,尽可能少地介绍抽象理论,更多的篇幅留给能呈现方法论运行结果的联邦法院判决或其他例证。

法律解释是一门艺术,它告诉人们如何创造出好的作品,但它本身只涉及创作的方法,而不涉及作品本身。如果只学习方法而不接触作品,则难以创作出好的作品。只有脑海中见过许多好的艺术品,自己才能鉴别好坏,也才能创作出好的艺术品。正如萨维尼所说:

> 我们只能观察优秀典范,去探索这些典范的卓越之处在哪里;由此,我们的意识会变得敏锐起来,知悉每个解释之中的关键之处,并且我们的努力就会开始指向正确的要点。在这里,如同任何艺术一样,这一要点以及避免许多可能

的歧途,就是我们通过理论所希望获得的。[1]

克莱默《法律方法论》一书贯穿大量法院判决,正是提供给阅读者观察优秀典范的机会,同时也提供失败的典范作为反面借鉴。例如,书中多次提到《瑞士债法》第 185 条第 1 款规定:"除有特别情况或契约另有约定外,买卖物的用益与危险,于契约订立时移转于买受人。"[2]这一规定不符合逻辑,因为私法中基本的逻辑是所有权人应当承担意外风险。[3] 买卖情形标的物风险一般也是自交付时移转。对于《瑞士债法》第 185 条第 1 款这样的"体系外"的规范,应当进行限缩解释。联邦法院判决 BGE 84 Ⅱ 158 及 BGE 128 Ⅲ 370 采限缩解释,尽量限制此等"体系外"条款的适用。通过这样的判决书,读者可以对限缩解释如何操作有直观体会。

可作为反例的是联邦法院判决 BGE 46 Ⅱ 468,该判决否认合伙企业的合伙人能够为该企业的债务提供保证,理由是概念性的论证,即从概念逻辑出发,民事主体无法为其本人的债务提供保证,合伙是人合组织,合伙人的保证与"人合组织的本质"相悖。[4] 后来,立法解决了这一问题,规定在《瑞士债法》第 568 条第 3 款第 2 句。这样的反面例子,让读者切身感受到,概念法学的概念逻辑推演,有可能得到荒谬的结果。

---

〔1〕 [德]萨维尼:《当代罗马法体系Ⅰ》,朱虎译,中国法制出版社 2010 年版,第 164 页。转引自[奥]恩斯特・A. 克莱默:《法律方法论》,周万里译,法律出版社 2019 年版,脚注第 48。

〔2〕 法条中译本:《瑞士债务法》,戴永盛译,中国政法大学出版社 2016 年版。

〔3〕 [奥]恩斯特・A. 克莱默:《法律方法论》,周万里译,法律出版社 2019 年版,边码 70。联邦法院判决 BGE 128 Ⅲ 370 详细评价了《瑞士债法》第 185 条第 1 款。简述如下:买卖风险自合同订立时移转可追溯至罗马法,优士丁尼《法学阶梯》第 3 卷第 23 篇"买卖"第 3 条如此规定。这在罗马时代不会引起太多问题,因为当时买卖大多发生在集市,负担行为和处分行为大多数情形同时发生,买卖合同同时伴随着履行。而合同缔结与履行不同时发生,罗马时期也多数是为了买受人利益,比如不能立即支付价款。这种情形下,让买受人承担风险是合理的。从比较法的角度看,德国和奥地利并没有采纳罗马法上这一规则,而是规定风险自交付标的物时移转;法国和意大利规定,买卖合同生效时所有权也移转,所以不存在瑞士法上的问题。瑞士法上的这一立法问题,从立法史上看,在议会咨询时,德语区想采纳德国模式,法语区想采纳法国模式,最后少数派取得了胜利,将法国模式付之表决。法国法上,合同生效时所有权已经移转,故规定合同生效时风险移转并不违反体系。然而,瑞士法上,所有权自交付(不动产自登记)时才移转,而风险自订立合同时已经移转,风险移转规则违反体系。且现代生活中的交易模式已不是罗马时期集市交易为主的交易模式,有必要对《瑞士债法》第 185 条第 1 款做限缩解释。

〔4〕 [奥]恩斯特・A. 克莱默:《法律方法论》,周万里译,法律出版社 2019 年版,边码 143。

二、法律方法论的功能

法律方法论教材,除了要介绍具体的解释方法之外,还应当回答一个质疑,即法律方法论对法律适用者是否起作用。一门学科所追求的目标,如果被人质疑其作用却无法回应,那就会丧失存在的基础。法律方法论如果不能回应前述问题,其根基也会动摇。

质疑者提出,解释者在很多案件中依其主观(前理解)进行解释,而以法律方法论进行表面正当化。[1] 并且就选择何种解释方法而言,解释者也常常以结果为导向,任意选择支持其结论的解释方法。[2] 本书作者回应了这两个问题。

就解释者的前理解,问题本质是,法律方法论要求解释者应当像一个涵摄机器一样去解决法律问题,还是允许解释者有其前理解?作者认为,法官不是无思想的"自动涵摄机",全盘否定法律方法论作用者给法官的定位是"自动涵摄机",没有个人主观评价,这样的出发点是脱离实际的。[3] 解释活动本身带有较大的评价余地,法官的前理解对案件结果是不可忽视的影响因素。法律方法论的任务是尽可能地限制恣意的纯主观的评价,使解释活动尽可能地"客观化"和"理性化"。[4] 尤其在目的解释中,涉及的不是形式逻辑的严谨推理,而是评价问题,这类评价问题只能在一定程度上被客观化,个人的前理解在其中不可避免地起到一定作用。[5]

解释者的前理解(主观)会影响法律解释的结果,而法律方法论追求的是尽量"客观化"的结果,那么这两者是如何互相作用的呢?作者认为:

第一,解释者不是中立地对待文本,而是带着某种前理解,这是诠释学的基

---

〔1〕 [奥]恩斯特·A. 克莱默:《法律方法论》,周万里译,法律出版社 2019 年版,边码 11、边码 296。

〔2〕 [奥]恩斯特·A. 克莱默:《法律方法论》,周万里译,法律出版社 2019 年版,边码 11、边码 153。

〔3〕 [奥]恩斯特·A. 克莱默:《法律方法论》,周万里译,法律出版社 2019 年版,边码 12。

〔4〕 [奥]恩斯特·A. 克莱默:《法律方法论》,周万里译,法律出版社 2019 年版,边码 12。

〔5〕 [奥]恩斯特·A. 克莱默:《法律方法论》,周万里译,法律出版社 2019 年版,边码 193。

础。前理解引导着理解过程,并且在理解的过程中不断地被修正,体现诠释学过程的“循环性”。[1] 理解文本不可能排除前理解的影响,理解的过程必然是现在的材料结合前理解,获得它的含义。

第二,前理解有不同的层面。它可以是个体心理学的“偏见”,比如种族歧视、性别歧视;也可以是特定群体共同拥有的价值倾向,比如保守倾向、宗教倾向;有的也涉及大多数人群的“时代精神”、哲学思潮;还有一种称为“职业的前理解”,经过专业法律训练的人,受到专业训练和长期所接触的所有法律问题的影响。[2]

第三,使法律解释尽可能地客观化,是法律方法论的基本原则。这与上述提到的“时代精神”和“职业的前理解”并没有矛盾。[3] “时代精神”对法律解释的影响本身就是“合乎规范的”,让法能够不断地适应新的社会评价视角,正是法律功能的体现。[4] “职业的前理解”是法官长期的职业经验,[5]这也是法律解释必不可少的知识储备部分。一个训练有素的法律人,其既有的“职业前理解”对法律解释客观化是起促进作用的,而不是相反。特定群体的价值倾向,也是对法律解释合理的影响因素。解释者不是没有灵魂的机器,[6]法律解释是客观和主观因素不可分割的混合体。[7] 最后,解释者个人心理引发的单方面的“偏见”,如性别歧视、种族歧视,属于非理性的,应当避免其对法律解释的影响。

第四,法律适用者的前理解影响到其对法律的解释,但上述这些前理解,起到更为重要作用的是“职业的前理解”,它是法律适用者在使用技艺决定法律案件的过程中,从长期积累的经验中发展而来的。[8] 至于法律适用者的个人态

---

〔1〕 [奥]恩斯特 · A. 克莱默:《法律方法论》,周万里译,法律出版社 2019 年版,边码 297。
〔2〕 [奥]恩斯特 · A. 克莱默:《法律方法论》,周万里译,法律出版社 2019 年版,边码 300。
〔3〕 [奥]恩斯特 · A. 克莱默:《法律方法论》,周万里译,法律出版社 2019 年版,边码 302。
〔4〕 [奥]恩斯特 · A. 克莱默:《法律方法论》,周万里译,法律出版社 2019 年版,边码 302。
〔5〕 [奥]恩斯特 · A. 克莱默:《法律方法论》,周万里译,法律出版社 2019 年版,边码 302。
〔6〕 [奥]恩斯特 · A. 克莱默:《法律方法论》,周万里译,法律出版社 2019 年版,边码 304。
〔7〕 [奥]恩斯特 · A. 克莱默:《法律方法论》,周万里译,法律出版社 2019 年版,边码 304。
〔8〕 [奥]恩斯特 · A. 克莱默:《法律方法论》,周万里译,法律出版社 2019 年版,边码 306。

度和个性,似乎并未像否定法律方法论作用者所言,起到重要作用,[1]至少在大部分案件中,作用甚微。

第二个需要回应的问题是,法律适用者在选择解释方法时,是否可以任意选择,还是各种方法之间有其优先顺序？对于这个问题,作者也做了回应。文义和体系解释是基础,并进而探寻法律目的来确定文义范围内的规范意旨,必要时可超出或违背文义解答。[2] 这将目的解释放在了更高的位阶上。

三、法律解释方法

本书核心部分是各种解释方法。以原本的法律解释—受约束的法官法—超越法律的法官法这三个层次展开。这种三层次划分是以文义界限为标准区分的。[3] 原本的法律解释,是在规范可能的文义范围内运作;受约束的法官法和超越法律的法官法超出法律文义运作。[4] 需要特别提及的是一般条款具体化,形式上看是在文义范围内运作,但实际上涉及漏洞填补以及通过法官法实现的"补充立法"。

受约束的法官法和超越法律的法官法,都是在规范文义之外运作,二者的界限不清晰,对它们加以区分,仅是为了表明观点。[5] 二者大致可以这样区分:"只要法官能够以'思考上服从'的方式,追溯现行法中具体可证明的评价,并将其'思考完毕',这被称为'受约束的法官法'。"[6]主要的方法是类推和目的性限缩。如果现行法中没有规定或没有具体规定指导性观点,需要法官的法律创制活动去填补漏洞,正如《瑞士民法典》第1条第2款规定,按照"法院自己如作为立法者应提出的规则"作出裁判,则成为"超越法律的法官法"。[7] 例

〔1〕 [奥]恩斯特·A.克莱默:《法律方法论》,周万里译,法律出版社2019年版,边码306。

〔2〕 法律解释各个方法之间的位阶问题,参见[奥]恩斯特·A.克莱默:《法律方法论》,周万里译,法律出版社2019年版,边码153以下。

〔3〕 [奥]恩斯特·A.克莱默:《法律方法论》,周万里译,法律出版社2019年版,边码17。

〔4〕 [奥]恩斯特·A.克莱默:《法律方法论》,周万里译,法律出版社2019年版,边码156。

〔5〕 [奥]恩斯特·A.克莱默:《法律方法论》,周万里译,法律出版社2019年版,边码159。

〔6〕 [奥]恩斯特·A.克莱默:《法律方法论》,周万里译,法律出版社2019年版,边码158。

〔7〕 [奥]恩斯特·A.克莱默:《法律方法论》,周万里译,法律出版社2019年版,边码158。

如,《瑞士民法典》第 2 条第 2 款规定禁止权利滥用、《瑞士债法》第 19 条第 2 款规定合同内容不得违反公序良俗,或者法律指引到公平、自由裁量、“评价所有的情况”、“合理性衡量”等。[1]

(一)原本的法律解释

原本的法律解释,有文义解释、体系解释、历史解释和目的解释。以这些因素为基础建构的法律方法论一直以来都有争议,但作者将争议一笔带过,还是从这些因素入手。因为不了解它们,就不能理解争议所在,且这些解释方法本身也是持续发展的。

1. 文义解释

文义是任何解释的起点,立法者最终是使用法条文字作为媒介传达信息的。这里涉及三个概念:法律文本(*wortlaut*)、文义(*wortsinn*)和规范意旨(*normsinn*)。法律文本是未经解释的语言载体,文义是文字经过语言学解释得到的意思,语言载体所对应的文义并非总是精确、唯一,规范意旨是解释者使用所有法律解释方法后,赋予规范的意思,即通常是在文义范围内,借助文义、体系、历史和目的解释方法,最终赋予规范某意思。[2] 文义和规范意旨间的关系是:(1)文义一般来说是确定规范意旨的最重要证据;(2)谁主张规范意旨与文义不一致,谁承担论证的义务;(3)文义模糊或者多义时,规范意旨需要结合其他“证据”查明。

文义解释是法律解释的起点,而文义解释是以法律文本为基础进行的,故作者先分析法律文本的构成。规范的组成,可以分为“构成要件”和“法律后果”两个部分,从语言学的角度来看,“构成要件”或“法律后果”的文本又可以分为“描述性”或“规范性”。本书以“构成要件”为例,分析了“描述性构成要件”和“规范性构成要件”。

描述性构成要件和规范性构成要件,作者并未给出定义,而是通过非定义性的内容描述加上举例,以让读者能够了解这两个词语所指。

规范性构成要件一般不涉及有形物,而是抽象存在或者评价,狭义的规范

---

〔1〕 [奥]恩斯特 · A. 克莱默:《法律方法论》,周万里译,法律出版社 2019 年版,边码 249。

〔2〕 [奥]恩斯特 · A. 克莱默:《法律方法论》,周万里译,法律出版社 2019 年版,脚注第 81。

性构成要件是法律专业术语，[1]包括“所有权”“占有”“解除合同”“违约”“返还财产”等。他们的意思有时通过法律定义来明确，但仍有产生疑义的情况。法律中存在一些规范性构成要件要素，没有特别的法律特征，而是指向社会评价，称为“价值或评价概念”，包括“合比例”“重大公共利益”“不合理”“损害儿童的幸福”“过度妨害”“显失比例”“重大错误”“色情出版物”等。[2]

描述性构成要件，表明“实在的事实”，总体来说是清楚的，如“建筑物”“家畜”。但少数例子中，其是不清楚的。例如，什么是“森林”，树林何时成为森林？有时候，法律为了实现明确性，会规定“法律定义”。例如，交通法律中什么是傍晚、微生物是不是动物、什么时候认定为死亡。[3]

对于描述性构成要件，语义学上用“三领域模式”确定其内涵。一个描述性构成要件包含肯定的候选、否定的候选和中性的候选。肯定的候选是明确可涵摄于某概念下，否定的候选是明确不能涵摄于该概念下，中性的候选不能确定是否可涵摄于该概念下。这就是“三领域模式”。

“三领域模式”为法律解释方法提供了概念上的基础。肯定的候选，通过文义解释，即可涵摄于构成要件下；若要将其排除在外，则须运用目的性限缩。中性的候选，则通过扩张解释涵摄于构成要件下，例如滑雪道是否涵摄于建筑物或其他工作物概念下；中性的候选也可能经解释被排除在构成要件外，就是限缩解释。否定的候选，民法上通过类推适用，可被涵摄于构成要件，在刑法中因禁止类推，不能被构成要件涵摄。[4]

2. 体系解释

没有文本不需要语境。体系解释不是法律解释学的特别要求，而是所有人文学科解释学（诠释学）的基本原则。

法律文本在整个法律、法律部门，甚至整个法秩序中的体系位置，对确定规范意旨至关重要。[5] 作者分别从外在体系和内在体系介绍了体系解释。

---

〔1〕［奥］恩斯特·A. 克莱默：《法律方法论》，周万里译，法律出版社2019年版，边码30。
〔2〕［奥］恩斯特·A. 克莱默：《法律方法论》，周万里译，法律出版社2019年版，边码34。
〔3〕［奥］恩斯特·A. 克莱默：《法律方法论》，周万里译，法律出版社2019年版，边码23。
〔4〕［奥］恩斯特·A. 克莱默：《法律方法论》，周万里译，法律出版社2019年版，边码27。
〔5〕［奥］恩斯特·A. 克莱默：《法律方法论》，周万里译，法律出版社2019年版，边码58。

外在体系是法律形式上的构造,是对以法律概念为基石的法律材料的划分。[1] 外部体系对法律解释有意义的是:法律条款的顺序及其篇、章、节和段的归属。条文的标题和边码都构成了法律整体的一部分,经常成为很有价值的辅助解释工具。例如,《瑞士债法》第542条隶属于从第531条开始的小节"B.合伙人之间的关系",由此可以得出,第542条规定在合伙人加入时要求其他合伙人同意,仅涉及内部关系和合伙人的业务管理权。[2]

内在体系是法的内部构造,是一致的价值判断体系。基于权利平等的要求,法秩序不仅是外部一致的法律规则的集合,价值判断上也应是尽可能没有矛盾的内在体系。[3] 萨维尼对内在体系的表述尤其有意义:

> 法学诸问题中最大的难题在于厘清和辨别这些一般的法律原则,从中推导出存在于一切法律概念和规则中的内在联系及其确切的亲和程度。的确,正是此一特殊之处赋予我们的工作以科学性质。[4]

例如,合同法领域有合同自由原则和给付均衡原则。在通过个别磋商达成合意的情形,双方的自治基本能够保障实现给付均衡,而在格式条款情形,一方几乎没有决定合同内容的自由,给付均衡须借助合同内容控制来实现,这也是格式条款内容控制之理由。[5]

进行体系解释时,如果某个规则是例外的规则,在解释时一般不得类推适用。与内在体系不协调的,无法论证的属于体系外的规定,必须限缩解释。例如,《瑞士债法》第185条第1款的风险转移规则是偏离体系的异常规定,瑞士联邦法院对此作出限缩规定。[6]

3. 历史解释

历史解释涉及一个问题:应该按照立法时立法者赋予规范的意旨进行解释

---

〔1〕 [奥]恩斯特·A.克莱默:《法律方法论》,周万里译,法律出版社2019年版,边码62。

〔2〕 [奥]恩斯特·A.克莱默:《法律方法论》,周万里译,法律出版社2019年版,边码64。

〔3〕 [奥]恩斯特·A.克莱默:《法律方法论》,周万里译,法律出版社2019年版,边码67。

〔4〕 [德]萨维尼:《论立法和法学的当代使命》,许章润译,中国法制出版社2001年版,第18页。

〔5〕 [奥]恩斯特·A.克莱默:《法律方法论》,周万里译,法律出版社2019年版,边码69。

〔6〕 联邦法院判决 BGE 128 Ⅲ 370。

还是以适用法律时的情况解释法律?

对这一问题,历来争议不断,法律适用者也在这两种解释之间摇摆。例如,瑞士联邦法院判决 BGE 76 Ⅱ 51 中,关于《瑞士债法》第 706 条撤销股东会决议的规定能否适用于撤销董事会决议,联邦法院采纳的是立法者当时的意图,认为不可以适用于董事会决议。在另一则判决 BGE 112 Ⅱ 1 中,又采用了客观解释即就女性是否有投票权,联邦法院 20 世纪 50 年代的判决,采纳的是立法者意思解释,当时立法者所说的所有瑞士人仅理解为男性瑞士人。但后来的判决 BGE 112 Ⅱ 1,作出了客观的、合乎时代的、合宪的理解,认为女性也有投票权。[1]

作者回顾了历史解释的教义学历史,由于各种学说使用不同的概念造成理解上的混乱,作者一并梳理了各种术语。在此基础上,作者提出一个建议:不能采取毫不妥协的极端解决办法,可行的结果可能是折中的,即法律产生的历史对解释者有意义,同时法律适用者应当使法律很好地适应当前的需要。[2] 这样,在很多案件中按照历史上立法者的意思还是按照当下的社会状况进行解释就没有争论的必要了。

作者克莱默教授原则上支持客观论。因为法律不是解决过去的行为,而是解决当前和未来有关的行为,因此解释时应以最能实现解决当前冲突的功能的方式。法律告诉当下的公民什么是合法和非法,因此原则上按照现在的法律和社会的环境,如基于今天的语言习惯,对规范文本进行最有说服力的解释。[3]

但是,很多案件中,法律适用时的社会生活状况较之立法时并未变化,因此历史解释探寻立法者意思,仍有其重要作用。进行历史解释时,应查阅哪些历史材料,作者也表达了观点。[4]

4. 目的解释

目的解释不仅在原本的法律解释的框架下有决定性作用,在受约束的法官

---

〔1〕 [奥]恩斯特·A. 克莱默:《法律方法论》,周万里译,法律出版社 2019 年版,边码 91。

〔2〕 [奥]恩斯特·A. 克莱默:《法律方法论》,周万里译,法律出版社 2019 年版,边码 108。

〔3〕 [奥]恩斯特·A. 克莱默:《法律方法论》,周万里译,法律出版社 2019 年版,边码 109。

〔4〕 历史解释时,应当查阅哪些材料,参见[奥]恩斯特·A. 克莱默:《法律方法论》,周万里译,法律出版社 2019 年版,边码 111、边码 115 以下。

法下也有其作用。在原本的法律解释框架下,文义、体系和历史解释得到的仍是不确定的规范含义时,可依据法律目的确定其含义。即便在其他解释方法下规范意旨看似清楚,也有必要用目的解释予以印证,一旦其他方法得到的文义与目的相悖,则有可能进入法官法领域。在公开的法律漏洞中,借助类推适用弥补漏洞,也须探寻法律目的,借助目的性衡量来确定是否缺少制定法的规定。[1]

法律目的涉及的是立法政策的问题、制定法设定的目标、想要实现什么样的目的。例如,商事交易中最大可能的保护交易安全,买受人检验通知义务是为了促进卖方处置的确定性。[2] 作者给出了探究法律目的的途径,比如从立法材料中探究,根据公认的学理和判例为指引。[3]

今天看来,法律解释以目的为导向是理所当然的,但在概念法学盛行时期却不是如此。[4] 作者因而介绍了概念法学的弊端,以及从概念法学向利益法学的发展。19 世纪中期,潘德克顿学派建立的概念法学,通过纯粹的形式逻辑方法,仅从概念的逻辑关系推导法条的意旨,并加工整个概念体系,试图以几何学的方式进行无价值的演绎。[5] 耶林在《对法学的戏谑与认真》一书中,嘲笑了概念法学的不足之处,然后通过他的法理学、法社会学的代表作《法律中的目的》一书,提出目的是一切法律的创造者。在此基础上,利益法学得以建构。利益法学在黑克的领导下,在图宾根大学法学院建立起来。与概念法学逻辑崇拜不同,利益法学从"生活研究和生活评价的优先性"出发。[6] 利益法学对法律的认识是,各种冲突利益妥协的结果。立法者是这种利益的调节器。从这一个根本出发,黑克认为,解释者首先应当进行"历史的利益研究",他应当结合历史,正确地认识促使法律产生的现实利益,并且在案件裁判中考虑该利益。利益法学对应当考量的利益,有不同的声音,有的认为,历史上的目的不一定有决定性作用,重要的是基于当前的利益状况及其一致性评价,作出合乎当下的规

[1] [奥]恩斯特 · A. 克莱默:《法律方法论》,周万里译,法律出版社 2019 年版,边码 174。
[2] [奥]恩斯特 · A. 克莱默:《法律方法论》,周万里译,法律出版社 2019 年版,边码 128。
[3] [奥]恩斯特 · A. 克莱默:《法律方法论》,周万里译,法律出版社 2019 年版,边码 129。
[4] [奥]恩斯特 · A. 克莱默:《法律方法论》,周万里译,法律出版社 2019 年版,边码 135。
[5] [奥]恩斯特 · A. 克莱默:《法律方法论》,周万里译,法律出版社 2019 年版,边码 135。
[6] [奥]恩斯特 · A. 克莱默:《法律方法论》,周万里译,法律出版社 2019 年版,边码 137。

范解释。[1] 前文“历史解释”一节,对此有提及。作者的观点是,原则上应该以当下的利益状况为考量标准,但当下的利益状况很多时候与立法时的状况并无变化,因此立法材料也可以作为当下利益考量的参考依据。

(二)法官法

法官适用法律如果超出法律文义,即超过了概念核心和概念边缘,则涉及法官法。例如,《瑞士民法典》第 697 条的文义只包含土地所有人责任,但借助类推,将其涵摄于土地承包人。土地承包人从文义上不属于土地所有人。而一般条款、一般原则,形式上看,文义上包含了具体化出来的规则,但实质看来,一般条款、一般原则并不能进行涵摄,法律适用主要是法官的法律续造。

作者区分受约束的法官法和超越法律的法官法。受约束的法官法,即法官以“思考上服从”的方式,追溯现行法中具体可证明的评价,并将其“思考完毕”,[2]也被称为法律内在的法官法。实践中,类推填补在受约束的法官法中位于核心地位。此外还有目的性限缩。超越法律的法官法,是现行法中没有规定的,也没有指导性观点,需要法官的法律创制活动去填补漏洞,借助一般条款以及指示参引公平和法官自由裁量的规定。[3]

可见,法官法主要的问题是公开的法律漏洞的填补、除外漏洞填补和一般条款具体化。本文不再将受约束的法官法和超越法律的法官法分开论述,二者的界限本身就比较模糊。[4]

公开的法律漏洞在下述情况中得以成立:对一个法律问题,在可能的文义范围内,法律违反计划地没有给出肯定的回答,就只能超出法律文义寻找肯定的回答。例如,《瑞士民法典》第 712p 条,规定了第一次业主委员会出席人数不够的情况下,召集第二次业主委员会时的门槛降低,但没有规定第二次仍不够时怎么办。公开漏洞可借助类推、轻重推理、反面推理等途径来弥补。[5]

除外漏洞是文义涵摄范围过宽导致的,本该排除不能被涵摄的事实也被文

---

〔1〕[奥]恩斯特·A. 克莱默:《法律方法论》,周万里译,法律出版社 2019 年版,边码 138。

〔2〕[奥]恩斯特·A. 克莱默:《法律方法论》,周万里译,法律出版社 2019 年版,边码 158。

〔3〕[奥]恩斯特·A. 克莱默:《法律方法论》,周万里译,法律出版社 2019 年版,边码 158。

〔4〕[奥]恩斯特·A. 克莱默:《法律方法论》,周万里译,法律出版社 2019 年版,边码 159。

〔5〕具体内容参见[奥]恩斯特·A. 克莱默:《法律方法论》,周万里译,法律出版社 2019 年版,边码 179 以下。

义涵摄,应当通过违背文义却符合法律目的的方式排除该情形的适用,[1]也被称为"目的性限缩",其背后思想是不同案件、不同对待。例如,《瑞士债法》第402 条第 2 款,文义上包含所有委托合同,但根据目的解释,只适用于有偿的委托合同,无偿委托情况下的责任问题,类推适用无因管理法,即《瑞士债法》第422 条第 1 款。[2]

在缺少规则、法律也没有导向性观点时,法官可以通过一般条款具体化来创制法。例如,《瑞士民法典》第 2 条第 1 款的诚实信用原则;《瑞士债法》第 19 条第 2 款规定合同内容不得违反公共秩序、善良风俗或人格权;《瑞士债法》第736 条第 4 项规定得以"重大事由"解散股份公司。超越法律的法官法,重要的问题有两个:第一,如何界定哪些问题是法官的权限,哪些问题是立法者权限;[3]第二,法官的法律创制形式上要满足什么要件。针对第一个问题,并无明确的答案,只能寄希望于"司法克制"[4]。对于后一个问题,应当按照法治国家的原则,要求法官创制法律时给出一般化的裁判理由、满足法律平等的原则以及公开的论证。[5]

四、总　　结

克莱默《法律方法论》一书,在德语世界被作为权威方法论书籍使用。书籍内容以法律解释和续造方法为核心,提供给读者的多是经过精心选择的主流的观点,对于学说上的争议和学说史的发展,正文部分尽量不提及,而是放在脚注中。这既方便了初学者阅读正文容易理解,也方便高级研究者通过脚注进一步查阅材料。

理论观点方面,作者尽量以简洁的篇幅在正文展现,且将更多的篇幅留给

---

[1] [奥]恩斯特 · A. 克莱默:《法律方法论》,周万里译,法律出版社 2019 年版,边码 175。

[2] [奥]恩斯特 · A. 克莱默:《法律方法论》,周万里译,法律出版社 2019 年版,边码 210。

[3] 就这一问题,参见[奥]恩斯特 · A. 克莱默:《法律方法论》,周万里译,法律出版社 2019 年版,边码 276 以下。

[4] [奥]恩斯特 · A. 克莱默:《法律方法论》,周万里译,法律出版社 2019 年版,边码 278。

[5] 具体参见[奥]恩斯特 · A. 克莱默:《法律方法论》,周万里译,法律出版社 2019 年版,边码 228 以下。

案例。这也是此书独到之处。阅读此书,读者收获的不仅仅是有关法律解释的一些理论知识,还能了解实践中如何运用这些理论知识进行法律适用。高阶读者,若关注脚注部分,还能了解德语世界法律方法论的发展历史和全貌。

此外,尤其值得一提的是译者的贡献。原书中提及的德文文献,若已有中文译本,译者都一一注明中文译本。对一些难以理解的问题,译者在脚注部分以“译者注”的形式进行引导,降低阅读难度。译者这些细心之举,与原书作者克莱默的行文风格一样,都旨在提升阅读体验,降低理解难度。

中国式邻避困局的破解之“法”：基于社会系统论视角

——兼与郎兴友教授等商榷

张文龙*

内容摘要：中国邻避运动涌现受到经济、政治、法律、科学、大众媒体等不同社会系统的理性逻辑驱动，并非纯粹私人利益驱动的结果。在社会沟通层面上，中国式邻避困局的实质是多元理性冲突。破解这个困局需要解决两大问题：一是抑制各功能系统的负外部性，二是建立起各功能系统社会沟通的协同性。总之，要多管齐下，尤其通过法律对其他功能系统的反思和刺激，才可能在制度层面上有效缓解邻避运动。

关键词：邻避运动　多元理性　法律系统　社会沟通　刺激　反思

《探索与争鸣》2015 年第 12 期发表了郎兴友、薛晓婧的文章《“私民社会”：解释中国式“邻避”运动的新框架》（以下简称“郎文”），“郎文”从“私民社会”的视角，分析了邻避运动诸种解释之不足，认为可以“私民”和“私民社会”概念解释中国邻避运动的涌现、频发及其实质，主张通过协商民主和公民教育，中国就能够走出“私民社会”带来的“邻避”困局。但本文认为，中国式邻避困局的实质是多元理性冲突，这种冲突受到不同社会领域的不同理性逻辑的驱动，并非纯粹私人利益驱动的结果。因此，仅从“私民性”和“私民社会”角度，不可能真正触及“邻避”问题的症结，不可能真正找到解决这一问题的药方。

---

* 华东政法大学助理研究员，华东政法大学科学研究院法治与法律方法研究中心副主任，法学博士后。

一、对“郎文”解释中国邻避运动的新框架之质疑

所谓“邻避”,字面意思就是“不要建在我家后院”,旨在表达公众对于危害自己生活环境的公共设施或工业社会的反对态度。21世纪以来,随着城市化进程的展开,可用城市土地不断减少,城市公共服务需要不断增加,中国社会进入了“邻避冲突的时代”。大量实为邻避运动的群体性事件不断涌现,如厦门反PX项目事件(2007年)、上海反磁悬浮项目事件(2008年)、番禺反垃圾焚烧厂事件(2009年)、大连反PX项目事件(2011年)、什邡反钼铜项目事件(2012年)、昆明反PX项目事件(2013年)、茂名反PX项目事件和余杭反垃圾焚烧厂事件(2014年)。

针对此起彼伏的中国邻避运动,“郎文”用“私民社会”这个新框架进行解释,提出了三组命题:“邻避运动的私民性”“邻避运动的非组织性”“邻避运动作为弱者的武器”。对于“郎文”上述新框架及其命题,本文拟从现代社会的功能分化角度予以质疑,并进一步对“邻避运动的公民性”“邻避运动的弱组织化”“邻避运动的暴力非必然性”等命题予以回应。

“郎文”认为当前中国社会是一个“私民社会”,即由“私民”组成的社会,所谓“私民”就是只考虑私人利益的个人。“私民”是一个相对于公民的概念,这两个概念是建立在市民社会与政治国家的区分的基础上,因为“郎文”提出的“私民社会”实质上就是中国式的市民社会,二者都反映了由私人利益需求构成的社会体系,相反,政治国家则是由公民组成的,维护公共利益的政治体系。而且,“郎文”认为中国“私民社会”的形成有两个方面成因:一是因为中国传统社会是一个由家庭和小共同体组成的社会,在这个社会中,“臣民”没有“公”的观念,只有“私”的利益;二是因为在1949年新中国成立后到改革开放前压制“私性”和“私民社会”的体制松动。[1] 由此,根据中国社会是一个“私民社会”,“郎文”建立起解释中国邻避运动的新框架。

---

〔1〕 郎兴友、薛晓婧:《“私民社会”:解释中国式“邻避”运动的新框架》,载《探索与争鸣》2015年第12期。

本文认为“郎文”提出的“私民社会”是对当前中国社会性质的误判。这种误判的根源在于将十八九世纪西方国家形成的市民社会/政治国家之区分套用到 21 世纪的中国社会,从而低估了中国社会的公民意识和公共性发育程度。历史表明,现代社会已经从市民社会与政治国家的二元分化发展到诸社会系统的功能分化阶段。在功能分化的现代社会,完全体现私人利益需求体系的经济系统从社会中分出,社会其他功能领域也逐渐浮现,这些领域如宗教、教育、媒体、法律、政治、科学、艺术、医疗跟经济一样,成为一个独立的社会功能系统。[1] 但是,这些社会领域和部门并不是纯粹私人利益的需求和结果,它们也具有公共利益和公共生活的维度,如当代环境保护运动、消费者运动、公民教育、无国界医生。同时,这些部门领域的发展,又反过来促进了公民社会的形成,因为这些社会领域和部门,与政治和法律系统一起塑造着国家的公民生活。因此,现代社会的功能分化重构了公民的社会语义和社会结构,公民生活不仅存在于政治国家领域,还存在于其他社会领域。因此,用简单化的政治/非政治区分来界定“公民”概念是不合时宜的,以此来观察中国社会只会导致误判。

在改革开放后的中国社会,我们可以看到,社会主义市场经济发展自然刺激了私人欲望的膨胀和私人利益的追求,被消灭多年的企业家阶层又重新出现,私人生活得到恢复,但是社会的发展并没有仅停留在“市民社会”阶段。宏观的事实表明,中国社会也是一个功能分化的社会,特别在全球化的当前阶段,中国社会不是与其他国家社会隔绝,相反,由于社会功能系统的全球化,如全球化的经济、全球化的教育、全球化的大众媒体、全球化的政治、全球化的宗教,中国社会已经成为世界社会的一部分。而且,在微观层面,21 世纪以来,中国在各个社会领域出现了大量社会团体、公益组织和公益活动、维权组织和维权活动,而且还有各种公民运动的兴起,如环保运动、公民救灾行动、扶贫公益活动、保护消费者运动、慈善筹款活动,这些现象和活动都表明了中国社会的公民性正在发育。尽管由于种种原因,中国社会的公民性发育程度可能不高,但是不能由此否认它的存在。因此,“私民社会”这个框架是不成立的,笔者下面将逐一

[1] 关于现代社会的功能分化的讨论,参见[德]尼可拉斯 · 鲁曼:《生态沟通:现代社会能应付生态危害吗?》,汤志杰、鲁贵显译,台北,桂冠图书股份有限公司 2001 年版,第 169 ~ 181 页。

质疑其提出的三大命题。

（一）对“邻避运动的私民性”命题的质疑

“郎文”通过误读阿克曼“私人公民”的概念，提出了“邻避运动的私民性”命题。它的论证主要分为三个层次：(1)在概念层面上区分公民和私人，通过割裂公民概念的政治意涵与法律意涵，将“私民”概念定位在私人层面，从而与政治意义上的公民概念配对；(2)在行动理由层面上，通过划分私人事务与国家公共事务，将“私民”定位在私人事务领域，即其行动“实质上是追求私人生活的目标”，或者说“其言论和行为以关注和满足个人或小群体的利益、情感、意志为主要目的”，简言之，“私民”行动都是基于私人目的，并不就公共政治问题进行公共推理，为其行动提供大家共享的理由；(3)在政治概念上，通过自由主义政治与共和主义政治的区分，将“私民”定位在自由主义政治领域，认为“私民”冷漠、无知和狭隘，是大散众，甚至就是“乌合之众”，难以真正追求社群的公共利益。[1] 通过分析上述论证层面，我们可以看到“郎文”对阿克曼“私人公民”概念误读的根源，主要有以下三个方面。

首先，“郎文”割裂了公民概念的政治内涵与法律内涵。在阿克曼的思想中，“私人公民”概念是相对于“公共公民”和“彻底私人”两个范畴而言，[2]但是“郎文”的“私民”概念是对“私人公民”概念的压缩，将“私人公民”等同于“私民”，同时将“公共公民”等同于“公民”，以致变“私人公民”成一个纯粹私人的范畴。由于将“私民”与“公民”范畴配对，“郎文”完全无视阿克曼作为宪法学家运用公民概念的法律意涵，因此其“私民”概念完全变成一个与政治绝缘的范畴。不过，以邻避运动来检视“私民”范畴，就知道公众的邻避抗议不是一个与政治绝缘的私人活动，更不是纯粹的私人事务，其追求的私人利益具有重要的法律意涵，并因为其公民身份，与整个公共决策具有重要牵连。因为公民身份的法律意涵与政治意涵是交织在一起的，邻避运动的公众抗议在某种意义上是从政治公共领域的边缘向作为政治中心的政府提出挑战与异议，而且这种对

---

〔1〕 郎兴友、薛晓婧：《“私民社会”：解释中国式“邻避”运动的新框架》，载《探索与争鸣》2015年第12期。

〔2〕 [美]布鲁斯·阿克曼：《我们人民：奠基》，汪庆华译，中国政法大学出版社2014年版，第255页。

政治权威的挑战是建立在公民身份基础上的,其背后具有潜在的法律权威支持。

其次,"郎文"割裂了公民行动的私人理由与公共理由。阿克曼的"私人公民"概念维持了公众个人行动的私人理由与公共理由之间的张力,[1]并通过"公民"概念连接私人理由与公共理由。但"郎文"的"私民"概念则试图割裂公民行动的私人理由与公共理由,将邻避运动仅仅视为私人行动的产物,而无视这种私人行动所具有的"公共性"。[2] 如果我们承认上述公民身份的法律意涵与政治意涵相互重叠交织,那么,我们就可以看到邻避运动具有极为丰富的"公共性":(1)邻避运动通常是建立在社区行动基础上。社区作为公共领域,通常是居民或者公众利益和意见汇集和碰撞的地方。通过社区论坛和集体行动,邻避运动才能具有社会凝聚力和公共影响,并表现为一种公民运动。(2)邻避运动发生场域通常是一个公共空间,比如政府门前或者街头。公众通过在公共空间的抗议示威,试图引起政府对相应的"邻避设施"决策问题之关注,因此可以说邻避运动实质上是一种公民不服从运动。(3)参与邻避运动的公众,都是以公民身份在行动,其行动理由也不纯粹是私人利益,因为邻避设施选址和兴建是一项公共决策,任何公民都拥有了解、参与和监督公共决策的权利,这是现代民主社会赋予公民的基本权利。(4)邻避运动的公众抗议,通过大众媒体变成公共事件,从而引起公共舆论领域的讨论,甚至从一个地方事件变成一个全国新闻,或者是全球新闻焦点,由此在政治公共领域对政府的公共决策产生压力和影响。上述邻避运动的公共性表明,私人理由与公共理由之间不是绝对对立的,反而可能是相互触发和相互支持,事实上公民身份决定了二者是同源同构的,这一点哈贝马斯已经从私人自主与公共自主层面论证过。[3]

最后,"郎文"割裂了公民政治的自由主义与共和主义。在阿克曼看来,虽然美国社会的"私人公民"具有冷漠、无知和自私的缺陷,但这可以通过美国宪

---

〔1〕[美]布鲁斯·阿克曼:《我们人民:奠基》,汪庆华译,中国政法大学出版社2014年版,第257~258页。

〔2〕郎兴友、薛晓婧:《"私民社会":解释中国式"邻避"运动的新框架》,载《探索与争鸣》2015年第12期。

〔3〕[德]于尔根·哈贝马斯:《在事实与规范之间:关于法律和民主法治国的商谈理论》,童世骏译,生活·读书·新知三联书店2011年版,第106~127页。

政制度来弥补，增强公民政治能力，从而维持政治自由主义与共和主义之间的张力与平衡。[1] 不过，“郎文”对“私民”概念的理解，完全坍缩于一个自由主义范畴，譬如其认为，“‘私民’所从事的‘邻避’运动只能属于自由主义意义上的，而非‘社群’主义范畴”。[2] 这意味着“私人公民”概念的政治共和主义意涵完全被抹掉，事实上，“私人公民”与“公共公民”的区分是建立在日常政治与变革政治的不同状态基础上，在变革政治状态中，可能需要“公共公民”积极参与实现政治革新，这个时候“私人公民”可能被召唤从“消极公民”转变为“积极公民”投身政治活动，从而推动政治变革。[3] 由此，政治自由主义与共和主义之间并不是相互对立，而是相互补充和竞争，从而赋予公民政治充沛的动力和活力。因此，以公民政治来检视邻避运动，就可以看到公众的邻避抗议并不是纯粹自由主义的私人利益表达，而是具有政治共和主义的潜力，因为正如我们前述那样，这种抗议是在公共空间对公共政策之不满进行表达，从而在政治公共领域对政府决策造成压力和刺激。此外，公众的邻避运动通常以社区为基础，并通过社区动员建立起社群团结和组织资源，也正是在这个动员过程中，协商民主的共和政治才可能获得其有效运作的社会资本。

综上所述，我们认为中国邻避运动实质上是一种公民不服从运动。即便通过阿克曼的“私人公民”概念来考察中国邻避运动，都可以发现邻避运动不是纯粹私人利益驱动的结果，因为邻避运动的公众抗议具有极为丰富的公共性，体现了公民的私人自主与公共自主之间的互构，是公民政治运动的重要范例。因此，“郎文”提出的“邻避运动的私民性”命题并不成立。

（二）对“邻避运动的非组织性”命题的质疑

“郎文”不仅否认中国邻避运动的“公民性”和“公共性”，而且否定其所具有的组织性。因为“邻避运动的非组织性”命题与“邻避运动的私民性”命题一样，都是为了论证其“私民社会”概念对于中国邻避运动的解释力。

---

〔1〕［美］布鲁斯·阿克曼：《我们人民：奠基》，汪庆华译，中国政法大学出版社 2014 年版，第258～292 页。

〔2〕郎兴友、薛晓婧：《“私民社会”：解释中国式“邻避”运动的新框架》，载《探索与争鸣》2015 年第 12 期。

〔3〕［美］布鲁斯·阿克曼：《我们人民：奠基》，汪庆华译，中国政法大学出版社 2014 年版，第258～292 页。

“邻避运动的非组织性”命题的论证主要分为两个层面:“郎文”一方面将“私民”定位为无组织的小众或大散众,另一方面则通过指出中国民众既不参与官方组织活动,也不参与民间组织活动,来论证公共参与的个体化和非组织化,以此解释中国邻避运动的非组织性。虽然“郎文”没有定义“组织”“组织性”“组织化”的概念,但是在具体论证语境中,我们可以看到它对这三个概念指涉的参照系,一个是国家,一个是个人,前者具有高度的组织性,后者则毫无组织性可言,民间组织可能处于两个极端的中间状态。可见,在“郎文”的语境中,“组织”“组织性”“组织化”的概念是建立在等级和官僚制基础上的,因为这是国家组织或政府组织的关键特征。因此,“郎文”才能得出这样的结论:“‘私民社会’下的公共参与是非组织性的,有组织性或高度组织性的都是国家或政府的行为。”〔1〕

上述命题论证完全无视了社会的自发组织现象,从而看不到社区自发的集体行动和社会组织对于中国邻避运动的支撑作用和影响。首先,在当代中国社会,社区是邻避运动的重要组织基础,因为社区不仅是居民或公众利益和意见汇集和碰撞的公共领域,同时还是一个现代社会的风险共同体。所谓社区是建立在一定地理区域内,由居住在这片区域的公民通过互动与交往构成的社会公共空间,这个公共领域与人们的日常生活世界相连接,是公众利益和意见交汇与碰撞的具体场域。因此,当邻避设施建在社区周边,可能产生危害到公众利益的风险(如导致房产价值下降或者带来潜在健康风险)时,社区居民就会自发进行讨论并采取集体行动进行抗议。社区居民采取集体行动不仅是保护他们各自的私人利益,还有作为社区本身的共同利益,如良好的社区环境和基础设施等,而且社区集体行动还会强化居民对共同的社区价值和利益之认同以及社群的归属感,使得社区团结起来变成一个命运与共的风险共同体。〔2〕 由此,社区通过社群组织动员和信任网络,还可以提供邻避运动所需要的社会资本。其次,社会组织对于邻避运动的支持也是邻避运动的有组织性体现。对于很多

〔1〕 郎兴友、薛晓婧:《“私民社会”:解释中国式“邻避”运动的新框架》,载《探索与争鸣》2015 年第 12 期。

〔2〕 马长山、马金芳、陆宇峰、王涛、张文龙:《社会建设与法治发展年度观察报告 2014 - 2015》,法律出版社 2016 年版,第 235 页。

"环保型"邻避运动的观察,我们经常可以看到有公益环保组织在背后给予专业知识和组织资源的支持。这些社会组织不仅增强公众参与的行动能力,而且还可以有效缓解公众的非理性行动。譬如为公众了解邻避设施提供专业知识和风险评估。最后,现代社会的功能系统为邻避运动提供了组织化的支持。以媒介系统为例,大量的邻避公共事件就是通过媒介系统的运作,从而在公共领域引发关注和讨论,并且反过来促进邻避运动有组织地运作。特别是大规模的邻避运动,没有组织化就难以想象这样的运动能够被动员起来,因为运动规模越大,就越需要建立组织来降低信息沟通的复杂性,并维持组织行动,使之能够有效采取集体行动。

因此,邻避运动的公共参与或者公众参与并非个体化和非组织化,相反,在这个公共参与的过程中,组织化是解决集体行动难题的关键。尽管邻避运动的组织化不具有等级性和官僚制特点,如垂直的领导与控制,但是横向的组织联络和沟通动员,肯定是存在的。因此,相对于政府或企业这种类型组织,邻避运动的组织是松散的、临时的,也可以说是"弱组织化状态",但这并不意味着它是"非组织性"。

(三)对"邻避运动作为弱者武器"命题的质疑

"郎文"在论证"邻避运动的私民性"和"邻避运动的非组织性"两个命题之后,进一步将中国邻避运动定位为一种"弱者的武器"。因为在"私民社会"中,弱者的权益最得不到保障,所以弱者只能选择抗争作为斗争的武器,尤其是群体性的暴力对抗。[1] 在邻避设施选址问题上,确实存在"最小抵抗原则",在侧面上印证邻避设施选址决策者(如政府和企业)确实可能比较强势,特别在中国语境下,相对于政府而言,公众、社区居民和公民个人则似乎比较弱势。但是,这种强势与弱势是相对的,因为在公众与政府的对抗中,公众有可能采取暴力抗争的方式,使得邻避抗议升级为群体性的暴力冲突事件,从而迫使政府作出妥协和退让。此外,无论市民社会还是公民社会,当弱势群体正当权益无法通过合法渠道获得救济时,抗争自然成为捍卫自身权益的重要方式。

---

〔1〕 郎兴友、薛晓婧:《"私民社会":解释中国式"邻避"运动的新框架》,载《探索与争鸣》2015 年第 12 期。

不过,我不赞同"郎文"提出的"邻避运动是弱者的一种武器"这个命题。在邻避运动中,出现抗争是很自然的事情,有时甚至出现暴力对抗,但是对这个问题的分析必须考虑具体的社会语境,不能将所有的邻避运动都视为暴力抗争现象。因为暴力抗争是特殊条件下的结果,并非邻避运动的常态,或者必然导致的结果。"郎文"运用"弱者的武器"固然看到邻避运动具有政治抗争的面向,但是这个概念本身是一个暴力的隐喻。因此,将这个概念运用到对邻避运动的解释中,只会制造出邻避运动的"暴力幻象"。然而,事实上,暴力并非邻避运动固有的本质特征,而是特定条件下的结果,换言之,邻避运动并非必然产生群体性的暴力冲突。

在和平抗议与暴力抗争之间存在一条边界,关于跨越这条边界的条件值得我们详细讨论。邻避运动是公众对政府不当公共决策之抗议,它实质上是一种公民不服从运动,目的在于引起政府对相关问题的关注和进行政策调整,因此,它不涉及对公共秩序的正当性和合法性之挑战。[1] 不过,邻避运动还是会影响到公共秩序,这自然引来政府的干预和规制。如果政府的干预是积极回应相关问题,与公众协商沟通,那么,邻避运动并不一定导致群体性的暴力冲突。反而,有可能促进政府与公众之间的协商互动,使得政府公共决策获得更加充分的社会舆论和公众支持。但是,如果政府干预是压制性和镇压性的,那么,邻避运动的抗议有可能变成抗争,甚至跨越和平抗议与暴力抗争的边界,造成群体性冲突事件。历次邻避运动的公共事件都表明,政府压制才是导致邻避抗议升级的原因,并使得邻避运动走向严重的官民对立和暴力对抗。可见,邻避运动是否走向暴力抗争主要取决于政府的应对,"弱者的武器"只是特定条件下的结果。若将这种政治修辞泛化,视为必然的规律,只会加剧问题,并非真正有利于认识问题的症结。

总之,通过对"郎文"新框架及其命题的质疑,我们可以看到中国邻避运动并非仅仅是私人利益驱动的产物,也难以用"私民社会"的概念来进行充分的解释。因此,对于中国式邻避困局的观察和解释,我们需要另辟蹊径。

---

〔1〕 马长山、马金芳、陆宇峰、王涛、张文龙:《社会建设与法治发展年度观察报告 2014 - 2015》,法律出版社 2016 年版,第 254 页。

二、观察中国式邻避困局的新视角:社会系统理论

本文拟从社会系统理论的视角出发,在社会沟通层面讨论“邻避”问题,通过分析不同社会功能系统对于“邻避”问题的不同沟通方式,从而揭示“邻避”现象所呈现的多元理性冲突问题。

(一)从社会行动者到社会沟通

围绕中国式邻避运动,我国学术界主要从社会行动者的角度出发,尤其是政府和相关公众的角度出发作出理论解释。[1] 一方聚焦政府的行动,认为邻避运动的根本原因是政府信息不透明和封闭决策,由此造成公众在邻避设施选址等问题上参与不足,引发公众对政府的信任危机。公众与政府的信息不对称,公众诉求表达渠道的不畅通,共同导致政府和邻避项目企业拥有绝对话语权,公众则沦为邻避设施项目决策的被动接受者。政府决策行动对公众利益的侵犯,引起了公众邻避态度的“反弹”。另一方聚焦公众的态度,认为邻避运动的根本原因是公众环保意识、公民意识、权利意识、风险意识的不断提高,由此加剧了私人利益与公共利益的对抗,其实质如“郎文”所说的那样,是“私民”的行动和“私民社会”的产物。两方面的理论解释针锋相对,但都仅仅关注相关社会行动者及其冲突本身,没有看到邻避现象背后更为复杂的社会沟通问题,没有看到邻避现象所呈现的多元理性冲突。

只有将观察中国式邻避运动的视角,从具体的社会行动者上升为抽象的社会沟通,才可能揭示被邻避冲突表象掩盖的问题实质——多元理性冲突。这就需要引入社会系统理论的两项重要原理:一是“沟通”。沟通是社会构成和运作的基本单元;人作为意识系统和有机体系统的综合,并不是社会的基本单元,而是社会的环境。[2] 二是“功能分化”。现代社会分化为经济、政治、法律、科学、大众媒体等具有专门功能的社会子系统,它们根据各自固有的媒介,如货币、权

---

〔1〕 郎兴友、薛晓婧:《“私民社会”:解释中国式“邻避”运动的新框架》,载《探索与争鸣》2015 年第 12 期。

〔2〕 [德]乔治·克内尔、阿明·纳塞希:《卢曼社会系统理论导引》,鲁贵显译,台北,巨流图书公司 1998 年版,第 102 ~ 118 页。

力、法律、知识、信息,围绕各自固有的支付/不支付、有权/无权、合法/非法、真理/非真理、信息/非信息等二元符码展开沟通,由此形成不同的系统理性,如经济理性、政治理性、法律理性、科学理性、传媒理性。[1] 这些不同的系统理性相互之间无法沟通,反而时常呈现为"多元理性冲突",用马克斯 · 韦伯的表述就是"诸神之争"。

(二)各功能系统的"邻避"沟通

从社会沟通层面观察,邻避冲突就不再根源于政府的行动,更不再根源于公众对邻避设施的本能反应和态度,而是暴露出了更为复杂的多元理性冲突。这是因为经济、政治、法律、科学、大众媒体等功能系统,都根据各自的沟通媒介和二元符码沟通"邻避"问题。

首先,在市场经济条件下,邻避设施的选址和兴建以项目化和市场化的方式运作。企业对"邻避"问题的考量,建立在支付/不支付的经济沟通基础上,要求实现利润,避免亏损或破产。这就意味着,邻避设施所带来负外部性,如污染环境、危害人的身心健康等问题,难以直接通过经济系统的二元符码为系统内部的沟通所考虑。在股东利益至上的信条下,企业以经济利润为导向,取向于邻避设施项目的成本最小化和收益最大化,若没有企业社会责任及相关法律措施施加限制,自然会将相关成本转嫁到社区居民身上。

其次,在民主政府、责任政府的条件下,邻避项目由于既关系到公共福利的供给,也涉及公民权利与自由的保障,通常都被政府纳入规制。但政府对邻避项目的规制建立在政治逻辑的基础上,有权/无权的二元符码引导着政治系统的沟通,要求以权力的保持为核心考量。供给公共福利与避免公众异议都事关权力的保持,二者在邻避项目上又总是呈现出矛盾,这种两难困境导致了政府倾向于封闭决策、排斥公众参与,为政治系统负外部性的释放埋下了伏笔。若缺乏分权和制约机制及相应的法律措施,政府对于邻避项目的决策和规制,就可能对公民基本权利和自由带来侵害。

再次,在现代法治社会的条件下,公众面对邻避设施项目侵害其权利的纠

〔1〕 [德]尼古拉斯 · 鲁曼:《(对)现代的观察》,鲁贵显译,台北,左岸文化 2005 年版,第 66 ~ 94 页。

纷问题,可以诉诸法律诉讼,通过法院获得救济。不过,法院是按照合法/非法的二元符码来沟通和处理“邻避”问题,它并不考虑邻避设施对公民财产价值和人身健康的损害风险,而只考虑这种风险是否被赋予合法性或非法性,同样,它也不考虑邻避运动的公众抗议,而只考虑公众抗议是合法还是非法的问题。因此,当政府对公众的权利诉求采取压制措施时,法律的负外部性就会释放,不仅公众的自身财产权、人身权和结社权得不到保障,而且公众对于政府公共决策的知情权、参与权和监督权更无从主张和行使,甚至公众通过司法获得救济的权利都可能遭到压制。

复次,在日益复杂的高科技条件下,人们对于邻避设施技术风险的评估是离不开科学本身的。但在科学运作中,人们只考虑知识是否具有真理性,对于邻避设施的技术风险问题,科学只可能作出某种概率性的评估,但是,对于技术风险的社会后果,譬如造成核辐射或者化工污染等问题是不予考虑的。此外,科学对技术风险的评估是建立在科学实验和专门的理性知识基础上,所以公众对于技术风险的“邻避”态度,通常被视为非理性的恐惧本能,不可能真正有效影响技术风险的科学评估。因此,在科学的“傲慢与偏见”中,科学可能会释放负外部性,譬如无视技术风险的社会理性,将公众排斥在风险的科学评估之外,甚至产生灾难性后果,如诺尔切贝利核泄漏事故,直接对人的身心造成损害。

最后,在今天高度媒介化和信息化的社会环境下,“邻避”问题通常以丑闻的方式引起公众的关注,甚至引起社会“公愤”。因为邻避设施发生的灾难事故和引发的公众抗议,都可能作为新闻事件在大众媒体上抓住公众的“眼球”。大众媒体的新闻运作,是一个被信息/非信息二元符码导控的媒介沟通过程,在这个过程中,它追逐新的信息,但并不考虑信息可能带来的社会后果,譬如媒体夸张渲染邻避设施项目的风险,或者是发布没经核实的政府信息,甚至是过度渲染邻避抗争的暴力色彩。这意味着“邻避”新闻,为了博得大众“眼球”,并不是按照政治理性、经济理性或者科学理性的要求进行运作,相反,它将按自身理性要求进行社会沟通,以维持自身系统的存在。由此,大众媒体的过度扩张就会产生各种负外部性,如产生虚假新闻、网络谣言。

上述各功能系统对“邻避”问题的沟通表明,邻避运动的涌现并不是如“郎文”所言,是纯粹私人利益驱动,是“私民性”的体现,因而中国邻避运动是“私民社会”的产物。相反,“邻避”问题是多元理性冲突的症候。在社会沟通层面,人们对“邻避”问题的沟通,受到不同理性逻辑的驱动,譬如邻避设施的支持者和反对者、政府与公众、企业与社区,在不同功能系统的沟通脉络中,需要运用不同的沟通媒介来处理问题,才能获得有效的社会沟通支持。而且,这些功能系统因为沟通媒介和二元符码之间的差异,相互之间常常无法沟通而带来冲突。这意味着“邻避”问题的沟通复杂性陡然增加,单纯通过协商民主机制和公民教育不可能真正解决问题。此外,如果说聚焦政府行动的理论解释尚能触及“邻避”问题的政治系统维度,那么,聚焦公众行动者的理论解释,尤其是以“郎文”为代表,则可能只看到利益冲突的表象,而错过问题的症结所在。

三、中国式邻避困局的破解之“法”:刺激与反思

通过对中国式邻避困局的观察,我们可以看到各功能系统过度扩张释放的负外部性以及由于沟通媒介和二元符码之差异所带来的多元理性冲突问题。因此,破解中国式邻避困局需要解决两大问题:一是要抑制各功能系统的负外部性,二是要建立起各功能系统之间社会沟通的协同性。前者需要各功能系统的自我反思和自我限制,后者需要各功能系统在认知上对环境保持开放,并通过系统反思有效回应环境产生的刺激。不过,无论环境刺激还是系统反思,都需要法律制度的支撑,因此法律对各功能系统的反思和刺激,可以说是中国式邻避困局的破解之“法”。

(一)各功能系统的自我反思和自我限制

按照社会系统理论分析,功能系统是一个自我指涉、自我观察、自我运作和自我生产的社会系统。它为了维持自身系统运作和存在,会不断扩张和发展,由此使得世界变得更加经济化、政治化、法律化、媒介化、艺术化、医疗化、科学化等。功能系统这种自发的扩张态势,是其自身不可抗拒的倾向和趋势,除非遭遇环境对系统的“触底反弹”,否则,它不会反思和校正自身,抑制自身过度扩

张所释放的负外部性。[1] 以邻避问题为例,邻避运动在某种意义上可以说是人类环境对各功能系统过度扩张所产生负外部性之“反弹”。它作为一种环境刺激,有可能引起各功能系统的自我反思和自我限制,但这是建立在系统自身沟通媒介和二元符码的基础上。换言之,这是功能系统自身内部的反思和限制,并非系统外部环境的反思和限制。因此,各功能系统在“邻避”问题上的负外部性,只能通过功能系统内部反思和自我规制力量来解决。[2]

首先,对于邻避设施项目企业引发的负外部性问题之反思和限制,只能按照经济系统的沟通媒介和二元符码——货币的支付/不支付——来运作。当邻避设施项目产生环境污染危害到人的身心健康和导致社区房产价值下降的损害等负外部性时,经济系统只能通过将这些负外部性予以货币化的方式来进行反思和沟通,并通过经济补偿和提供社区公共福利等方式来解决公众的邻避抗议问题。换言之,将邻避设施项目转嫁给公众的外部社会成本经济化,变成企业内部的经济成本,使得经济系统的负外部性内部化。但是,这种经济系统的自我反思,要能够对企业的经济行为产生有效约束,需要建立相应制度机制,譬如企业社会责任,来实现企业的自我规制。

其次,邻避设施项目的选址、兴建和运营都需要政府作出规划和规制,但当政府采取封闭决策、排斥公众参与时,就会带来政治系统的负外部性,譬如决策信息的不公开和不透明导致对公众知情权的侵害,排斥公众参与导致公众对政府决策的不信任,压制公众的邻避抗议导致群体性的暴力冲突。对于这些政治系统负外部性的反思和规制,同样只能通过权力媒介及其二元符码来进行。在政治系统中,权力的自我反思和自我限制只能以权力对抗权力的方式进行,质言之,需要建立相应权力分立和制衡机制,避免权力过于集中带来的腐败和权力恣意产生的社会危害。在邻避问题上,要有效监督政府的权力运作,就需要加强政府对邻避设施项目选址决策和运营监管的信息公开,同时在政府决策过程中需要增强公众参与,为公众参与决策提供充分的信息和制度保障,而且还

---

〔1〕［德］贡塔·托伊布纳:《宪法的碎片:全球社会宪治》,陆宇峰译,中央编译出版社2016年版,第92~98页。

〔2〕［德］贡塔·托伊布纳:《宪法的碎片:全球社会宪治》,陆宇峰译,中央编译出版社2016年版,第98~104页。

需要充分保障公众表达自己诉愿的权利,从而使得公众能够分享政府的决策权力和督促政府的监管权力。这样,政府才能够有效缓解公众对其公共决策的邻避抗议。

再次,面对法律系统产生的负外部性,譬如邻避设施选址程序的立法空白导致公众权利遭到侵害,政府利用刑罚制裁打压邻避运动,公、检、法、司联合办案导致司法地方化等问题,确实需要通过法律系统的自我反思来作出自我规制。相对于立法而言,司法是法律系统的中心,[1]因此要从法律层面有效解决中国邻避运动问题,就需要转变社会治理的法律模式,从当前立法至上、行政主导范式转变为一种多元主义、司法中心范式。[2] 新的法律治理模式,可以有效增强司法在社会治理创新上的贡献,通过保障司法中立,一方面通过司法运作刺激有关邻避设施规制立法和行政监管,另一方面通过司法救济充分保障公民权利,增强法律系统对于外部环境刺激的敏感性,也就是充分回应公众的权利诉求,从而有效吸纳公众的邻避抗议,将邻避问题治理纳入法治的轨道。当然,上述法律范式的转变只能建立在法律自身的沟通媒介及其二元符码运作的基础上,唯有如此才可能真正有效抑制系统产生的负外部性。

复次,由于科学系统的运作只考虑自身的知识媒介及其真理/非真理的二元符码,所以科学专家对于邻避设施的技术风险评估,并不考虑公众对于邻避设施技术风险的恐惧问题。这导致科学专家与社会公众之间在技术风险的认知上自然会出现分歧。要抑制科学沟通释放的负外部性,如无视公众的风险认知、技术风险评估排斥公众参与、专家文化产生的知识霸权等问题,不可能通过政府干预或者公众抗议就可以获得解决。相反,这需要在科学运作层次上,对上述负外部性问题进行反思和自我规制,譬如通过认识论和方法论的批判,反思科学知识的霸权问题,或者通过向公众普及科学的认识论和方法论,让公众能够用科学知识检验相关技术风险的评估,甚至是邀请公众参与科学对技术风险的评估,以此增强科学系统对于环境刺激的敏感性等。

---

[1] [德]尼可拉斯 · 鲁曼:《社会中的法》,李君韬译,台北,五南图书出版股份有限公司 2009 年版,第 337 ~ 380 页。

[2] 马长山、马金芳、陆宇峰、王涛、张文龙:《社会建设与法治发展年度观察报告 2014 - 2015》,法律出版社 2016 年版,第 246 ~ 257 页。

最后,邻避设施事故和邻避冲突事件经常成为新闻,这意味着大众媒体的新闻运作对于邻避运动的发展和影响力具有重要作用。由于通过大众媒体,邻避新闻可能使得社会公众或者公共舆论关注有关的邻避运动事件,从而对政府公共决策造成舆论压力,所以,当大众媒体过度渲染邻避设施项目的风险,或者过度渲染政府对邻避运动的压制时,都可能激发更多的邻避运动涌现。特别是当大众媒体发布一些失实信息时,可能还会造成严重的群体性事件。因为大众媒体的新闻运作只考虑自身沟通媒介及其二元符码,所以这样就容易导致一些负外部性(如社会谣言或者虚假新闻)等问题。解决这些问题只能通过大众媒体自身沟通性的反思和自我规制,譬如保障信息真实和强调客观报道的新闻职业伦理、保障新闻言论自由和出版自由。因为在这个高度媒介化世界,只有信息才能对抗信息本身,正如其他功能系统沟通媒介的自我规制一样,唯有如此,才能真正有效。[1]

(二)法律对其他功能系统的反思和刺激

虽然各功能系统的自我反思和自我限制对解决中国式邻避困局很重要,但更为关键的问题是各功能系统社会沟通的协同性问题,因为多元理性冲突是这个问题的实质。但是,社会沟通本身是在多元脉络和动态情景中进行的,因此这个协同性的问题就是在动态变化情景中实现各功能系统之间的“共振”。[2]

要解决上述这个问题,需要引入社会系统理论的三项原理:(1)运作上的封闭。社会功能系统的存在是建立在系统/环境的区分基础上,而这个区分是在系统运作层面通过自身沟通媒介和二元符码来实现的,由此,系统/环境之间不存在直接的信息输入输出关系,这意味着环境对于功能系统的影响只是一种刺激,而功能系统对刺激的回应需要根据系统沟通媒介和二元符码来作出。(2)认知上的开放。功能系统的运作封闭使得系统必须在认知上对环境保持开放,因为系统/环境之间存在依赖关系,系统需要适应环境变化。不过,认知上的开放是建立在封闭运作的基础上,因为封闭运作在系统内部制造出信息冗余

〔1〕 [德]贡塔·托伊布纳:《宪法的碎片:全球社会宪治》,陆宇峰译,中央编译出版社2016年版,第101~104页。

〔2〕 关于现代社会的功能分化的讨论,参见[德]尼可拉斯·鲁曼:《生态沟通:现代社会能应付生态危害吗?》,汤志杰、鲁贵显译,台北,桂冠图书股份有限公司2001年版,第27~37页。

性,可以降低环境复杂性,使得功能系统可以自主根据系统需要和沟通媒介对环境刺激作出回应。(3)结构上的耦合。功能系统之间在结构上的耦合,可以提升各功能系统运作之间的协同性,因为耦合的结构可以有效促进不同功能系统之间相互“共振”的能力,譬如所有权和合同就是经济系统和法律系统相互耦合的结构,通过这些耦合结构,经济系统与法律系统就可以有效协同彼此社会沟通,因为这些结构对两个系统的沟通运作都具有约束力,尽管可能产生不同的意义,因为所有权和合同对经济系统而言是支付/不支付的问题,而对法律系统而言则是合法/非法的问题。[1]

根据上述的原理,邻避运动的公众抗议虽然可能刺激各功能系统的自我反思和自我限制,但是各功能系统并不一定回应这种环境刺激,因为功能系统在运作上是封闭的,邻避运动作为一种环境刺激,对系统而言,有可能只是一种“噪音”。因此,要解决邻避问题上各种系统负外部性,并建立起各功能系统之间的协同性,单靠邻避运动的抗议是不足够的,因为这种环境刺激是临时的、松散的,与各功能系统在结构上的耦合程度不充分,简言之,缺乏制度支撑,使得功能系统自我反思和自我限制的动机缺乏硬约束。这样,功能系统的自发扩张不仅带来负外部性,同时加剧各功能系统之间的沟通合理性冲突。要解决这个问题,必须使得各功能系统自我反思和自我规制稳定化和制度化,简言之,就是避免对系统自我反思和自我规制的期望之落空。而法律对此有着特殊社会功能的贡献,因为法律的功能就是稳定社会的规范性期待。因此,邻避运动对各功能系统的刺激,需要通过法律沟通“转译”为法律对其他功能系统的反思和刺激,只有这样才可能使得各功能系统的自我反思和自我规制获得真正的制度支撑,并确保这些制度的法律约束力,从而稳定各功能系统沟通之间的协同性。

如果说邻避运动与各功能系统之间可能只存在松散的结构耦合,那么,法律系统与其他功能系统之间则可能存在紧密的结构耦合,因为在功能分化的现代社会,各功能系统的运作都需要法律系统来维持自身媒介沟通的稳定性,避免期待落空可能导致的系统悖论出现。以经济系统为例,如果邻避设施企业不

---

〔1〕 [德]乔治·克内尔、阿明·纳塞希:《卢曼社会系统理论导引》,鲁贵显译,台北,巨流图书公司 1998 年版,第 61 ~ 83 页。

履行其社会责任,对遭受邻避设施影响的公众不提供经济补偿,也不提供货币化的社区福利,那么,就有可能引发邻避运动导致邻避设施项目无法兴建和运营,从而危及企业自身利益。但是,若法院能够提供充分的公民权利救济,刺激企业履行自己的社会责任,那么,就可能不会引发邻避冲突。这样,法律对经济系统的反思和刺激,就可避免企业社会责任落空导致经济系统不能完成自我指涉的沟通悖论。不仅对经济系统如此,法律对其他功能系统的自我反思和自我规制,也起到了同样的作用。用德国法社会学家托伊布纳的表述,就是实现各社会功能系统的“宪治化”。[1]

四、结　语

总之,由于各功能系统的多元理性冲突,中国式邻避困局的破解不是靠所谓“理解、妥协、共识和合作”的现实主义路径就能解决的。相反,需要多管齐下,通过各功能系统的自我反思和自我限制来抑制各种负外部性问题,同时,还需要法律对其他功能系统的反思和刺激,促进和稳定各功能系统社会沟通的协同性。只有这样,才能真正有效解决中国邻避问题的治理困境。

〔1〕［德］贡塔·托伊布纳:《宪法的碎片:全球社会宪治》,陆宇峰译,纪海龙校,中央编译出版社2016年版,第86～139页。

图书在版编目(CIP)数据

师大法学. 2019年. 第1辑 : 总第5辑 / 华东师范大学法学院组编 ; 张志铭主编. -- 北京 : 法律出版社, 2020
ISBN 978-7-5197-5041-1

Ⅰ. ①师… Ⅱ. ①华… ②张… Ⅲ. ①法学-文集 Ⅳ. ①D90-53

中国版本图书馆CIP数据核字(2020)第196605号

师大法学(2019年第1辑·总第5辑)
SHIDA FAXUE(2019 NIAN DI-1 JI · ZONG DI-5 JI)

华东师范大学法学院 组编
张志铭 主编

策划编辑 蒋 橙
责任编辑 蒋 橙
装帧设计 鲍龙卉

出版 法律出版社
总发行 中国法律图书有限公司
经销 新华书店
印刷 三河市龙大印装有限公司
责任印制 吕亚莉

编辑统筹 法律应用出版分社
开本 710毫米×1000毫米 1/16
印张 27.5 **字数** 412千
版本 2020年12月第1版
印次 2020年12月第1次印刷

法律出版社/北京市丰台区莲花池西里7号(100073)
网址/www.lawpress.com.cn
投稿邮箱/info@lawpress.com.cn
举报维权邮箱/jbwq@lawpress.com.cn
销售热线/400-660-8393
咨询电话/010-63939796

中国法律图书有限公司/北京市丰台区莲花池西里7号(100073)
全国各地中法图分、子公司销售电话:
统一销售客服/400-660-8393/6393
第一法律书店/010-83938432/8433　西安分公司/029-85330678　重庆分公司/023-67453036
上海分公司/021-62071639/1636　深圳分公司/0755-83072995

书号:ISBN 978-7-5197-5041-1　**定价**:102.00元
(如有缺页或倒装,中国法律图书有限公司负责退换)